WiWi klipp & klar

Reihe herausgegeben von

Peter Schuster, Fakultät Wirtschaftswissenschaften,
Hochschule Schmalkalden, Schmalkalden, Deutschland

WiWi klipp & klar steht für verständliche Einführungen und prägnante Darstellungen aller wirtschaftswissenschaftlichen Bereiche. Jeder Band ist didaktisch aufbereitet und behandelt ein Teilgebiet der Betriebs- oder Volkswirtschaftslehre, indem alle wichtigen Kenntnisse aufgezeigt werden, die in Studium und Berufspraxis benötigt werden.

Vertiefungsfragen und Verweise auf weiterführende Literatur helfen insbesondere bei der Prüfungsvorbereitung im Studium und zum Anregen und Auffinden weiterer Informationen. Alle Autoren der Reihe sind fundierte und akademisch geschulte Kenner ihres Gebietes und liefern innovative Darstellungen – WiWi klipp & klar.

Weitere Bände in dieser Reihe: http://www.springer.com/series/15236

Robert Richert

Grundlagen der Volkswirtschaftslehre aus globaler Sicht klipp & klar

Robert Richert
Hochschule Schmalkalden
Schmalkalden, Deutschland

ISSN 2569-2194   ISSN 2569-2216 (electronic)
WiWi klipp & klar
ISBN 978-3-658-35172-4   ISBN 978-3-658-35173-1 (eBook)
https://doi.org/10.1007/978-3-658-35173-1

Die Deutsche Nationalbibliothek verzeichnet diese Publikation in der Deutschen Nationalbibliografie; detaillierte bibliografische Daten sind im Internet über http://dnb.d-nb.de abrufbar.

Springer Gabler
© Springer Fachmedien Wiesbaden GmbH, ein Teil von Springer Nature 2021

Lektorat: Carina Reibold
Springer Gabler ist ein Imprint der eingetragenen Gesellschaft Springer Fachmedien Wiesbaden GmbH und ist ein Teil von Springer Nature.
Die Anschrift der Gesellschaft ist: Abraham-Lincoln-Str. 46, 65189 Wiesbaden, Germany

Vorwort

Diese Einführung beginnt mit der Volkswirtschaftlichen Gesamtrechnung, die einen Überblick über wichtige ökonomische Aggregate wie das Bruttoinlandsprodukt zu Marktpreisen gibt. Weil dieses mit methodischen Mängeln behaftet ist, werden auch Wohlstands-, Armuts- und Glücksindizes vorgestellt, durch welche die Wohlfahrtsniveaus von Ländern umfangreicher verglichen werden können. Eine Analyse der sozioökonomischen Lage in Deutschland verdeutlicht die Dramatik der „demographischen Zeitbombe", deren Lunte zwischen 2020 und 2035 brennen wird, weil in dieser Zeit die Babyboomer in den Ruhestand gehen. Die Verzehnfachung der armen Bevölkerung Afrikas innerhalb eines Jahrhunderts unterstreicht die internationale Dimension des Bevölkerungsproblems. Zudem sind aufgrund der Einkommens- und Vermögensungleichheiten insbesondere im südlichen Afrika und in Lateinamerika Verteilungskonflikte zu erwarten. Die anschließend erläuterte Soziale Marktwirtschaft unterscheidet klar zwischen der Ordnungspolitik mit einem starken Staat und der Prozesspolitik mit einem starken Markt, der auf die Anreize, das Wissen und die Ideen vieler Einzelner setzt. Fragen der Gerechtigkeit werden dabei ebenfalls diskutiert. Das Magische Viereck verkörpert die vier bedeutendsten makroökonomischen Ziele. Es wird gezeigt, inwieweit die Bundesrepublik Deutschland seit ihrer Gründung ein angemessenes und stetiges Wirtschaftswachstum, Preisniveaustabilität, einen hohen Beschäftigungsstand sowie außenwirtschaftliches Gleichgewicht erzielt hat. Die wirtschaftswissenschaftliche Gretchenfrage nach mehr Staat oder mehr Markt beginnt mit verfassungsökonomischen Rechtfertigungen des Staates. Die Informationsökonomik identifiziert Schwachstellen bei der Verknüpfung individueller Anreize und kollektiver Ziele. Den Abschluss bildet ein internationaler Vergleich der Innovationsfähigkeit und -kraft, der einen Blick in die Zukunftsfähigkeit einer Volkswirtschaft erlaubt.

Mein großer Dank gilt Frau Dipl.-Betriebswirtin (FH) Franziska Ewald, M.A., die mit ihrer gewohnten Flexibilität für die Lösung technischer Probleme bereitgestanden hat. Dankbar bin ich auch meiner Frau, meinen drei Kindern und meiner Mutter, dass sie meine zeitliche Budgetrestriktion so klaglos toleriert haben. Schließlich danke ich meinem Vater für die vielen intellektuellen Inspirationen, die er mir sein Leben lang gegeben hat und von denen sich die eine oder andere in diesem Buch wiederfindet.

Berlin, Deutschland   Robert Richert
im Juni 2021

Inhaltsverzeichnis

Abbildungsverzeichnis

Tabellenverzeichnis

Einleitung

Nach dieser Einleitung beginnt die „Einführung in die Volkswirtschaftslehre aus globaler Sicht" mit der Volkswirtschaftlichen Gesamtrechnung (VGR) im zweiten Kapitel. Zunächst werden zentrale Konten des volkswirtschaftlichen Rechnungswesens vorgestellt: Produktionskonten, Einkommensverwendungskonten, Vermögensänderungskonten, Finanzierungskonten sowie das Außenkonto. Im Anschluss wird das bekannteste volkswirtschaftliche Aggregat, das Bruttoinlandsprodukt zu Marktpreisen (BIP) definiert. Die Definition selbst hängt von der Perspektive ab und erfolgt daher auf dreierlei Weise, nämlich von der Entstehungs-, Verwendungs- und Verteilungsseite. Weil das BIP mit methodischen Mängeln behaftet ist, werden auch Wohlstands-, Armuts- und Glücksindizes vorgestellt, durch welche die Wohlfahrtsniveaus von Ländern umfangreicher verglichen werden können.

Im dritten Kapitel werden die internationale und die nationale Bevölkerungsentwicklung dargestellt. Seit einem halben Jahrhundert weist Deutschland ausnahmslos Sterbeüberschüsse auf, die zum Teil durch Zuwanderung kaschiert werden. Die Analyse der sozioökonomischen Lage in Deutschland verdeutlicht die Dramatik der „demographischen Zeitbombe", deren Lunte zwischen 2020 und 2035 brennen wird, weil in dieser Zeit die Babyboomer in den Ruhestand gehen. Die Verzehnfachung der armen Bevölkerung Afrikas innerhalb eines Jahrhunderts unterstreicht die internationale Dimension des Bevölkerungspro-blems. Zudem sind aufgrund der Einkommens- und Vermögensungleichheiten insbesondere im südlichen Afrika und in Lateinamerika Verteilungskonflikte zu erwarten.

Das vierte Kapitel beginnt mit einem kurzen Überblick über bedeutende wirtschaftspolitische Schulen: die Klassik, den Sozialismus, die Neoklassik, den Keynesianismus, die Neoklassische Synthese, den Monetarismus, den Neokeynesianismus sowie die Neuklassik. Dieser Überblick dient der besseren Einordnung der Sozialen Marktwirtschaft, die klar zwischen der Ordnungspolitik mit einem starken Staat und der Prozesspolitik mit einem starken Markt unterscheidet. Dieser setzt auf die Anreize, das Wissen und die Ideen vieler Einzelner. Entscheidende Marktprinzipien und Sozialprinzipien sowie Fragen der Gerechtigkeit werden dabei ebenfalls diskutiert.

Das im fünften Kapitel behandelte Magische Viereck verkörpert die vier bedeutendsten makroökonomischen Ziele. Es wird gezeigt, inwieweit die Bundesrepublik Deutschland seit ihrer Gründung ein angemessenes und stetiges Wirtschaftswachstum, Preisniveaustabilität, einen hohen Beschäftigungsstand sowie außenwirtschaftliches Gleichgewicht erzielt hat. Zudem werden die Unterschiede zwischen einer Stabilisierungspolitik und einer Stabilitätspolitik identifiziert, die sprachlich ähnliche Assoziationen wecken, sich sachlich aber stark voneinander unterscheiden.

© Springer Fachmedien Wiesbaden GmbH, ein Teil von Springer Nature 2021
R. Richert, *Grundlagen der Volkswirtschaftslehre aus globaler Sicht klipp & klar*, WiWi klipp & klar, https://doi.org/10.1007/978-3-658-35173-1_1

Die im sechsten Kapitel gestellte wirtschaftswissenschaftliche Gretchenfrage nach mehr Staat oder mehr Markt beginnt mit verfassungsökonomischen Rechtfertigungen des Staates. Es folgen einige Ausführungen zu staatlichen Budgets sowie zu Kriterien für die Evaluation staatlicher Aktivität. Die Informationsökonomik identifiziert Schwachstellen bei der Verknüpfung individueller Anreize und kollektiver Ziele, die staatliches Handeln strategisch zu antizipieren hat. Den Abschluss bildet ein internationaler Vergleich der Innovationsfähigkeit und -kraft, der einen Blick in die Zukunftsfähigkeit einer Volkswirtschaft erlaubt.

Zum Abschluss dieser Einleitung sei ein methodologischer Hinweis erlaubt: *Analytisches Denken* ist „zerlegendes" Denken (vgl. griechisch: „analysis" – „Zerlegung"): Die Komplexität der realen Welt überfordert die Beschränktheit des menschlichen Verstandes. Um komplexe

Phänomene besser begreifen zu können, werden sie in ihre Einzelbestandteile „zerlegt". Bei der Untersuchung von Kausalketten wird daher zum Zwecke der Komplexitätsreduktion grundsätzlich angenommen, dass alle gerade nicht betrachteten Variablen gleichbleiben. Das Ergebnis einer Analyse gilt demzufolge nur, „wenn das Übrige gleichbleibt", was in der Volkswirtschaftslehre üblicherweise mit der lateinischen Übersetzung „ceteris paribus" wiedergegeben wird. Deshalb sind es Ökonomen gewohnt, in ihren Analysen diesen Vorbehalt immer im Hinterkopf zu behalten. Ab und an wird in diesem Buch daran explizit erinnert.

▶ **„Ceteris paribus"** bedeutet „unter sonst gleichen Bedingungen" und weist darauf hin, dass die Analyse komplexer Phänomene immer unter dem Vorbehalt der Komplexitätsreduktion steht.

Volkswirtschaftliche Gesamtrechnung (VGR) und Wohlfahrtsindizes

2

Zusammenfassung

Die Volkswirtschaftliche Gesamtrechnung (VGR) stellt das volkswirtschaftliche Pendent zum betrieblichen Rechnungswesen dar. Im Gegensatz zu diesem sind die Ansprüche an die Präzision im volkswirtschaftlichen Rechnungswesen geringer, da in einer komplexen, interdependenten Welt manchmal sogar Milliardenbeträge nur geschätzt werden können. Zunächst werden sowohl für die privaten Marktteilnehmer als auch für den Staat die zentralen Konten der VGR ermittelt: die Produktions-, Einkommensverwendungs-, Vermögensänderungs- und Finanzierungskonten sowie das Außenkonto. Das Bruttoinlandsprodukt zu Marktpreisen (BIP) wird von allen drei relevanten Seiten ermittelt: von der Entstehungs-, Verwendungs- und Verteilungsseite. Aufgrund einiger methodischer Defizite bei der Inlandsproduktrechnung werden auch Wohlfahrtsindizes vorgestellt, die versuchen, die Wohlfahrt eines Landes in einer größeren Breite zu erfassen. Wohlstands-, Armuts- und Glücksindizes zeigen jedoch, dass die Ergebnisse des BIP pro Kopf signifikant mit den Ergebnissen der Wohlfahrtsindizes korrelieren.

2.1 Grundlagen

Lernziele: Beschreiben, Erklären, Interpretieren, Beurteilen

- der Produktions-, Einkommensverwendungs-, Vermögensänderungs- und Finanzierungskonten sowie des Auslandskontos,
- des Bruttoinlandsprodukts zu Marktpreisen von der Entstehungs-, Verwendungs- und Verteilungsseite,
- verschiedener Wohlstands-, Armuts- und Glücksindizes.

2.1.1 Bestandteile der VGR

Die Volkswirtschaftliche Gesamtrechnung (**VGR**) ist die systematische *quantitative* **Erfassung** der **wirtschaftlichen Aktivität** einer Volkswirtschaft für eine abgelaufene Periode. Sie ist eine **Ex-post-Analyse**.

Federführend bei ihrer Erstellung in der Bundesrepublik Deutschland ist das Statistische Bun-

© Springer Fachmedien Wiesbaden GmbH, ein Teil von Springer Nature 2021
R. Richert, *Grundlagen der Volkswirtschaftslehre aus globaler Sicht klipp & klar*, WiWi klipp & klar, https://doi.org/10.1007/978-3-658-35173-1_2

desamt in Wiesbaden. Zum Zweck der besseren internationalen Vergleichbarkeit orientiert sich der Aufbau des volkswirtschaftlichen Rechnungswesens seit Beginn der Europäischen Wirtschafts- und Währungsunion am Europäischen System Volkswirtschaftlicher Gesamtrechnungen (vgl. ESVG, 2010) – mit englischem Titel: The European System of National and Regional Accounts (ESA, 2010). Seit der zweiten großen Revision des ESVG nach 1995 (vgl. ESVG, 2010, S. 12–13), die 2014 in Kraft getreten ist, stimmt die Systematik der VGR mit der Systematik des System of National Accounts (vgl. SNA, 2008) weitgehend überein (vgl. ESVG, 2010, S. 12). Das SNA 2008 ist weltweit anerkannt, weil es gemeinsam von fünf bedeutenden internationalen Organisationen herausgegeben wird: den Vereinten Nationen (UN), der Weltbank, dem Internationalen Währungsfonds (IWF), der Organisation für wirtschaftliche Zusammenarbeit und Entwicklung (OECD) sowie den Europäischen Gemeinschaften (EG).

Die VGR rechnet mit **Stromgrößen**, die **zeitraumbezogen** sind, zum Beispiel Einkommen innerhalb eines Jahres, sowie mit **Bestandsgrößen**, die **zeitpunktbezogen** sind, zum Beispiel Vermögensbestand zum 31. Dezember eines Jahres (vgl. auch ESVG, 2010, S. 15–18). Zu den deutschen **Volkswirtschaftlichen Gesamtrechnungen** zählen folgende Strom- und Bestandsrechnungen (vgl. destatis, 2020: VGR, Zusammenhänge, S. 3–4):

- **Inlandsproduktrechnung** für die quantitative Erfassung der Marktaktivitäten und die Berechnung des Inlandsprodukts von der Entstehungs-, Verwendungs- und Verteilungsseite;
- **Input-Output-Rechnung** für einem Überblick über die Güterströme und Produktionsverflechtungen im Inland, aber auch zwischen In- und Ausland;
- **Vermögensrechnung** für einen Überblick über den Wert, die Zusammensetzung, die Abschreibungen sowie die Veränderung des Sachvermögens durch das Statistische Bundesamt und des Geldvermögens durch die Deutsche Bundesbank;
- **Erwerbstätigenrechnung** für statistische Größen von Erwerbspersonen und Erwerbstätigen

nach dem Konzept der Internationalen Arbeitsorganisation (International Labour Organisation, ILO);

- **Arbeitsvolumenrechnung** für die Ermittlung tatsächlich geleisteter Arbeitszeiten durch das Institut für Arbeitsmarkt- und Berufsforschung (IAB) der Bundesagentur für Arbeit (BA) in Zusammenarbeit mit dem Statistischen Bundesamt (destatis);
- **Finanzierungsrechnung** für den Überblick über die Bereitstellung beziehungsweise Inanspruchnahme finanzieller Mittel der privaten Haushalte, Unternehmungen, öffentlichen Haushalte und Finanzintermediäre durch die Deutsche Bundesbank.

Die VGR erfasst nur die **marktgerichtete Produktion**. Staatliche Leistungen werden generell als Konsum und damit als Endprodukte betrachtet, auch wenn sie eher den Charakter von Vorleistungen haben. Aufgrund der Dominanz der Markttransaktionen spricht man auch dann von einer Bewertung zu Marktpreisen, wenn ein Teil der Güter zu Faktorpreisen (Herstellungskosten) bewertet wird, wie dies typischerweise bei staatlichen Leistungen der Fall ist.

2.1.2 Terminologie

In der Volkswirtschaftlichen Gesamtrechnung sind einige Termini von besonderer Bedeutung und werden daher im Folgenden definiert:

Zum **Staat** zählen Bund, Länder, Gemeinden und die Sozialversicherungsträger (vgl. ESVG, 2010, S. 52–53).

Güter sind „Waren und Dienstleistungen" (ESVG, 2010, 3.01, S. 61). Waren sind Dinge, die man „anfassen" kann, zum Beispiel T-Shirts. Dienstleistungen sind Leistungen, die „nicht fassbar" sind, beispielsweise der Besuch eines Schwimmbades. Das Schwimmbad selbst ist zwar „fassbar", aber wer zum Schwimmen geht, kauft nicht das Schwimmbad, sondern das Recht, eben dieses für eine bestimmte Zeit zu nutzen.

Konsumausgaben sind „… Ausgaben gebietsansässiger institutioneller Einheiten für Waren und Dienstleistungen, die zur unmittelbaren Befriedigung individueller Bedürfnisse und Wünsche oder kollektiver Bedürfnisse der Allgemeinheit verwendet werden" (ESVG, 2010, 3.94, S. 81). Konsumenten sind private und öffentliche Haushalte.

Investitionen werden in Brutto- und in Nettoinvestitionen unterschieden: Nettoinvestitionen umfassen Anlageinvestitionen, Vorratsveränderungen sowie Nettozugänge an Wertsachen. *Brutto*investitionen sind *Netto*investitionen zuzüglich der Abschreibungen auf Sachanlagen (vgl. ESVG, 2010, 3.122, S. 85). Beispielsweise gehören zu den Anlagen Gebäude und Computer, zu den Vorräten Roh-, Hilfs- und Betriebsstoffe, zu den Wertsachen Edelsteine und Kunstwerke. Investoren sind private Unternehmen. Staatliche Investitionen werden grundsätzlich als staatlicher Konsum erfasst, der dann ein Synonym für Staatsausgaben ist.

Vorleistungen „… umfassen die im Produktionsprozess verbrauchten, verarbeiteten oder umgewandelten Waren und Dienstleistungen. Nicht dazu gehört die Nutzung von Anlagegütern, die anhand der Abschreibungen gemessen wird" (ESVG, 2010, 3.88, S. 79). Vorleistungen sind beispielsweise Aufwendungen für Roh-, Hilfs- und Betriebsstoffe, aber auch Reparatur- und Transportkosten, Gebühren für Rechtsanwälte und Steuerberater oder gewerbliche Mieten und Pachten. Vorleistungen können aus inländischer oder aus ausländischer Produktion stammen. Im letzten Fall werden sie zu den Importen gezählt.

Selbsterstellte Anlagen sind Güter, die von den Unternehmen in *Eigen*leistung zum Zwecke der *Eigen*nutzung selbst hergestellt werden. Beispielsweise können Werkzeuge und Formen hergestellt werden, die in der eigenen Unternehmung genutzt werden und daher auch in der Bilanz zu aktivieren sind.

Exporte umfassen „… Transaktionen mit Waren und Dienstleistungen (Verkäufe, Tausch, Schenkungen) von Gebietsansässigen an Gebietsfremde" (ESVG, 2010, 3.158, S. 92).

Importe umfassen „… Transaktionen mit Waren und Dienstleistungen (Verkäufe, Tausch, Schenkungen) von Gebietsfremden an Gebietsansässige" (ESVG, 2010, 3.159, S. 92).

Der **Außenbeitrag** ist die Differenz aus dem Exportwert (Minuend) und dem Importwert (Subtrahend).

Abschreibungen „… messen die Wertminderung von Anlagegütern durch normalen Verschleiß und wirtschaftliches Veralten. Die geschätzte Wertminderung umfasst auch das Risiko von Verlusten von Anlagegütern durch versicherbare Schadensfälle. Abschreibungen decken vorhersehbare Beseitigungs- und Wiederherstellungskosten ab, wie Kosten zur Stilllegung von Kernkraftwerken oder Bohrinseln oder zur Sanierung von Deponien …" (ESVG, 2010, 3.139, S. 88).

Indirekte **Steuern** sind Gütersteuern (Mehrwertsteuer, Importabgaben wie Zölle und Importsteuern, sonstige Gütersteuern) und sonstige Produktionsabgaben (vgl. ESVG, 2010, 4.15, S. 107), die typischerweise am Wert oder an der Menge von Waren oder Dienstleistungen ansetzen, nicht an Personen wie die Einkommensteuer, die eine *direkte* Steuer ist. Offiziell werden indirekte Steuern „Produktions- und Importabgaben" genannt. Sie sind „Zwangsabgaben in Form von Geld- oder Sachleistungen, die der Staat oder die Organe der Europäischen Union ohne Gegenleistung auf die Produktion und die Einfuhr von Waren und Dienstleistungen, die Beschäftigung von Arbeitskräften oder das Eigentum an oder den Einsatz von Grundstücken, Gebäuden oder anderen im Produktionsprozess eingesetzten Aktiva erheben. Derartige Steuern sind unabhängig von den Betriebsgewinnen zu entrichten" (ESVG, 2010, 4.14, S. 106–107). Beispiele für *indirekte* Steuern sind die Mehrwertsteuer (*allgemeine* Verbrauchsteuer) oder *spezifische* Verbrauchsteuern wie die Mineralölsteuer.

Subventionen sind „… laufende Zahlungen ohne Gegenleistung, die der Staat oder die Organe der Europäischen Union an gebietsansässige Produzenten leisten" (ESVG, 2010, 4.30, S. 110). Subventionen sind als Transferleistungen des Staates an die Privaten das Gegenteil der indirekten Steuern, die Transferleistungen der Privaten an den Staat darstellen.

Arbeitnehmerentgelte umfassen „… sämtliche Geld- und Sachleistungen, die von einem Arbeitgeber an einen Arbeitnehmer erbracht werden, und zwar als Entgelt für die von diesem in einem Darstellungszeitraum geleistete Arbeit" (ESVG, 2010, 4.02, S. 101). Sie enthalten nicht nur die Bruttolöhne und -gehälter einschließlich der Arbeit*nehmer*beiträge zur Sozialversicherung, sondern auch die Arbeit*geber*beiträge zur Sozialversicherung.

Unternehmenseinkommen sind die Einkommen aus Unternehmertätigkeit, also die Einkommen der Selbstständigen beziehungsweise die Betriebsüberschüsse der Unternehmungen (vgl. ESVG, 2010, 8.28, S. 238) einschließlich der kalkulatorischen Unternehmerlöhne.

Erwerbseinkommen sind die Summe aus Arbeitnehmerentgelten und Unternehmenseinkommen.

Vermögenseinkommen „… fallen an, wenn die Eigentümer finanzieller Forderungen und natürlicher Ressourcen diese anderen institutionellen Einheiten zur Verfügung stellen. Das für die Nutzung finanzieller Forderungen gezahlte Einkommen wird als Kapitalertrag, das für die Nutzung einer Ressource gezahlte Einkommen als Pachteinkommen bezeichnet. Vermögenseinkommen ist die Summe aus Kapitalertrag und Pachteinkommen" (ESVG, 2010, 4.41, S. 113–114). Zum Vermögenseinkommen zählen Zinsen, Ausschüttungen, Gewinnentnahmen, reinvestierte Gewinne aus Direktinvestitionen, Kapitalerträge aus Versicherungsverträgen, Investmentfondsanteilen und Ansprüchen gegenüber Alterssicherungssystemen sowie Pachteinkommen.

*Primär*einkommen ist in der *VGR* „… das Einkommen, das gebietsansässige Einheiten aufgrund ihrer unmittelbaren Teilnahme am Produktionsprozess erhalten, sowie das Einkommen, das der Eigentümer eines Vermögenswertes oder einer natürlichen Ressource als Gegenleistung dafür erhält, dass er einer anderen institutionellen Einheit finanzielle Mittel oder die natürliche Ressource zur Verfügung stellt" (ESVG, 2010, 8.22, S. 232). Diese Erwerbs- und Vermögenseinkommen spiegeln die *Markt*einkommen wider, bevor Maßnahmen zur Einkommensumverteilung (z. B. Sozialleistungen) in Angriff genommen werden. In der *Zahlungsbilanz* sind Primäreinkommen die Differenz zwischen den Faktoreinkommen der Inländer aus dem Ausland und den Faktoreinkommen der Ausländer aus dem Inland.

*Sekundär*einkommen ist das endgültige Einkommen, in das neben den Sozialtransfers auch Renten eingehen, Einkommensteuern jedoch abgezogen werden. In Deutschland weichen die Sekundäreinkommen erheblich von den Primäreinkommen ab. Dieser Umstand ist ein Beleg für die – im internationalen und intertemporalen Vergleich – sehr starke Einkommensumverteilung in Deutschland. In der *Zahlungsbilanz* sind Sekundäreinkommen Transferleistungen.

Laufende Transfers sind regelmäßige Transferleistungen außer Investitionszuschüssen und Vermögenstransfers (vgl. ESVG, 2010, 4.118, 4.121, S. 134). Dazu zählen beispielsweise Renten-, Pensions- und Sozialleistungen für Bedürftige.

Vermögenstransfers „… setzen den Zugang oder den Abgang eines oder mehrerer Vermögenswerte bei mindestens einem der Transaktionspartner voraus. Sie ziehen, unabhängig davon, ob es sich um Geld- oder um Sachtransfers handelt, eine entsprechende Veränderung der in der Vermögensbilanz eines oder beider Transaktionspartner ausgewiesenen finanziellen oder nichtfinanziellen Aktiva nach sich" (ESVG, 2010, 4.145, S. 139).

2.1.3 Transformation volkswirtschaftlicher Aggregate

Um Verbindungen zwischen wichtigen Termini der VGR besser zu verstehen, bietet Tab. 2.1 Hilfestellung.

Die Differenz zwischen *Faktor*kosten und *Markt*preisen liegt in den **indirekten** Steuern, die als negative Subventionen interpretiert werden können, und den Subventionen, die als negative indirekte Steuern interpretiert werden können.

Den Unterschied zwischen **Netto-** und **Bruttogrößen** machen in der VGR die **Abschreibungen** aus.

Inlands- und Inländerkonzept unterscheiden sich dadurch, dass das *Inlands*konzept alle ökonomischen Transaktionen **innerhalb der Lan-**

Tab. 2.1 Transformation volkswirtschaftlicher Aggregate

1. Größe	Transformation	2. Größe
„Faktorkosten (-preise)"	+ *indirekte* Steuern − Subventionen	„Marktpreise"
„netto"	+ Abschreibungen	„brutto"

Inlandskonzept	+ Faktoreinkommen vom
	  Ausland an Inländer
	− Faktoreinkommen vom
	  Inland an Ausländer
	= Saldo der Primäreinkommen
	= Saldo der Erwerbs- und Vermögenseinkommen
		Inländerkonzept

desgrenzen berücksichtigt, unabhängig davon, ob sie von Inländern oder von Ausländern erbracht werden, während das *Inländer*konzept alle ökonomischen Transaktionen von **Inländern** berücksichtigt, unabhängig davon, ob diese sich im Inland oder im Ausland („Übrige Welt") aufhalten. Als Inländer im wirtschaftlichen Sinn (vgl. ESVG, 2010, S. 30–35) gelten alle natürlichen Personen mit ständigem Wohnsitz im Inland. Dabei spielt es keine Rolle, welche Staatsbürgerschaft sie haben. Ausgenommen sind Diplomaten, Angehörige ausländischer Streitkräfte sowie Studenten, die auch bei längeren Präsenzzeiten in Deutschland weiterhin zu den Ausländern gerechnet werden (vgl. ESVG, 2010, 11.08, S. 356). Zu den Inländern zählen ebenso juristische Personen mit ständigem Geschäftssitz im Inland sowie Wirtschaftssubjekte rechtlich nicht-selbstständiger Produktionsstätten und Zweigniederlassungen, soweit der Schwerpunkt ihrer wirtschaftlichen Aktivität im Inland liegt. Dies schließt Unternehmen in ausländischem Eigentum, die sich im Inland befinden, mit ein.

2.2 Zentrale Konten

Die zentralen Konten der Volkswirtschaftlichen Gesamtrechnung sind das

1. **Produktionskonto**, das die Produktion und Einkommensentstehung erfasst;
2. **Einkommensverwendungskonto**, das die Einkommensverwendung, -verteilung und -umverteilung zeigt;

3. **Vermögensänderungskonto**, das die Vermögensbildung, -form und -finanzierung ermittelt;
4. **Finanzierungskonto**, das die Nettoposition des Geldvermögens dokumentiert;
5. **Außenkonto**, das den Außenbeitrag feststellt.

In den folgenden Konten sind *Residual*größen, das heißt Salden, die sich zum Ausgleich von Konten ergeben, kursiv geschrieben. Zunächst werden die Produktions-, Einkommensverwendungs-, Vermögensänderungs- und Finanzierungskonten *einer* Wirtschaftseinheit vorgestellt, im Anschluss daran die entsprechenden gesamtwirtschaftlichen Konten *aller* Wirtschaftseinheiten und schließlich das Außenkonto.

2.2.1 Produktionskonten

In den **Produktionskonten** wird die **Bruttowertschöpfung zu Marktpreisen** gemessen. Da private Haushalte per definitionem nichts produzieren, gibt es für sie kein Produktionskonto. Im Folgenden werden zunächst das Produktionskonto *einer* Unternehmung sowie dasjenige des Staates vorgestellt, bevor diese beiden Produktionskonten als Aggregate das *gesamtwirtschaftliche* Produktionskonto ergeben.

Das Produktionskonto *einer* privaten Unternehmung ist in Tab. 2.2 dargestellt.

Der **Produktionswert (Bruttowertschöpfung)** „… ist der Wert aller Güter, die im Rechnungszeitraum produziert werden" (ESVG, 2010, 3.14, S. 64), und zwar (vgl. destatis, 2020: VGR, Zusammenhänge, S. 32) der Wert aller

Tab. 2.2 Produktionskonto einer privaten Unternehmung

Käufe von Vorleistungen	Verkäufe von Vorleistungen
Abschreibungen	Verkäufe von Konsumgütern
indirekte Steuern – Subventionen	Verkäufe von Investitionsgütern
Arbeitnehmerentgelte	Veränderungen der Lagerbestände
Vermögenseinkommen	Wert selbsterstellter Anlagen
Unternehmenseinkommen	
Produktionswert =	Produktionswert =
Bruttowertschöpfung zu Marktpreisen	Bruttowertschöpfung zu Marktpreisen

Tab. 2.3 Produktionskonto des Staates

Käufe von Vorleistungen	staatlicher Konsum
Abschreibungen	
Arbeitnehmerentgelte	
Vermögenseinkommen	
Produktionswert =	Produktionswert =
Bruttowertschöpfung zu	Bruttowertschöpfung zu
Marktpreisen	Marktpreisen

- verkauften Güter aus *eigener* Produktion,
- plus der auf Lager produzierten Güter,
- plus der selbsterstellten Anlagen.

Die Käufe von Vorleistungen zuzüglich der Abschreibungen und indirekten Steuern abzüglich der Subventionen plus der Arbeitnehmerentgelte, der Vermögens- und Unternehmenseinkommen (Sollseite) entsprechen den Verkäufen von Vorleistungen, Konsumgütern, Investitionsgütern, den Veränderungen der Lagerbestände und dem Wert selbsterstellter Anlagen (Habenseite).

Die **Arbeitnehmerentgelte**, die **Vermögenseinkommen** sowie die **Unternehmenseinkommen** ergeben zusammengenommen die *Nettowertschöpfung zu Faktorkosten*. Werden die indirekten Steuern addiert und die Subventionen subtrahiert, erhalten wir die *Nettowertschöpfung zu Marktpreisen*. Werden die Abschreibungen hinzugefügt, ergibt sich die *Bruttowertschöpfung zu Marktpreisen*.

Das Produktionskonto des Staates ist in Tab. 2.3 dargestellt.

Dem auf der Habenseite verbuchten staatlichen Konsum entsprechen auf der Sollseite die Käufe von Vorleistungen, die Abschreibungen, Arbeitnehmerentgelte und Vermögenseinkommen. In der VGR werden alle staatlichen Ausgaben, seien sie konsumtiver oder investiver Art, als staatlicher Konsum gebucht.

Das *gesamtwirtschaftliche (nationale)* Produktionskonto ist in Tab. 2.4 dargestellt.

Im gesamtwirtschaftlichen Produktionskonto fehlen die *inländischen* Vorleistungskäufe und -verkäufe der *einzelnen* Produktionskonten, weil sie sich über den gesamten Unternehmenssektor gerechnet gegenseitig aufheben: Die Vorleistungsverkäufe des einen Unternehmens sind die Vorleistungskäufe eines anderen Unternehmens. Aus dem Ausland bezogene Vorleistungskäufe sind jedoch zu berücksichtigen: Anstatt diese als Importe auf der Sollseite des Nationalen Produktionskontos aufzuführen, werden sie auf der Habenseite mit negativem Vorzeichen angezeigt. Die Differenz aus dem Exportwert und dem Importwert ist der Außenbeitrag, der den Wert der Nettoexporte misst.

Somit entsprechen die Abschreibungen plus der indirekten Steuern minus Subventionen zuzüglich der Arbeitnehmerentgelte, Vermögens- und Unternehmenseinkommen auf der Sollseite der Summe aus Konsum, Investitionen (brutto) und Außenbeitrag auf der Habenseite.

Das *Nettoinlandsprodukt zu Faktorkosten* ist die *gesamtwirtschaftliche* Nettowertschöpfung zu Faktorkosten, welche die Arbeitnehmerentgelte, die Vermögens- und Unternehmenseinkommen enthält. Werden dazu die indirekten Steuern addiert und die Subventionen subtrahiert, erhalten wir das *Nettoinlandsprodukt zu Marktpreisen*. Fügen wir diesem die Abschreibungen hinzu, erhalten wir das *Bruttoinlandsprodukt zu Marktpreisen* (**BIP**).

Während die Sollseite des gesamtwirtschaftlichen Produktionskontos zeigt, wie das BIP entsteht (Entstehungsrechnung), illustriert die Habenseite, wie das BIP verwendet wird (Verwendungsrech-

Tab. 2.4 Gesamtwirtschaftliches Produktionskonto

Abschreibungen	Konsum
indirekte Steuern – Subventionen	Investitionen (brutto)
Arbeitnehmerentgelte	Außenbeitrag (Exporte – Importe)
Vermögenseinkommen	
Unternehmenseinkommen	
Bruttoinlandsprodukt zu Marktpreisen	Bruttoinlandsprodukt zu Marktpreisen

Tab. 2.5 Einkommensverwendungskonto eines privaten Haushalts

privater Konsum	Arbeitnehmerentgelte
direkte Steuern	Unternehmenseinkommen
Arbeit*nehmer*beiträge zur Sozialversicherung	Vermögenseinkommen
Ersparnis	Transfereinkommen
Nettowertschöpfung zu Marktpreisen	Nettowertschöpfung zu Marktpreisen

nung). Die Habenseite enthält die gesamtwirtschaftliche Nachfrage einer *offenen* Volkswirtschaft: Die Konsumnachfrage der privaten Haushalte und des Staates zuzüglich der Investitionsnachfrage der privaten Unternehmer plus dem Außenbeitrag, der sich aus der Differenz zwischen dem Exportwert und dem Importwert ergibt, verkörpern in ihrer Summe ebenfalls das Bruttoinlandsprodukt zu Marktpreisen.

2.2.2 Einkommensverwendungskonten

In den **Einkommensverwendungskonten** wird für alle drei Sektoren die **Nettowertschöpfung zu Marktpreisen** dargestellt. Das Einkommensverwendungskonto zeigt nach dem Ausgabenkonzept, „wie die Konsumausgaben von den betreffenden Sektoren (private Haushalte, Staat und private Organisationen ohne Erwerbszweck) finanziert werden" (ESVG, 2010, 8.38, S. 254). Im Folgenden werden zunächst das Einkommensverwendungskonto *eines* privaten Haushalts, dasjenige *einer* Unternehmung sowie dasjenige des Staates vorgestellt, bevor diese drei Einkommensverwendungskonten zum *gesamtwirtschaftlichen* Einkommensverwendungskonto überführt werden.

Das Einkommensverwendungskonto *eines* privaten Haushalts ist in Tab. 2.5 dargestellt.

Sind die Arbeitnehmerentgelte, Unternehmens-, Vermögens- und Transfereinkommen (Habenseite) größer als der private Konsum, die direkten Steuern

und die Arbeit*nehmer*beiträge zur Sozialversicherung, ergibt sich als Saldo die Ersparnis des privaten Haushalts (Sollseite). Ist die Habenseite kleiner als die Sollseite, wird *ent*spart, das heißt die Ersparnis ist negativ.

Das Einkommensverwendungskonto *einer* privaten Unternehmung ist in Tab. 2.6 dargestellt.

Die Bruttogewinne einer Unternehmung (Habenseite) entsprechen den einbehaltenen und ausgeschütteten Gewinnen plus den direkten Steuern (Sollseite).

Das Einkommensverwendungskonto des Staates ist in Tab. 2.7 dargestellt.

Sind die staatlichen Einnahmen, also die direkten Steuern, die empfangenen Arbeitgeber- und Arbeitnehmerbeiträge zur Sozialversicherung sowie die indirekten Steuern minus Subventionen (Habenseite) größer als die staatlichen Ausgaben in Form staatlichen Konsums und geleisteter Transferzahlungen, so spart der Staat (Sollseite).

Das *gesamtwirtschaftliche (nationale)* Einkommensverwendungskonto ist in Tab. 2.8 dargestellt.

Die Arbeitnehmerentgelte, Unternehmenseinkommen und Vermögenseinkommen werden für den Konsum oder für die Ersparnisbildung verwendet.

2.2.3 Vermögensänderungskonten

In den Vermögensänderungskonten „… werden die verschiedenen Ursachen für die Veränderung

Tab. 2.6 Einkommensverwendungskonto einer privaten Unternehmung

direkte Steuern	Bruttogewinne
ausgeschüttete Gewinne	
Ersparnis (einbehaltene Gewinne)	
Nettowertschöpfung zu Marktpreisen	Nettowertschöpfung zu Marktpreisen

Tab. 2.7 Einkommensverwendungskonto des Staates

staatlicher Konsum	direkte Steuern
geleistete Transferzahlungen	Arbeitgeberbeiträge zur Sozialversicherung
Ersparnis	Arbeitnehmerbeiträge zur Sozialversicherung
	indirekte Steuern – Subventionen
Nettowertschöpfung zu Marktpreisen	Nettowertschöpfung zu Marktpreisen

Tab. 2.8 Gesamtwirtschaftliches Einkommensverwendungskonto

Konsum	Arbeitnehmerentgelte
Ersparnis	Unternehmenseinkommen
	Vermögenseinkommen
	indirekte Steuern – Subventionen
Nettoinlandsprodukt zu Marktpreisen	Nettoinlandsprodukt zu Marktpreisen

Tab. 2.9 Vermögensänderungskonto eines privaten Haushalts

| Finanzierungssaldo | Ersparnis |
| Summe | Summe |

Tab. 2.10 Vermögensänderungskonto einer privaten Unternehmung

Investitionen (brutto)	Abschreibungen
Finanzierungssaldo	Ersparnis
Summe	Summe

Tab. 2.11 Vermögensänderungskonto des Staates

Investitionen (brutto)	Abschreibungen
Finanzierungssaldo	Ersparnis
Summe	Summe

Tab. 2.12 Gesamtwirtschaftliches Vermögensänderungskonto

Investitionen (brutto)	Abschreibungen
Finanzierungssaldo	Ersparnis
Summe	Summe

der Aktiva und die Veränderung der Verbindlichkeiten und des Reinvermögens dargestellt" (ESVG, 2010, 8.44, S. 258). Vermögensänderungskonten bestehen für alle drei Sektoren. Im Folgenden werden zunächst das Vermögensänderungskonto *eines* privaten Haushalts, dasjenige *einer* Unternehmung sowie dasjenige des Staates vorgestellt, bevor diese drei Vermögensänderungskonten als Aggregate in das *gesamtwirtschaftliche* Vermögensänderungskonto übertragen werden.

Das Vermögensänderungskonto *eines* privaten Haushalts ist in Tab. 2.9 dargestellt.

Der Finanzierungssaldo (Sollseite) zeigt die Veränderung des Geldvermögens. Ist er positiv, spart der private Haushalt (Habenseite).

Das Vermögensänderungskonto *einer* privaten Unternehmung ist in Tab. 2.10 dargestellt.

Sind die Bruttoinvestitionen (Sollseite) genauso hoch wie die Abschreibungen (Haben-

seite), so tätigt die Unternehmung keine Nettoinvestitionen, die aus der Ersparnis (Habenseite) finanziert werden. In diesem Fall liegt der Finanzierungssaldo bei null (Sollseite). Im Normalfall jedoch sind die Bruttoinvestitionen einer Unternehmung höher als die Werteverluste des Anlagevermögens, sodass eine Unternehmung auch netto investiert. In diesem Fall ist die Ersparnis positiv.

Das Vermögensänderungskonto des Staates ist in Tab. 2.11 dargestellt.

Für den Staat gelten die Überlegungen analog, wie sie oben für eine Unternehmung ausgeführt worden sind.

Das *gesamtwirtschaftliche (nationale)* Vermögensänderungskonto ist in Tab. 2.12 dargestellt.

Sind die Bruttoinvestitionen größer als die Abschreibungen, so sind die Nettoinvestitionen (Bruttoinvestitionen minus Abschreibungen) positiv. Dies bedeutet, dass das *Sach*vermögen gestiegen ist. Im Fall negativer Nettoinvestitionen sinkt das Sachvermögen.

In einer *geschlossenen* Volkswirtschaft ist der gesamtwirtschaftliche Finanzierungssaldo null, weil die Erhöhung des Geldvermögens eines

Sektors die Verringerung des Geldvermögens eines anderen Sektors bedeutet. In diesem Fall entspricht die Ersparnis S den Nettoinvestitionen I^{net}:

$$S = I^{net} \qquad (2.1)$$

In einer *offenen* Volkswirtschaft hingegen kann der Finanzierungssaldo sehr wohl positiv beziehungsweise negativ sein. Die Ersparnis entspricht den Nettoinvestitionen plus dem Außenbeitrag Ex^{net}:

$$S = I^{net} + Ex^{net} \qquad (2.2)$$

Aus Gl. 2.2 folgt, dass der Außenbeitrag der Differenz aus Ersparnis und Nettoinvestitionen entspricht:

$$Ex^{net} = S - I^{net} \qquad (2.3)$$

Die Ersparnis S einer *offenen* Volkswirtschaft erfasst sowohl das Inlands- als auch das Auslandsvermögen. Ein **Leistungsbilanzüberschuss** zieht einen *positiven* **Finanzierungssaldo** nach sich. Dieser weist darauf hin, dass Deutschland seine Nettovermögensbestände im Ausland erhöht hat. Ein **Leistungsbilanzdefizit** zieht einen *negativen* **Finanzierungssaldo** nach sich. Dieser weist darauf hin, dass Ausländer ihre Nettovermögensbestände in Deutschland erhöht haben.

2.2.4 Finanzierungskonten

In den **Finanzierungskonten** wird die **Nettoposition** des **Geldvermögens** dargestellt. Die Finanzierungskonten zeigen „die Veränderungen der Forderungen und Verbindlichkeiten, aus denen sich der Finanzierungssaldo zusammensetzt" (ESVG, 2010, 8.50, S. 258). Im Folgenden werden zunächst das Finanzierungskonto *eines* privaten Haushalts, dasjenige *einer* Unternehmung sowie dasjenige des Staates vorgestellt, bevor diese drei Finanzierungskonten als Aggregate das *gesamtwirtschaftliche* Finanzierungskonto ergeben.

Das Finanzierungskonto *eines* privaten Haushalts ist in Tab. 2.13 dargestellt.

Tab. 2.13 Finanzierungskonto eines privaten Haushalts

Forderungen minus Verbindlichkeiten gegenüber privaten Unternehmungen Forderungen minus Verbindlichkeiten gegenüber dem Staat	Finanzierungssaldo
Nettoposition des Geldvermögens	Nettoposition des Geldvermögens

Tab. 2.14 Finanzierungskonto einer privaten Unternehmung

Forderungen minus Verbindlichkeiten gegenüber privaten Haushalten Forderungen minus Verbindlichkeiten gegenüber dem Staat	Finanzierungssaldo
Nettoposition des Geldvermögens	Nettoposition des Geldvermögens

Tab. 2.15 Finanzierungskonto des Staates

Forderungen minus Verbindlichkeiten gegenüber privaten Haushalten Forderungen minus Verbindlichkeiten gegenüber privaten Unternehmungen	Finanzierungssaldo
Nettoposition des Geldvermögens	Nettoposition des Geldvermögens

Der Finanzierungssaldo eines privaten Haushalts (Habenseite), der die Nettoforderungen des privaten Haushalts gegenüber den anderen Akteuren enthält, ergibt sich, indem von den Forderungen gegenüber Unternehmungen und gegenüber dem Staat die jeweiligen Verbindlichkeiten abgezogen werden (Sollseite).

Das Finanzierungskonto *einer* privaten Unternehmung ist in Tab. 2.14 dargestellt.

Für das Finanzierungskonto einer privaten Unternehmung gelten die Erläuterungen für das Finanzierungskonto eines privaten Haushalts analog.

Das Finanzierungskonto des Staates ist in Tab. 2.15 dargestellt.

Für das Finanzierungskonto des Staates gelten die Erläuterungen für das Finanzierungskonto eines privaten Haushalts analog.

Tab. 2.16 Gesamtwirtschaftliches Finanzierungskonto

Forderungen minus Verbindlichkeiten gegenüber dem Ausland	Finanzierungssaldo
Nettoposition gegenüber dem Ausland	Nettoposition gegenüber dem Ausland

Tab. 2.17 Außenkonto

Exportwert	Importwert
	Außenbeitrag
Exportwert	Exportwert

Das *gesamtwirtschaftliche (nationale)* Finanzierungskonto ist in Tab. 2.16 dargestellt.

In einer *geschlossenen* Volkswirtschaft ist der gesamtwirtschaftliche Finanzierungssaldo null, weil die jeweiligen Nettopositionen der einzelnen Sektoren sich gegenseitig aufheben. Denn die Forderungen des einen sind die Verbindlichkeiten des anderen.

In einer *offenen* Volkswirtschaft hingegen kann der Finanzierungssaldo sehr wohl positiv beziehungsweise negativ sein. Der Finanzierungssaldo entspricht dem Außenbeitrag. Ein positiver Finanzierungssaldo weist darauf hin, dass Deutschland seine Nettovermögensbestände im Ausland erhöht hat, ein negativer Finanzierungssaldo bedeutet, dass Ausländer ihre Nettovermögensbestände in Deutschland erhöht haben. Da Deutschland typischerweise einen positiven Außenbeitrag aufweist und durch die Nettoexporte im Gegenzug netto monetäre Ströme nach Deutschland fließen, sind hohe Mittel vorhanden, um mehr Kapital aus Deutschland zu exportieren als zu importieren, sodass der Wert der deutschen Auslandsaktiva zunimmt.

2.2.5 Außenkonto

Im **Außenkonto** wird der **Außenbeitrag** als Differenz aus dem Exportwert minus dem Importwert von Gütern dargestellt. Im Außenkonto werden „… die Transaktionen zwischen gebietsansässigen und gebietsfremden Einheiten ausgewiesen. Die übrige Welt als solche ist kein institutioneller Sektor, spielt jedoch innerhalb dieses Systems eine vergleichbare Rolle" (ESVG, 2010, 8.65, S. 287).

Das Außenkonto ist in Tab. 2.17 dargestellt.

2.3 Bruttoinlandsprodukt (BIP)

2.3.1 BIP von der Entstehungsseite

Das Bruttoinlandsprodukt zu Marktpreisen (BIP) von der Entstehungsseite misst die gesamtwirtschaftliche Bruttowertschöpfung und somit das **gesamtwirtschaftliche Angebot**. In der Entstehungsrechnung (ESVG, 2010, S. 25, vgl. auch 8.89, S. 315) ist es die

„… Summe der Wertschöpfung aller Waren und Dienstleistungen produzierenden Wirtschaftsbereiche zuzüglich der Gütersteuern und abzüglich der Gütersubventionen".

➤ Das **BIP** von der **Entstehungsseite** misst den Wert aller innerhalb einer Pevriode im Inland produzierten Güter (Waren und Dienstleistungen) abzüglich der Vorleistungen.

Wird das *nominale* **BIP** inflationsbereinigt, so erhält man das *reale* **BIP**. Der **Deflator** ist der Quotient aus dem nominalen BIP dividiert durch das reale BIP.

Die **Veränderungsrate** des *realen* **BIP** von einem Jahr zum anderen misst das jährliche **Wirtschaftswachstum**.

Das BIP von der Entstehungsseite ist im Nationalen Produktionskonto in Tab. 2.18 abzulesen.

Der **gesamtwirtschaftliche Produktionswert (Bruttowertschöpfung)** entspricht der Summe aller einzelwirtschaftlichen Bruttowertschöpfungen (Summe aller Produktionswerte sämtlicher Unternehmen) abzüglich der Vorleistungen und Importe. Jene müssen subtrahiert werden, um Doppelzählungen zu vermeiden: Denn Vorleistungs*verkäufe* der einen Unternehmung sind gleichzeitig Vorleistungs*käufe* einer anderen Unternehmung: Addieren wir sämtliche Vorleistungskäufe und ziehen davon die Summe aller

Tab. 2.18 BIP von der Entstehungsseite

BIPEntstehung:			gesamtwirtschaftlicher Produktionswert
		–	Vorleistungen
		–	Importe
	=		*Netto*inlandsprodukt zu *Faktor*kosten
		+	indirekte Steuern
		–	Subventionen
	=		*Netto*inlandsprodukt zu *Markt*preisen
		+	Abschreibungen
	=		*Brutto*inlandsprodukt zu *Markt*preisen (BIP)

Vorleitungsverkäufe ab, liegt der gesamtwirtschaftliche Saldo bei null. Importe müssen abgezogen werden, da sie nicht im Inland (genauer: von Inländern) hergestellt worden sind. Somit erfasst die Bruttowertschöpfung nur den jeweiligen **Mehrwert** inländischer Produktion.

2019 betrug das deutsche BIP € 3,45 Billionen, das heißt € 3450 Milliarden, somit € 41.500 pro Kopf (vgl. destatis 2020: VGR, Inlandsprodukt). Damit lag Deutschlands Anteil am BIP der Europäischen Union (EU-27) bei 25 Prozent, am BIP der Europäischen Währungsunion (Euro-19) bei 30 Prozent. Die Bruttowertschöpfung lag bei € 3,1 Billionen, die indirekten Steuern abzüglich der Subventionen beliefen sich auf etwa € 350 Milliarden. Im Corona-Jahr 2020 sank das BIP auf € 3,34 Billionen (vgl. destatis, 2021).

Die drei Wirtschaftssektoren trugen mit unterschiedlichen Anteilen zur Bruttowertschöpfung bei, wie in Tab. 2.19 zu sehen ist.

Mit einem Anteil an der Bruttowertschöpfung von knapp 70 Prozent ist der tertiäre Sektor, der Dienstleistungssektor, der bedeutendste Sektor für die deutsche Volkswirtschaft. Dieser Wert erscheint hoch, ist für ein Industrieland aber nicht außergewöhnlich. Im Gegenteil: Der Anteil des sekundären Sektors, des Industriesektors einschließlich des Baugewerbes, spielt in Deutschland mit 30 Prozent im Vergleich zu vielen anderen Industrieländern eine relativ große Rolle. Der Beitrag des primären Sektors, des Agrarsektors, zur gesamtwirtschaftlichen Wertschöpfung macht nicht einmal ein Prozent aus. Dies ist vor dem Hintergrund bemerkenswert, dass über die Hälfte der Mittel aus dem EU-Haushalt (nicht nur über den Agrarfonds) für den landwirtschaftlichen Sektor ausgegeben werden.

2.3.2 BIP von der Verwendungsseite

Das **BIP** von der **Verwendungsseite** misst, wie die gesamtwirtschaftliche Bruttowertschöpfung *verwendet* wird, und zeigt somit die **gesamtwirtschaftliche Nachfrage**. In der Verwendungsrechnung ist es die

„… Gesamtheit der letzten Verwendung, die entweder dem Konsum der Produktion der Volkswirtschaft dient oder als Vermögenszugang wirkt, zuzüglich der Exporte vermindert um die Importe von Waren und Dienstleistungen"

(ESVG, 2010, S. 25–26, vgl. auch 8.89, S. 315). Das BIP von der Verwendungsseite ist auf der Habenseite des Nationalen Produktionskontos in Tab. 2.20 abzulesen.

In der Wirtschaftstheorie verwenden wir diese Gleichgewichtsbedingung für den Gütermarkt in Gleichungsform:

$$Y = C + I + G + Ex^{net} \qquad (2.4)$$

Dabei bedeuten:

Y:	Einkommen („yield" – „Ertrag"), $BIP_{Verwendung}$
C:	Konsum („consumption")
I:	Investitionen („investment")
G:	staatlicher Konsum, Staatsausgaben („government expenditures")
Ex:	Exportwert („value of exports")
Im:	Importwert („value of imports")
Ex^{net}:	Außenbeitrag = Exportwert minus Importwert („value of net exports")

Tab. 2.19 Anteile der Wirtschaftssektoren und -zweige an der Bruttowertschöpfung (vgl. destatis, 2020, S. 9, 11)

Wirtschaftssektoren	Wirtschaftszweige	Anteil des Wirtschaftszweigs am BIP 2019	Anteil des Wirtschaftssektors am BIP 2019
Primärer Sektor (Landwirtschaft)	Landwirtschaft, Forstwirtschaft, Fischerei	0,8 %	0,8 %
Sekundärer Sektor (Industrie)	Verarbeitendes Gewerbe	25 %	30 %
	Baugewerbe	5 %	
Tertiärer Sektor (Dienstleistungen)	Öffentliche Dienstleistungen, Erziehung, Gesundheit	19 %	69 %
	Handel, Verkehr, Gastgewerbe	16 %	
	Unternehmensdienstleistungen	11 %	
	Grundstücks- und Wohnungswesen	10 %	
	Information und Kommunikation	5 %	
	Finanzdienstleistungen und Versicherungen	4 %	
	Sonstige Dienstleistungen	4 %	

Tab. 2.20 BIP von der Verwendungsseite

BIP Verwendung:		(privater) Konsum
	+	(Brutto-) Investitionen
	+	staatlicher Konsum
	+	Außenbeitrag (Exporte minus Importe)
	=	Bruttoinlandsprodukt zu Marktpreisen

Die Bestandteile der gesamtwirtschaftlichen Nachfrage trugen mit unterschiedlichen Anteilen zum Bruttoinlandsprodukt bei, wie in Tab. 2.21 zu erkennen ist.

Der größte Bestandteil der gesamtwirtschaftlichen Nachfrage ist der private Konsum, der über die Hälfte ausmacht, gefolgt von den privaten Investitionen und dem Staatskonsum, die jeweils mit einem Fünftel zur aggregierten Nachfrage beitragen. Der Außenbeitrag, das heißt der Nettoexportwert, ist mit einem Anteil 6 Prozent am BIP einer der höchsten der Welt. Die Außenhandelsrate Deutschlands liegt bei über 40 Prozent und belegt, dass Deutschland eine relativ offene, also im Welthandel aktive Volkswirtschaft ist.

2.3.3   BIP von der Verteilungsseite

Das **BIP** von der **Verteilungsseite** zeigt, wie sich das **Volkseinkommen** auf die Arbeitnehmer, Un-

ternehmer und Vermögensbesitzer *verteilt*. In der Verteilungsrechnung ist es die

> „… Summe aller Einkommen aus der Produktion von Waren und Dienstleistungen zuzüglich der Produktions- und Importabgaben und abzüglich der Subventionen"

(ESVG, 2010, S. 26, vgl. auch 8.89, S. 315). Das BIP von der Verteilungsseite ist in Tab. 2.22 zu sehen.

Sind die Primäreinkommen aus dem Ausland – die Differenz aus den Faktoreinkommen von Inländern aus dem Ausland minus den Faktoreinkommen von Ausländern aus dem Inland – positiv, so ist das Bruttonationaleinkommen (BNE) größer als das Bruttoinlandsprodukt (BIP). Dies ist in Deutschland der Fall. 2019 betrug die Differenz ungefähr € 100 Milliarden, etwa 3 % des BIP. Dieses Einkommen stammt weniger aus Erwerbstätigkeit Deutscher im Ausland, sondern vielmehr aus den Zinsen, Dividen-

Tab. 2.21 Anteile der Bestandteile der gesamtwirtschaftlichen Nachfrage am BIP in Deutschland 2019 (vgl. destatis, 2020, S. 9)

Bestandteile der gesamtwirtschaftlichen Nachfrage	Anteil am BIP
privater Konsum	52 %
private Investitionen	21 %
Staatskonsum	21 %
Außenbeitrag Exportwert: 46 % Importwert: 40 %	6 %

den und Gewinnen aus dem deutschen Auslandsvermögen. Zwischen 2003 und 2019 hat sich das Nettoauslandsvermögen der Deutschen innerhalb von nur 16 Jahren auf 2 Billionen Euro verhundertfacht (vgl. Petersen, 2019).

In den meisten Ländern macht die Differenz zwischen dem BIP und dem BNE nur wenige Prozentpunkte aus. Allerdings steigen im Zuge zunehmender internationaler Arbeitsteilung diese Unterschiede. Sind diese groß, verliert die Interpretation des BIP als Wohlstandsindikator an Aussagekraft: Beispielsweise gilt Luxemburg als reichstes europäisches Land und als eines der reichsten Länder der Welt, weil es in den BIP-Statistiken Spitzenplätze einnimmt. Im Großherzogtum mit seinen 600.000 Einwohnern ist das BNE jedoch um 30 Prozent niedriger als das BIP (vgl. Petersen, 2019). Dies liegt daran, dass viele – im BIP, aber nicht im BNE berücksichtigte – Ausländer, die ihr Geld innerhalb der Grenzen dieses Kleinstaats verdienen, ihr Einkommen in ihre Heimatländer überweisen. Diese Einkommen gehen Luxemburg verloren. Dies bedeutet, dass Luxemburger – vereinfacht ausgedrückt – um 30 Prozent ärmer sind als es die BIP-Statistik aussagt.

Die Verteilung des BIP ist in Tab. 2.23 abzulesen.

Drei Viertel des BIP werden als Volkseinkommen verteilt, der Rest entfällt auf Abschreibungen und indirekte Steuern minus Subventionen. Davon zu subtrahieren sind die Primäreinkommen aus dem Ausland.

Gewinne können nicht nur von Unternehmern, sondern auch von Arbeitnehmern bezogen werden, wenn diese beispielsweise Dividenden er-

halten. Dies bedeutet, dass ein Anstieg des Anteils der Arbeitnehmer am Produktivvermögen, was sozialpolitisch erwünscht ist, dazu führt, dass – statistisch gesehen – der (Gewinn-) Anteil der „Unternehmenseinkommen" am Volkseinkommen steigt, was sozialpolitisch unerwünscht ist.

Das deutsche Bruttoinlandsprodukt stieg im Jahr 2014 von einem Tag auf den anderen um knapp drei Prozent (damals 80 Milliarden Euro), als einige vorher nicht im BIP erfasste Bereiche wirtschaftlicher Aktivität geschätzt und dem BIP zugerechnet wurden, nämlich unter anderem:

- Prostitution,
- Tabakschmuggel,
- Drogenhandel.

Bei internationalen BIP-Vergleichen sind Unterschiede in den verschiedenen Ländern zu berücksichtigen, die im BIP keine Berücksichtigung finden, so vor allem das Ausmaß von Subsistenzwirtschaft und Schwarzarbeit.

2.3.4 BIP als Wohlfahrtsindikator

Das BIP ist die bedeutendste makroökonomische Größe, um die Wohlfahrt eines Landes messbar zu machen. Reiche und arme Staaten werden in der Regel anhand ihres BIP per capita (pro Kopf) unterschieden. Dies geschieht, obwohl Ökonomen sich der Defizite des BIP-Konzepts durchaus bewusst sind:

Die Orientierung am BIP ist mit einigen Problemen verbunden: Seine Höhe ist abhängig von der **Produktion**, nicht von der Wirkung der Güter.

Medizin kann gut oder schlecht sein

Die Produktion von Tabletten wird im BIP in gleicher Weise berücksichtigt, unabhängig davon, ob die Tabletten der Gesundheit oder dem Tablettenmissbrauch dienen. ◄

Das BIP erfasst nur die *marktgerichtete* **Produktion**, nicht eine gleichwertige Produktion au-

Tab. 2.22 BIP von der Verteilungsseite

	BIPVerteilung:
	Brutto-Arbeitnehmerentgelte
–	Arbeit*geber*beiträge zur Sozialversicherung
=	**Bruttolöhne und -gehälter**
–	direkte Steuern (Lohn- und Einkommensteuer)
–	Arbeit*nehmer*beiträge zur Sozialversicherung
=	**Nettolöhne und -gehälter**
+	Unternehmen- und Vermögenseinkommen
=	Volkseinkommen
=	**Nettonationaleinkommen zu Faktorkosten (NNEF)**
+	indirekte Steuern
–	Subventionen
=	**Nettonationaleinkommen zu Marktpreisen (NNEM)**
+	Abschreibungen
=	**Bruttonationaleinkommen zu Marktpreisen (BNE)**
=	Bruttonationalprodukt zu Marktpreisen (BNP)
=	Bruttoinländerprodukt zu Marktpreisen (BNE)
–	Primäreinkommen aus dem Ausland (Faktoreinkommen von Inländern aus dem Ausland minus Faktoreinkommen von Ausländern aus dem Inland)
=	**Bruttoinlandsprodukt zu Marktpreisen (BIP)**

Tab. 2.23 Verteilung des Bruttoinlandsprodukts in Deutschland 2019 (vgl. destatis, 2020, S. 9)

		Anteil am BIP	Anteil am BIP
Volkseinkommen			75 %
	Arbeitnehmerentgelte	54 %	
	Unternehmens- und Vermögenseinkommen	21 %	
Abschreibungen			18 %
indirekte Steuern minus Subventionen			10 %
Primäreinkommen aus dem Ausland	Faktoreinkommen der Inländer aus dem Ausland minus Faktoreinkommen der Ausländer aus dem Inland (zu subtrahieren)		3 %

ßerhalb des Marktes. Dies kann zu paradoxen Ergebnissen führen.

Freunde sind schlecht für das BIP

Klagt man einem Psychotherapeuten sein Leid, wirkt sich dies positiv auf das BIP aus, weil der Psychotherapeut bezahlt wird. Klagt man einem Freund sein Leid, wirkt sich dies nicht auf das BIP aus, weil der Freund, sofern er denn einer ist, sich für sein aktives Zuhören nicht bezahlen lässt. Für glücklicher halten wir in der Regel aber jemanden, der Freunde hat, bei denen Sorgen abgeladen werden können. ◄

Mit dem BIP wird kein qualitativer, sondern ein *quantitativer* Ansatz verfolgt. Dadurch wird das Augenmerk auf *messbare* Größen gelenkt, die jedoch die *relevanten* (qualitativen) Variablen nicht immer adäquat quantifizieren.

Mehr Bildungsausgaben bedeuten nicht immer mehr Bildung

Steigen die Bildungsausgaben, schlagen sich diese zusätzlichen Ausgaben im BIP nieder, auch wenn die Bildung an sich nicht gesteigert wird. Erhöht sich der Bildungsgrad von Schülern beispielsweise dadurch, dass die Qualität des Unterrichts gesteigert wird, ohne dass dies ausgabewirksam wird, ist der an sich wünschenswerte Bildungserfolg nicht im BIP ersichtlich. Ceteris paribus wird die Verschwendung von Geldern im Bildungsbereich ohne signifikante Qualitätsverbesserungen als wohlfahrtssteigernd erfasst, die Qualitätssteigerung, die keine finanziellen Lasten mit sich bringt, hingegen nicht. ◄

Staatliche **Produktion** wird im Vergleich zu privater Produktion verzerrt dargestellt. Denn weil der Staat viele Leistungen anbietet, für die er keine Marktpreise erhält, wird staatliche Produktion oft nicht zu (höheren) Marktpreisen, sondern zu (niedrigeren) Faktorkosten bewertet.

Staatliche Produktion wird zu niedrig bewertet

Zur staatlichen Produktion von Dienstleistungen zählen Bildungsangebote an öffentlichen Hochschulen. Da für das Studium keine Marktpreise entrichtet werden, sondern das Studieren in Deutschland weitgehend gebührenfrei ist, wird die staatliche Produktion dieser Dienstleistung nur zu Faktorkosten erfasst. ◄

Externalitäten, sei es in Form positiver, sei es in Form negativer externer Effekte, werden im BIP nur unzureichend, zum Teil sogar widersinnig berücksichtigt.

Externe Effekte verändern den Gesamtnutzen

Einrichtungen, die Kinder- und Jugendsport anbieten, sorgen – sozial betrachtet – für positive externe Effekte (externe Nutzen), weil die Minderjährigen etwas für ihre Gesundheit tun, lernen, soziale Verantwortung zu übernehmen, und „weg von der Straße" sind. Diese soziale Funktion genießt durchaus staatliche Wertschätzung, beispielsweise durch die Anerkennung der Gemeinnützigkeit und der damit verbundenen Befreiung von der Umsatzsteuer. ◄

Wenn ein Gut *gekauft* wird, schlägt es sich im BIP nieder, nicht, wenn es *genutzt* wird.

Kauf bedeutet nicht immer Konsum

Wird ein Buch zu Weihnachten gekauft, steigt das BIP desselben Jahres. Wird es im Januar gelesen, ändert sich das BIP des Folgejahres gar nicht, obwohl der Hauptnutzen im Folgejahr anfällt. ◄

Die **Glückseligkeit** der Menschen hängt nicht nur von Waren und Dienstleistungen ab, die im BIP erfasst werden, sondern von vielen anderen Dingen, die in der Volkswirtschaftlichen Gesamtrechnung nicht berücksichtigt werden.

Ein höheres BIP macht nicht immer glücklicher

Drei Stunden in freier Natur machen vielleicht glücklicher, erhöhen jedoch nicht das BIP, drei Stunden im Kino lassen das BIP steigen.

Ausschlaggebend für das Wirtschaftswachstum ist nur die Frage, ob das BIP steigt oder fällt, nicht aber, *warum* es steigt oder fällt: Alle Güter entziehen sich einer ethischen Bewertung, obwohl sich **meritorische Güter** („verdienstvolle" Güter) wie frisches Gemüse, deren Nutzen von den Individuen *unter*schätzt wird, beispielsweise positiv auf die Gesundheit auswirken, während sich **demeritorische Güter** („schlechte" Güter) wie Zigaretten, deren Nutzen von den Individuen *über*schätzt wird, negativ auf die Gesundheit auswirken.

Das Konzept der **Nachhaltigkeit** schlägt sich nicht im BIP nieder: Das BIP kann sich erhöhen, auch wenn es schädlich für die nachhaltige Entwicklung ist: Die Abholzung der Regenwälder in Brasilien, im Kongo oder in Indonesien mag das BIP dieser Länder kurz- und mittelfristig erhöhen, langfristig entzieht es nicht nur diesen Ländern einen Teil ihrer ökologischen und ökonomischen Lebensgrundlage.

In internationalen Statistiken, in denen Werte zumeist in US-Dollar gemessen werden, hängt das **BIP nach Wechselkursen** eben auch von der Wechselkursentwicklung ab: Wertet die Währung eines Landes ab, sinkt unter sonst gleichen Bedingungen sein in US-Dollar gemessenes BIP, wertet die inländische Währung auf, steigt sein in US-Dollar gemessenes BIP. Somit ist bei Änderungen des BIP nach Wechselkursen nicht ersichtlich, ob die Änderung des BIP primär realwirtschaftliche oder monetäre Ursachen hat. Zudem ist die Vergleichbarkeit eingeschränkt, weil beispielsweise mit

$ 1000 in Indien ein höherer Lebensstandard erreicht werden kann als mit $ 1000 in den USA.

Um diese Preisniveauunterschiede zu berücksichtigen, wird die gesamtwirtschaftliche Wertschöpfung im **BIP nach Kaufkraftparitäten** (KKP, PPP für „Purchasing Power Parity") erfasst. Das Referenzland sind die Vereinigten Staaten von Amerika, deren BIP nach Wechselkursen identisch ist mit ihrem BIP nach Kaufkraftparitäten. Zahlt beispielsweise ein Inder für einen Güterkorb nur ein Drittel dessen, was ein US-Amerikaner für einen vergleichbaren Güterkorb zu zahlen hat, wird das indische BIP zu Wechselkursen mit drei multipliziert, um das indische BIP zu Kaufkraftparitäten zu erhalten. Aufgrund unterschiedlicher Preisniveaus können sich die Bruttoinlandsprodukte nach Wechselkursen beziehungsweise nach Kaufkraftparitäten stark unterscheiden: „Teure" Länder wie Norwegen müssen Abzüge in Kauf nehmen, wenn sie ihr BIP nach Wechselkursen in ihr BIP nach Kaufkraftparitäten umrechnen. „Billige" Länder wie Indonesien berücksichtigen Zuschläge, um vom BIP nach Wechselkursen zum BIP nach Kaufkraftparitäten zu gelangen. Wird das BIP nach Wechselkursen zugrunde gelegt, sind zu Beginn der 2020er Jahre die USA noch die größte Volkswirtschaft der Welt, und Deutschland liegt nach den USA, China und Japan auf Platz vier der globalen Rangliste. Wird jedoch das BIP nach Kaufkraftparitäten zugrunde gelegt, ist China die größte Volkswirtschaft der Welt, und Deutschland liegt hinter Indien auf dem fünften Platz.

Wegen der Mängel des BIP-Konzepts werden seit den 1970er-Jahren immer wieder Versuche unternommen, das BIP als Wohlfahrtsindikator durch andere Indikatoren abzulösen. Gleichwohl hat sich das BIP bis heute behauptet: Zum einen sind alternative Wohlfahrtsindikatoren ebenfalls mängelbehaftet, so zum Beispiel

- bei der **Auswahl** der Kriterien (Steht eine hohe Scheidungsrate im negativen Sinne für eine geringe Lebenszufriedenheit oder im positiven Sinne für eine hohe finanzielle Unabhängigkeit von Frauen?);

- bei der Frage nach dem **Vorzeichen der Korrelation** (Kommen statt 1000 Menschen auf einen Arzt nur noch 500 Menschen auf einen Arzt, wird dies positiv gesehen, kommen nur 100 Menschen auf einen Arzt, wird dies negativ gesehen, weil nun zu viele Ärzte tätig sind);
- bei der Frage nach der **Gewichtung** der Kriterien (Wieviel wichtiger ist eine gute Trinkwasserserversorgung als eine gute Infrastruktur der Verkehrswege?).

„Überlebt" hat das BIP zum einen, weil die Möglichkeiten zur **Willkür geringer** sind als bei der Auswahl und Gewichtung der Wohlfahrtsindikatoren.

Zum anderen stellt sich die Frage nach der Notwendigkeit anderer Indikatoren, wenn diese mit der Höhe des BIP stark **korrelieren**: So sind die Länder, die im Human Development Index (HDI) oder im World Happiness Index (WHI) oder im Economic Freedom Index (EFI) oder im Korruptionswahrnehmungsindex (CPI) zur Spitzengruppe der „menschlich entwickelten", „glücklichen", „freiheitlichen", „wenig korrupten" Länder zählen, gleichzeitig die Länder, die ein hohes BIP pro Kopf aufweisen.

Wohlstandsindizes wie der Human Development Index (HDI), der Inequality-Adjusted Human Development Index (IHDI), der Better-Life Index (BLI), der Nationale Wohlfahrtsindex (NWI), der Legatum Prosperity Index (LPI) und die Global Wealth Reports (GWR) sowie Armutsindizes wie der Global Hunger Index (GHI), der Engel-Koeffizient, der Multidimensional Power Index (MPI), die Agenda 21 der UN, die Millennium-Entwicklungsziele sowie die 17 Ziele nachhaltiger Entwicklung (SDG), aber auch der World Happiness Index (WHI) und die Orientierung am „Weltinlandsglück" (GNH) stellen die Wohlfahrt eines Landes auf eine breitere Basis. Auch wenn die Kritik am BIP aufgrund der hohen Korrelation zwischen dem BIP pro Kopf und den Wohlfahrtsindizes zumindest in ihrer Schärfe nicht verfängt, erhalten sie dadurch ihre Berechtigung, dass sie detaillierte Einblicke in die wirtschaftliche und soziale Situation verschiedener Länder erlauben.

2.4 Wohlfahrtsindizes

2.4.1 Wohlstandsindizes

2.4.1.1 Human Development Index (HDI)

Mit Wohlfahrtsindizes wird das Ziel verfolgt, nicht nur das quantitative, sondern auch das qualitative Wirtschaftswachstum zu messen. Der Human Development Index (HDI) wird vom 1965 ins Leben gerufenen Entwicklungsprogramm der Vereinten Nationen (United Nations Development Programme, UNDP) seit 1990 in seinen Berichten zur menschlichen Entwicklung (Human Development Reports) jährlich publiziert (vgl. UNDP-HDR, 2020). Mit ihm wird das Ziel verfolgt, in den Vordergrund zu stellen, was Menschen „sein" („beings") können (z. B. satt sein, geschützt sein) und „tun" („doings") können (z. B. Arbeiten und Wählen). Die Wohlfahrt eines Landes wird somit nicht wie beim BIP allein am Wirtschaftswachstum festgemacht, sondern an „weichen" Faktoren. Als Ziehväter des HDI gelten der indische Wirtschaftsnobelpreisträger von 1998, Amartya Sen, sowie der pakistanische Ökonom und frühere Finanzminister (1985–1988) Mahbub ul Haq.

Der HDI setzt sich aus **drei Dimensionen** zusammen (vgl. UNDP-HDR, 2020, S. 360; UNDP-TN, 2020, S. 2):

1. Lebenserwartung („long and healthy life": „life expectancy at birth")
2. Bildung („knowledge": „expected years of schooling", „mean years of schooling")
3. Lebensstandard („decent standard of living": „estimated gross national income per capita")

Die **erste Dimension** eines langen und gesunden Lebens wird operationalisiert durch die Lebenserwartung bei der Geburt. Der **Lebenserwartungsindex** („life expectancy index") stellt eine adäquate Variable dar, um die Lebenslänge zu messen. Für die Messung eines „gesunden Lebens" fehlt jedoch eine Variable. „Gesundes Leben" wird somit nur indirekt über die Lebenserwartung gemessen, weil eine positive Korrelation beider Größen naheliegt.

Die **zweite Dimension** der Bildung wird anhand zweier Variabler gemessen, nämlich der erwarteten Jahre der Beschulung sowie des Medians der tatsächlichen Jahre der Beschulung der über 25-jährigen. Beide zusammen ergeben den **Bildungsindex** („Education Index"). Während das UNDP für die Bezeichnung der Dimension den Terminus „knowledge" verwendet, greift sie für die Bezeichnung des Index' auf „education" zurück. Allerdings kann Bildung nur unzureichend mit den Jahren der Beschulung gleichgesetzt werden. Internationale Bildungsvergleiche wie PISA (Programme for International Student Assessment) oder TIMSS (Trends in International Mathematics and Science Study) belegen, dass die Bildungsunterschiede von Schülern mit gleicher Beschulungsdauer gravierend sind und – curricular betrachtet – zum Teil mehrere Schuljahre ausmachen.

Die **dritte Dimension** eines angemessenen Lebensstandards wird ermittelt durch das in Kaufkraftparitäten gemessene Bruttonationaleinkommen pro Kopf. Der BNE-Index („GNI Index") stellt gegenüber dem Konzept des BIP – abgesehen davon, dass dieses nach dem Inlandskonzept und jenes nach dem Inländerkonzept ermittelt wird – keine Erweiterung dar.

Somit sind die einzigen beiden Größen, die der HDI im Gegensatz zum BIP beziehungsweise zum BNE aufnimmt, die

- Lebenserwartung,
- Beschulungsdauer.

Dass diese beiden Variablen zusammen mit dem durchschnittlichen Bruttonationaleinkommen die Vielfalt „menschlicher Entwicklung" annähernd abbilden sollen, ist fraglich. Sprachlich weckt der „Index menschlicher Entwicklung" Erwartungen, die er nicht erfüllt. Die Länder mit dem jeweils höchsten HDI (vgl. UNDP-HDR, 2020, Tab. 1, S. 343–346) weisen alle auch ein hohes BIP pro Kopf auf, sodass gute HDI-Ergebnisse mit guten BIP-Ergebnissen einhergehen. Diese Implikation gilt aber nicht umgekehrt: Von den Golfstaaten (Kuwait, Vereinigte Arabische Emirate, Katar, Bahrein, Oman, Saudi-Arabien), die alle ein sehr hohes BIP pro

Kopf aufweisen, schafft es beim HDI kein Land unter die Top 30. In der Spitzengruppe finden sich ausschließlich westliche Länder in Nord- und Mitteleuropa, Nordamerika und Ozeanien sowie einige ostasiatische Länder beziehungs- weise Regionen wie Hongkong, Singapur, Japan und Süd-Korea.

Bei den ostasiatischen Ländern spielt ihre konfuzianische Prägung eine große Rolle, da Konfuzius der Bildung höchste Bedeutung beige- messen hat. Deutschland ist ebenfalls in der Spit- zengruppe vertreten, weist es doch weltweit die längste Beschulungsdauer auf. Dies ist zum Teil auch dem Umstand geschuldet, dass der Schulbe- such in Deutschland grundsätzlich gebührenfrei ist, sodass positive Anreize für einen langen Schulbesuch bestehen. Länder mit den niedrigs- ten HDI liegen fast alle in Afrika. Diese afrikani- sche „Phalanx" wird nur durch die sehr armen Länder Jemen, Haiti und Afghanistan durchbro- chen.

2.4.1.2 Inequality-Adjusted Human Development Index (IHDI)

Seit 2010 ermittelt das UNDP zusätzlich zum HDI den **Inequality-Adjusted Human De- velopment Index (IHDI)**. Dieser berücksichtigt auch die Verteilung innerhalb der drei Dimensio- nen des HDI, Gesundheit, Bildung und Lebens- standard. Im Fall des Einkommensindex werden – je nach Datenlage im betreffenden Land – das verfügbare Einkommen oder der Kon- sum miteinbezogen.

Der IHDI setzt sich zusammen aus (vgl. UNDP-HDR, 2020, Tab. 3, S. 351–355; UNDP-TN, 2020, S. 4–6):

1. Angepasster Lebenserwartungsindex („Ine- quality-Adjusted Life Expectancy Index")
2. Angepasster Bildungsindex („Inequality-Ad- justed Education Index")
3. Angepasster Einkommensindex („Inequality- Adjusted Income Index")

Der IHDI, der sowohl die Wohlfahrt der be- trachteten – im Jahr 2020 189 – Länder als auch die Verteilung der Wohlfahrt innerhalb der Bevölkerung zu berücksichtigen versucht, zeigt

noch deutlicher als der HDI, dass alle 14 pro- testantisch geprägten Länder, die sich ja durch eine egalitäre Kultur auszeichnen, in denen die Teilhabe der Bevölkerung eine große Rolle spielt, über eine sehr hohe Wohlfahrt verfügen (vgl. UNDP-HDR, 2020, Tab. 3, S. 351–355). In diese Phalanx brechen nur die beiden konfuzia- nisch geprägten Inseln Hongkong und Singapur sowie das mehrheitlich katholisch geprägte Belgien ein.

Die Länder mit einem sehr hohen IHDI sind Länder mit

- einem hohen Pro-Kopf-Einkommen,
- einem breiten Mittelstand,
- einer egalitären Kultur (bis auf Hongkong und Singapur),
- geringer Korruption.

Am unteren Ende lagen 2020 neben dem Je- men, dem ärmsten arabischen Land, dem bürger- kriegsgeplagten Afghanistan sowie Haiti, dem ärmsten lateinamerikanischen Staat, 30 afrikani- sche Länder. Kein einziger afrikanischer Staat, mit Ausnahme der beiden mehrere hundert Kilo- meter vom Festland entfernten Inselreiche Mauri- tius und Seychellen, war in der „besseren" Hälfte zu finden, kein einziges europäisches Land in der „schlechteren" Hälfte, obwohl jeweils mehr als ein Viertel aller unabhängigen Staaten der Welt in Afrika beziehungsweise in Europa liegen.

2.4.1.3 Better-Life Index (BLI)

Deutschland schneidet traditionell relativ gut ab und gehört zu den Top Ten. Der Better-Life Index (BLI) der OECD setzt sich aus den folgenden Komponenten zusammen (vgl. BLI, 2021):

1. Wohnen („Housing")
2. Einkommen („Income")
3. Arbeitsplätze („Jobs")
4. Gemeinsinn („Community")
5. Bildung („Education")
6. Umwelt („Environment")
7. Bürgerliches Engagement („Civic Engage- ment")
8. Gesundheit („Health")
9. Lebenszufriedenheit („Life Satisfaction")

10. Sicherheit („Safety")
11. Work-Life Balance („Work-Life Balance")

Die drei besten Werte weist Deutschland in den folgenden Kategorien auf:

1. Umwelt
2. Gemeinsinn
3. Sicherheit

Die drei schlechtesten Werte weist Deutschland in folgenden Kategorien auf:

1. Bürgerliches Engagement (Wahlbeteiligung)
2. Einkommen
3. Lebenszufriedenheit

Die relativ schlechten Werte für das „bürgerliche Engagement" beruhen auch auf einer Verzerrung: Denn im BLI wird nur die Wahlbeteiligung gemessen. In einigen Staaten besteht eine Wahlpflicht, zum Teil sogar mit einem zusätzlichen freien Tag. In Deutschland besteht Wahlfreiheit, sodass die Wahlbeteiligung ceteris paribus niedriger ausfällt als in Staaten mit einer Wahlpflicht. Andere Aspekte, die mit bürgerlichem Engagement assoziiert werden, wie beispielsweise ehrenamtliche Tätigkeiten in Vereinen, Schulzirkeln, Altenheimen, Pflegeheimen, Krankenhäusern, Hospizen, Kinderheimen, Sozialstationen, Kirchen, Flüchtlingsunterkünften und anderen sozialen Einrichtungen werden nicht berücksichtigt.

2.4.1.4 Nationaler Wohlfahrtsindex (NWI)

Der Nationale Wohlfahrtsindex (NWI) wurde im Auftrag des Umweltbundesamtes im Jahr 2009 entwickelt. Er berücksichtigt insgesamt 20 Faktoren (vgl. NWI, 2021). Positiv auf die Wohlfahrt eines Landes wirken sich beispielsweise aus:

- ein geringeres Maß an ungleicher Einkommensverteilung;
- eine sinkende marginale Konsumquote, weil dann Menschen mit geringerem Einkommen überproportional stark konsumieren;

- Hausarbeit, die mit gut drei Stunden täglicher Zeit und einem BIP-Anteil von 20 Prozent bewertet wird;
- ehrenamtliche Tätigkeit, die mit knapp 20 Minuten täglicher Zeit und einem BIP-Anteil von 5 Prozent bewertet wird (und somit im NWI pro Zeiteinheit ungefähr doppelt so „wertvoll" ist wie Hausarbeit);
- öffentliche Ausgaben für das Gesundheits- und Bildungswesen.

▶ Die *durchschnittliche* **Konsumquote** misst den (prozentualen) Anteil des Konsums am *gesamten* Einkommen.

▶ Die *marginale* **Konsumquote** misst (nach einer Einkommenserhöhung) den (prozentualen) Anteil des Konsums am *zusätzlichen* Einkommen.

Negativ schlagen beispielsweise zu Buche:

- Ausgaben für Gebrauchsgüter abzüglich ihres monetarisierten Nutzens;
- Kosten, die entstehen durch Verkehrsunfälle, Kriminalität, Konsum von Alkohol, Tabak und Drogen, Luftverschmutzung, Lärm, Wasserbelastungen, Bodenbelastungen, andere Umweltbelastungen, Verluste an landwirtschaftlicher Nutzfläche und Biotopen, Verbrauch nicht erneuerbarer Energieträger, Fahrten zwischen Wohnung und Arbeitsstätte, Treibhausgase sowie Kernenergie.

Im Gegensatz zum BIP versucht der Nationale Wohlfahrtsindex, positive wie negative Werte nachhaltigen Wirtschaftens zu erfassen.

2.4.1.5 Legatum Prosperity Index (LPI)

Seit 2007 ermittelt das Legatum Institute den Legatum Prosperity Index (LPI), der die Prosperität eines Landes zu quantifizieren versucht (vgl. LPI, 2020, S. 4, 15, 16, 35), und zwar anhand von 3 Bereichen („domains"), unterteilt in insgesamt 12 Säulen („pillars"), unterteilt in insgesamt 66 Elemente („elements"), unterteilt in insgesamt 294 Indikatoren („indicators").

Folgende 12 Säulen beeinflussen diesen Index:

I. Inklusive Gesellschaften
1. Sicherheit („safety and security")
2. Persönliche Freiheit („personal freedom")
3. Regierungsführung („governance")
4. Sozialkapital („social capital")

II. Offene Volkswirtschaften
5. Investitionsklima („investment environment")
6. Unternehmerisches Umfeld („enterprise conditions")
7. Marktzugang und Infrastruktur („market access and infrastructure")
8. Ökonomische Qualität („economic quality")

III. Empowerment des Humankapitals („empowered people")
9. Lebensbedingungen („living conditions")
10. Gesundheit („health")
11. Bildung („education")
12. Ökologisches Umfeld („natural environment")

An der Spitze dieser Prosperitätsliste stehen die egalitär geprägten Länder, angeführt von den skandinavischen. Diese Phalanx wird nur von Singapur und Hongkong durchbrochen (vgl. LPI, 2020, S. 16). Deutschland belegt Rang 8. Besonders gut schneidet die größte europäische Volkswirtschaft bezüglich ihrer Lebensbedingungen, ihrer ökonomischen Qualität, ihres unternehmerischen Umfeldes sowie ihres freien Marktzugangs und ihrer Infrastruktur ab. Global betrachtet immer noch gut, aber im Vergleich zu den anderen Kriterien ist die traditionell (vgl. LPI, 2007, S. 5) schwächste Säule die Bildung. Dieses Ergebnis mag überraschen, galt doch das Bildungssystem im „Land der Dichter und Denker" über Jahrzehnte hinweg als vorbildlich. Während den Deutschen – paradoxerweise besonders nach der Umsetzung zahlreicher Bildungsreformen – die Qualitäten im Dichten und Denken abhandengekommen sind, liegt auf Platz eins der Bildungsrangliste inzwischen Singapur, das auch in den Säulen Gesundheit, unternehmerisches Umfeld, Marktzugang und Infrastruktur die Ranglisten anführt und somit so oft die Nummer eins ist

wie kein anderes Land. Im Gesamtklassement schneidet dieser Stadtstaat nur deshalb nicht noch besser ab, weil er in den Säulen der persönlichen Freiheit und des ökologischen Umfeldes nur mäßig bewertet wird (vgl. LPI, 2020, S. 16). Diese beiden Dimensionen genießen zwar in Nord- und Mitteleuropa die höchste Wertschätzung, zählen aber nicht zu den entscheidenden Merkmalen des „asiatischen Modells", das sich durch einen paternalistischen Regierungsstil auszeichnet.

Im letzten Fünftel liegen – abgesehen von krisen- und kriegsgeschüttelten Ländern wie dem Jemen auf der arabischen Halbinsel, Syrien in der Levante, Afghanistan in Westasien, Haiti und Venezuela in der Karibik – nur afrikanische Staaten (vgl. LPI, 2020, S. 17). Diese schneiden in der Regel in allen Säulen des LPI schlecht ab. Die Beispiele sind selten, dass eines dieser wenig prosperierenden afrikanischen Länder wenigstens in einer von immerhin zwölf Säulen gut abschneidet, wie das beispielsweise für das Sozialkapital des Niger oder für die Sicherheit des westafrikanischen Guinea-Bissau gilt (vgl. LPI, 2020, S. 18).

Die hohe Bedeutung ordnungspolitischer Maßnahmen für die Prosperität eines Landes zeigt sich in herausragender Weise im östlichen Mitteleuropa, in Südost- und in Osteuropa: Sämtliche EU-Länder, die um ihrer EU-Mitgliedschaft willen Anpassungen ihrer politischen, wirtschaftlichen und sozialen Rahmenbedingungen haben vornehmen müssen, liegen vor allen anderen Staaten dieser Region, die nicht der Europäischen Union angehören (vgl. LPI, 2020, S. 25).

Bis auf die sechs im Golf-Kooperationsrat (Gulf Cooperation Council, GCC) zusammengeschlossenen Golfstaaten Saudi-Arabien, Kuwait, Bahrein, Katar, Vereinigte Arabische Emirate und Oman, deren Geldquellen aus ihren reichhaltigen Erdöl- und Erdgasquellen selbst bei schlechter Regierungsführung nicht versiegen, zählt kein einziges arabisches Land zur wohlhabenden Hälfte (vgl. LPI, 2020, S. 28). Israel hingegen ist der ökonomische „Star" dieser Region. Auf dem Festland der Sub-Sahara zählen sämtliche Länder zur global weniger prosperierenden Hälfte (vgl. LPI, S. 29). Nur die Kapverdischen

Inseln im Atlantik sowie die Seychellen und Mauritius im Indischen Ozean hellen das trübe Bild Afrikas etwas auf.

2.4.1.6 Global Wealth Report (GWR)

Das Forschungsinstitut der 1856 unter dem Namen Schweizerische Kreditanstalt (SKA) gegründeten Credit Suisse gibt seit 2010 in ihren Global Wealth Reports (GWR) einen Überblick über die weltweiten Vermögen Erwachsener.

Zwischen 2000 und 2020, einer Phase intensiver wirtschaftlicher Globalisierung, hat sich das globale Vermögen auf etwa 400 Billionen US-Dollar verdreifacht. Bis auf das Krisenjahr 2009 (globale Finanzkrise) ist das globale Vermögen stetig gewachsen (vgl. GWR, 2020, S. 7). Die durchschnittlichen Nettohaushaltsvermögen lagen vor Ausbruch der Corona-Krise weltweit bei etwa $ 77.000 (vgl. GWR, 2020, S. 5). China gelang 2021 der Aufstieg von der ärmeren in die reichere Hälfte. Nordamerika und Europa sind die beiden überdurchschnittlich reichen Kontinente, Asien einschließlich der Pazifikregion, Lateinamerika und Afrika die drei unterdurchschnittlich reichen Erdteile, wie Tab. 2.24 zeigt.

Die globale **Vermögensverteilung** weist starke Ungleichheiten auf: Ein Prozent der privaten Haushalte verfügt über fast genauso viel Vermögen wie die übrigen 99 Prozent. Ein Zehntel der privaten Haushalte verfügt über vier Fünftel des globalen Vermögens, sodass sich die übrigen 90 Prozent das letzte Fünftel teilen (vgl. GWR, 2020, S. 29). Anfang der 2020er-Jahre lebten über **1000 Dollarmilliardäre** auf der Erde, davon etwa die Hälfte in den USA (35 %) und in China (15 %). Noch vor Russland stand Deutschland an dritter

Stelle (vgl. GWR, 2020, S. 32). Von den **Dollarmillionären** lebten ebenfalls ungefähr die Hälfte in den USA (40 %) und in China (10 %). Beeindruckend ist das Ergebnis für die Schweiz: Von den sieben Millionen Schweizer Erwachsenen sind etwa eine Million Dollarmillionäre. In Deutschland mit 70 Millionen Erwachsenen zählen „nur" zwei Millionen zu den Dollarmillionären, ähnlich viele wie im Vereinigten Königreich und in Frankreich, die aber etwa ein Fünftel weniger Einwohner haben als Deutschland (vgl. GWR, 2020, S. 34).

2.4.2 Armutsindizes

2.4.2.1 Global Hunger Index (GHI)

Der Global Hunger Index (GHI) wird von der Welthungerhilfe sowie von Concern Worldwide herausgegeben (vgl. GHI, 2020). In die Berechnung dieses Index' fließen vier Komponenten ein, von denen sich drei auf Kinder unter fünf Jahren beziehen (vgl. GHI, 2019, S. 2):

1. Unterernährung („undernourishment")
2. Untergewicht von Kindern („child wasting")
3. Kleinwüchsigkeit (Nanismus) von Kindern („child stunting")
4. Kindersterblichkeit („child mortality")

Hunger ist immer noch ein großes Problem der Menschheit. Das zweite der 17 nachhaltigen UN-Entwicklungsziele, die Ausmerzung des Hungers in der Welt bis zum Jahr 2030, scheint ein Jahrzehnt zuvor unerreichbar zu sein (vgl. GHI, 2019, S. 2, 3; 2020, S. 7): Knapp 700 Millionen Menschen sind unterernährt. In zahlreichen Staaten ist Hunger ein ernsthaftes Problem. In der Subsahara sowie in Südasien ist der GHI mit etwa 27 am höchsten. Dieser Wert bedeutet, dass über ein Viertel der Bevölkerung an Hunger oder Unterernährung leidet. In einem Jahr sterben etwa 5 Millionen Kinder, in vielen Fällen („in many cases") an den Folgen von Unterernährung.

Gemessen am jeweiligen Bevölkerungsanteil leiden die Menschen in Zentralafrika, auf den Komoren und auf Madagaskar, außerhalb Afrikas in den asiatischen Ländern Jemen, Syrien,

Tab. 2.24 Durchschnittliches Nettohaushaltsvermögen in $ US-Dollar 2019 (in Anlehnung an GWR, 2020, S. 8; eigene Rundungen)

Kontinente	Durchschnittliches Nettohaushaltsvermögen 2019 in $
Nordamerika	450.000
Europa	160.000
Asien-Pazifik	60.000
Lateinamerika	30.000
Afrika	7000

Ost-Timor, Afghanistan, Nord-Korea und Indien sowie in Lateinamerika auf Haiti am stärksten unter Hunger (vgl. GHI, 2020, S. 9).

Um den Hunger erfolgreich zu bekämpfen, werden bis 2030 folgende Maßnahmen vorgeschlagen (vgl. GHI, 2020, S. 23):

- Sicherstellung eines Zugangs zu sicheren und nährstoffreichen Nahrungsmitteln in ausreichender Menge („Ensure access to safe, nutritious, and sufficient food for all"),
- Beendigung aller Formen von Mangelernährung („End all forms of malnutrion"),
- Verdoppelung der Nahrungsmittelproduktion und der Einkommen von Kleinbauern („Double smallholder food production and income"),
- Herstellung nachhaltiger und widerstandsfähiger Nahrungsmittelsysteme („Deliver sustainable, resilient food systems"),
- Aufrechterhaltung der Biodiversität in der landwirtschaftlichen Produktion („Maintain agrobiodiversity"),
- Erhöhung der Investitionen in die ländliche Infrastruktur und in Dienstleistungen auf dem Lande („Increase investment in rural infrastructure and services"),
- Korrektur beziehungsweise Vermeidung von Verzerrungen im Handel mit landwirtschaftlichen Erzeugnissen („Correct and prevent world agricultural trade distortions"),
- Sicherstellung der Funktionsfähigkeit von Nahrungsmittelmärkten („Ensure proper functioning of food commodity markets").

Diese Ziele verdeutlichen den ordnungspolitischen Handlungsbedarf: Freier Marktzugang, eine hohe Anreizkompatibilität, Nachhaltigkeit und Resilienz, die Förderung des ländlichen Raums, die Abkehr von Protektionismus, der Handelsverzerrungen hervorbringt sowie ein funktionsfähiger Wettbewerb sind Charakteristika einer Rahmenordnung, die dem Ziel des „Zero Hunger" dienlich sind.

2.4.2.2 Engel-Koeffizient

Der nach dem sächsischen Statistiker Christian Lorenz Ernst Engel (1821–1896) benannte

Engel-Koeffizient misst den Anteil der Ausgaben für Nahrungsmittel am gesamten verfügbaren Einkommen.

1857 formuliert Engel die beiden „Hauptsätze" des „Gesetzes der Dichtigkeit", das später unter dem Namen „Engelsches Gesetz" Berühmtheit erlangen wird (vgl. Engel, 1857). Der erste Hauptsatz lautet (Engel, 2021, S. 126):

> „1. Der Wohlstand eines Volks wird durch das Mittelmaß der Consumtion bestimmt. Einen je geringeren Procentsatz (unter übrigens gleichen klimatischen Verhältnissen) von sämtlichen Ausgaben die Ausgaben für Nahrung und für die physische Erhaltung überhaupt in Anspruch nehmen und zu nehmen brauchen, desto wohlhabender ist dies Volk und umgekehrt. Steigt das Mittelmaß der Consumtion in der Richtung der Verringerung der procentualen Quote der Ausgaben für Nahrung und physische Erhaltung überhaupt, so ist das ein Beweis des wachsenden Wohlstandes, fällt es, so ist es ein Beweis der Abnahme des Wohlstandes."

Mit dem zweiten Hauptsatz des Engelschen Gestzes gibt sich Engel als Gegner des Malthusianismus zu erkennen (Engel, 2021, S. 126):

> „2. Wenn die Bevölkerung eines Landes in der Zahl ihrer Producenten für jeden einzelnen Consumtionszweck parallel dem Mittelmaße der Consumtion wächst, so liegt in der wachsenden Verdichtung kein Hinderniß für ihren Wohlstand und für die Erhöhung desselben. Wenn aber die Bevölkerung eines Landes in der Zahl ihrer Producenten für jeden einzelnen Consumtionszweck nicht parallel diesem Mittelmaße wächst, so ist der Nachtheil durch die zunehmende Verdichtung um so größer, 1. je mehr sich das Verhältnis der Zusammensetzung der producierenden Bevölkerung überhaupt von jenem Mittelmaße zu Gunsten des einen und zu Ungunsten des anderen Consumtionszweckes entfernt; 2. je mehr die Zusammensetzung dahin neigt, daß die Producenten untauschbarer Dienstproducte) verhältnismäßig zahlreicher werden, als die Producenten tauschbarer Producte (Sachproducte)."

Gemäß dem Engelschen Gesetz ist die Höhe der Nahrungsmittelausgaben im Verhältnis zu den verfügbaren Einkommen ein einfacher und guter Indikator, um das Wohlstandsniveau eines Landes zu identifizieren. Nach Engel steigen die Ausgaben für Nahrungsmittel mit steigendem Einkommen nur unterproportional an. Solche Güter werden als

„relativ inferiore" (vgl. lateinisch: „inferior" – „der Untere", „der Minderwertige") Güter bezeichnet.

➤ Das **Engelsche Gesetz** (1857) lautet: Mit zunehmendem Einkommen sinkt der Anteil der Nahrungsmittelausgaben an den Gesamtausgaben.

In Deutschland liegt der Anteil der Nahrungsmittelausgaben (ohne Genussmittel sowie ohne Ausgaben in Restaurants – bei unter zehn Prozent.

2.4.2.3 Multidimensional Poverty Index (MPI)

Der Multidimensional Poverty Index (MPI) wird vom UNDP (United Nations Development Programme), dem 1965 ins Leben gerufenen Entwicklungsprogramm der Vereinten Nationen, ermittelt. Er setzt sich aus drei Dimensionen mit insgesamt zehn Indikatoren zusammen (vgl. UNDP-TN, 2020, S. 10–13):

1. Gesundheit („health")
   a. Ernährung („nutrition")
   b. Kindersterblichkeit („child mortality")
2. Bildung („education")
   a. Beschulungsdauer („years of schooling")
   b. Anteil der Schulkinder („school attendance")
3. Lebensstandard („standard of living")
   a. Zugang zu Elektrizität („electricity")
   b. Zugang zu sanitären Einrichtungen („sanitation")
   c. Zugang zu Trinkwasser („drinking water")
   d. angemessenes Wohnen („housing")
   e. modernes Kochmaterial („cooking fuel")
   f. Besitz von Gebrauchsgütern („assets")

Alle drei Dimensionen gehen zu jeweils einem Drittel in den Index ein. Die vier Indikatoren der beiden Dimensionen Gesundheit und Bildung tragen daher jeweils mit einem Gewicht von einem Sechstel, die sechs Indikatoren der Dimension Lebensstandard jeweils mit einem Gewicht von einem Achtzehntel (Lebensstandard) zum Multidimensionalen Armutsindex bei. Für jeden Haushalt der Stichprobe wird ermittelt, welche dieser Indikatoren er nicht erfüllt. Diese gehen mit ihrer entsprechenden Gewichtung in den „deprivation score" ein, der die Deprivation, also den Mangel misst. Haushalte, die auf einen MPI von mindestens einem Drittel kommen, das heißt, die eine Dimension beziehungsweise zwei (Gesundheit und Bildung) bis sechs (Lebensstandard) Indikatoren nicht erfüllen, gelten als multidimensional Arme. Menschen, die einen MPI von mindestens 0,5 aufweisen, gelten als in besonderem Maße arm.

Wichtige Ergebnisse lauten (vgl. UNDP-MPI, 2020, S. 3):

- Etwa 1,3 Milliarden Menschen leiden unter multidimensionaler Armut.
- Zwei Drittel der Armen leben in Ländern mit mittleren Durchschnittseinkommen.
- Zwei Drittel der Armen leben auf dem Land.
- Die Hälfte der Armen sind Kinder unter 18 Jahren.
- Jedes dritte Kind lebt in Armut.
- Jeweils über 40 Prozent der Armen leben in der Subsahara und in Südasien.
- Die 33 Länder mit den höchsten Armutsquoten (46 %–91 %) liegen alle in Afrika.
- Im Süd-Sudan und im Niger leben über 90 Prozent der Bevölkerung in Armut, in Somalia über 80 Prozent.
- Auch wenn in Indien noch etwa 30 Prozent der Bevölkerung zu den Armen gerechnet werden, haben zwischen 2010 und 2020 etwa eine Viertelmilliarde Inder diesen Status verlassen können.
- Nur drei Prozent der weltweit Armen leben in Lateinamerika, vor allem in Haiti, Guatemala und Honduras.

Mit 1,3 Milliarden Menschen gelten etwa ein Sechstel der Weltbevölkerung als multidimensional arm. Dass die Hälfte von ihnen unter 18 Jahre alt ist, ist der demographischen Struktur dieser armen Länder geschuldet: Während in Deutschland nur ein Sechstel der Bevölkerung minderjährig ist, ist es in den armen Regionen der Subsahara und Südasiens oft die Hälfte.

Dass doppelt so viele Arme in Ländern mit mittleren Durchschnittseinkommen leben als in Ländern mit niedrigen Durchschnittseinkommen ist ein Indiz dafür, dass die ungenügende Bekämpfung der globalen Armut nicht in erster Linie auf finanzielle Defizite zurückzuführen ist. Wenn als Diagnose weniger ein Problem des nationalen Ausgaben*niveaus*, sondern vielmehr ein Problem der nationalen Ausgaben*struktur* festgestellt wird, dann müssen erfolgversprechende Therapien weniger das Verteilen von Geldern im Sinn haben, sondern stärker auf Aspekte hinwirken, welche die Ausgabenstruktur beeinflussen. Dies ist zum Beispiel eine gute Regierungsführung („good governance") in diesen armen Staaten. Zum Beispiel hat das Land mit den meisten armen Menschen, Indien, nach den USA und China, aber noch vor Russland, weltweit die höchsten Militärausgaben (vgl. statista, 2021a, b).

Auch dieser Armutsindex macht deutlich, wo in der Welt Armut vor allem zu finden ist: in der Subsahara sowie in Südasien, dort vor allem in Indien, Pakistan und Bangladesch. Deutlich weniger verbreitet ist Armut in Lateinamerika (außer Haiti), in den meisten arabischen Ländern (außer dem Jemen), in Zentralasien, Südostasien (außer Ost-Timor) sowie in Ostasien (außer Nord-Korea). In Europa, Nordamerika sowie in Australien und Neuseeland betrifft multidimensionale Armut nur relativ wenige Menschen.

2.4.2.4 Agenda 21 und Millennium-Entwicklungsziele

Die auf dem Erdgipfel zur internationalen Klimapolitik in Rio de Janeiro 1992 beschlossene **Agenda 21** (vgl. UN-Agenda 21, 1992) stellt das „entwicklungs- und umweltpolitische Aktionsprogramm mit konkreten Handlungsempfehlungen für das 21. Jahrhundert" (BMZ, 2021) dar. Sie gliedert sich in vier große Teile:

1. Soziale und wirtschaftliche Dimensionen („Social and Economic Dimensions") (vgl. UN-Agenda 21, 1992, S. 4–75)
2. Erhaltung und Bewirtschaftung der Ressourcen für die Entwicklung („Conservation and Management of Resources for Development") (vgl. UN-Agenda 21, 1992, S. 76–269)
3. Stärkung der Rolle wichtiger Gruppen („Strengthening the Role of Major Groups") (vgl. UN-Agenda 21, 1992, S. 270–299)

4. Mittel zur Umsetzung („Means of Implementation") (vgl. UN-Agenda 21, 1992, S. 300–351)

Die **Millennium-Entwicklungsziele (Millennium Development Goals, MDG)** der UN wurden im Jahr 2001 verabschiedet und sollten bis 2015 erfüllt sein:

1. Bekämpfung von extremer Armut und Hunger („Eradicate extreme poverty and hunger")
2. Primarschulbildung für alle („Achieve universal primary education")
3. Gleichstellung der Geschlechter und Stärkung der Rolle der Frauen („Promote gender equality and empower women")
4. Senkung der Kindersterblichkeit („Reduce child mortality")
5. Verbesserung der Gesundheit von Müttern („Improve maternal health")
6. Bekämpfung von HIV/AIDS, Malaria und anderen (schweren) Krankheiten („Combat HIV/AIDS, malaria and other diseases")
7. Ökologische Nachhaltigkeit („Ensure environmental sustainability")
8. Aufbau einer globalen Partnerschaft für Entwicklung („Develop a global partnership for development")

Für jedes der acht Millennium-Entwicklungsziele der Vereinten Nationen werden – nach subjektiver Auswahl des Autors – jeweils zwei wichtige Erfolge beschrieben (vgl. UN-MDGR, 2015, S. 4–7). Sofern keine anderen Jahreszahlen genannt werden, beziehen sich die jeweiligen Erfolge ungefähr auf den Zeitraum zwischen 2000 und 2015:

Ziel I: Bekämpfung extremer Armut:
1. Bis Mitte der 1980er lebte über die Hälfte der Menschheit in extremer Armut, bis 2015 sank ihr Anteil auf etwa 10 %.
2. Die Zahl der extrem Armen, die definitionsgemäß von damals weniger als $ 1,25 pro Tag lebten, nahm um fast eine Milliarde Menschen ab.

Ziel II: Grundschulbildung:

1. Die Zahl der Kinder ohne Grundschulbildung verringerte sich um fast die Hälfte auf 57 Millionen Kinder.
2. Wurde in der Subsahara, der ärmsten Region der Welt, noch 1990 die Hälfte aller Kinder eines Jahrgangs nicht eingeschult, so lag diese Zahl ein Vierteljahrhundert später nur noch bei einem Fünftel.

Ziel III: Geschlechtergleichheit

1. Zwischen 1990 und 2015 wurden die geschlechtsspezifischen Ungleichheiten zwischen Mädchen und Jungen weitgehend beseitigt.
2. Der Anteil der weiblichen Beschäftigten (außerhalb des landwirtschaftlichen Sektors) an der Zahl aller Beschäftigten erhöhte sich bis 2015 auf über 40 %.

Ziel IV: Verringerung der Mortalitätsraten kleiner Kinder

1. Zwischen 1990 und 2015 halbierte sich die Mortalitätsrate kleiner Kinder unter 5 Jahren.
2. Durch die Masernimpfung wurden pro Jahr etwa eine Million Todesfälle vermieden.

Ziel V: Gesundheit von Müttern

1. Zwischen 1990 und 2015 halbierte sich die Müttersterblichkeit.
2. Der Anteil der durch Fachpersonal begleiteten Geburten stieg von 60 % auf 70 %.

Ziel VI: Kampf gegen Krankheiten

1. Die Zahl der HIV-Neuinfizierten sank um 40 % auf ca. 2 Millionen Menschen pro Jahr.
2. vDie Mortalitätsrate bei Malaria sank weltweit um über die Hälfte.

Ziel VII: Ökologische Nachhaltigkeit

1. Zwischen 1990 und 2015 sank die Verwendung von Substanzen, die für die Ozonschicht schädlich sind, um 98 %.
2. Die Zahl der Menschen mit Zugang zu Trinkwasser verdoppelte sich auf über 4 Milliarden.

Ziel VIII: Globale Partnerschaften

1. Die offizielle Entwicklungshilfe stieg um zwei Drittel auf 135 Milliarden US-Dollar jährlich.

2. Das Verhältnis des Schuldendienstes für Auslandsschulden zum Exportwert sank in Entwicklungsländern von 12 % auf 3 %.

Die Millennium-Ziele nachhaltiger Entwicklung sind noch lange nicht erfüllt, sodass die Menschheitsaufgabe bestehen bleibt, menschliches Leid zu vermindern. Bei allen Defiziten ist jedoch zu berücksichtigen, dass es in der gesamten Menschheitsgeschichte keine andere Phase gegeben hat, in der extreme Armut so erfolgreich bekämpft worden ist wie in den ersten Jahren des 21. Jahrhunderts, die sich durch ein zuvor nie gekanntes Ausmaß an ökonomischer Globalisierung auszeichneten. Vor dem Hintergrund dieses ersten und bedeutendsten Millennium-Ziels ist die zunehmende Skepsis gegenüber der Globalisierung aus ökonomischen, aber auch aus ethischen Gründen schwer nachzuvollziehen.

2.4.2.5 Sustainable Development Goals (SDG)

Im Jahr 2015 einigten sich die Vereinten Nationen auf **17 nachhaltige Entwicklungsziele** (Sustainable Development Goals), die bis zum Jahr 2030 erfüllt sein sollten. 15 unabhängige Experten sind mit Unterstützung der UNESCO (United Nations Educational, Scientific and Cultural Organization), des UNEP (United Nations Environment Programme), des UNDP (United Nations Development Programme), der UNCTAD (United Nations Conference on Trade and Development) sowie der Weltbank an der Erstellung des Berichts zur globalen nachhaltigen Entwicklung beteiligt (vgl. UN-GSDR, 2019, S. xix-xx).

Für die Transformation zu einer nachhaltigen Entwicklung sind die folgenden sechs Kriterien von herausragender Bedeutung (vgl. UN-GSDR, 2019, S. xxii-xxx):

1. Wohlstand und Leistungspotential („human well-being and capabilities")
2. nachhaltige und gerechte Volkswirtschaften („sustainable and just economies")
3. nachhaltige und gesunde Ernährung („sustainable food systems and healthy nutrition")

4. Dekarbonisierte und universell verfügbare Energie („energy decarbonisation with universal access")

5. Entwicklung der Städte und ihres Umlandes („urban and peri-urban development")

6. globale ökologische Gemeingüter („global environmental commons")

Die **17 UN-Ziele für nachhaltige Entwicklung** („Sustainable Development Goals", SDG) wurden 2015 in einer UN-Resolution festgeschrieben (vgl. UN-SDG, 2015, S. 14–27):

1. **Keine Armut** („No Poverty": „End of poverty in all ist forms everywhere")

2. **Kein Hunger** („Zero Hunger": „End hunger, achieve food security and improved nutrition and promote sustainable agriculture")

3. **Gesundheit und Wohlergehen** („Good Health and Well-Being": „Ensure healthy lives and promote well-being for all at all ages")

4. **Hochwertige Bildung** („Quality Education": „Ensure inclusive and equitable quality education and promote lifelong learning opportunities for all")

5. **Geschlechtergleichheit** („Gender Equality": „Achieve gender equality and empower all women and girls")

6. **Sauberes Wasser und Sanitäreinrichtungen** („Clean Water and Sanitation": „Ensure availability and sustainable management of water and sanitation for all")

7. **Bezahlbare und saubere Energie** („Affordable and Clean Energy": „Ensure access to affordable, reliable, sustainable and modern energy for all")

8. **Menschenwürdige Arbeit und Wirtschaftswachstum** („Decent Work and Economic Growth": „Promote sustained, inclusive and sustainable economic growth, full and productive employment and decent work for all")

9. **Industrie, Innovation und Infrastruktur** („Industry, Innovation and Infrastructure": „Build resilient infrastructure, promote inclusive and sustainable industrialization and foster innovation")

10. **Weniger Ungleichheiten** („Reduced Inequalities": „Reduce inequality within and among countries")

11. **Nachhaltige Städte und Gemeinden** („Sustainable Cities and Communities": „Make cities and human settlements inclusive, safe, resilient and sustainable")

12. **Nachhaltiger Konsum und nachhaltige Produktion** („Responsible Consumption and Production": „Ensure sustainable consumption and production patterns")

13. **Maßnahmen zum Klimaschutz** („Climate Action": „The urgent action to combat climate change and its impacts" [„Acknowledging that the United Nations Framework Convention on Climate Change is the primary international, intergovernmental forum for negotiating the global response to climate change"])

14. **Leben unter Wasser** („Life Below Water": „Conserve and sustainably use the oceans, seas and marine resources for sustainable development")

15. **Leben an Land** („Life On Land": „Protect, restore and promote sustainable use of terrestrial ecosystems, sustainably mange forests, combat desertification, and halt and reverse land degradation and hold biodiversity loss")

16. **Frieden, Gerechtigkeit und starke Institutionen** („Peace, Justice and Strong Institutions": „Promote peaceful and inclusive societies for sustainable development, provide access to justice for all and build effective, accountable and inclusive institutions at all levels")

17. **Partnerschaften zur Erreichung der Ziele** („Partnerships for the Goals": „strengthen the means of implementation and revitalize the Global Partnership for sustainable Development")

Die Ziele zur nachhaltigen Entwicklung sind zum Teil

- sprachlich nicht griffig (vgl. z. B. Nr. 6, 12, 16, 17) und somit weniger einprägsam als möglich;
- redundant (z. B. folgt aus Nr. 1 notwendigerweise Nr. 2);
- interdependent (z. B. Nr. 5 und 10);
- unpassend (z. B. Nr. 9),
- ohne nachvollziehbare Struktur nummeriert (z. B. Nr. 5 und Nr. 10, Nr. 8 und Nr. 12).

Dadurch, dass diese 17 Ziele für nachhaltige Entwicklung explizit ausformuliert worden sind, stehen insbesondere die reichen Länder unter größerem Erfolgsdruck. Denn spätestens im Jahr 2030 wird jeder Wähler sehen, an welchen Zielen die Politik gescheitert ist. Durch diese erhöhte Transparenz wird die Anreizkompatibilität gestärkt, mehr Ressourcen in die Lösung der großen Probleme der Menschheit zu stecken, anstatt sie für die Lösung von „Problemchen" zu verschwenden.

2.4.3 Glücksindizes

2.4.3.1 World Happiness Index (WHI)

Seit 2013 wird jährlich ein World Happiness Report (WHR) erstellt (vgl. WHR, 2021, S. 3). Seine Daten basieren auf dem Gallup World Poll, der umfangreichsten, jährlich durchgeführten repräsentativen Umfrage der Welt (vgl. Gallup World Poll, 2021). Die Messung des Lebensglücks basiert auf dem WELLBY-Ansatz (Well-Being-Adjusted Life Years), der versucht, die „guten Lebensjahre" stärker zu gewichten (vgl. WHR, 2021, S. 11). Subjektives Wohlbefinden („subjective well-being") hängt ab von der Lebensbewertung („life evaluations") und von positiven („positive emotions") wie negative Emotionen („negative emotions"). Das Leben wird auf einer Skala von 10 (Höchstwertung) bis 0 bewertet. Für die Messung der positiven Emotionen wird gefragt, ob man am Vortag gelächelt oder gelacht hat („smiling", „laughing") und Freude („enjoyment") empfunden hat. Für die Messung negativer Emotionen wird gefragt, ob man am Vortag

Sorge („worry"), Traurigkeit („sadness") oder Ärger („anger") empfunden hat. Im weltweiten Durchschnitt erleben Menschen deutlich mehr positive (0,71) als negative (0,27) Emotionen (vgl. WHR, 2021, S. 16).

Die Entscheidungen sind binär, das heißt es handelt sich um Null-Eins-Entscheidungen, bei denen nur mit „Ja" oder „Nein" geantwortet werden kann. Dies ist eine methodische Schwäche, weil nur essentielle, nicht graduelle Unterschiede berücksichtigt werden.

Der World Happiness Index (WHI) berücksichtigt die folgenden sechs Kategorien:

1. Lebenszufriedenheit („life satisfaction")
2. Lebensbedingungen („life conditions")
3. Einkommensungleichheit („income inequality")
4. Vertrauen in die Regierung („trust in government")
5. Gemeinsinn („sense of community")
6. Wohlergehen („aspects of wellbeing within specific demographs")

Gemessen am jeweiligen World Happiness Index der Jahre 2018, 2019 und 2020 (in Klammern nur 2020), lebten die „glücklichsten" Menschen in folgenden Ländern (vgl. WHR, 2021, S. 18, 20):

1. Finnland (1)
2. Dänemark (3)
3. Schweiz (4)
4. Island (2)
5. Niederlande (5)
6. Norwegen (8)
7. Schweden (6)
8. Luxemburg
9. Neuseeland (9)
10. Österreich (10)
11. Australien (12)
12. Israel (11)
13. Deutschland (7)
14. Kanada (15)
15. Irland (13)
16. Costa Rica (o. A.)

17. Vereinigtes Königreich (18)
18. Tschechien (16)
19. USA (14)
20. Belgien (17)

Bemerkenswert an dieser Rangliste ist die Tatsache, dass die „glücklichsten" Menschen in reichen Ländern mit egalitären Kulturen leben. 17 der nur 19 egalitär geprägten Länder der Welt (vgl. Hofstede, 2021) liegen an der Spitze, die USA belegen Rang 19 (14), Estland belegt Rang 40 (28). Über 90 Prozent der Menschheit lebt in hierarchisch geprägten Ländern, von denen kein einziges Land unter den Top 17 vertreten ist. Dies ist ein signifikanter Beleg für die Hypothese, dass die individuellen Partizipationsmöglichkeiten maßgeblich darüber entscheiden, ob ein Land wirtschaftlich sowie sozial erfolgreich ist und seine Bewohner ein glückliches Leben führen. Teilhabe ist das, was zählt.

Gemessen am jeweiligen World Happiness Index der Jahre 2018, 2019 und 2020 (in Klammern nur 2020), lebten die „unglücklichsten" Menschen in folgenden Ländern (vgl. WHR, 2021, S. 19, 22):

1. Afghanistan
2. Simbabwe
3. Ruanda
4. Botswana
5. Lesotho
6. Malawi
7. Haiti
8. Tansania
9. Jemen
10. Burundi
11. Indien
12. Sierra Leone
13. Sambia
14. Togo
15. Madagaskar
16. Mauretanien
17. Äthiopien
18. Ägypten
19. Komoren
20. Eswatini (Swasiland)

Die meisten unglücklichen Menschen leben in den armen Ländern Afrikas. Durchbrochen wird die Phalanx dieses am schnellsten wachsenden Kontinents nur durch Afghanistan, Haiti, den Jemen sowie Indien. Unter den zwanzig „unglücklichsten" Ländern befindet sich kein einziges reiches Land, was die Hypothese stützt, dass das BIP pro Kopf kein so schlechter Gradmesser für das Lebensglück der Menschen ist. „Geld macht nicht glücklich" ist ein Gemeinplatz, der bar jeder empirischen Evidenz ist. Bis zu einem gewissen Grad, der beim gehobenen Mittelstand endet, trägt materieller Reichtum zu einem glücklichen Leben bei (vgl. Richert, 1996). Auffällig ist zudem, dass die Region mit der weltweit größten Ungleichverteilung der Einkommen, das südliche Afrika, zu den „unglücklichsten" Regionen der Welt gehört. Schließlich ist die Teilhabe der Bevölkerung in allen diesen Ländern nur gering ausgeprägt. Stattdessen werden diese Staaten durch elitäre Minderheiten dominiert. Tribalismus und Klientelismus verhindern jedoch die für wirtschaftlichen Wohlstand, sozialen Zusammenhalt und das Lebensglück so wichtige Partizipation großer Teile der Bevölkerung.

2.4.3.2 Gross National Happiness (GNH)

Das im Himalaya gelegene Königreich Bhutan hat dadurch Berühmtheit erlangt, dass es seine Wohlfahrtsmessung anhand des BIP oder des Bruttonationaleinkommens („Gross National Income", GNI) seit 2008 durch das Bruttonationalglück (Gross National Happiness, GNH) substituiert hat (vgl. GNH, 2016, S. 29).

Dieses basiert auf vier Säulen:

1. Bewahrung der Kultur („cultural preservation")
2. Bewahrung der Umwelt („environmental conservation")
3. nachhaltige sozioökonomische Entwicklung („sustainable socioeconomic development")
4. gute Regierungsführung („good governance")

Gemessen wird es anhand von neun Bereichen („domains"), die ihrerseits unterteilt werden (vgl. GNH, 2016, S. 1–2):

I. Lebensglück der Arbeiter („worker happiness")
  1. seelisches Wohlbefinden („psychological wellbeing")
    a. Lebenszufriedenheit („life satisfaction")
    b. positive Emotionen („positive emotion")
    c. negative Emotionen („negative emotion")
    d. Spiritualität („spirituality")
  2. Gesundheit („health")
    a. Gesundheitszustand nach eigenen Angaben („self-reported health status")
    b. Anzahl gesunder Tage („number of healthy days")
    c. Behinderung („disability")
    d. mentale Gesundheit („mental health")
  3. Zeitnutzung („time use")
    a. Arbeit („work")
    b. Schlaf („sleep")
  4. Bildung („education")
    a. Alphabetisierung („literacy")
    b. Schulausbildung („schooling")
    c. Wissen („knowledge")
    d. Werte („value")
  5. Lebensstandard („living standards")
    a. Einkommen („income")
    b. Vermögen („assets")
    c. Wohnverhältnisse („housing")
II. Organisationelle Bedingungen für Lebensglück („Organisational conditions for happiness")
  6. kulturelle Vielfalt und Resilienz („cultural diversity and resilience")
    a. Kunsthandwerk („artisan skills")
    b. kulturelle Teilhabe („cultural participation")
    c. Sprechen der Muttersprache („speak native language")
    d. Verhaltenskodex („code of conduct")

  7. gute Regierungsführung („good governance")
    a. politische Teilhabe („political participation")
    b. öffentliche Dienstleistungen („services")
    c. Regierungsleistung („governance performance")
    d. Grundrechte („fundamental rights")
  8. Vitalität der Gemeinschaft („community vitality")
    a. Spenden („donation [time and money]")
    b. Sicherheit („safety")
    c. gemeinschaftliche Beziehungen („community relationship")
    d. Familie („family")
  9. ökologische Vielfalt und Resilienz („ecological diversity and resilience")
    a. Schäden der Tierwelt („wildlife damage")
    b. städtische Probleme („urban issues")
    c. Verantwortlichkeit für die Umwelt („responsibility to environment")
    d. ökologische Probleme („ecological issues")

Diese Aufzählung zeigt die Bandbreite der Kriterien, die ein glückliches Leben beeinflussen können. Diese Vielfalt belegt einerseits die Multikausalität für das Lebensglück, andererseits aber auch das methodische Problem aller Wohlstands-, Armuts- und Glücksindizes: Es unterliegt letztlich der Willkür der Entscheider, festzulegen,

• welche Kriterien für die Messung des Lebensglücks herangezogen werden,
• wie diese Kriterien messbar gemacht werden,
• wie sie gewichtet werden.

Zudem besteht das Risiko, dass ein nicht-demokratisches Regime wie in Bhutan von klar messbaren Unzulänglichkeiten ablenkt und den „Anker" in Bereiche setzt, in denen es ein erfolgreiches „Window Dressing" betreiben kann.

Diese nicht unwesentlichen Defizite sind ein Grund dafür, warum für das BIP als Wohlstandsindikator nach einem halben Jahrhundert intensiven Forschens nach umfassenden Indizes immer noch kein gleichwertiger, allgemein akzeptierter Ersatz gefunden worden ist. Daher wird das Bruttoinlandsprodukt noch auf absehbare Zeit eine bedeutende Rolle für die Wohlfahrtsmessung spielen, auch wenn seine Schwächen nicht zu übersehen sind.

2.5   Zusammenfassung und Aufgaben

2.5.1   Zusammenfassung

Die wichtigsten Ergebnisse dieses Kapitels sind zusammengefasst:

1. Die **Volkswirtschaftliche Gesamtrechnung (VGR)** ist die systematische *quantitative* Erfassung der wirtschaftlichen Aktivität einer Volkswirtschaft für eine abgelaufene Periode. Sie ist eine Ex-post-Analyse.
2. **Zentrale Konten** der VGR sind das Produktionskonto, das Einkommensverwendungskonto, das Vermögensänderungskonto, das Finanzierungskonto sowie das Außenkonto.
3. Ein Wert zu **Faktorkosten** wird durch Addition indirekter Steuern und Subtraktion von Subventionen zu einem Wert zu **Marktpreisen**.
4. Ein *Netto*wert wird durch Addition der Abschreibungen zu einem *Brutto*wert.
5. Ausgehend vom *Inlands*konzept gelangt man durch Addition der Faktoreinkommen vom Ausland an Inländer und Subtraktion der Faktoreinkommen vom Inland an Ausländer zum *Inländer*konzept.
6. Das **BIP** von der **Entstehungsseite** misst den Wert aller innerhalb einer Periode im Inland produzierten Güter abzüglich der Vorleistungen.
7. In Deutschland liegt der BIP-Anteil des primären Sektors bei 1 %, des sekundären Sektors bei 30 %, des **tertiären Sektors** bei **70 %**.
8. Das **BIP** von der **Verwendungsseite** misst den Wert der gesamtwirtschaftlichen Nachfrage: privater Konsum + private Investitionen + staatlicher Konsum + Außenbeitrag (Exportwert minus Importwert).
9. In Deutschland liegt der BIP-Anteil des **privaten Konsums** bei gut **50 %**, der privaten Investitionen bei gut 20 %, des staatlichen Konsums bei gut 20 %, des Außenbeitrags bei gut 5 %.
10. Das **BIP** von der **Verteilungsseite** misst die Einkommen der Arbeitnehmer, Unternehmer und Vermögensbesitzer.
11. In Deutschland liegt der BIP-Anteil der **Arbeitnehmerentgelte** bei knapp **55 %**, der Unternehmens- und Vermögenseinkommen bei gut 20 %, der Abschreibungen bei knapp 20 %, der indirekten Steuern minus Subventionen bei 10 %, der Primäreinkommen aus dem Ausland bei 3 %.
12. Das BIP weist **methodische Defizite** auf: Es berücksichtigt nur die marktgerichtete Produktion sowie quantifizierbare Größen. Die staatliche Produktion wird zu niedrig ausgewiesen, da sie zu Faktorkosten, nicht zu Marktpreisen bewertet wird. Externe Effekte und qualitative Änderungen werden ebensowenig berücksichtigt wie Fragen der Nachhaltigkeit.
13. **Wohlfahrtsindizes** versuchen die Wohlfahrtsmessung auf eine breitere Grundlage zu stellen.
14. Der **Human Development Index (HDI)** setzt sich aus den drei Dimensionen Lebenserwartung, Bildung und Lebensstandard zusammen.

15. Der **Inequality-Adjusted Human Development Index (IHDI)** berücksichtigt zusätzlich Verteilungsaspekte innerhalb des HDI.

16. Der **Better-Life-Index (BLI)** berücksichtigt so vielfältige Komponenten wie Wohnen, Einkommen, Arbeitsplätze, Gemeinsinn, Bildung, Umwelt, bürgerliches Engagement, Gesundheit, Lebenszufriedenheit, Sicherheit, Work-Life Balance.

17. Der **Nationale Wohlfahrtsindex (NWI)** umfasst 20 Faktoren, darunter Hausarbeit und ehrenamtliche Tätigkeit.

18. Der **Legatum Prosperity Index (LPI)** ist ein sehr umfangreicher Index mit annähernd 300 Indikatoren, bei dem die reichen Länder sehr gut abschneiden.

19. Der **Global Wealth Report (GWR)** zeigt, dass 1 % der Weltbevölkerung über fast genauso viel Vermögen verfügt wie die übrigen 99 % und dass 10 % der Weltbevölkerung 80 % des weltweiten Vermögens ihr eigen nennen.

20. Der **Global Hunger Index (GHI)** misst den Hunger in der Welt anhand von Unterernährung sowie anhand von Untergewicht, Kleinwüchsigkeit und Sterblichkeit bei Kindern.

21. Das **Engelsche Gesetz** lautet: Mit zunehmendem Einkommen sinkt der Anteil der Nahrungsmittelausgaben an den Gesamtausgaben.

22. Der **Multidimensional Poverty Index (MPI)**, dessen drei Dimensionen Gesundheit, Bildung und der Lebensstandard sind, stellt für 2020 fest: Jeder sechste Mensch, darunter jedes dritte Kind, leiden unter multidimensionaler Armut. Die ärmsten Regionen der Welt sind die Subsahara und Südasien.

23. 1992 verabschiedeten die UN auf dem Erdgipfel in Rio de Janeiro ihre **Agenda 21**, das entwicklungs- und umweltpolitische Programm für das 21. Jahrhundert.

24. 2001 verabschiedeten die UN **acht Millennium-Entwicklungsziele**, die bis 2015 erfüllt sein sollten.

25. 2015 verabschiedeten die UN **17 nachhaltige Entwicklungsziele**, die bis 2030 erfüllt sein sollen.

26. Nach dem **World Happiness Index (WHI)** leben die „glücklichsten" Menschen in den reichen, egalitär geprägten Regionen Nord- und Mitteleuropas, Nordamerikas, Australiens und Neuseelands, die „unglücklichsten" vor allem in Afrika, Afghanistan, Haiti, dem Jemen und Indien.

27. Die statistische Korrelation zwischen Ländern, die ihren Bewohnern ein hohes Maß an **Teilhabe** ermöglichen, und dem Lebensglück der Bevölkerung ist hochsignifikant.

28. Das kleine Königreich Bhutan im Himalaja orientiert sich seit 2008 nicht mehr am Bruttoinlandsprodukt und am Bruttonationaleinkommen, sondern am **Bruttonationalglück**.

2.5.2 Wiederholungsfragen

1. Wodurch unterscheidet sich eine Stromgröße von einer Bestandsgröße? Lösung Abschn. 2.1

2. Wodurch unterscheidet sich eine Größe zu Marktpreisen von einer Größe zu Faktorkosten? Lösung Abschn. 2.1

3. Wodurch unterscheidet sich eine Bruttogröße von einer Nettogröße? Lösung Abschn. 2.1

4. Wodurch unterscheidet sich das Inlandskonzept vom Inländerkonzept? Lösung Abschn. 2.1

5. Warum sind in einer geschlossenen Volkswirtschaft ex post die Nettoinvestitionen genauso hoch wie die Ersparnis? Lösung Abschn. 2.2

6. Wie lautet das BIP von der Entstehungs-, Verwendungs- und Verteilungsseite? Lösung Abschn. 2.3

7. Welche jeweiligen Anteile haben der primäre, sekundäre und tertiäre Sektor am BIP Deutschlands? Lösung Abschn. 2.3

8. In welchen Ländern ist das Wohlfahrtsniveau relativ hoch? Lösung Abschn. 2.4

9. In welchen Ländern ist das Wohlfahrtsniveau relativ gering? Lösung Abschn. 2.4

10. In welchen Ländern leben, gemessen am World Happiness Index, die „glücklichsten" Menschen? Lösung Abschn. 2.4

2.5.3 Aufgaben

Aufgabe 1

Erläutern Sie, inwiefern internationale Vergleiche des BIP methodische Defizite mit sich bringen.

Aufgabe 2

Identifizieren Sie einen moralischen Wert, der sehr stark mit einem hohen BIP, mit hoher Wohlfahrt, geringer Armut und einem hohen Maß an Lebensglück korreliert.

2.5.4 Lösungen

Lösung zu Aufgabe 1

Die wirtschaftliche Aktivität einer Volkswirtschaft wird in unterschiedlichem Maße erfasst. In Ländern mit einer ineffizienten Bürokratie werden Aktivitäten der Subsistenz- und Schattenwirtschaft unterschätzt. Ein unterschiedlich starkes Bevölkerungswachstum mindert ebenso die Vergleichbarkeit der jeweiligen Inlandsprodukte wie unterschiedliche demographische Boni. Die Höhe des wirtschaftlich relevanten Bedarfs ist auch von den spezifischen (z. B. klimatischen) Bedingungen eines Landes abhängig. Zudem stehen statistische Ämter in zahlreichen Ländern unter politischem Druck, bestimmte für die VGR relevante Zahlen zu „schönen".

Lösung zu Aufgabe 2

Länder, die egalitär geprägt sind und großen Teilen ihrer Bevölkerung die Teilhabe am wirtschaftlichen und sozialen Leben ermöglichen, weisen alle ein hohes BIP, ein hohes Wohlfahrtsniveau, geringe Armut und ein hohes Lebensglück ihrer Bevölkerung auf.

Literatur

BLI (2021). *OECD better life index. Country reports.* Organisation for Economic Development and Cooperation.

BMZ (2021). Agenda 21. Bundesministerium für wirtschaftliche Zusammenarbeit und Entwicklung. https://www.bmz.de/de/service/lexikon/agenda-21-13996. Zugegriffen am 01.06.2021.

destatis (2020). *Volkswirtschaftliche Gesamtrechnungen. Wichtige Zusammenhänge im Überblick 2019.* Statistisches Bundesamt.

destatis (2021). Volkswirtschaftliche Gesamtrechnungen. Bruttoinlandsprodukt (BIP). Statistisches Bundesamt. https://www.destatis.de/DE/Themen/Wirtschaft/Volkswirtschaftliche-Gesamtrechnungen-Inlandsprodukt/Tabellen/bip-bubbles.html. Zugegriffen am 17.06.2021.

Engel, C. L. E. (1857). Die Productions- und Consumtionsverhältnisse des Königreichs Sachsen. Zeitschrift des statistischen Bureaus des Königlich-Sächsischen Ministeriums des Inneren. 6, 7, 8, 9.

Engel, C. L. E. (2021). Die vorherrschenden Gewerbezweige in den Gerichtsämtern mit Beziehung auf die Productions- und Consumtionsverhältnisse des Königreichs Sachsen. *WISTA – Wirtschaft und Statistik, 72*(2), 126–136. (Erstveröffentlichung 1857).

ESA (2010). *The European system of national and regional accounts. Annex A of Regulation (EU) No 549/2013.* European Commission.

ESVG (2010). *Europäisches System Volkswirtschaftlicher Gesamtrechnungen. Annex A of Regulation (EU) No 549/2013.* Europäische Kommission.

Gallup World Poll (2021). Global research. Gallup Institute. https://www.gallup.com/analytics/318875/global-research.aspx. Zugegriffen am 14.05.2021.

GHI (2019). Deutsche Welthungerhilfe & Concern Worldwide (Hrsg.). *Synopsis Global Hunger Index 2019. The challenge of hunger and climate change.* Chatam House.

GHI (2020). Deutsche Welthungerhilfe & Concern Worldwide (Hrsg.). *Global Hunger Index 2020. One decade to zero hunger. Linking health and sustainable food systems.* Chatham House.

GNH (2016). *A compass towards a just and harmonious society. 2015 GNH Survey Report.* Centre for Bhutan Studies and GNH Research.

GWR (2020). *Global wealth report 2020. Credit Suisse.* Research Institute.

Hofstede, G. (2021). The 6-D model of national culture. https://geerthofstede.com/culture-geert-hofstede-gert-jan-hofstede/6d-model-of-national-culture/. Zugegriffen am 26.06.2021.

LPI (2007). *The 2007 Legatum Prosperity Index. A global assessment of wealth and wellbeing.* Legatum Institute for Global Development.

LPI (2020). *The Legatum Prosperity Index 2020. A tool for transformation.* Legatum Institute.

NWI (2021). Nationaler Wohlfahrtsindex. Impulszentrum Zukunftsfähiges Wirtschaften. https://www.imzuwi.org/

index.php/homepage/79-ueber-uns/160-nwi-nationaler-
wohlfahrtsindex. Zugegriffen am 26.06.2021.

Petersen, Th. (2019). Wohlfahrtsmessung: Inlandsprodukt
versus Nationaleinkommen. *Wirtschaftsdienst*, 99
(10), 725–730. https://www.wirtschaftsdienst.eu/in-
halt/jahr/2019/heft/10/beitrag/wohlfahrtsmessung-in-
landsprodukt-versus-nationaleinkommen.html. Zugegriffen am 05.11.2020.

Richert, R. (1996). *Eudaimonistische Wirtschaftstheorie.*
Peter Lang.

SNA (2008). *System of National Accounts.* United Nations.

statista (2021a). Anteil der Militärausgaben am jeweiligen
Bruttoinlandsprodukt (BIP) der 15 Länder mit den
höchsten Militärausgaben im Jahr 2020. statista.
https://de.statista.com/statistik/daten/studie/150664/
umfrage/anteil-der-militaerausgaben-am-bip-
ausgewaehlter-laender/. Zugegriffen am 02.06.2021.

statista (2021b). Ranking der 15 Länder mit den weltweit
höchsten Militärausgaben im Jahr 2020. statista.
https://de.statista.com/statistik/daten/studie/157935/
umfrage/laender-mit-den-hoechsten-
militaerausgaben/. Zugegriffen am 02.06.2021.

UN-Agenda 21 (1992). *Agenda 21. United Nations Conference on Environment and Development, Rio de Janeiro, Brazil, 3 to 14 June 1992.* United Nations, Division for Sustainable Development.

UNDP-HDR (2020). *Human Development Report 2020.
The next frontier. Human development and the Anthropocene.* United Nations Development Programme.

UNDP-MPI (2020). *Charting pathways out of multidimensional poverty: Achieving the SDGs. Global Multidimensional Poverty Index.* United Nations Development
Program. Oxford Poverty and Human Development Initiative.

UNDP-TN (2020). *Technical notes.* United Nations Development Programme.

UN-GSDR (2019). *Global Sustainable Development Report 2019: The future is now. Science for achieving
sustainable development (korrigierte Version).* United
Nations.

UN-MDGR (2015). *The Millennium Development Goals
Report 2015.* United Nations.

UN-SDG (2015). *Resolution adopted by the General Assembly on 25 September 2015, A/Res/70/1: Transfor-
ming our world: The 2030 agenda for sustainable development.* United Nations, General Assembly.

WHR (2021). *Helliwell, J. F., Layard, R., Sachs, J. D., De
Neve, J.-E., Aknin, L. B., Wang, S. World Happiness
Report 2021.* Sustainable Development Solutions Net-
work, SDSN.

Zusammenfassung

Die demographische Entwicklung in der Welt zeigt die Dynamik des Bevölkerungsproblems: Zwischen 1950 und 2020 hat sich die Weltbevölkerung verdreifacht, in Afrika verfünffacht, in einigen Ländern wie den Vereinigten Arabischen Emiraten sogar verhundertfacht. In Deutschland gehen zwischen 2020 und 2035 die Babyboomer der Jahrgänge 1954 bis 1968 in den Ruhestand. In ihrer Alterskohorte sind 7 Millionen Menschen mehr als in der Alterskohorte, welche die Babyboomer auf dem Arbeitsmarkt ersetzt. Setzt sich der seit einem Jahrhundert alle fünf Jahre zu beobachtende Anstieg der Lebenserwartung um ein Jahr fort, wird die Rentenbezugsdauer, die in Deutschland durchschnittlich bereits bei über 20 Jahren liegt, weiterhin steigen. Da bereits vor der Corona-Pandemie 30 Prozent des Bundeshaushalts für die systemwidrige Unterstützung der gesetzlichen Rentenversicherung aufgewendet worden sind, steigt in den kommenden Jahren der finanzielle Druck auf die Alterssicherungssysteme und wird im Jahr 2031 seinen Gipfel erreichen, wenn Deutschlands „teuerster", nämlich geburtenstärkster Jahrgang 1964, das Renteneintrittsalter erreicht haben wird.

3.1 Grundlagen

Lernziele: Beschreiben, Erklären, Interpretieren, Beurteilen

- des demographischen Wandels in der Welt,
- des demographischen Wandels in Deutschland,
- der gravierenden ökonomischen und sozialen Herausforderungen zwischen den Jahren 2020 und 2035, in denen die Babyboomer in den Ruhestand eintreten,
- der Funktionsfähigkeit des Systems der gesetzlichen Rentenversicherung,
- der globalen Einkommensverteilung,
- der globalen Vermögensverteilung,
- des Gini-Index und des Palma-Koeffizienten als Maß für Ungleichheit.

Die Herausforderungen, die sich aus der demographischen Struktur und Entwicklung einzelner Länder und der Welt ergeben, sind eines der wichtigsten ökonomischen Probleme des 21. Jahrhunderts. Dass die Menschheit auf einer tickenden demographischen Zeitbombe sitzt, ist

© Springer Fachmedien Wiesbaden GmbH, ein Teil von Springer Nature 2021
R. Richert, *Grundlagen der Volkswirtschaftslehre aus globaler Sicht klipp & klar*, WiWi klipp & klar, https://doi.org/10.1007/978-3-658-35173-1_3

ihr bewusst, wie laut diese Zeitbombe tickt, je-doch mitnichten. Deshalb wird der globalen wie nationalen Bevölkerungsstruktur und -entwick-lung in diesem Einführungsbuch zur Volkswirt-schaftslehre ungewöhnlich viel Raum gewidmet. Ohne die Kenntnis dieser sich abzeichnenden Entwicklungen ist eine Debatte über nachhaltige wirtschaftspolitische Handlungsempfehlungen nicht möglich.

Für die Analyse sozialer Daten bietet sich in Deutschland der Rückgriff auf das **Sozio-ökonomische Panel (SOEP)** des Deutschen Instituts für Wirtschaftsforschung (DIW) an, das seit 1984 in einer Zeitreihenanalyse unge-fähr 30.000 Personen in 15.000 Haushalten re-gelmäßig befragt und daher langfristige gesell-schaftliche Veränderungen gut dokumentiert (vgl. DIW, 2020). Sozioökonomische Trends werden extrapoliert, um einen Rahmen für eine langfristig orientierte Politik bereitzustellen. Für das Kaufverhalten gegenüber Importen spielt auch die Unterschiedlichkeit der Milieus eine zentrale Rolle (vgl. Bourdieu, 1987; Si-nus-Institut, 2020).

Für globale Vergleiche werden je nach Daten-lage mehr oder weniger Länder berücksichtigt. Mit 51 souveränen Staaten wurden die Vereinten Nationen 1945 ins Leben gerufen. 1954 gab es erst 60 unabhängige Mitgliedstaaten, 1960 be-reits 99, 1984 immerhin schon 159, und seit 2011 mit der Aufnahme Süd-Sudans 193 (vgl. UN, 2021). Der Heilige Stuhl (Vatikanstadt) sowie Palästina haben Beobachterstatus. Das Kosovo und (die Republik) Taiwan werden neben anderen Ländern auch von Deutschland formell bezie-hungsweise faktisch anerkannt. Die (Demokrati-sche Arabische Republik) Sahara wird von knapp der Hälfte aller UN-Mitglieder als eigenständiger Staat angesehen. Zudem werden die ehemalige britische Kolonie Hongkong sowie die ehemalige portugiesische Kolonie Macao als chinesische Sonderverwaltungszonen bis 2047 beziehungs-weise 2049 in Statistiken oft als eigenständige Entitäten berücksichtigt. Somit kommen für in-ternationale Vergleiche bis zu 200 „Länder" in Betracht.

3.2 Demographische Entwicklung in der Welt

3.2.1 Bevölkerungsentwicklung

Thomas Robert Malthus (1766–1834), zunächst Pfarrer und ab 1805 der erste VWL-Professor der Welt, formuliert 1798 sein berühmtes Bevölkerungs-gesetz in folgenden Worten (Malthus, 1798, S. 4):

> „… I say, that the power of population is indefi-nitely greater than the power in the earth to produce subsistence for man. Population, when unchecked, increases in a geometrical ratio. Subsistence in-creases only in an arithmetical ratio."

Da das Bevölkerungswachstum einer geome-trischen Reihe folgt und exponentiell verläuft, die Nahrungsmittelproduktion aber einer arithmeti-schen Reihe folgt und nur proportional zur Flä-chennutzung zunimmt, steht die Welt einem Be-völkerungsproblem gegenüber, das nur durch eine rigide Kontrolle desselben bewältigt werden kann (vgl. auch Malthus, 1836, S. 311–314).

▶ Das **Malthusianische Bevölkerungsgesetz** lau-tet: Da das Bevölkerungswachstum exponenti-ell, das Nahrungsmittelwachstum jedoch nur proportional verläuft, steht die Menschheit vor einem Bevölkerungsproblem.

Malthus führt diesen Unterschied an einem Beispiel aus, in dem er zeigt, wie sich die Weltbe-völkerung nach jeder Generation von etwa 25 Jahren jeweils verdoppelt, die verfügbaren Le-bensmittel jedoch jeweils nur um das Ausgangs-niveau zunehmen (vgl. Malthus, 1798, S. 8). Malthus schreibt dazu (Malthus, 1798, S. 5):

> „This natural inequality of the two powers of popu-lation and of production in the earth, and that great law of our nature which must constantly keep their effects equal, form the great difficulty that to me appears insurmountable in the way to the perfecti-bility of society."

Malthus hegt keinerlei Zweifel an der Gültig-keit seiner Hypothese (Malthus, 1798, S. 11):

> „That population cannot increase without the means of subsistence is a proposition so evident that

it needs no illustration. That population does invariably increase where there are the means of subsistence, the history of every people that have ever existed will abundantly prove."

Allerdings hat die Geschichte Malthus' letzten Satz inzwischen widerlegt: In ausnahmslos allen reichen Ländern Europas, Nordamerikas, Australiens und Neuseelands sowie Ostasiens liegt die Geburtenrate unterhalb des bestandserhaltenden Niveaus von rechnerisch 2,1 Kindern pro Frau, obwohl alle diese Länder über genügend Ressourcen zur Ernährung einer größeren Bevölkerungszahl verfügen. Nur die arabischen Ölstaaten bilden eine Ausnahme, insofern sie reich sind, aber gleichzeitig höhere Geburtenraten aufweisen. Malthus vernachlässigt die erheblichen Steigerungen der Produktivität in der Landwirtschaft. In Ländern mit einer effizienten Agrarindustrie wie Deutschland produziert heutzutage ein einziger Beschäftigter mehr Nahrungsmittel als es früher Hunderte Bauern vermocht haben.

Nach einer Studie des US-amerikanischen Population Reference Bureau (vgl. PRB, 2020) haben in den letzten 50.000 Jahren insgesamt jemals etwa 108 Milliarden Menschen – homines sapientes – auf der Erde gelebt. Dies sind nur vierzehnmal mehr Menschen als Anfang der 2020er-Jahre leben. An dieser Schätzung ist bereits zu erkennen, dass der demographische Wandel ein Phänomen der jüngeren Vergangenheit ist: Mussten noch viele Jahrtausende vergehen, bis die Zahl der Menschen 1804 die erste Milliarde erreicht hatte, so waren es nur 123 Jahre später bereits zwei Milliarden. Nach dem Ende des Zweiten Weltkriegs explodierte das Bevölkerungswachstum: Die Zeiträume zwischen den Milliardensprüngen wurden (fast) immer kleiner: Bis zur dritten Milliarde dauerte es 33 Jahre, bis zur vierten 14 Jahre, bis zur fünften 13 Jahre, bis zur sechsten und siebten jeweils 12 Jahre, und bis zur achten Milliarde nur noch 11 Jahre.

Tab. 3.1 zeigt die Entwicklung der Weltbevölkerung.

Von der Römischen Kaiserzeit bis zum Beginn der Industriellen Revolution war ungefähr jeder zweite Erdenbewohner Inder oder Chinese. In die-

Tab. 3.1 Entwicklung der Weltbevölkerung (vgl. countrymeters, 2021; statista, 2020d; DSW, 2020; worldometer, 2021)

Jahr	Weltbevölkerung
0–1300	300 Millionen
1500	500 Millionen
1804	1 Milliarde
1927	2 Milliarden
1960	3 Milliarden
1974	4 Milliarden
1987	5 Milliarden
1999	6 Milliarden
2011	7 Milliarden
2022	8 Milliarden

ser Zeit gab es typischerweise mehr Inder als Chinesen (vgl. Maddison, 2006, S. 638). China wird für ungefähr 300 Jahre lang das bevölkerungsreichste Land der Erde gewesen sein, bis Indien noch vor 2030 wieder die führende Rolle einnimmt, die es über Jahrtausende innegehabt hat.

Seit dem 18. Jahrhundert hat sich – zunächst in Frankreich, danach in England – die Lebenserwartung der europäischen Bevölkerung erhöht. Bemerkenswert an diesem Phänomen ist der Umstand, dass der allgemeine Rückgang der Frühsterblichkeit nur zu etwa zehn Prozent auf sinkende Todeszahlen infolge von Kriegen und Hungersnöten zurückzuführen ist (vgl. Fogel, 1993, S. 75). Neunzig Prozent der steigenden Lebenserwartung lassen sich durch andere Ursachen erklären, zum Beispiel durch eine bessere Ernährung und medizinische Versorgung. Auch wenn sich die Versorgung mit Lebensmitteln verbesserte, war sie noch lange nicht gut: Bis zum Ende des 18. Jahrhunderts war die Kalorienzufuhr kaum höher, als es der Stoffwechsel ohne besondere körperliche Anstrengungen, der basale Metabolismus, erforderte (vgl. Fogel, 1993, S. 76).

Die Weltbevölkerung hat sich seit 1950 verdreifacht und liegt Anfang der 2020er-Jahre bei etwa acht Milliarden Menschen. Das hypevrexponentielle *relative* **Bevölkerungswachstum** mit steigenden jährlichen Wachstumsraten bis auf 2,2 Prozent erreichte seinen **Gipfel** in den **1960er-Jahren** (vgl. Our World in Data, 2020b), der Gipfel des *absoluten* **Bevölkerungswachs-**

tums wurde wegen der höheren jeweiligen Basiswerte erst **2020** mit einem Bevölkerungszuwachs von 95 Millionen Menschen erreicht (vgl. countrymeters, 2021), der Gipfel der **Bevölkerungszahl** wird um das Jahr **2100** mit elf Milliarden Menschen erwartet (vgl. Our World in Data, 2020a). 2020 lag die Wachstumsrate bei etwas über einem Prozent, die Weltbevölkerung wuchs um mehr als die Bevölkerung Deutschlands. 2020 gab es allein mehr Kinder und Teenager als Menschen jeden Alters im Jahre 1950. In Indien und China leben heute mehr Menschen als Ende

der fünfziger Jahre des 20. Jahrhunderts auf der ganzen Welt. Nigeria, eines von 55 afrikanischen Ländern, hat heute mehr Einwohner als ganz Afrika unmittelbar nach dem Zweiten Weltkrieg, Brasilien mehr als ganz Südamerika kurz nach Kriegsende.

Tab. 3.2 zeigt die Entwicklung der Bevölkerungszahlen auf allen Kontinenten und in einigen ausgewählten Ländern. Grundsätzlich basieren die Bevölkerungszahlen auf den Daten des Department of Economic and Social Affairs der Population Division der Vereinten Nationen (vgl.

Tab. 3.2 Bevölkerungsentwicklung auf Kontinenten und in ausgewählten Ländern (vgl. UN, 2020; countrymeters, 2021; worldometer, 2021; eigene Rundungen)

Kontinent	Land	\multicolumn{4}{c}{Bevölkerung in Millionen}	Gipfel
		1950	2020	2050	2100	Gipfel
Welt		*2500*	*7840*	*10.000*	*11.000*	
Nordamerika		175	370	425	490	
	USA	160	335	380	430	
	Kanada	14	38	45	60	
Lateinamerika		170	650	760	680	2057: 770
	Brasilien	55	220	230	180	2045: 230
	Mexiko	28	135	155	140	2062: 160
Europa		550	750	710	630	2021: 750
	Russland	100	145	135	125	
	Deutschland	70	83	80	75	2021: 84
	UK	50	67	75	78	
	Frankreich	40	67	65	65	
	Italien	47	60	55	40	
	Spanien	228	47	45	35	
Afrika		230	1300	2500	4300	
	Subsahara	180	1100	2100	3800	
	Nigeria	38	210	400	730	
	Äthiopien	18	115	200	300	
	Ägypten	20	100	160	225	
	DR Kongo	12	90	180	360	
Asien		1400	4600	5300	4700	2060: 5300
	China	550	1415	1400	1060	2030: 1450
	Indien	380	1385	1640	1450	2060: 1650
	Indonesien	70	270	330	320	2067: 340
	Pakistan	38	220	340	400	2092: 405
	Bangladesch	38	165	190	150	
	Japan	80	125	105	75	
	Philippinen	20	110	145	145	2075: 150
	Vietnam	25	100	110	100	2054: 110
	Türkei	20	85	100	86	
	Saudi-Arabien	3	35			
	UAE	0,07	10			
Ozeanien		13	40	60	75	
	Australien	8	25	33	43	

UN, Population Division, 2020). Schätzungen für 2050 legen die mittlere Schätzvariante zugrunde. Um die Einheitlichkeit der Zahlen bei Verwendung unterschiedlicher Quellen zu gewährleisten, wurden die Zahlen vom Autor zum Teil angepasst.

Europa hat den Gipfel seines Bevölkerungswachstums **2021** mit 750 Millionen Einwohnern erreicht.

Die Bevölkerung **Lateinamerikas** wächst noch. 2020 lebten allein in Mexiko-Stadt mehr Menschen als 1950 in ganz Mexiko. Lateinamerikaner werden bis zur Mitte dieses Jahrhunderts die Europäer an Anzahl übertroffen haben. Bald danach wird die lateinamerikanische Bevölkerung aber schrumpfen, weil auch die beiden bevölkerungsreichsten Staaten dieses Erdteils ihren Zenit erreicht haben werden: Brasilien mit 230 Millionen Menschen bis 2045, Mexiko mit 160 Millionen bis 2062.

Nordamerika wird im Jahr 2100 immer noch wachsen. 430 Millionen US-Amerikaner sowie 60 Millionen Kanadier werden dann dort für eine Gesamtbevölkerung von knapp einer halben Milliarde Menschen sorgen.

Die Bevölkerung **Asiens** wird bis 2060 auf über fünf Milliarden Menschen wachsen, dann aber abnehmen. Die demographische Entwicklung der asiatischen Länder unterscheidet sich: Am stärksten wird in diesem Jahrhundert die japanische Bevölkerung schrumpfen, nämlich um voraussichtlich vierzig Prozent. Dann werden in Japan nur noch so viele Menschen leben wie in Deutschland. Am anderen Ende der Skala stehen die Vereinigten Arabischen Emirate, in denen heute mit zehn Millionen Einwohnern einhundertmal mehr Menschen leben als 1960. Jordanien hat heute zwanzigmal so viele Einwohner wie 1950. Dies ist vor allem der hohen Anzahl palästinensischer Flüchtlinge geschuldet, die den Großteil seiner Bevölkerung ausmachen. In Saudi-Arabien lebten 1950 weniger Menschen als in Berlin, 2020 mehr als in Kanada oder Australien. Die chinesische Bevölkerung wird ab 2030 nicht mehr zunehmen und die Schwelle von eineinhalb Milliarden Menschen voraussichtlich nicht überschreiten. Indien wird noch eine Generation länger wachsen als China, bis es schließ-

lich mit 1,6 bis 1,7 Milliarden Menschen um 2060 herum seine größte Bevölkerungszahl erreicht haben wird. Pakistani werden sich noch bis zum Ende dieses Jahrhunderts auf über 400 Millionen Menschen vermehren.

Seit der Jahrtausendwende ist **Afrika** der einzige Kontinent, auf dem die Geburtenrate deutlich höher als zur Bestandserhaltung notwendig (2,1) ist. Von den 30 Ländern mit den höchsten Geburtenraten liegen bis auf Afghanistan und Ost-Timor alle in Sub-Sahara-Afrika (vgl. Global Economy, 2020a, b). Afrika wird seine Bevölkerungszahl zwischen 1950 und 2100 verzwanzigfachen und auch dann mit seinem Bevölkerungswachstum noch nicht abgeschlossen haben.

3.2.2 Bevölkerungsanteile

Tab. 3.3 gibt einen Überblick über die im Jahr 2020 bevölkerungsreichsten Staaten der Erde.

In nur zwei Ländern – China und Indien – lebt etwa ein Drittel der Menschheit, in nur sechs Ländern – China, Indien, USA, Indonesien, Brasilien, Pakistan – die Hälfte. In den 17 bevölkerungsreichsten Staaten leben doppelt so viele Menschen wie in den übrigen 180 Ländern. Die meisten Staaten haben weniger als zehn Millionen Einwohner, ein Fünftel aller Länder beherbergt nicht einmal eine Million Menschen, der Vatikan nicht einmal Tausend.

55 Prozent der Menschen leben in Asien, knapp 20 Prozent in Afrika, jeweils knapp 10 Prozent in Europa und Nordamerika, etwa 5 Prozent in Südamerika und ein halbes Prozent in Ozeanien, wie Tab. 3.4 zeigt.

3.2.3 Demographischer Wandel

Anfang der 2020er-Jahre lebt nur jeder sechste Mensch in Afrika, aber jeder zweite wird auf diesem Kontinent geboren. Die durchschnittliche Geburtenrate liegt mit 4,5 Kindern pro Frau deutlich höher als der weltweite Durchschnittswert von 2,4. Auf allen anderen Kontinenten liegt die Fertilitätsrate unter dem globalen Durchschnitt, wie Tab. 3.5 zeigt.

Tab. 3.3 Bevölkerungsreichste Staaten der Erde 2020 (vgl. statista, 2020a; eigene Rundungen)

Rang	Land	Bevölkerungszahl in Millionen	Anteil an der Weltbevölkerung	Kumulierter Anteil an der Weltbevölkerung
1	China	1415	18 %	18 %
2	Indien	1385	18 %	36 %
3	USA	335	4 %	40 %
4	Indonesien	275	3,5 %	44 %
5	Brasilien	220	3 %	47 %
6	Pakistan	210	3 %	50 %
7	Nigeria	210	3 %	52 %
8	Bangladesch	170	2 %	54 %
9	Russland	145	2 %	56 %
10	Mexiko	135	1,5 %	58 %
11	Japan	125	1,5 %	60 %
12	Äthiopien	115	1,5 %	61 %
13	Philippinen	110	1,5 %	62 %
14	Ägypten	100	1 %	63 %
15	Vietnam	100	1 %	64 %
16	Kongo	90	1 %	66 %
17	Türkei	85	1 %	67 %
18	Iran	85	1 %	68 %
19	**Deutschland**	**83**	**1 %**	**69 %**
20	Thailand	70	1 %	70 %
	Welt	**7840**	100 %	100 %

Tab. 3.4 Anteile der Kontinente an der Weltbevölkerung (vgl. countrymeters, 2021; eigene Rundungen)

Kontinent	Anteil an der Weltbevölkerung
Asien	55 %
Afrika	20 %
Europa	**10 %**
Nordamerika	10 %
Südamerika	5 %
Ozeanien	0,5 %

Tab. 3.5 Fertilitätsraten der Kontinente (vgl. statista, 2020e)

Kontinent	Fertilitätsrate
Afrika	**4,5**
Ozeanien	2,3
Asien	2,1
Lateinamerika	2,0
Nordamerika	1,7
Europa	**1,5**
Welt	**2,4**

Zu den weltweiten Top 20 mit den höchsten Fertilitätsraten gehören ausnahmslos afrikanische Staaten südlich der Sahara, zu den Top 40 bis auf Afghanistan ausschließlich afrikanische Länder. In 35 afrikanischen Ländern – mit Ausnahme Mauretaniens allesamt südlich der Sahara gelegen – liegt die Geburtenrate bei über 4, in 10 Ländern bei über 5, in Somalia und im Kongo bei 6, im Niger bei 7, nachdem sie dort sogar bei 8 Kindern je Frau gelegen hat. In sämtlichen kontinentalafrikanischen Ländern ist die Geburtenrate höher als in jedem europäischen Land, von denen kein einziges unter den Top 120 zu finden ist.

Während in allen europäischen Staaten die Fertilitätsraten unter dem bestandserhaltenden Niveau liegen, ist die kleine Insel Mauritius das *einzige* Land unter den 55 souveränen Staaten Afrikas, in dem die Fertilitätsrate darunterliegt. Am unteren Ende der Skala liegen neben vielen europäischen Ländern auch reichgewordene asiatische Staaten wie Süd-Korea (0,98), Hongkong (1,03), Singapur (1,07), Macau (1,22), die Vereinigten Arabischen Emirate (1,41) und Japan (1,41), dessen Geburtenraten schon früh gesunken sind (vgl. World Factbook, 2020b; Global Economy, 2020a, b).

Der Kontinent, der in höchstem Maße die globale demographische Zeitbombe verkörpert, ist

Afrika, genaugenommen die Subsahara: Zu Beginn der Industriellen Revolution Mitte des 19. Jahrhunderts lebten ungefähr 100 Millionen Menschen in Afrika. Bis zum Ende des Zweiten Weltkriegs hatte sich die afrikanische Bevölkerung auf 200 Millionen Einwohner verdoppelt. Ein weiteres Jahrhundert später wird sich die Bevölkerung Afrikas bis zur Mitte des 21. Jahrhunderts auf 2,5 Milliarden Menschen verzwölffacht haben. Im Jahr 2100 werden es mit über vier Milliarden zwanzigmal mehr Menschen sein als 1945. Tab. 3.6 zeigt die jüngere Entwicklung der afrikanischen Bevölkerungsexplosion in Schritten von jeweils 100 Millionen Menschen.

Fast 90 Prozent aller Afrikaner werden dann in der Subsahara leben, der ärmsten Region der Erde. Das Ausmaß des Auswanderungsdrucks aus dem Armenhaus der Welt wird besonders deutlich, wenn man sich folgende Zahlen vergegenwärtigt: Lebten 1950 in der Subsahara nur zweieinhalbmal so viele Menschen wie in Deutschland, so werden es 2050 fünfundzwanzigmal so viele und 2100 fünfzigmal so viele Menschen wie in Deutschland und siebenmal mehr als in ganz Europa sein. Noch 1950 hatte Deutschland fünfmal mehr Einwohner als der Kongo, im Jahr 2100 wird der Kongo fünfmal mehr Einwohner als Deutschland haben. 1950 hatte Deutschland fast doppelt so viele Einwoh-

Tab. 3.6 Bevölkerungswachstum Afrikas in 100-Millionen-Schritten (vgl. bib, 2020a; Our World in Data, 2020c)

Jahr	Bevölkerungszahl in Millionen
1820	100
1945	200
1964	300
1974	400
1982	500
1989	600
1994	700
2000	800
2005	900
2009	1000
2012	1100
2016	1200
2019	1300
2022	1400
2024	1500

ner wie Nigeria, zur Jahrhundertwende werden in Nigeria 100 Millionen mehr Menschen leben als in ganz Europa.

Alle Kontinente mit Ausnahme Afrikas profitieren bereits von einem **demographischen Bonus**, der darin besteht, dass die ökonomisch unabhängige mittlere Generation, die im Berufsleben steht, größer geworden ist im Vergleich zu den beiden wirtschaftlich abhängigen Generationen der Kinder, für die teure Infrastruktur wie Schulen bereitgestellt werden muss, und der Alten, die weitgehend von Transferleistungen leben, ohne auf dem Arbeitsmarkt tätig zu sein. Eine Rate von mindestens 1,7 Erwerbsfähigen im Vergleich zu den nicht-erwerbsfähigen Kindern und Alten wird als Bedingung für demographische Boni angesehen (vgl. Berlin-Institut, 2020).

▸ Einen **demographischen Bonus** erzielt ein Land, wenn die mittlere aktive Generation im Vergleich zu den beiden wirtschaftlich abhängigen Generationen der Kinder sowie der Alten relativ groß ist.

▸ Eine **demographische Dividende** erzielt ein Land, wenn es seinen demographischen Bonus nutzt, die Pro-Kopf-Einkommen zu steigern.

Wird diese ökonomisch vorteilhafte demographische Situation wie in den Ländern Ostasiens genutzt, profitieren diese Länder von einer **demographischen Dividende**, die sich in steigenden Pro-Kopf-Einkommen und in einer nachhaltigen wirtschaftlichen Entwicklung niederschlägt. Die Chance, aufgrund niedriger Geburtenraten eine demographische Dividende einzufahren, muss genutzt werden, bevor die große mittlere Generation in den Ruhestand geht und sich dieses ökonomisch attraktive Zeitfenster wieder schließt (vgl. Berlin-Institut, 2020).

Weltweit lag das Medianalter zwischen 1950 und 1985 bei 23 Jahren, 2020 bei 30 Jahren, und es wird sich bis 2040 auf 35 Jahre erhöht haben. Das **Medianalter** in **Deutschland** lag zwischen 1950 und 1970 bei 34 Jahren, stieg dann bis zur Jahrtausendwende auf 40 Jahre, bis 2020 auf knapp **48 Jahre** und wird 2040 mit 50 Jahren seinen Gipfel erreicht haben (vgl. bib, 2020b;

Word Factbook, 2020a), wenn viele Babyboo-mer hochbetagt sein werden. Damit sind die **Deutschen** – wenn von den statistisch verzerr-ten Zahlen für die Monegassen abgesehen wird – zusammen mit den **Japanern** mit gro-ßem Abstand die ältesten Menschen der Welt. US-Amerikaner sind im Mittel knapp zehn Jahre jünger als Deutsche. Dies ist vor allem da-rauf zurückzuführen (vgl. WEF, 2017), dass in den USA im Gegensatz zu Deutschland die Al-terskohorte der Millennials (Generation Y, Ge-burtsjahrgänge zwischen 1980–2000) größer ist als diejenige der amerikanischen Babyboomer (Jahrgänge 1946–1964). In **Europa** liegt das Median-Alter bei **über 40**, in **Afrika** bei **unter 20** Jahren. Die 25 „ältesten" Länder liegen bis auf Japan alle in Europa, die 25 „jüngsten" ohne Ausnahme in der Subsahara. In einem Dutzend afrikanischer Länder gehören bereits Achtzehn-jährige zur älteren Hälfte der Bevölkerung, in Angola und Uganda sogar Sechzehnjährige, im **Niger Fünfzehnjährige** (vgl. Word Factbook, 2020a). Deutsche sind – nach Median – 30 Jahre älter als Afrikaner, eine Tatsache, die migra-tions- und entwicklungspolitisch von erhebli-cher Bedeutung ist.

Unter den wohlhabenden Staaten dieser Welt, die nicht nur ein hohes Pro-Kopf-Einkommen, sondern auch eine breite Mittelschicht vorwei-sen, gibt es nicht ein einziges Land mit einer Ge-burtenrate von mindestens 2,1. Frankreich ist das Land, das dieser bevölkerungsstabilen Geburten-ziffer – vornehmlich aufgrund der höheren Geburtenrate seiner zahlreichen muslimischen Frauen – mit 1,9 noch am nächsten kommt (vgl. destatis, 2020b).

Das afrikanische Bevölkerungswachstum wird bis zum Ende dieses Jahrhunderts noch anhalten, auch wenn inzwischen sieben der 55 afrikani-schen Staaten eine Vorreiterrolle auf dem Weg zu einer nachhaltigen Bevölkerungspolitik beschei-nigt wird (vgl. Berlin-Institut, 2019): Diese Län-der sind in Nordafrika Marokko und Tunesien, in Westafrika der Senegal und Ghana, in Ostafrika Äthiopien und Kenia, im südlichen Afrika ist es

Botswana. Für lange Zeit verkörperte Äthiopien das Bild des hungernden Afrikas. Inzwischen werden jedoch diesem nach Bevölkerungszahl zweitgrößten Land Afrikas bessere Entwick-lungschancen eingeräumt, die allerdings durch den 2020 ausgebrochenen Krieg in der an Eritrea grenzenden Region Tigray gefährdet sind. Bisher gilt das rohstoffreiche Botswana, das 1966 die älteste Mehr-Parteien-Demokratie Afrikas einge-führt hat, als afrikanischer Vorzeigestaat (vgl. Berlin-Institut, 2019, S. 16–34).

Folgende Maßnahmen haben sich bevölke-rungspolitisch als wirkungsvoll erwiesen (vgl. auch Berlin-Institut, 2019, S. 35–46):

Die Stärkung von **Frauenrechten** zieht eine sinkende Kinderzahl nach sich: So wurde bei-spielsweise im islamischen Tunesien 1957 die Polygamie abgeschafft und das heiratsfähige Al-ter auf 17 Jahre heraufgesetzt (vgl. Berlin-Institut, 2019, S. 33).

Werbung für **Kontrazeptiva** übt eine starke Wirkung auf die Verwendung derselben aus. Neben Libyen, wo die Antibabypille bereits seit 1967 verfügbar ist, hat insbesondere Botswana durch eine aktive Kommunikationspolitik für Verhütungsmittel seine Geburtenrate auf eine Rate unterhalb des Weltdurchschnitts senken können (vgl. Berlin-Institut, 2019, S. 40–41).

Eine Änderung des **Familienbildes** weg von einem strengen Patriarchat trägt ebenfalls zu ei-nem Sinken der Geburtenrate bei. Beispielsweise ist in Marokko ein ebensolcher kultureller Wan-del zu beobachten, der durch intensive Interakti-onen zwischen Marokkanern und Menschen westlicher Kulturen, insbesondere der französi-schen Kultur, gefördert wird (vgl. Berlin-Institut, 2019, S. 30–31).

Wird es als **religiöse Pflicht** wahrgenommen, Kinder in die Welt zu setzen, spielen religiöse Führer eine erhebliche Rolle für die Geburten-kontrolle. Können sie dafür gewonnen werden, für niedrige Geburtenraten zu werben, ist es möglich, dass sie als Meinungsführer die Fertili-tätsraten zum Sinken bringen (vgl. Berlin-Institut, 2019, S. 45–46).

▶ Die **Mortalitätsrate** einer Krankheit unter Kindern (vgl. lateinisch: „mors" – „Tod") zeigt die Anzahl der an dieser Krankheit gestorbenen Kinder im Verhältnis zu **allen** Kindern.

▶ Die **Letalitätsrate** einer Krankheit unter Kindern (vgl. lateinisch: „letum" – „Tod") zeigt die Anzahl der an dieser Krankheit gestorbenen Kinder im Verhältnis zu den an dieser Krankheit erkrankten Kinder.

Kinder sind für Eltern potenzielle Arbeitskräfte und Versorger im Alter. Besteht eine hohe Unsicherheit darüber, wie viele Kinder überleben werden, ist die Zahl der Geburten in der Regel hoch. Sinkende Raten der Kindersterblichkeit, aber auch generell sinkende Mortalitäts- und Letalitätsraten ziehen mit einer zeitlichen Verzögerung von etwa einer Generation sinkende Fertilitätsraten nach sich. Daher leisten Verbesserungen im **Gesundheitswesen** langfristig ebenfalls einen Beitrag zur Bekämpfung der Bevölkerungsexplosion: Der Zugang zu Trinkwasser und sauberen Sanitäranlagen, Vorsorgeuntersuchungen für Schwangere, die schnelle Erreichbarkeit medizinischer Einrichtungen durch eine ausreichende Anzahl von Krankenhäusern, Laboren, kleinen Gesundheitsstationen, mobilen Krankenzimmern oder telemedizinischen Betreuungseinrichtungen per App und Mobiltelephon sind Beispiele solcher Maßnahmen. Seit 2016 werden in Ruanda und Ghana sogar Drohnen eingesetzt, um unter anderem Blutkonserven in unwegsames Gelände zu transportieren (vgl. Berlin-Institut, 2019, S. 38). Die gute Ausbildung von Ärzten und Pflegern, die Beachtung der Hygiene in Krankenhäusern sowie die Bereitstellung einer ausreichenden Zahl medizinischer Geräte und Medikamente sind ebenfalls wichtige Elemente eines guten Gesundheitssystems (vgl. Berlin-Institut, 2019, S. 36–38). Investitionen in **Bildung** sowie die Erhöhung der Bildungschancen für Frauen ziehen niedrigere Geburtenraten nach sich (vgl. Berlin-Institut, 2019, S. 27–28). Insbesondere der Senegal gilt als Vorzeigestaat, leistet er doch mit einem Viertel seines Staatshaushalts die relativ höchsten Bildungsausgaben Afrikas. Für afrikanische Eltern werden Anreize für einen Schulbesuch ihrer Kinder geschaffen: Eine entsprechende Infrastruktur wurde aufgebaut (z. B. Schulbusse), Lehrer erhalten relativ hohe Gehälter, sodass sich qualifizierte Bewerber als Pädagogen gewinnen lassen. Außerdem gibt es Cash-Transfer-Programme (beispielsweise Geld für Schulbesuche), gebührenfreie warme Mittagessen in der Schule (in Botswana bereits seit 1960). Die Feminisierung des Lehrpersonals verringert die Hürden für die Beschulung von Mädchen. Gebildete erzielen höhere Arbeitseinkommen und leben gesünder, sodass sie auf weniger potentielle Versorger angewiesen sind. Mit steigendem Bildungsgrad sinkt die Geburtenrate. In besonderem Maße spielt die Bildung von Frauen eine große Rolle: Gebildete Frauen achten mehr auf die Gesundheit ihrer Kinder, heiraten später, haben einen geringer ausgeprägten Kinderwunsch, um sich auch beruflich verwirklichen zu können, bekommen ihr erstes Kind später und legen längere Pausen zwischen Geschwisterkindern ein.

Äthiopien ist ein Land, das sich durch seine Reformen auf dem **Arbeitsmarkt** ausgezeichnet hat (vgl. Berlin-Institut, 2019, S. 17–20): Produktivitätsfortschritte in der Landwirtschaft, Investitionen in die weiterverarbeitende Industrie zur Erhöhung inländischer Wertschöpfungsanteile, die Einrichtung von Sonderwirtschaftszonen mit Mindestinvestitionen, der Abbau bürokratischer Hürden, die Herstellung von Rechtssicherheit, eine annähernd gleiche Behandlung vor dem Gesetz sowie eine bessere Rechtsdurchsetzung durch schnellere Verfahren sind einige der ordnungspolitischen Maßnahmen, die am Horn von Afrika unter dem reformfreudigen Friedensnobelpreisträger von 2019, Abiy Ahmed Ali, zunächst als Abgeordnetem, seit 2018 als Ministerpräsident, durchgeführt worden sind.

Zunehmende **Urbanisierung** ist zwar mit höheren Lebenshaltungskosten verbunden, sorgt aber für einen besseren Zugang zu Gesundheits- und Bildungseinrichtungen und dadurch auch zu einem geringer ausgeprägten Kinder*wunsch* (vgl. Berlin-Institut, 2019, S. 14).

3.3 Demographische Entwicklung in Deutschland

3.3.1 Bevölkerungsentwicklung

In den letzten zweihundert Jahren nahm die Bevölkerungsentwicklung in Deutschland an Fahrt auf (vgl. destatis, 1985, S. 12–17): Zwischen 1816 und 1910 erhöhte sich die Bevölkerungszahl auf dem Gebiet des Deutschen Reichs von 25 Millionen auf 65 Millionen. Nachdem im Deutschen Reich **zwischen 1895 und 1910** in einem **Babyboom** jährlich um die zwei Millionen Kinder geboren worden waren, sanken die Geburtenzahlen zum Ende der Kaiserzeit. Im Ersten Weltkrieg nahm die Zahl der Geburten um die Hälfte ab und erreichte 1917 mit kaum mehr als neunhunderttausend Neugeborenen seinen Tiefpunkt. Die Erholung folgte schnell: 1920 wurden im Reichsgebiet schon wieder über 1,6 Millionen Kinder geboren, in den **„Goldenen Zwanzigern"** blieben es – allerdings mit sinkendem Trend – jährlich deutlich über eine Million, bis die Folgen der Weltwirtschaftskrise (1929–1933) die Zahl der Geburten 1933 wieder unter die Millionengrenze fallen ließ. Mit der beginnenden Nazi-Propaganda, die den Aufbau eines langfristig großen Heeres im Sinn hatte, kam es **zwischen 1934 und 1940** erneut zu einem **Babyboom**. Im späteren Verlauf des Krieges gebaren die Frauen wieder weniger Kinder. Im ersten Nachkriegsjahr erreichte die Zahl der Neugeborenen mit kaum mehr als neunhunderttausend ihr Tief.

Tab. 3.7 zeigt die Zahl der Geburten, der Todesfälle sowie der Geburten- beziehungsweise Sterbeüberschüsse in Deutschland seit dem Ende des Zweiten Weltkriegs (vgl. destatis, 2020a, S. 2, 2021a, b).

Ende der vierziger Jahre hielt sich die Zahl der Geburten im Rahmen. Doch dann erreichten die zahlreichen Frauen der Babyboomer der späten Zwischenkriegsgeneration ihr gebärfähiges Alter und wurden die Mütter der Babyboomer der Nachkriegsgeneration. Nachdem sich 1946 noch ein Sterbeüberschuss von achtzigtausend Menschen ergeben hatte, sank die Zahl der jährlich Gestorbenen unter die Millionengrenze, während

die Zahl der Neugeborenen für das folgende Vierteljahrhundert in jedem Jahr die Millionengrenze überschritt. Der **Babyboom** vollzog sich in Deutschland in den Jahren **1954 bis 1968** (in den USA bereits zwischen 1946 und 1964): Zwischen 1954 und 1964 war im Zuge des „Wirtschaftswunders" ein kontinuierlicher Anstieg der Geburtenzahlen zu verzeichnen. Seinen **Höhepunkt** erreichte der Babyboom **1964** mit 1,36 Millionen Geburten. Zwischen 1959 und 1968 wiesen die Geburtenzahlen mit jeweils über 1,2 Millionen Lebendgeborenen ihre höchsten Werte im Nachkriegsdeutschland auf. Zwischen **1947 und 1971** hatte Deutschland permanent einen **Geburtenüberschuss**, der sich auf insgesamt **acht Millionen** Menschen addierte (vgl. destatis, 2020a, S. 2).

Mit dem „Pillenknick" Ende der sechziger Jahre brach die Geburtenrate in einem Ausmaß ein, das nur durch den Geburteneinbruch im Ersten Weltkrieg übertroffen worden war. Allein zwischen 1967 und 1973 sank die Zahl der Geburten um ein Drittel. Zwischen 1964 und 1975 wurden in jedem Jahr immer weniger Kinder geboren, bis **1975** der *vorläufige* **Tiefpunkt** des Geburtenrückgangs mit 782.000 Neugeborenen erreicht wurde. In diesem Jahr lag der Sterbeüberschuss bei über zweihunderttausend Menschen. Danach stieg die Zahl der Geburten, nicht, weil sich das Fertilitätsverhalten geändert hatte, sondern weil die zahlreichen weiblichen Babyboomer ins gebärfähige Alter kamen. In den meisten der folgenden Jahre nahm der Sterbeüberschuss ab und erreichte 1988 sein Minimum mit achttausend Menschen (vgl. destatis, 2020a, S. 2).

Nach der **Wiedervereinigung** brach die Geburtenrate in den neuen Bundesländern ein: Von 1990 (1,52) bis 1993 (0,77) halbierte sie sich (vgl. destatis, 2017a). Die zusammengefasste Geburtenziffer von jeweils 0,77 in den Jahren 1993 und 1994 war weltweit die niedrigste. Zwischen 1991 und 1996 lag sie in den neuen Bundesländern bei unter 1 (vgl. bpb, 2020). Für ganz Deutschland wurde **1994** die **niedrigste**, jemals gemessene **zusammengefasste Geburtenziffer** ermittelt: Mit 1,24 war sie nur halb so hoch wie zu Zeiten des Babybooms. Zwischen 1991 und

Tab. 3.7 Geburten, Todesfälle, Geburten- und Sterbeüberschüsse in Deutschland seit dem Ende des Zweiten Weltkriegs (vgl. destatis, 2020a, S. 2, 2021a, b; Hervorhebungen RR)

Jahr	Geburten in 1000	Todesfälle in 1000	Geburtenüberschuss (+)/Sterbeüberschuss (−)	
1946	**922**	**1002**	**− 80**	+ 597
1947	1029	933	+ 96	
1948	1049	805	+ 245	
1949	1107	771	+ 336	
1950	1117	748	+ 368	+ 3429
1951	1106	753	+ 354	
1952	1105	768	+ 337	
1953	1095	791	+ 304	
1954	1110	775	+ 334	
1955	1113	796	+ 317	
1956	1137	812	+ 325	
1957	1166	840	+ 325	
1958	1176	818	+ 357	
1959	1244	835	+ 409	
1960	1262	877	+ 385	**+ 3807**
1961	1314	850	+ 463	
1962	1317	879	+ 438	
1963	1356	895	+ 461	
1964	**1357**	870	**+ 487**	
1965	1325	908	+ 418	
1966	1318	912	+ 406	
1967	1272	914	+ 358	
1968	1215	977	+ 238	
1969	1142	988	+ 154	
1970	1048	976	+ 72	− 1018
1971	1013	966	+ 48	
1972	902	966	**− 64**	
1973	816	963	− 147	
1974	806	957	− 151	
1975	782	**990**	**− 207**	
1976	798	967	− 169	
1977	805	931	− 126	
1978	809	956	− 147	
1979	817	944	− 127	
1980	866	952	− 87	− 737
1981	862	954	− 92	
1982	861	944	− 83	
1983	828	941	− 113	
1984	812	917	− 105	
1985	814	930	− 116	
1986	848	925	− 77	
1987	868	901	− 33	
1988	893	901	**− 8**	
1989	880	903	− 23	

(Fortsetzung)

Tab. 3.7 (Fortsetzung)

Jahr	Geburten in 1000	Todesfälle in 1000	Geburtenüberschuss (+)/Sterbeüberschuss (−)	
1990	906	921	− 16	− 787
1991	830	911	− 81	
1992	809	885	− 76	
1993	798	897	− 99	
1994	770	885	− 115	
1995	765	885	− 119	
1996	796	883	− 87	
1997	812	860	− 48	
1998	785	852	− 67	
1999	771	846	− 76	
2000	767	839	− 72	− 1334
2001	734	829	− 94	
2002	719	842	− 122	
2003	707	854	− 147	
2004	706	818	− 113	
2005	686	830	− 144	
2006	673	822	− 149	
2007	685	827	− 142	
2008	683	844	− 162	
2009	665	855	− 189	
2010	678	859	− 181	− 1927
2011	**663**	852	− 190	
2012	674	870	− 196	
2013	682	894	**− 212**	
2014	715	868	− 153	
2015	738	925	− 188	
2016	792	911	− 119	
2017	785	932	− 147	
2018	788	955	− 167	
2019	778	940	− 161	
2020	773	986	**− 213**	

2011 lag sie zwischen 1,24 und 1,39 (vgl. bpb, 2020).

Seit 1997 nahm die Zahl der Geburten deutschlandweit wieder fast in jedem Jahr ab, bis **2011** mit 663.000 Babys der **historische Tiefpunkt** erreicht wurde. Den bisher höchsten Sterbeüberschuss gab es in Deutschland **2020**, im Jahr der Corona-Pandemie: Es starben 213.000 Menschen mehr als geboren wurden. Zwischen **1972 und 2020** wies Deutschland permanent einen **Sterbeüberschuss** auf, der sich auf **sechs Millionen** Menschen addierte.

3.3.2 Bevölkerungsanteile

Zur Reichsgründung 1871 lag Deutschland – nach China, (Britisch)-Indien und Russland – auf Rang 4 der bevölkerungsreichsten Staaten der Erde. Dann zogen im Zuge der Meji-Restauration (1868–1877) zunächst die Japaner und später im Zuge steigender Einwanderung auch die US-Amerikaner an den Deutschen vorbei. Zwischen 1950 und 2020 sank der Bevölkerungsanteil Deutschlands an der Weltbevölkerung um zwei Drittel von drei Prozent auf ein Prozent. Noch 1950 war

Deutschland nach Bevölkerungszahl (1950: 70 Millionen/2020: 83 Millionen) nach China (550 Millionen/1,415 Milliarden), Indien (380 Millionen/1,385 Milliarden), den USA (160/335 Millionen), Russland (100/145 Millionen) und Japan (80/125 Millionen) das sechstgrößte Land der Erde, 1980 noch das achtgrößte. 2020 lag Deutschland auf Rang 19. Seit 1950 haben 13 Länder Deutschlands Bevölkerungszahl übertroffen, und zwar (in Klammern die jeweiligen Bevölkerungszahlen von 1950 und 2020):

- 1951: Indonesien (von 70 auf 275 Millionen),
- 1961: Brasilien (von 55 auf 220 Millionen),
- 1980: Bangladesch (von 38 auf 170 Millionen),
- 1981: Pakistan (von 38 auf 210 Millionen),
- 1983: Nigeria (von 38 auf 210 Millionen) und die Philippinen (von 20 auf 110 Millionen),
- 1987: Mexiko (von 28 auf 135 Millionen),
- 2002: Vietnam (von 25 auf 100 Millionen),
- 2008: Äthiopien (von 18 auf 115 Millionen),
- 2009: Ägypten (von 20 auf 100 Millionen),
- 2018: (die Demokratische Republik) Kongo (von 12 auf 90 Millionen),
- 2020: die Türkei (von 20 auf 85 Millionen) und der Iran (von 17 auf 85 Millionen).

3.3.3 Geburtenziffern

Da die demographische Entwicklung für das in seiner Bedeutung zunehmende Problem einer nachhaltigen finanziellen Alterssicherung eine herausragende Bedeutung hat, lohnt ein detaillierter Blick auf die Bevölkerungsentwicklung in Deutschland. Zunächst werden einige bevölkerungswissenschaftlichen Termini erläutert:

Die **Geburtenrate** wird vom Statistischen Bundesamt auf zweierlei Weise berechnet:

In einer **Querschnittsanalyse** wird die zusammengefasste Geburtenziffer ermittelt (vgl. destatis, 2020d). Dafür wird zunächst die Geburtenziffer für jede relevante Alterskohorte berechnet.

▷ Die **Geburtenziffer** (Fertilitätsrate) setzt den Anteil der Frauen einer Alterskohorte, die im

betrachteten Jahr ein Kind zur Welt gebracht haben, ins Verhältnis zu allen Frauen desselben Geburtsjahrgangs:

▷ Geburtenziffer einer Alterskohorte = (Frauen mit einer Geburt/alle Frauen) pro Jahr

Werden nun die jeweiligen Geburtenziffern aller relevanten Alterskohorten addiert, ergibt die Summe die zusammengefasste Geburtenziffer.

▷ Die **zusammengefasste Geburtenziffer** (totale Fertilitätsrate) ist die Summe der altersspezifischen Geburtenziffern aller 35 Alterskohorten von „Frauen im gebärfähigen Alter" zwischen 15 und unter 50 Jahren im Verhältnis zur Zahl aller Frauen der jeweiligen Alterskohorten:

▷ *zusammengefasste* Geburtenziffer = Summe der jeweiligen Geburtenziffern *aller* 35 Alterskohorten pro Jahr

Die zusammengefasste Geburtenziffer gibt somit die **durchschnittliche Kinderzahl pro Frau im gebärfähigen Alter innerhalb eines Kalenderjahres** an. Sie liegt in Deutschland **seit 1972 zwischen 1,24 und 1,59** Kindern pro Frau (vgl. bib, 2020c). Für eine stabile Bevölkerung wäre – bei einem ausgeglichenen Wanderungssaldo – in einem wirtschaftlich und medizinisch gut entwickelten Land wie Deutschland eine Geburtenrate von 2,1 erforderlich.

In einer **Zeitreihenanalyse** wird die Kohortenfertilität ermittelt (vgl. destatis, 2020e).

▷ Die **Kohortenfertilität** ist die Summe der jeweiligen altersspezifischen Geburtenziffern über die 35 Jahre, in denen Frauen – statistisch gesehen – „im gebärfähigen Alter" sind:

▷ Kohortenfertilität = Summe der jeweiligen Geburtenziffern *derselben* Alterskohorte über 35 Jahre

Die Kohortenfertilität gibt somit die *endgültige* **durchschnittliche Kinderzahl pro Frau** an.

3.3.4   Bevölkerungsstruktur

Einen guten Überblick über die Bevölkerungsstruktur liefert der Mikrozensus des Statistischen
Bundesamtes, an dessen jährlichen Befragungen
etwa ein Prozent der Bevölkerung teilnimmt (vgl.
destatis, 2019b, 2020f, S. 15–32): Über ein Fünftel
aller Frauen in Deutschland bleibt kinderlos. Unter
den in Deutschland geborenen Frauen sowie unter
Akademikerinnen liegt dieser Anteil bei etwa einem Viertel (vgl. destatis, 2017c). Mütter in
Deutschland haben weiterhin im Durchschnitt
zwei Kinder, aber der Anteil der kinderlosen
Frauen hat sich seit 1980 verdoppelt. Auch regional
gibt es deutliche Unterschiede: Während nur 13
Prozent der Thüringerinnen kinderlos bleiben, trifft
dies auf 31 Prozent der Hamburgerinnen zu. Generell haben Städterinnen häufiger keine Kinder als
Landbewohnerinnen. Die Geburtenraten in Ost und
West sind in etwa gleich niedrig. Allerdings gibt es
in den alten Bundesländern mehr kinderlose Frauen
als in den neuen, jedoch in den neuen Bundesländern mehr Einzelkinder als in den alten.

Nicht einmal jeder fünfte der knapp 42 Millionen Privathaushalte ist ein Haushalt mit minderjährigen Kindern. Insgesamt leben 30 Millionen
Menschen, also 36 Prozent der Gesamtbevölkerung, in Familien mit minderjährigen Kindern
(vgl. destatis, 2019a, S. 37). Über 40 Prozent aller
Haushalte sind Single-Haushalte, knapp **80 Prozent Ein- oder Zwei-Personen-Haushalte**. Der
Anteil der Haushalte mit mindestens fünf Personen ist seit 1970 von 13 Prozent auf heute 3 Prozent gesunken.

Die Bevölkerungsstruktur ist durch wenige
junge und viele alte Menschen geprägt (vgl. statista, 2021a):

In Deutschland leben nicht einmal 5 Millionen
Kinder unter sechs Jahren. Knapp 11 Millionen
Kinder sind unter 14 Jahre alt, und unter Hinzu-
rechnung der Jugendlichen leben knapp **14 Millionen Minderjährige** in Deutschland. Dies ist nur
etwa ein Sechstel der Bevölkerung. Etwa eineinhalb Millionen Heranwachsende sind volljährige
Teenager.

Von besonderer Bedeutung für die Volkswirtschaft eines Landes sind die jungen Erwachsenen
zwischen 20 und 40 Jahren. Von dieser Alterskohorte hängt es in erheblichem Maße ab, ob ein
Land eine nachhaltige wirtschaftliche Entwicklung erwarten lässt. Denn diese Kohorte hat die
Schule bereits durchlaufen und ist in der Regel
innovativer, belastbarer und ambitionierter als es
die anderen Alterskohorten sind. Die gut **20 Millionen** *jüngeren* **Erwachsenen** machen in Deutschland etwa ein Viertel der Bevölkerung aus.

Unter den **24 Millionen** *älteren* **Erwachsenen** zwischen 40 und 60 Jahren, die typischerweise noch im Berufsleben stehen, sind zu Beginn der 2020er-Jahre noch viele Babyboomer.
Deshalb ist diese Alterskohorte größer als diejenige der jungen Erwachsenen. Die älteren Erwachsenen arbeiten oft in verantwortungsvollen
Positionen und beziehen daher auch im Durchschnitt die höchsten Einkommen. Allerdings stehen sie Innovationen verhaltener gegenüber.
Diese mangelnde Flexibilität und Offenheit auch
für unkonventionelle Maßnahmen kann sich in
Krisenzeiten zu größeren Problemen auswach-
sen. Die Corona-Pandemie hat vor Augen geführt, wie viele Deutsche sich überfordert fühlen,
wenn sie mit Unsicherheiten umzugehen haben.
Der souveräne Umgang mit Unsicherheiten ist
nicht nur eine bedeutende Fähigkeit, die der
Menschheit ihr Überleben gesichert hat. Der
sachlich-nüchterne Umgang mit Unsicherheiten
und Ambiguitäten zeichnet auch einen erfolgreichen Krisenmanager in Unternehmen aus.

24 Millionen *alte* **Erwachsene** mit einem Alter von über 60 Jahren leben Anfang der 2020er-
Jahre in Deutschland. Der Anteil der Alterskohorte „Ü 60“ an der Bevölkerung wird sich
zwischen 1970 und **2030** auf **35 Prozent** verdoppelt haben. Um 2030 werden auf einen unter
Zwanzigjährigen zwei über Sechzigjährige kommen. Diese Relation wird sich im Vergleich zu
1970 verdreifacht haben (vgl. bpb, 2019). Wenn
die letzten Babyboomer noch vor dem Jahr 2050
die Altersschwelle der über Achtzigjährigen
überschritten haben werden, wird es in Deutschland voraussichtlich mit jeweils zehn Millionen
etwa ebenso viele über Achtzigjährige wie Kinder unter vierzehn Jahren geben.

Es ist nicht damit zu rechnen, dass sich dieser
Trend umkehrt, sodass Unternehmen in Deutschland davon ausgehen müssen, dass die Zahl der

Personen im erwerbsfähigen Alter niedrig bleiben wird. Die Arbeitsnachfrage nach jüngeren, „dynamischen", innovativen, Herausforderungen suchenden und risikobereiten Mitarbeitern wird auf ein relativ geringes Arbeitsangebot dieser Zielgruppe treffen.

3.3.5 Demographischer Wandel

Der wichtigste Grund für den demographischen Wandel sind die *niedrigen* **Geburtenraten** pro Frau seit Ende der sechziger Jahre. Ursache sind insbesondere

- der „Pillenknick",
- die Liberalisierung von Abtreibungen,
- das gestiegene Alter von Müttern,
- die gestiegene Zeitspanne zwischen den Geburten von Geschwistern,
- der Tempoeffekt,
- das demographische Echo,
- die steigenden Opportunitätskosten für Zeit.

Der **„Pillenknick"** ist der Hauptgrund für das rapide Sinken der Geburtenrate in Deutschland. Die Antibabypille wurde in den USA 1960, in Deutschland 1961 zugelassen. Nach anfangs zögerlicher Nachfrage wurde dieses Kontrazeptivum bis zum Ende der sechziger Jahre von immer mehr Frauen als Verhütungsmittel genutzt, sodass der Babyboom mit der aufkeimenden 68er Bewegung zum Erliegen kam.

Die seit 1974/76 rechtlich tolerierten und nicht mehr sanktionierten **Abtreibungen** verringern die Zahl der Geburten jährlich um eine sechsstellige Zahl. Zudem sorgen niedrige Geburtenraten einige Jahrzehnte später für weniger potenzielle Mütter, sodass die Zahl der Neugeborenen selbst bei einem Anstieg der Geburtenrate pro Frau insgesamt sinken kann.

Ein weiterer Grund für die niedrigen Geburtenraten ist das *gestiegene* **Alter** der **Mütter** bei *Erstgeburten*, das in Deutschland inzwischen bei über 30 Jahren liegt (Durchschnitt wie Median). Dies führt aufgrund der tickenden biologischen Uhr und der ab einem Alter von 35 Jahren exponentiell steigenden Geburtsrisiken zu einer geringeren

Zahl *weiterer* Geburten dieser Mütter. 25 Prozent der Frauen bekommen nur ein Kind, 37 Prozent zwei Kinder, 12 Prozent drei Kinder und 5 Prozent vier oder mehr Kinder (vgl. destatis, 2019b, S. 21). Dies bedeutet, dass nur noch jede sechste Frau in Deutschland mehr als zwei Kinder gebiert, unter den in Deutschland geborenen Frauen ist es nur noch jede siebte. Da sich Kinder nicht teilen lassen, unterschreiten – statistisch gesehen – 86 Prozent aller in Deutschland geborenen Frauen das erforderliche Reproduktionsniveau von 2,1 Kindern pro Frau (eigene Berechnungen auf Basis von destatis, 2019b, Tabelle 3.10, S. 80).

Auch die **Zeitspanne zwischen den Geburten von Geschwistern** ist gestiegen. Der mittlere (Median) Abstand zwischen den Geburten liegt im Vergleich zum Alter des jeweils jüngsten Kindes einer Frau bei über drei Jahren (vgl. destatis, 2017b). Auch dies wirkt sich negativ auf die Zahl der Mehrfachgeburten aus.

Einen negativen Effekt auf die demographische Entwicklung hat der **Tempoeffekt**: Das Durchschnittsalter einer Erstgebärenden ist in Deutschland inzwischen auf 30 Jahre gestiegen, das allgemeine Durchschnittsalter einer (Erst-, Mehrfach-) Gebärenden auf 33 Jahre. Da die Risiken einer Schwangerschaft ab 35 Jahren exponentiell steigen, bleibt nicht viel Zeit für viele Kinder. Zu berücksichtigen ist, dass die zusammengefasste Geburtenziffer mit zunehmendem Alter der Mütter zu niedrig ausgewiesen wird (vgl. destatis, 2020c): Denn wenn viele jüngere Frauen ihre Mutterschaft aufschieben, sind in der Gegenwart ihre Kohorten-spezifischen Geburtenziffern niedriger als es diejenigen älterer Jahrgänge in der Vergangenheit gewesen sind. Diese Reduktion wird nicht durch entsprechend hohe Kohorten-spezifische Geburtenziffern der Älteren kompensiert, weil unter ihnen weniger potenzielle Mütter zu finden sind.

Bei der Interpretation steigender beziehungsweise sinkender Geburtenraten ist das **demographische Echo** zu berücksichtigen: Steigende beziehungsweise sinkende Fertilitätsraten haben ihre Ursache nicht unbedingt in politischen Maßnahmen (z. B. Elterngeld, außerfamiliäre Kinderbetreuung), sondern manchmal einfach nur in der demographischen Entwicklung selbst: Kommen die vielen Töchter oder Enkeltöchter der Baby-boomer in ein Alter, in dem Frauen verstärkt Kinder bekommen, werden die Geburtenzahlen hoch sein, auch wenn sich das Kohorten-spezifische Fertilitätsverhalten im Vergleich zu vorherigen Alterskohorten gar nicht verändert hat. Dies war beispielsweise zwischen 2011 und 2016 zu beobachten (vgl. statista, 2020f), in denen viele Baby-boomer Großmütter wurden.

Der steigende Wert der Zeit hat einen negativen Einfluss auf die Geburtenrate (vgl. Mincer, 1962, S. 63–106; Becker, 1965, S. 493–517): Mit zunehmender Arbeitsproduktivität sowie mit zunehmender finanzieller, aber auch sozialer Bedeutung der (Aus-, Weiter-) Bildung auch von Frauen steigen die **Opportunitätskosten** für die Erziehung von Kindern und verringern daher die Attraktivität derselben.

➤ **Zeitinkonsistenzen** liegen vor, wenn der relevante Zeithorizont des Entscheiders kürzer ist als der relevante Zeithorizont, dessen die nachhaltige Lösung eines Problems bedarf.

Obwohl das Phänomen der „demographischen Zeitbombe" seit einem halben Jahrhundert bekannt ist, hat die Politik darauf bisher noch nicht in erforderlichem Ausmaß reagiert. Aufgrund von Zeitinkonsistenzen lassen sich langfristig tragfähige Lösungen nur schwer durchsetzen. Ohne eine nachhaltige Reform der Alterssicherung wird dieses System Ende der 2020er/Anfang der 2030er-Jahre nicht mehr finanzierbar sein.

3.4   Alterssicherung

3.4.1   Rentenbezugsdauer

Tab. 3.8 gibt einen Überblick über die tatsächliche Rentenbezugsdauer in ausgewählten Ländern.

Die *tatsächliche* **Rentenbezugsdauer** war 2018 weltweit in vier – inoffiziellen wie offiziellen – Euro-Krisenländern am höchsten: In Frankreich, Spanien, Griechenland und Italien beziehen Frauen über ein Vierteljahrhundert lang Rente, Männer immerhin über 20 Jahre lang. Den Weltrekord halten französische Frauen mit knapp 27 Jahren und französische Männer mit knapp 23 Jahren. Süd-Koreanische Männer und Frauen beziehen im Durchschnitt elfeinhalb Jahre weniger Rente als französische Männer und Frauen. Griechen und Spanier beziehen deutlich länger Rente als Deutsche: vier Jahre die Frauen, drei Jahre die Männer. Italiener liegen mit drei Jahren für Frauen beziehungsweise eineinhalb Jahren

Tab. 3.8 Durchschnittliche Rentenbezugsdauer in ausgewählten Ländern (in Anlehnung an: OECD, 2019a, S. 181)

	Frauen		Männer	
	Rentenbezugsdauer in Jahren	Tatsächliches Renteneintrittsalter	Rentenbezugsdauer in Jahren	Tatsächliches Renteneintrittsalter
Frankreich	26,9	60,8	22,7	60,8
Spanien	26,6	61,3	21,7	62,1
Griechenland	26,4	60,0	21,8	61,7
Italien	25,7	61,5	20,7	63,3
EU	23,1	62,3	18,2	64,0
Deutschland	22,5	63,6	19,1	64,0
OECD 2018	22,5	63,7	17,8	65,4
Irland	22,2	64,1	18,7	65,6
Portugal	21,6	65,4	15,7	68,5
Japan	21,0	69,1	15,5	70,8
Estland	20,1	65,7	15,4	65,5
USA	19,8	66,5	16,4	67,9
Chile	19,7	66,7	14,7	70,0
Mexiko	17,5	66,5	12,8	71,3
Süd-Korea	16,3	72,3	12,9	72,3
OECD 1970	14,5		10,5	

für Männer ebenfalls deutlich vor den Deutschen. Die ärmeren Esten beziehen im Durchschnitt über sechs Jahre lang weniger Rente als die reicheren Griechen und Spanier.

Der Bedarf an strukturellen Reformen, welche die Länder selbst in die Wege leiten müssen, zeigt sich auch am hohen **Anteil** der **Rentenzahlungen** am jeweiligen **Bruttoinlandsprodukt** (BIP) und an den **Staatsausgaben** eines Landes. OECD-weit liegt dieser Anteil im Durchschnitt bei 8 Prozent des BIP sowie bei 18 Prozent der Staatsausgaben. In Deutschland, dem Land mit der weltweit zweitältesten Bevölkerung, liegt dieser Anteil mit 10 Prozent beziehungsweise 23 Prozent höher als im OECD-Durchschnitt. Die Spitzenplätze in der OECD nehmen – vor Frankreich – Griechenland, Empfänger großer Eurohilfen, und Italien, Empfänger großer Corona-Hilfen (PEPP), ein. Der Anteil ihrer altersbedingten Zahlungen an ihrem jeweiligen BIP ist doppelt so hoch wie im OECD-Durchschnitt, viermal so hoch wie in Australien und achtmal so hoch wie in Island. In Portugal, Spanien und Frankreich sind es über ein Viertel des jeweiligen Staatshaushalts. Am anderen Ende der OECD-Skala liegt Island, das nur zwei Prozent seines BIP sowie fünf Prozent seines Staatshaushalts für die Alterssicherung aufwendet (vgl. OECD, 2019a, S. 199). Vor dem Ausbruch der Eurokrise verwendeten die Griechen sogar ein Viertel ihres BIP für Rentenzahlungen, ein bis heute weltweit unerreichter Wert (vgl. OECD, 2011a, S. 4). Über 30 Prozent aller staatlichen Ausgaben Griechenlands und Italiens fließen in die Alterssicherung, ein weltweiter Spitzenwert. Auch diesem Umstand ist es zu verdanken, dass in beiden Mittelmeerländern die Tragfähigkeit der Schulden nicht mehr gewährleistet ist.

Zu Beginn der Eurokrise 2010 bezogen Männer in Griechenland sogar sieben Jahre länger Rente als Männer in Deutschland, Frauen in Griechenland immerhin 6,4 Jahre länger als Frauen in Deutschland. Wird berücksichtigt, dass ein Rentenjahr zum einen auf der Ausgabenseite ein zusätzliches Jahr finanzieller Lasten bedeutet, zum anderen auf der Einnahmenseite ein verlorenes Jahr zusätzlicher Beiträge, können die Jahre „doppelt" gezählt werden: Das macht für Grie-

chenland knapp 14 Jahre mehr aus als für Deutschland. Wäre allein die Rentenbezugsdauer innerhalb der Europäischen Wirtschafts- und Währungsunion harmonisiert, bestünde keine Notwendigkeit finanzieller Transferzahlungen und Garantien anderer Länder für die (Euro-/Corona-) Krisenländer Frankreich, Spanien, Griechenland und Italien.

Zu Beginn der Eurokrise lagen in Griechenland die Einkommen der Alten um ein Zehntel *höher* als die Einkommen der Gesamtbevölkerung. Nach nur 35 Beitragsjahren erreichte ein Grieche den Höchstsatz seiner Rente in Höhe von 70 Prozent seines durchschnittlichen Einkommens der letzten fünf Jahre. Nach 37 Beitragsjahren konnte ein Grieche ohne finanzielle Einbußen in den Ruhestand gehen, und zwar unabhängig von seinem Lebensalter: Wer bereits mit 14 Jahren anfing zu arbeiten, konnte demzufolge im Alter von 51 Jahren in den Ruhestand eintreten und erhielt die volle Rente. Alle Rentner erhielten 14 „Monatseinkommen" (vgl. OECD, 2011b, S. 237). Bis zur EWS-Krise 1992 konnte eine verheiratete italienische Staatsbedienstete, die über 14 ½ Jahre in die Rentenkasse eingezahlt hatte, ohne finanzielle Abzüge – unabhängig von ihrem Alter – in den Ruhestand gehen (vgl. Rentenversicherung und Zusatzrentenfonds, 2020, S. 4).

International variieren die Nettorenten im Verhältnis zu den jeweiligen Nettoeinkommen unmittelbar vor dem Ruhestand sehr stark, wie in Tab. 3.9 zu sehen ist.

In der OECD liegt das durchschnittliche **Einkommen** der Alten (über 65 Jahre) – Renten und andere Transferleistungen plus Arbeits- und Kapitaleinkommen – bei 87 % des Durchschnittseinkommens der gesamten Bevölkerung. Neben Luxemburg und Israel liegen die fünf mediterranen Eurokrisenländer auch in dieser Statistik an der Spitze der OECD-Länder: In Luxemburg, Frankreich und Israel ist das durchschnittliche Einkommen der Alten sogar höher als im Rest der Bevölkerung, in Italien, Portugal (jeweils über 99 %), Griechenland (97 %) und Spanien (95 %) fast genauso hoch. Die 65- bis 75-jährigen dieser vier (Krisen-) Länder beziehen sogar ein höheres Einkommen als die Jüngeren (vgl. OECD, 2019a, S. 185; 2019b).

Tab. 3.9 Nettorente im Verhältnis zum Nettoeinkommen eines Mannes mit Medianeinkommen in ausgewählten Ländern (in Anlehnung an: OECD, 2019a, S. 155)

Land	Nettorente/Nettoeinkommen
Türkei	94 %
Italien	**92 %**
Portugal	90 %
Spanien	83 %
Frankreich	74 %
EU	**64 %**
OECD	**59 %**
Estland	53 %
Deutschland	**52 %**
Griechenland	51 %
USA	49 %
Irland	36 %
Litauen	31 %
Mexiko	29 %
Vereinigtes Königreich	28 %
Südafrika	18 %

Im OECD-Durchschnitt ist die *relative* **Armut** (weniger als die Hälfte des Medians des Nettoäquivalenzeinkommens) der Alten mit einem Anteil von etwas über dreizehn Prozent nur etwas höher als die relative Armut in der Gesamtbevölkerung mit einem Anteil von knapp zwölf Prozent. Allerdings gilt für die Mehrheit der 37 OECD-Länder sowie für die fünf krisengeplagten Mittelmeerländer: Die relative Armut ist unter den Alten geringer als im Rest der Bevölkerung. Obgleich bis auf Frankreich (8 %) die anderen vier mediterranen Eurokrisenländer etwas mehr relativ Arme haben (12–15 %) als im OECD-Durchschnitt, liegt der Anteil der relativ Armen unter den Alten (8–10 %) deutlich unter dem OECD-Durchschnitt, in Frankreich sogar nur bei gut 3 %. In Deutschland ist die relative Altersarmut mit knapp zehn Prozent ebenfalls geringer als im Bevölkerungsdurchschnitt. Grundsicherung beziehen von den über 65-jährigen nur drei bis vier Prozent. In Estland hingegen ist jeder Sechste relativ arm, unter den Alten ist es jeder Dritte, in Süd-Korea fast jeder zweite Alte (vgl. OECD, 2019a, S. 187).

3.4.2 Babyboomer

Als unter dem Reichskanzler Bismarck (1815–1898) mit der Verabschiedung des „Invaliditäts-

und Altersversicherungsgesetzes" am 22.06.1889 die gesetzliche Altersrente eingeführt wurde, lag der durchschnittliche Beitragssatz, den sich Arbeitgeber und Arbeitnehmer jeweils zur Hälfte teilten, bei knapp zwei Prozent des Bruttoeinkommens, das Renteneintrittsalter bei 70 Jahren (vgl. DRV, 2019, S. 9–10), die durchschnittliche Lebenserwartung 25 Jahre darunter. Erst nach dem Ersten Weltkrieg wurde das Renteneintrittsalter auf 65 Jahre gesenkt. 1957 führte Adenauer (1876–1967) die Umlagefinanzierung ein. Seitdem ist die gesetzliche Rente mehr als nur eine zusätzliche Unterstützung. Nunmehr sorgt sie für die Sicherung des Lebensstandards (vgl. BMAS, 2017). Die Ausgaben der Rentenversicherung haben sich seit Einführung der Umlagefinanzierung zwischen 1957 und 2019, noch bevor die Babyboomer ihren Ruhestand angetreten haben, bereits verfünfzigfacht (vgl. DRV, 2020, S. 23).

Das Verhältnis der Ruheständler zu den Erwerbspersonen wird sich in Deutschland innerhalb eines Menschenlebens verdreifacht haben: 1980 lag dieser Quotient bei 0,20. Bis 2020 erhöhte er sich bei 21 Millionen Rentnern auf 0,33. Dies bedeutet, dass nunmehr – rechnerisch – nicht mehr fünf Erwerbspersonen auf einen Ruheständler kommen, sondern nur noch drei. Allein die Babyboomer lassen diesen Quotienten binnen 15 Jahren zwischen 2020 und 2035 um ein Drittel auf 0,44 ansteigen. Bis 2060 wird dieser Quotient bei 0,60 liegen, sodass nicht einmal mehr zwei Erwerbspersonen auf einen Rentner/Pensionär kommen. Noch gravierender als in Deutschland wird sich bis 2060 die demographische Struktur in Süd-Korea (0,9), Japan (0,8) und Spanien (0,8) verändert haben (vgl. OECD, 2019a, S. 20). Rechnerisch käme dann auf einen Rentner nicht einmal eine Erwerbsperson.

Aufgrund niedriger Geburtenraten ist der Anteil junger Menschen an der Gesamtbevölkerung in Deutschland gering. Darüber hinaus nimmt die Zahl der Alten zu: Seit 100 Jahren ist in Deutschland alle fünf Jahre ein Anstieg der Lebenserwartung um ein Jahr zu beobachten. Die (geplanten) Erhöhungen des jeweiligen Renteneintrittsalters in den OECD-Ländern ersetzen nur ungefähr die Hälfte der zusätzlichen Lebenserwartung (vgl.

OECD, 2019a, S. 11). Deshalb sorgen diese Maßnahmen bisher nicht für eine tragfähige Alterssicherung.

Zwischen 2020 und 2035 tritt die Generation der **„Babyboomer"** in den **Ruhestand**. In dieser Zeit werden pro Jahr durchschnittlich jeweils knapp eine halbe Million mehr Menschen den Arbeitsmarkt verlassen als junge Menschen auf den Arbeitsmarkt nachrücken. In den Jahren **2020–2035** werden den Arbeitgebern dadurch – unter sonst gleichen Bedingungen – etwa **sieben Millionen Arbeitskräfte verlorengehen**. Der **Gipfel** wird im Jahr **2031** erreicht sein, wenn der **geburtenstärkste** und damit „teuerste" **Jahrgang 1964** das Renten- beziehungsweise Pensionsalter erreicht haben wird. Die Alterskohorten der Jahrgänge 1963–1965 sind ungefähr doppelt so groß wie die Kohorten, durch welche sie auf dem Arbeitsmarkt ersetzt werden.

In den Babyboomer-Jahren 1954 bis 1968 wurden in Deutschland insgesamt 18,6 Millionen Kinder geboren. Vor dem Hintergrund, dass in Deutschland das Durchschnittsalter eines Absolventen

- einer dualen Ausbildung bei 22,5 Jahren (vgl. bibb, 2017),
- eines Bachelor-Studiums bei 23,5 Jahren,
- eines Master-Studiums bei 27,5 Jahren (vgl. statista, 2020c).

liegt, ist es plausibel, ein durchschnittliches Berufseinstiegsalter von etwa 24 Jahren anzunehmen. Dann sind die „Nachrücker" für die Babyboomer die Jahrgänge 1996 bis 2011, die in den Renteneintrittsjahren der Babyboomer zwischen 2020 und 2035 jeweils 24 Jahre alt sind. Obgleich diese „Nachrücker"-Generation aufgrund der graduellen Anpassung an das Renteneintrittsalter von 65 Jahren (2007) bis zu 67 Jahren (2031) sogar einen Jahrgang mehr umfasst als die Babyboomer-Generation von 1954–1968, tut sich eine große Lücke zwischen künftigen Empfängern (Babyboomer) und Gebern („Nachrücker") von Transferleistungen auf: In den „Nachrücker"-Jahren 1996 bis 2011 wurden in

Deutschland nur 11,5 Millionen Kinder geboren. Vernachlässigen wir Migrationseffekte, berücksichtigen jedoch, dass nicht jeder sein Renteneintrittsalter erleben wird, bedeutet dies, dass zwischen 2020 und 2035 knapp sieben Millionen Menschen mehr in den Ruhestand eintreten als auf dem Arbeitsmarkt nachrücken werden. Dieses demographische Problem ist auch deshalb so gravierend, weil der besonders großen Alterskohorte der Babyboomer eine besonders kleine Alterskohorte der „Nachrücker" gegenübersteht. Gingen wir von einem Berufseinstiegsalter von 20 Jahren aus, würde die entsprechende „Nachrücker"-Generation sogar die geburtenschwächste Generation repräsentieren, die es in Deutschland innerhalb von 15 Jahren seit der Reichsgründung 1871 jemals gegeben hat, nämlich die Jahrgänge 2000 bis 2015.

Bereits heute finanziert sich das gesetzliche Rentenversicherungssystem nicht ohne Unterstützung aus dem Staatshaushalt, sodass seine Unterfinanzierung kaschiert wird. 2019 lag der – systemwidrige – Zuschuss aus dem Bundeshaushalt – einschließlich der Beiträge für Kindererziehungszeiten, der Erstattung einigungsbedingter Leistungen sowie des Zuschusses zur knappschaftlichen Rentenversicherung – bei 100 Milliarden Euro (vgl. IAQ, 2020b, S. 3), was etwa 30 Prozent der Ausgaben der gesetzlichen Rentenversicherung (vgl. DRV, 2020, S. 21) und 27 Prozent des Bundeshaushalts ausmachte. Ein weiteres Problem liegt darin, dass die Beitragsleistungen geringer sind als die Rentenansprüche: Ob Bezieher einer niedrigen, mittleren oder hohen Rente, die Auszahlungen sind höher als die merkmalsgleichen Einzahlungen. Unter diesen Bedingungen ist die Nachhaltigkeit der gesetzlichen Rente auch nicht dadurch zu erzielen, dass die Zahl der Beitragszahler steigt. Dies verlagert das Problem nur in die Zukunft, verschärft es sogar, weil jeder Beitragszahler höhere Ansprüche erwirbt als er abdeckt.

Der Anteil der Alten an den Wahlberechtigten wird weiter zunehmen. Die dies antizipierenden Politiker werden sich gemäß der ökonomischen Theorie der Demokratie (vgl. Downs, 1957) an einem Medianwähler orientieren, dem als Mittfünfziger an einer Politik für die Alten gelegen ist, die – gemessen an der (bedingten) Lebenserwartung – nach 30 Jahren kollabieren „darf".

3.4.3 Ordnungspolitische Inkonsistenzen

Die Höhe der gesetzlichen Rente bemisst sich in Deutschland im Grundsatz nach der **Rentenformel** mit vier Faktoren (vgl. § 64 SGB VI für die ersten drei Faktoren):

1. den persönlichen Entgeltpunkten (PEP),
2. dem Rentenartfaktor (RAF),
3. dem Rentenwert (RW),
4. dem Zugangsfaktor (ZF).

Einen **persönlichen Entgeltpunkt (PEP)** erhält, wer in einem Jahr ein durchschnittliches Bruttoarbeitnehmerentgelt bezieht, das 2020 bei ca. € 40.000 gelegen hat (vgl. DRV, 2020, S. 14). Bruttoarbeitnehmerentgelte sind höher als Bruttolöhne und -gehälter, weil sie nicht nur die Arbeitnehmer-, sondern auch die Arbeitgeberbeiträge zur Sozialversicherung enthalten (vgl. destatis, 2019c, S. 29). Verdient ein Arbeitnehmer nur halb so viel, wird ihm nur ein halber Punkt angerechnet, verdient er doppelt so viel, werden ihm zwei Punkte gutgeschrieben. Der Höchstbetrag ist durch eine Beitragsbemessungsgrenze gedeckt, die üblicherweise etwas über dem Doppelten des Durchschnittsentgelts liegt. Der **Rentenartfaktor (RAF)** liegt bei der Altersrente bei eins wie auch der **Zugangsfaktor (ZF)** bei nicht-vorzeitigem Renteneintritt. Der **Rentenwert (RW)** liegt näherungsweise bei einem Prozent des durchschnittlichen monatlichen Bruttoeinkommens und passt sich regelmäßig an. Ab 2024 wird er für die neuen Bundesländer genauso hoch sein wie für die alten.

▶ Die **Eckrente** gibt die Monatsrente eines Durchschnittsverdieners nach 45 Beitragsjahren an.

2020 betrug die Eckrente in Deutschland etwa € 1500 monatlich, was 48 Prozent des durchschnittlichen Jahresentgelts sind (vgl. DRV, 2020, S. 27). Da nicht jeder 45 Jahre lang voll arbeitet und ein Durchschnittsentgelt bezieht, liegen die durchschnittlichen monatlichen Renten aus der gesetzlichen Rentenversicherung deutlich niedriger: 2020 bei € 1150 für Männer und € 700 für Frauen. Dass diese Beträge unterhalb der relativen Armutsgrenze liegen, bedeutet nicht zwangsläufig, dass Rentner in Deutschland arm sind. Zu berücksichtigen sind andere als gesetzliche Alterssicherungsleistungen und die Einkommen anderer Haushaltsmitglieder. Entgegen der veröffentlichten Meinung ist 2020 die Altersarmut in Deutschland geringer als die Armut über alle Alterskohorten hinweg. Eine Eckrentnerin mit einer durchschnittlichen Rentenbezugsdauer von 22,5 Jahren kann im Verlaufe ihres Lebens – ceteris paribus – mit Rentenzahlungen von insgesamt € 400.000 rechnen, ein Eckrentner aufgrund seiner geringeren Rentenbezugsdauer mit 15 Prozent weniger.

Dem deutschen Rentensystem fehlt eine klare ordnungspolitische Ausrichtung: Mithilfe eines **Nachhaltigkeitsfaktors** sollen Beitrags- und Rentensätze um denselben Prozentsatz steigen. Für die Nachhaltigkeit der Renten müssten die jüngeren Alterskohorten – mit ihren tatsächlichen Fertilitätsraten von durchschnittlich 1,4 Kindern pro Frau – jedoch um 50 Prozent größer sein. Zu differenzieren ist zwischen dem **Versicherungsprinzip**, das spätere Auszahlungen unabhängig von der Bedürftigkeit an frühere Einzahlungen koppelt, und dem **Bedarfsprinzip**, dem nicht durch Renten, sondern durch andere Sozialleistungen Rechnung getragen wird. Versicherungsleistungen sind dabei gemäß dem **Äquivalenzprinzip** ausschließlich aus Versicherungsbeiträgen zu finanzieren, Sozialleistungen aus Steuern, die gemäß dem **Leistungsfähigkeitsprinzip** entrichtet werden. Die Inkonsistenz einer heterodoxen Finanzierung sollte nicht unterschätzt werden: Denn sie bricht mit dem Versicherungsprinzip, nach dem die Solidargemeinschaft aller Versicherten für die Beiträge aufkommt. Bei Steuerzuschüssen werden zur Finanzierung von Versicherungsleistungen auch Personen herangezogen, die gar nicht berechtigt sind, Versicherungsleistungen entgegenzunehmen: Dies sind beispielsweise Selbstständige, die sich privat um ihre Altersvorsorge kümmern müssen, oder Beamte, die über niedrigere Bruttoeinkommen an der Finanzierung ihrer Pensionsrückstellungen beteiligt werden, wie sich in einer Inzidenzanalyse zeigen lässt.

Bei einer **Flexibilisierung** des bisher starr festgelegten **Renteneintrittsalters** lässt sich zwischen Berufen differenzieren, die in hohem Alter noch gut ausgeübt werden können, wie Professuren, und Berufen, die einen früheren Renteneintritt rechtfertigen, wie dies bei den in diesem Zusammenhang oft zitierten Dachdeckern der Fall ist. Generell lässt sich das Renteneintrittsalter auch durch versicherungsmathematisch fundierte Ab- beziehungsweise Zuschläge errechnen, wenn Beschäftigte vorzeitig oder später als üblich in den Ruhestand eintreten. Zudem ist es möglich, den bisher essentiellen Übergang von der Berufstätigkeit in den Ruhestand zu einem graduellen zu transformieren, indem ältere Menschen teilweise ein Renteneinkommen, teilweise ein Arbeitseinkommen erzielen, wenn sie noch einige Stunden in der Woche arbeiten.

Bei allen Reformvorschlägen ist aus ordoliberaler Sicht zwischen den angestrebten **Niveau-** und **Struktureffekten** zu unterscheiden: Es ist einerseits zu klären, wie hoch das gesetzliche Rentenniveau insgesamt sein sollte, und andererseits, nach welchen Regeln dieser Betrag aufgeteilt werden sollte. Werden Niveau- und Struktureffekte vermischt, geht dies auf Kosten der Transparenz.

Die 2021 in Deutschland eingeführte **Grundrente** („Respektrente") für Versicherte ist ordnungspolitisch defizitär, vermischt sie doch das Versicherungs- und das Bedarfsprinzip. Zudem ist das Äquivalenzprinzip verletzt, weil die Rechtsfolgen eines eingezahlten Euro ungleich sind: Sie hängen davon ab, ob jemand über 35 Jahre (bei reduzierter Grundrente 33 Jahre) gearbeitet hat oder nicht oder ob er seine Jahresäquivalente an Arbeitszeit in Vollzeit oder in Teilzeit erbracht hat.

3.5 Einkommens- und Vermögensverteilung

3.5.1 Gini-Index für Einkommensungleichheit

Die Anzahl der absolut Armen, denen weniger als $ 1,90 (PPP) per capita per diem zur Verfügung steht, fiel zwischen 1990 und 2015 von 1,9 Milliarden auf 735 Millionen Menschen. Waren 1990 noch 36 Prozent der Weltbevölkerung absolut arm, so traf dies 2015 „nur" noch auf 10 Prozent der Weltbevölkerung zu (vgl. World Bank, 2020b; für Sub-Sahara: vgl. World Bank, 2020a, 2021). Dieses Vierteljahrhundert gilt als die erfolgreichste Epoche der Armutsbekämpfung in der Geschichte der Menschheit. In der Corona-Krise ist die Zahl der absolut Armen erstmals seit Jahrzehnten wieder gestiegen.

Der **Gini-Index (Gini-Koeffizient)** ist ein Maß für die Ungleichverteilung: Je höher der Gini-Index ist, desto größer ist die Ungleichverteilung. Der Gini-Index kann Werte zwischen 0 (absolut gleiche Einkommen für alle) und 1 (Einkommen nur für einen Einzigen) annehmen. Die deutsche Sozialpolitik sorgt dafür, dass der Gini-Koeffizient für die Verteilung der Sekundäreinkommen – *nach* Berücksichtigung redistributiver Maßnahmen – deutlich niedriger ausfällt als für die Primäreinkommen – *vor* Berücksichtigung redistributiver Maßnahmen (vgl. Niehues, 2018).

Der **Gini-Index (GI)** geht auf den italienischen Statistiker Corrado Gini (1884–1965) zurück, der ihn 1912 bekanntgemacht hat (vgl. Gini, 1912, 1914, S. 1203–1248, 1921, S. 124–126). Der Gini-Index misst den **Grad der Ungleichverteilung**. Ökonomen haben ein besonderes Interesse an der Ungleichverteilung der **Einkommen** und der **Vermögen**.

Grundlage dieses Index' ist die **Lorenzkurve**, die 1905 vom US-amerikanischen Statistiker und Ökonomen Max Otto Lorenz (1876–1959) entwickelt worden ist (vgl. Lorenz, 1905, S. 209–219). In Abb. 3.1 wird auf der Abszisse der kumulative Anteil an den Haushalten abgetragen. Dabei beginnt man, ausgehend vom Ursprung,

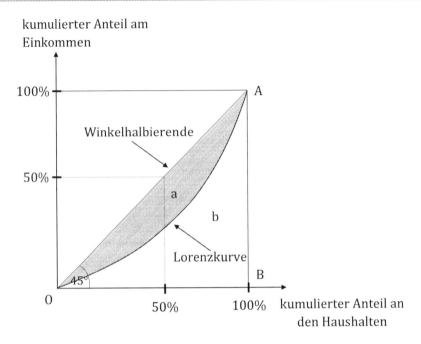

Abb. 3.1 Gini-Index mit Lorenzkurve

mit dem einkommensschwächsten Haushalt, bis schließlich der einkommensstärkste ganz rechts abgetragen wird. Auf der Ordinate wird der kumulative Anteil am Einkommen abgetragen.

Die **Winkelhalbierende** OA des Koordinatenkreuzes zeigt graphisch die **Linie absoluter Gleichverteilung**, bei der alle Haushalte ein **gleichhohes Einkommen** beziehen. In diesem Fall haben beispielsweise die „ärmsten" zehn Prozent der Bevölkerung einen Anteil am Volkseinkommen in Höhe von genau zehn Prozent.

Die beiden **Linien** OB und BA, die sich aus dem Abszissenabschnitt von null bis einhundert Prozent sowie aus dem rechten Ordinatenabschnitt von null bis einhundert Prozent ergeben, zeigen graphisch den Fall **absoluter Ungleichverteilung**, in dem **ein Einziger** das **gesamte Einkommen** auf sich vereint. Das **Dreieck** OBA zwischen den Linien absoluter Gleichverteilung und absoluter Ungleichverteilung ist die Fläche maximaler Ungleichverteilung.

Im Normalfall zeigen sich weder die maximale Gleichverteilung noch die maximale Ungleichverteilung der Einkommen: Beispielsweise haben die ärmsten zehn Prozent der Bevölkerung

einen Anteil am Volkseinkommen von mehr als null, aber von weniger als zehn Prozent. Tragen wir nunmehr eine Kurve ab, die diese Disparitäten veranschaulicht, erhalten wir die **Lorenzkurve**. Diese ist eine stetige, zum Ursprung konvexe Kurve, deren Anfangs- und Endpunkt mit dem jeweiligen Anfangs- beziehungsweise Endpunkt der Winkelhalbierenden identisch sind. Zwischen diesen beiden Punkten verläuft die Lorenzkurve immer unterhalb der Winkelhalbierenden. Die Fläche zwischen der **Winkelhalbierenden**, welche die **maximale Gleichverteilung** repräsentiert, und der **Lorenzkurve**, welche die **tatsächliche Verteilung** repräsentiert, misst den Grad ungleicher Verteilung. Setzen wir die Fläche a zwischen der Winkelhalbierenden und der Lorenzkurve ins Verhältnis zur Fläche (a+b) des Dreiecks unterhalb der Winkelhalbierenden, das für die maximale Ungleichverteilung steht, erhalten wir den **Gini-Index (Gini-Koeffizienten)**. Im Fall höchstmöglicher Gleichverteilung, in dem alle Einwohner über ein gleich hohes Einkommen verfügen, liegt der Gini-Index – ebenso wie die Varianz und die Standardabweichung – bei null. Im Fall höchstmöglicher Ungleichvertei-

Tab. 3.10 Gini-Index der 25 Länder mit der größten Einkommensungleichheit (in Anlehnung an statista, 2021b, c, d; World Population Review, 2021a, b; eigene Rundungen)

Land	Gini-Index für Einkommensungleichheit
Südafrika	63
Namibia	59
Sambia	57
Sao Tomé und Principe	56
Eswatini (Swasiland)	55
Mosambik	54
Brasilien	54
Hongkong	54
Botswana	53
Honduras	52
Angola	51
Saint Lucia	51
Papua Neuguinea	51
Guinea Bissau	51
Lesotho	50
Kolumbien	50
Panama	50
Kongo	50
Costa Rica	48
Benin	48
Guatemala	47
Paraguay	47
Seychellen	47
Kamerun	47
Südsudan	46

Tab. 3.11 Gini-Index der 25 Länder mit der geringsten Einkommensungleichheit (in Anlehnung an statista, 2021b, c, d; World Population Review, 2021a, b; eigene Rundungen)

Land	Gini-Index für Einkommensungleichheit
Moldau	25
Belarus	25
Ukraine	25
Slowenien	25
Slowakei	25
Tschechien	25
Island	27
Norwegen	27
Finnland	27
Belgien	27
Algerien	27
Kasachstan	27
Kirgistan	27
Serbien	28
Aserbaidschan	28
Dänemark	29
Schweden	29
Niederlande	29
Ost-Timor	29
Malta	29
Afghanistan	29
Irak	29
Ungarn	29
Kroatien	29
Polen	29

lung, in dem ein Einziger über das gesamte Einkommen eines Landes verfügt, liegt der Gini-Index bei Eins. Je größer der Gini-Index ist, desto größer ist das Ausmaß der Ungleichverteilung.

Tab. 3.10 zeigt den jeweiligen Gini-Index für die 25 Länder mit der größten Einkommensungleichheit.

Hohe **Einkommensungleichheiten** finden sich flächendeckend im **südlichen Afrika** (Südafrika, Namibia, Sambia, Eswatini [Swasiland], Mosambik, Botswana, Angola, Lesotho). Es folgen weitere afrikanische (sowie lateinamerikanische Länder).

Tab. 3.11 zeigt den jeweiligen Gini-Index für die 25 Länder mit der geringsten Einkommensungleichheit.

Geringe **Einkommensungleichheiten** finden sich überwiegend in **Europa**. Zur Spitzengruppe gehören – neben dem wohlhabenden Belgien – auch die beiden ärmsten Staaten Europas, die Moldau und das Kosovo, sowie andere ärmere europäische Länder (Belarus, Ukraine, Slowakei, Tschechien, Serbien, Kroatien). Von den außereuropäischen Ländern weisen Algerien, Kasachstan, Kirgistan, Aserbaidschan, Ost-Timor, Afghanistan und der Irak einen „guten" (niedrigen) Gini-Index auf. An der Tatsache, dass viele (sehr) arme Staaten einen niedrigen Gini-Index aufweisen, ist zu erkennen, dass ein geringes Maß an Einkommensungleichheiten nicht zwangsläufig bedeutet, dass es den Menschen in diesem Land gutgeht.

In Ländern mit einem niedrigen Gini-Koeffizienten ist das Einkommen der reichsten zehn Prozent der Einwohner etwa fünfmal so hoch wie dasjenige der ärmsten zehn Prozent. In den Ländern mit einem hohen Gini-Koeffizienten verdienen die reichsten zehn Prozent teilweise mehr als fünfzigmal so viel wie die ärmsten zehn Prozent.

Tab. 3.12 zeigt den Gini-Index weiterer ausgewählter Länder für die Einkommensungleichheit. Der Gini-Koeffizient ist nicht nur für die neoliberal ausgerichteten USA überdurchschnittlich hoch, sondern auch für die beiden großen kommunistischen Länder China und Russland. Die Euro-Krisenländer Portugal, Spanien, Italien und Griechenland weisen für EU-Verhältnisse ebenfalls relativ hohe Gini-Koeffizienten aus. Dies ist ein Indiz dafür, dass die Frage der Knappheit finanzieller Mittel für die Unterstützung der Ärmeren in diesen Staaten weniger eine Frage des nationalen Einkommens*niveaus*, sondern vielmehr eine Frage der nationalen Einkommens*struktur* dieser Mittelmeerländer ist. Eine andere Einkommensverteilung, deren Struktur im Ermessen der *nationalen* Regierungen und Parlamente liegt, bietet Möglichkeiten zur Behebung der Krisenprobleme ohne finanzielle Hilfen von außen. Israel als mit Abstand reichstes Land der Levante weist einen relativ hohen Gini-Index auf. Viele andere wirtschaftlich erfolgreiche Volkswirtschaften haben zumindest keinen niedrigen Gini-Koeffizienten. Jedoch zählen unter den reichen Industrieländern nach den skandinavischen Ländern auch Deutschland, Frankreich, Kanada und Japan zu den Ländern, in denen die Einkommensungleichheiten – im globalen Maßstab – relativ gering ausgeprägt sind. Nur sieben Prozent der Deutschen verdienen mehr als doppelt so viel wie der Median (vgl. OECD, 2019b).

Eine höhere Auflösung der Daten mit einer größeren Anzahl an Quantilen führt in der Regel zu einer höheren Ungleichverteilung als eine Auflösung mit grober **Granularität** (höherer Verdichtung) der Daten, die nur wenige Quantile berücksichtigt und dadurch Ungleichverteilungen innerhalb dieser Quantile vernachlässigt.

Die Daten über die Einkommensverteilung werden meistens von den nationalen statistischen Behörden ermittelt. Deren Methoden unterscheiden sich aber, sodass zum Teil Äpfel mit Birnen verglichen werden. Einige Länder wie die USA verwenden bei der Berechnung des Gini-Koeffizienten die **Einkommen vor Steuern**, andere Länder wie Frankreich die **Einkommen nach Steuern**. Während im ersten Fall Umverteilungen innerhalb eines Landes nicht zu Buche schlagen, tun sie dies im zweiten Fall sehr wohl. Daher ist der Gini-Koeffizient in Ländern, welche die Einkommen vor Steuern als Berechnungsgrundlage nehmen, ceteris paribus höher als in Ländern, welche die Einkommen nach Steuern zugrunde legen.

Die **Subsistenzwirtschaft** wird im Gini-Index nicht erfasst, sondern nur die marktgerichtete Produktion, die in der VGR ermittelt wird. Weil Subsistenzwirtschaft unter den Ärmeren eine größere Rolle spielt als unter Reicheren, überschätzt der Gini-Index die tatsächliche Ungleichverteilung.

Ein sozialpolitisch gewünschter steigender **Frauenanteil** unter den Erwerbstätigen führt ce-

Tab. 3.12 Gini-Index ausgewählter Länder für die Einkommensungleichheit (in Anlehnung an statista, 2021b, c, d; World Population Review, 2021a; eigene Rundungen)

Land	Gini-Index für Einkommensungleichheit
Türkei	43
USA	41
Iran	41
Haiti	40
Israel	39
China	39
Indonesien	38
Russland	37
Indien	36
Italien	36
Spanien	36
Griechenland	35
Portugal	34
Vereinigtes Königreich	34
Süd-Korea	34
Japan	33
Kanada	33
Frankreich	32
Deutschland	32

teris paribus zu einem höheren Gini-Index, weil Frauen im Durchschnitt weniger verdienen als Männer. Denn unter anderem arbeiten Frauen häufiger in Teilzeit und sind stärker in Berufen vertreten, in denen vergleichsweise niedrige Einkommen erzielt werden.

Der Gini-Koeffizient ist eine **relative Größe**, keine absolute. Dies bedeutet, dass Länder mit flächendeckender Armut einen niedrigeren Gini-Koeffizienten aufweisen können als reiche Länder mit wenigen Armen, obwohl diese Armen reicher sind als jene Armen. Daher lässt sich ohne zusätzliche Informationen nicht schlussfolgern, dass die Einkommenssituation in Ländern mit niedrigeren Gini-Koeffizienten besser ist als diejenige in Ländern mit höheren Gini-Koeffizienten.

Der Gini-Koeffizient behandelt Einkommensänderungen in sämtlichen **Quantilen gleich**. Dadurch werden Änderungen im mittleren Einkommensbereich im Vergleich zu ihrer sozialpolitischen Bedeutung überschätzt. Denn verteilungspolitisch bedeutender ist die Frage, inwiefern sich die Einkommensunterschiede zwischen den Reichsten und den Armen unterscheiden. Deutliche prozentuale Einbußen der Armen, die in absoluten Beträgen nur gering ausfallen, führen nur zu einer geringfügigen Änderung des Gini-Koeffizienten, erzeugen aber gravierende verteilungspolitische Wirkungen.

Den historisch stärksten Anstieg der Ungleichverteilung der Einkommen – gemessen am Gini-Koeffizienten – verzeichnete Deutschland mit einem Anstieg von 28,3 auf 32,1 zwischen 1998 und 2005, genau zur Regierungszeit der Rot-Grünen Koalition unter Bundeskanzler Schröder (vgl. World Bank, 2021). 2020 lag der Gini-Index im EU-Durchschnitt (vgl. statista, 2021b). In der EU, aber auch weltweit am geringsten ist der Grad der Ungleichverteilung der Einkommen in der Slowakei, in Slowenien und Tschechien, deren Gini-Index bei 23–24 liegt. Ebenfalls einen geringen Grad an Ungleichverteilung weisen Belgien, die Niederlande, Österreich sowie die nordischen Staaten auf. Ein hohes Maß an Ungleichverteilung ist in den ärmeren EU-Ländern Bulgarien (Gini-Index: 41), Rumänien, Litauen und Lettland sowie in den beiden

„teuersten" Krisenländern Italien und Spanien zu beobachten, in denen der Gini-Index zumeist zwischen 35 und 33 liegt (vgl. statista, 2021c). Dieses Ergebnis lässt EU-Hilfen, an denen sich reiche und arme Steuerzahler aller EU-Länder beteiligen, in einem anderen Licht erscheinen. Es stellt sich die Frage, warum nicht zuerst die Reichen der Krisenländer – wie in den anderen EU-Ländern auch – zu ihrer finanziellen Verantwortung gezogen werden, bevor ärmere Steuerzahler anderer Länder diese Länder finanziell unterstützen.

3.5.2 Palma-Quotient

Auf die Defizite des Gini-Koeffizienten weist bereits früh der Cambridge- und Oxford-Ökonom Anthony Barnes Atkinson (1944–2017) hin (vgl. Atkinson, 1970, S. 244–263). Der chilenische Cambridge-Professor José Gabriel Palma entdeckt 2011 (vgl. Palma, 2011, S. 87–153), dass Änderungen des Gini-Koeffizienten für die Einkommensverteilung weitgehend auf Änderungen der jeweiligen Einkommensanteile des reichsten Dezils und der ärmsten vier Dezile zurückzuführen sind. Der **Palma-Quotient** misst das **Verhältnis** der Einkommen der **reichsten 10 %** im Vergleich zu den Einkommen der **ärmsten 40 %** eines Landes. In den meisten Ländern entfallen auf das reichste Dezil und auf die vier ärmsten Dezile zusammen ungefähr genauso viel des Volkseinkommens und des Konsums wie auf die Dezile 5 bis 9. In diesem Fall liegt der Palma-Quotient bei Eins. Änderungen innerhalb der Perzentile zwischen 40 und 90 Prozent haben kaum einen Einfluss auf den Gini-Koeffizienten (vgl. auch Palma, 2014, S. 1416–1448, 2016; Cobham & Sumner, 2013; Cobham et al., 2016, S. 25–36).

➤ Die Palma-Hypothese lautet: Änderungen in der Einkommensverteilung und der Konsumanteile betreffen die reichsten zehn Prozent und die ärmsten vierzig Prozent der Einwohner eines Landes, während die Dezile zwischen 40 und 90 Prozent relativ stabile Einkommens- und Konsumanteile von jeweils 50 Prozent aufweisen.

Hohe **Palma-Quotienten,** die sich aus den Komponenten des Inequality-Adjusted Human Development Index (I-HDI) der jährlich erscheinenden Human Development Reports des Entwicklungsprogramms der Vereinten Nationen ablesen lassen (vgl. HDR, 2020: I-AHDI, Tabelle 3, S. 353–355), weisen auf eine hohe Ungleichverteilung der Einkommen zugunsten der Reichen hin. Ähnlich wie der Gini-Koeffizient für die *Einkommens*ungleichheit zeigt die Palma-Rate zwei Regionen, in denen die reichsten zehn Prozent ein Vielfaches der Einkommen der ärmsten 40 Prozent besitzen: Im **südlichen Afrika** (Südafrika, Lesotho, Eswatini, Namibia, Sambia, Botswana, Mosambik), aber auch im Kongo, in der Zentralafrikanischen Republik und in Kenia, erzielen die reichsten zehn Prozent der Bevölkerung Einkommen, welche diejenigen der jeweils ärmsten 40 Prozent um das Vier- bis Siebenfache übersteigen. Die zweite Region, die sich durch ein hohes Maß an ungleicher Einkommensverteilung auszeichnet, ist **Lateinamerika**, wo die Palma-Rate typischerweise zwischen 2 und 3 liegt.

Niedrige **Palma-Quotienten** weisen die meisten westlichen Länder auf. Die Einkommen der reichsten zehn Prozent sind ungefähr so hoch wie diejenigen der ärmsten 40 Prozent. Ihre Palma-Rate liegt wie in Deutschland bei etwa 1. Eine Ausnahme bilden die Vereinigten Staaten mit einer Palma-Rate von 2. Von allen westlichen Ländern (im engeren Sinne) sind sie das Land mit der höchsten Ungleichverteilung. Besonders *niedrige* **Palma-Raten**, die ein geringes Ausmaß an Ungleichverteilung signalisieren, haben die **mittel-** und **nordeuropäischen** Länder. Zu diesen zählen nicht nur die bekannten Wohlfahrtsstaaten, sondern auch die Slowakei, Tschechien und Slowenien, deren jeweilige Palma-Quotienten mit etwa 0,8 die niedrigsten der Welt sind (vgl. OECD, 2021).

Die deutsche Sozialpolitik sorgt dafür, dass der Gini-Koeffizient für die Ungleichverteilung der Sekundäreinkommen (nach der Einkommensumverteilung) netto um über 40 Prozent niedriger liegt als der Gini-Koeffizient der Primäreinkommen vor der Berücksichtigung redistributiver Maßnahmen (vgl. Niehues, 2018, S. 29).

Bemerkenswert ist, dass sich in den ersten 20 Jahren dieses Jahrhunderts dieser Effekt verringert hat, obwohl das – absolute wie auch relative – Niveau der Sozialausgaben gestiegen ist. Dies ist ein Indiz für die mangelnde Zielgenauigkeit sozialpolitischer Maßnahmen (vgl. Peichl & Stöckli, 2018, S. 18–22). Der Grund liegt darin, dass Ansprüche auf Sozialleistungen wie Wohngeld oder Kinderzuschläge nicht graduell, sondern total wegfallen, wenn bestimmte Einkommensgrenzen überschritten werden. Dadurch ist es möglich, dass ein steigendes Bruttoeinkommen ein sinkendes verfügbares Einkommen nach sich zieht.

Die Unterschiede in der Verteilung der *Primär*einkommen sind in Deutschland ähnlich hoch wie in den USA. Werden jedoch nur Menschen unter 60 Jahren einbezogen, sind die Unterschiede in Deutschland deutlich geringer (vgl. Niehues, 2018). Eine Ursache dafür ist darin zu sehen, dass die durch gesetzliche Renten gut abgesicherten Deutschen im Alter weniger arbeiten als US-Amerikaner, die für ihre Alterssicherung finanzielle Reserven erarbeiten müssen. Dadurch entstehen größere Ungleichheiten in Deutschland als in den USA, weil die relativ hohen Transferleistungen wie Rentenzahlungen bei den Primäreinkommen nicht berücksichtigt werden.

In Studien zur Einkommensverteilung müssen unterschiedliche Haushaltsgrößen berücksichtigt werden. Um die Vergleichbarkeit herzustellen, bedienen sich Statistiker der Äquivalenzeinkommen, also „gleichwertiger Einkommen": Das **Äquivalenzeinkommen** ist ein Pro-Kopf-Einkommen, das nach einem standardisierten Bedarf gewichtet wird: In Mehr-Personen-Haushalten erhalten

- der Haushaltsvorstand den Faktor 1,0;
- weitere Haushaltsmitglieder über 14 Jahren den Faktor 0,5;
- Kinder unter 14 Jahren den Faktor 0,3.

Bezieht beispielsweise eine fünfköpfige Familie mit Kindern im Alter von 15, 13 und 10 Jahren ein Nettoeinkommen in Höhe von € 5200, so wird für alle Haushaltsmitglieder folgendes Nettoäquivalenzeinkommen zugrunde gelegt:

$$\in 5200 : \big(1,0 + 0,5 + 0,5 + 0,3 + 0,3\big)$$
$$= \in 5200 : 2,6$$
$$= \in 2000$$

Dieser Betrag entspricht dem mittleren (Median) Nettoäquivalenzeinkommen in Deutschland.

Als *relativ* **arm (armutsgefährdet)** gilt in Deutschland jemand, der weniger als 60 Prozent des mittleren Nettoäquivalenzeinkommens bezieht. Dies trifft im Bundesdurchschnitt auf **ein Sechstel**, in Bremen auf ein Viertel, in Bayern und Baden-Württemberg jeweils auf ein Achtel zu (vgl. statista, 2020b). Die relative Armutsquote ist in Deutschland seit Jahrzehnten relativ stabil. Überdurchschnittlich stark von Armut betroffen sind nicht die Alten, sondern insbesondere (vgl. IAQ, 2020a):

a. nach Alter:
   – junge Erwachsene zwischen 18 und 25 Jahren (25 %),
   – Kinder (20 %);
b. nach Erwerbstätigkeit:
   – Erwerbslose (58 %);
c. nach Bildungsstand:
   – Menschen ohne Schulabschluss (47 %),
   – Menschen mit niedrigem formalen Bildungsstand (33 %);
d. nach Herkunft:
   – Menschen ohne deutsche Staatsangehörigkeit (35 %),
   – Menschen mit ausländischen Wurzeln (28 %);
e. nach Haushaltsstruktur:
   – Alleinerziehende (43 %),
   – Familien mit (zwei Erwachsenen und) mehr als zwei Kindern (31 %),
   – Singles (27 %).

Die **Einkommensteuer** macht ungefähr 40 Prozent des Steueraufkommens aus, das ungefähr 20 Prozent des Bruttoinlandsprodukts beträgt. Zwischen 2010 und 2017 ist das Einkommensteueraufkommen doppelt so stark gestiegen wie das nominale Bruttoinlandsprodukt im selben Zeitraum. Ein Grund dafür ist die **„kalte Progression"**, die dadurch hervorgerufen wird, dass bei steigenden Nominaleinkommen immer mehr Einkommensbezieher in höhere Einkommensklassen gelangen, für die höhere Grenzsteuersätze gelten (vgl. Beznoska, 2018). Für das oberste Zehntel ist der Spitzensteuersatz der Einkommensteuer (42 %) relevant (vgl. Beznoska & Hentze, 2017, S. 99).

Der jeweilige Anteil am Aufkommen der Einkommensteuer beträgt in Deutschland (vgl. Deutscher Bundestag, 2019, S. 4–5) für:

• die ärmsten 30 Prozent 0,5 Prozent,
• die ärmsten 40 Prozent 2 Prozent,
• die ärmere Hälfte 5 Prozent;
• die reichsten 1 Prozent ein Viertel,
• die reichsten 10 Prozent die Hälfte,
• die reichsten 20 Prozent drei Viertel,
• die reichere Hälfte 95 Prozent.

Der signifikante Umverteilungseffekt lässt sich an diesen Zahlen ablesen: In Deutschland zahlen die – gemessen am Einkommen – reichsten 10 Prozent etwa genauso viel Einkommensteuer wie die ärmeren 90 Prozent. Die reichsten 20 Prozent zahlen dreimal so viel wie die ärmeren 80 Prozent.

Ein Anstieg der *relativen* Armutsquote ist nicht immer mit einer negativen Entwicklung verbunden: Wenn mehr – in der Regel reichere – Arbeitslose eine Beschäftigung finden, dann ist der Anteil der relativ Armen unter den Arbeitslosen allein aus statistischen Gründen höher, ähnlich wie der Anteil der Schwerkranken steigt, wenn Leichtkranke gesundwerden. Wenn ein junger Student sein Elternhaus aus der Mittelschicht verlässt und an seinem Hochschulort mit einem Monatseinkommen von € 1000 eine eigene kleine Wohnung bezieht, „fühlt" er sich wahrscheinlich reich, taucht aber in der Statistik als „Armer" auf, weil er einen eigenen Haushalt gegründet hat. Ebenso sind unterschiedliche Preisniveaus miteinzubeziehen: Unterschiede der relativen Armutsquoten der Bundesländer verringern sich um mehr als die Hälfte, wenn die unterschiedliche Kaufkraft berücksichtigt wird (vgl. IAQ, 2020a). Beispielsweise reduziert sich der Unterschied zwischen Bayern und Thüringen auf nur noch einen Prozentpunkt.

3.5.3 Gini-Index für Vermögensungleichheit

Grob gesagt, gehört dem reichsten Prozent der Menschen die eine Hälfte des globalen Vermögens und den übrigen 99 Prozent der Menschen die andere Hälfte (vgl. statista, 2021e). Länder mit hoher „sozialer" Absicherung fallen durch besonders starke Vermögensunterschiede auf – ein Phänomen, das auf den ersten Blick widersprüchlich, auf den zweiten Blick verständlich erscheint (vgl. Niehues, 2018): Fühlen sich Menschen im Alter, bei Krankheit, bei Arbeitslosigkeit, bei Arbeitsunfällen oder für die Pflege relativ gut abgesichert, sinken die Notwendigkeit und die Anreize, Ersparnisse zu bilden, um für derartige Situationen gewappnet zu sein. Finanzielle Polster Selbstständiger, die zur Alterssicherung angelegt werden, zählen zu den Vermögen, gesetzliche Rentenanwartschaften, mit denen abhängig Beschäftigte rechnen, hingegen nicht. Während jene Aktiva aus einem Kapitaldeckungsverfahren sind, stellen diese nur Ansprüche aus einem Umlageverfahren dar. Machen wir beispielsweise folgende – vereinfachte, Zinsen, Inflation und Rentenerhöhungen vernachlässigende – Milchmädchenrechnung, dass eine Frau in Deutschland eine Eckrente von etwa € 1500 pro Monat bezieht, so wird sie bei einer durchschnittlichen Rentenbezugsdauer von 22 bis 23 Jahren Zahlungen von insgesamt etwa € 400.000 erhalten. Ein gleichgestellter Selbstständiger hingegen muss Ersparnisse in dieser Höhe bilden.

Aufgrund der markt- und wohlfahrtsstaatlichen Ausrichtung der nord- und mitteleuropäischen Volkswirtschaften ist es daher nachzuvollziehen, warum diese Länder relativ

- *große* Unterschiede in der Verteilung der – am Markt erzielten – Primäreinkommen,
- *kleine* Unterschiede in der Verteilung der – nach Umverteilung erhaltenen – Sekundäreinkommen,
- *große* Unterschiede in der Verteilung der Vermögen

aufweisen.

Der Grad der ungleichen Vermögensverteilung ist auch deshalb höher, weil Kapitaleinkommen in der Regel stärker steigen als Arbeitseinkommen. Ist – wie in Deutschland – im Mittelstand die Bereitschaft, Aktien zu halten, nur gering ausgeprägt, profitieren insbesondere die Reichen von steigenden Kapitaleinkommen, wie die Zeit der Corona-Pandemie in den Jahren 2020 und 2021 gezeigt hat, in der die Aktienkurse auf neue Rekordhöhen und damit auch die Gini-Koeffizienten vieler Länder stiegen. Auch die Frage, ob hohe Anteile der Bevölkerung Wohneigentum bilden, oder nicht, hat einen starken Einfluss auf den Gini-Index: Ist der Wohnungsmarkt wie in Deutschland ein Mietermarkt, wird weniger Vermögen akkumuliert als in Ländern, in denen der Wohnungsmarkt ein Eigentümermarkt ist, auf dem die meisten Menschen Wohneigentum erwerben. In Deutschland wohnen die meisten Menschen zur Miete. Dies ist nicht unbedingt negativ zu werten, kann es doch auch als Vertrauen in die Preisniveaustabilität und die sozialen Sicherungssysteme des Staates angesehen werden.

Die jeweiligen Gini-Koeffizienten für die Vermögensverteilung ergeben ein anderes Bild als diejenigen der Einkommensverteilung.

Tab. 3.13 zeigt den jeweiligen Gini-Index der 30 Länder mit der größten Vermögensungleichheit. *Große* **Vermögensungleichheiten** gibt es einerseits in reichen Wohlfahrtsstaaten mit einem breiten, wohlhabenden Mittelstand wie in den Niederlanden, Schweden, Dänemark, Deutschland und Norwegen. Andererseits zeichnen sich auch arme Länder durch ein hohes Maß an Ungleichheit aus, so zum Beispiel Indonesien, Indien, Nigeria, Südafrika, Haiti sowie der Jemen. Angeführt wird diese Rangliste der Vermögensungleichheit von zwei Ländern, in denen das Streben nach Gleichheit kulturell wie in den liberalen Niederlanden beziehungsweise ideologisch wie im kommunistischen Russland von herausragender Bedeutung ist. Deutschland weist ebenfalls einen relativ hohen Gini-Index auf, der vergleichbar ist mit demjenigen so unterschiedlicher Länder wie dem Libanon im Nahen Osten oder den beiden wichtigsten afrikanischen Volkswirtschaften, Nigeria und Südafrika. In den großen

Tab. 3.13 Gini-Index der 30 Länder mit der größten Vermögensungleichheit (in Anlehnung an World Population Review, 2021b; eigene Rundungen)

Land	Gini-Index für Vermögensungleichheit
Niederlande	0,90
Russland	0,88
Schweden	0,87
USA	0,85
Brasilien	0,85
Thailand	0,85
Dänemark	0,84
Philippinen	0,84
Saudi-Arabien	0,83
Indonesien	0,83
Surinam	0,83
Indien	0,83
Bahamas	0,83
Grenada	0,83
Dominica	0,82
Antigua und Barbuda	0,82
Libanon	0,82
St. Vincent und die Grenadinen	0,82
Deutschland	0,81
Nigeria	0,81
Südafrika	0,81
Lesotho	0,81
Belize	0,80
Zypern	0,80
Haiti	0,80
Botswana	0,80
Norwegen	0,80
Sambia	0,80
Chile	0,80
Jemen	0,80

Tab. 3.14 Gini-Index der 30 Länder mit der geringsten Vermögensungleichheit (in Anlehnung an World Population Review, 2021b; eigene Rundungen)

Land	Gini-Index für Vermögensungleichheit
Ukraine	0,24
Slowakei	0,50
Ost-Timor	0,57
Myanmar	0,60
Belgien	0,60
Äthiopien	0,62
Belarus	0,62
Eritrea	0,62
Japan	0,63
Turkmenistan	0,63
Irak	0,63
Katar	0,63
Albanien	0,64
Malta	0,64
Bosnien-Herzegowina	0,64
Kroatien	0,65
Moldau	0,65
Rumänien	0,65
Montenegro	0,65
Griechenland	0,65
Aserbaidschan	0,65
Afghanistan	0,66
Australien	0,66
Tadschikistan	0,66
Libyen	0,66
Bulgarien	0,66
Tansania	0,66
Slowenien	0,66
Mauritius	0,66
Ungarn	0,66

Volkswirtschaften Russland, USA, Brasilien, Indonesien, Indien und Deutschland liegt der Gini-Index deutlich über dem Weltdurchschnitt, in China ist er mit 0,70 durchschnittlich hoch.

Tab. 3.14 zeigt den jeweiligen Gini-Index der 30 Länder mit der geringsten Vermögensungleichheit. *Geringe* **Vermögensungleichheiten** gibt es nur in wenigen reichen Wohlfahrtsstaaten mit einem breiten, wohlhabenden Mittelstand wie in Belgien, Japan und Australien. Hingegen zählen viele Länder mit einer relativ gering ausgeprägten Ungleichheit der Vermögen zu den ärmsten ihres Kontinents: Die Ukraine, Belarus,

Albanien, Bosnien-Herzegowina, Kroatien, Moldau, Rumänien und Montenegro gehören zu den ärmsten Ländern Europas, Ost-Timor, Myanmar (Burma, Birma), der Irak und Afghanistan zu den ärmsten Staaten Asiens, Äthiopien und Eritrea zu den ärmsten Ländern Afrikas.

Der Gini-Index ist ein Verteilungsmaß. Er sagt nichts darüber aus, ob Reichtum oder Armut annähernd gleich verteilt sind. Der Gini-Index für die Vermögensungleichheit verdeutlicht, dass ein geringes Maß an ungleicher Vermögensverteilung nicht als Indiz eines „Wohlstands für alle" interpretiert werden kann. Stattdessen untermauert er die Hypothese, dass der „Preis" eines hohen Wohlstands für große Teile der Bevölkerung in einer ungleichen Vermögensverteilung liegt. Denn der Großteil der Vermögen der Reichen ist Produktivvermögen, das für die Produktion und die Beschäftigung von Arbeitskräften, die dadurch Einkommen erzielen, eingesetzt wird. Sinkt das Produktivvermögen, wirkt sich dies zwar „positiv" auf die Vermögensverteilung aus, die nunmehr durch ein geringeres Maß an Ungleichheit geprägt ist, aber negativ auf das Wirtschaftswachstum.

Die Vermögen der Menschen lassen sich nur ungenau bestimmen, weil insbesondere das Produktivvermögen starken Schwankungen unterliegt. Das Bundesverfassungsgericht beanstandete in seinem Urteil vom 22. Juni 1995 (2 BvR 552/91) die Vermögensteuer in Deutschland wegen der Ungleichbehandlung der Vermögen. Die Schwierigkeit einer Vermögensteuer liegt in der Bewertung der Vermögen: Beispielsweise schwanken Immobilienpreise und Aktienkurse phasenweise sehr stark, und der Wert von Grundstücken, Gebäuden, Antiquitäten, Gemälden oder Möbeln lässt sich nur schwer und aufwändig taxieren. Das Verhältnismäßigkeitsprinzip, nach dem eine staatliche Maßnahme erforderlich, geeignet und angemessen zu sein hat, ist bei der Vermögensteuer kaum zu verwirklichen, ohne dass immer wieder Änderungen vorgenommen werden müssen. Mithin sind die einzig verbliebenen Substanzsteuern, die nicht an den Erträgen, sondern an der Substanz des Vermögens ansetzen, die Grundsteuer, die Erbschafts- und Schenkungssteuer sowie die Kraftfahrzeugsteuer.

Die – im Gegensatz zu abhängig Beschäftigten – starken Anreize von Unternehmern zur Vermögensbildung werden auch dadurch erhöht, dass in Deutschland Familienunternehmen eine außergewöhnlich große Rolle spielen. Diese verfügen über Vermögen, die in Jahrzehnten, zum Teil Jahrhunderten aufgebaut worden sind und deshalb besonders hoch sind. Gerade in Deutschland ist das reichste Prozent im Vergleich zu den anderen 99 Prozent der Deutschen besonders reich. Hinter diesen Reichen stehen oftmals Personen, die ihren Reichtum durch finanzstarke Familienunternehmen erarbeitet oder geerbt haben. Familienunternehmen halten ihr Vermögen in der Regel stärker zusammen als andere Unternehmen, weil jene längerfristig orientiert sind und auch an die Generation der Enkel denken. Durch ihre Orientierung an der langen Frist sind sie weniger empfänglich für kurzfristig orientierte spekulative wirtschaftliche Aktivitäten, sodass sie eine stabilisierende Funktion in der Volkswirtschaft einnehmen. Der „Preis" für eine – aus Stabilitätsgründen positiv zu bewertende – hohe Bedeutung von Familienunternehmen schlägt sich nolens volens in größeren Unterschieden in der Vermögensverteilung nieder.

Unterschiede in der Vermögensverteilung sind auch vom Alter abhängig: So machen in Deutschland die Vermögen der ärmsten Alterskohorte, nämlich derjenigen der Berufsanfänger, nur niedrige einstellige Prozentsätze der Vermögen der reichsten Alterskohorte aus, nämlich derjenigen, die sich in den letzten Jahren ihrer Berufstätigkeit befindet. In Deutschland werden die großen Unterschiede in der Vermögensverteilung noch dadurch verstärkt, dass in den zwanziger Jahren des 21. Jahrhunderts die zahlenmäßig starken Babyboomer in der reichsten Alterskohorte zu finden sind. Absolute Unterschiede in der Vermögensverteilung werden allein aus mathematischen Gründen zunehmen: Steigen beispielsweise alle Vermögen innerhalb eines Jahres um fünf Prozent, wird ein Ärmerer sein Vermögen von beispielsweise eintausend Euro um fünfzig Euro erhöht haben, ein Millionär hingegen um 50.000 Euro.

Jeweils über ein Drittel der Deutschen stuft sich selbst als durchschnittlich reich oder etwas reicher ein, ein Viertel hält sich für etwas ärmer. Dies bedeutet, dass sich fast 95 Prozent der Deutschen zum Mittelstand rechnen. Nur vier Prozent halten sich für „sehr viel ärmer", nur ein Prozent zählt sich zu den Reichen („sehr viel reicher") (vgl. BMAS, 2015, S. 15). Vor diesem Hintergrund verwundert es nicht, dass in der Öffentlichkeit Maßnahmen, die den „Reichen" mehr finanzielle Lasten auferlegen, oft befürwortet werden. Denn kaum einer fühlt sich angesprochen. Selbst unter den tatsächlich relativ Armen schätzt sich nur ein Achtel „sehr viel ärmer" als der Durchschnitt ein, von den Arbeitslosen auch nur jeder Fünfte (vgl. BMAS, 2015, S. 16).

3.6   Zusammenfassung und Aufgaben

3.6.1   Zusammenfassung

Die wichtigsten Ergebnisse dieses Kapitels sind zusammengefasst:

1. Das **Malthusianische Bevölkerungsgesetz** lautet: Da das Bevölkerungswachstum exponentiell, das Nahrungsmittelwachstum jedoch nur proportional verläuft, steht die Menschheit vor einem Bevölkerungsproblem.
2. Von der Zeitenwende bis 1300 betrug die **Weltbevölkerung** etwa 300 Millionen Menschen. Dann wuchs sie bis 1500 auf 500 Millionen, bis 1804 auf 1 Milliarde, bis 1927 auf 2 Milliarden, bis 1960 auf 3 Milliarden, bis 1974 auf 4 Milliarden, bis 1987 auf 5 Milliarden, bis 1999 auf 6 Milliarden, bis 2011 auf 7 Milliarden, bis 2022 auf 8 Milliarden.
3. Global wurde das höchste prozentuale **Bevölkerungswachstum** in den 1960er-Jahren erreicht, das höchste absolute Bevölkerungswachstum 2020. Die höchste Bevölkerungszahl wird für 2100 mit 11 Milliarden Menschen erwartet. Europa hat seinen Gipfel 2021 mit 750 Millionen Menschen erreicht.
4. Ab 2024 ist **Indien** wieder das bevölkerungsreichste Land der Welt.
5. Nur noch in **Afrika** liegt die Fertilitätsrate deutlich über dem bestandserhaltenden Niveau von rechnerisch 2,1 Kindern pro Frau.
6. Einen **demographischen Bonus** erzielt ein Land, wenn die mittlere aktive Generation im Vergleich zu den beiden wirtschaftlich abhängigen Generationen der Kinder sowie der Alten relativ groß ist.
7. Eine **demographische Dividende** erzielt ein Land, wenn es seinen demographischen Bonus nutzt, die Pro-Kopf-Einkommen zu steigern.
8. Das **Medianalter** liegt in Afrika bei unter 20 Jahren, in der Welt bei 30 Jahren, in Europa bei über 40 Jahren, in Deutschland bei 48 Jahren und ist nur in Japan höher als in Deutschland.
9. Seit 50 Jahren bekommt eine Frau in Deutschland rechnerisch nur **1,24 bis 1,59 Kinder**. Die jeweils folgende Generation ist daher um ein Drittel kleiner als sie sein müsste, um die Bevölkerungszahl stabil zu halten.
10. **2030** werden in Deutschland doppelt so viele Menschen über 60 wie unter 20 Jahre alt sein.
11. Die wichtigsten Gründe für die **niedrigen Geburtenraten** in Deutschland sind der Pillenknick, die Liberalisierung von Abtreibungen, das gestiegene Alter von Müttern, die gestiegene Zeitspanne zwischen den Geburten von Geschwistern, der Tempoeffekt, das demographische Echo sowie die gestiegenen Opportunitätskosten für Zeit.
12. **Zeitinkonsistenzen** liegen vor, wenn der relevante Zeithorizont des Entscheiders kürzer ist als der relevante Zeithorizont, dessen die nachhaltige Lösung eines Problems bedarf.
13. Die Länder, in denen weltweit am längsten **Rente** bezogen wird, sind Frankreich sowie die Eurokrisenländer Griechenland, Spanien und Italien.
14. In Deutschland liegt die durchschnittliche **Rentenbezugsdauer** bei über 20 Jahren.
15. Zwischen 2020 und 2035 gehen die deutschen **Babyboomer** (Jahrgänge 1954–1968) in den Ruhestand. Dies sind 7 Millionen mehr Menschen als in

derselben Periode auf den Arbeitsmarkt nachrücken.

16. Die **Rentenformel** setzt sich zusammen aus den persönlichen Entgeltpunkten (PEP), die von der jeweiligen
Höhe des Einkommens abhängen, dem
Rentenartfaktor (RAF), der bei einer
Altersrente bei eins liegt, dem Rentenwert (RW), der etwa bei einem Prozent
des allgemeinen durchschnittlichen
Monatseinkommens liegt, und dem
Zugangsfaktor (ZF), der bei nicht-vorzeitigem Renteneintritt bei eins liegt.

17. Der **Gini-Koeffizient** ist ein Maß für
Ungleichheit.

18. **Einkommensungleichheiten** sind im
südlichen Afrika und in Lateinamerika
am stärksten, in Europa am geringsten
ausgeprägt.

19. Der **Palma-Quotient** misst das Verhältnis zwischen dem reichsten Dezil
und den vier ärmsten Dezilen.

20. **Vermögensungleichheiten** sind in
Wohlfahrtsstaaten oft hoch, in armen
Ländern oft niedrig. Die eine Hälfte
des weltweiten Vermögens gehört
etwa 1 % der Menschen, die andere
Hälfte den übrigen 99 %. 10 % der
Menschen gehören 80 % des globalen
Vermögens.

3.6.2   Wiederholungsfragen

1. Wie lautet das Malthusianische Bevölkerungsgesetz? Lösung Abschn. 3.2

2. In welchen zeitlichen Intervallen erhöhte
sich die weltweite Bevölkerungszahl um jeweils eine Milliarde Menschen bis zu den
8 Milliarden heute? Lösung Abschn. 3.2

3. Welche Länder sind die bevölkerungsreichsten der Welt? Lösung Abschn. 3.2

4. Was bedeutet „demographischer Bonus",
was „demographische Dividende"? Lösung
Abschn. 3.2

5. Wann wurden Deutschlands Babyboomer
geboren, wann gehen sie in den Ruhestand?
Lösung Abschn. 3.3

6. In welchen Ländern ist die Rentenbezugsdauer am höchsten? Lösung Abschn. 3.4

7. Wie lautet die deutsche Rentenformel? Lösung Abschn. 3.4

8. In welchen Regionen und Ländern ist das
Maß der Einkommensungleichheit am
höchsten, in welchen am niedrigsten? Lösung Abschn. 3.5

9. In welchen Regionen und Ländern ist das
Maß der Vermögensungleichheit am höchsten, in welchen am niedrigsten? Abschn. 3.5

10. Was misst der Palma-Quotient und wie hoch
ist er in Deutschland? Abschn. 3.5

3.6.3   Aufgaben

Aufgabe 1
Die „demographische Zeitbombe" tickt in Deutschland seit über einem halben Jahrhundert. Erläutern Sie, warum es der Politik immer noch nicht
gelungen ist, ein tragfähiges, langfristig finan-
zierbares Rentensystem zu etablieren.

Aufgabe 2
Erläutern Sie, warum die durchschnittliche Rentenbezugsdauer in Deutschland bei über 20 Jahren liegt, obwohl die allgemeine Lebenserwartung weniger als 20 Jahre über dem gesetzlichen
Renteneintrittsalter liegt.

3.6.4   Lösungen

Lösung zu Aufgabe 1
Ein wichtiger Grund sind Zeitinkonsistenzen: Zeit-
inkonsistenz liegt vor, wenn der relevante Zeithorizont des Entscheiders kürzer ist als der relevante

Zeithorizont, dessen die nachhaltige Lösung eines Problems bedarf. Der relevante Zeithorizont, der für ein finanziell nachhaltiges Alterssicherungssystem zu berücksichtigen ist, beträgt einige Jahrzehnte. Denn mithilfe der Versicherungsmathematik lässt sich relativ verlässlich planen, mit welchen finanziellen Belastungen die gesetzliche Rentenversicherung in den nächsten 20 Jahren zu rechnen hat. Der relevante Zeithorizont eines Abgeordneten endet jedoch mit der nächsten Wahl. Er beträgt in der Bundespolitik maximal vier Jahre, verkürzt sich aber vor Bundestagswahlen auf wenige Monaten und Wochen. Das Medianalter eines deutschen Wählers liegt bei 55 Jahren. 30 Prozent aller Wähler sind bereits im Rentenalter, 20 Prozent sind in einem Alter, in dem der Renteneintritt nicht fern ist. Junge Wähler sind in der Minderheit. Die positiven Folgen eines tragfähigen Rentenversicherungssystems, nämlich die Stabilität dieses Systems, sind erst langfristig zu würdigen, die dafür notwendigen Belastungen werden jedoch bereits kurzfristig sichtbar: beispielsweise in Form einer Senkung der Rentenniveaus, einer Erhöhung der Lebensarbeitszeit oder höherer Beiträge. Fordert ein Politiker die – nach demographischer Lage – unvermeidbaren Einschnitte, lässt die politische Konkurrenz mit dem Gegenmodell nicht auf sich warten. Zu einer nennenswerten Reform wird es daher voraussichtlich erst kommen, wenn der Druck aufgrund der finanziellen Schieflage hoch genug ist.

Lösung zu Aufgabe 2

Für die Frage der durchschnittlichen Rentenbezugsdauer ist nicht die allgemeine Lebenserwartung (bei Geburt) ausschlaggebend, sondern die bedingte Lebenserwartung, die um einige Jahre höher ist: Diese berechnet, wie hoch die Lebenserwartung für jemanden ist, *sofern* er das Renteneintrittsalter erreicht haben wird. Zudem gehen viele ältere Menschen vorzeitig in den Ruhestand, sodass das tatsächliche Renteneintrittsalter um einige Jahre niedriger ist als das gesetzliche. Die damit verbundenen Rentenabschläge sind jedoch niedriger als sie es nach versicherungsmathematischer Berechnung sein müssten.

Literatur

Atkinson, A. B. (1970). On the measurement of inequality. *Journal of Economic Theory, 2*(3), 244–263.

Becker, G. (1965). A theory of the allocation of time. *Economic Journal, 75*(299), 493–517.

Berlin-Institut (2019). Afrikas demografische Vorreiter. Wie sinkende Kinderzahlen Entwicklung beschleunigen. Berlin-Institut für Bevölkerung und Entwicklung. https://www.berlin-institut.org/newsletter/detail/afrikas-demografische-vorreiter. Zugegriffen am 21.06.2021.

Berlin-Institut (2020). Demographische Dividende. Berlin-Institut für Bevölkerung und Entwicklung. https://www.berlin-institut.org/themen/international/demografische-dividende. Zugegriffen am 01.11.2020.

Beznoska, M. (2018). Wer zahlt wie viel Einkommensteuer in Deutschland? Institut der deutschen Wirtschaft, iw-Trends 74. https://www.iwkoeln.de/fileadmin/user_upload/Studien/Kurzberichte/PDF/2018/IW-Kurzbericht_2018–74_Einkommensteuer.pdf. Zugegriffen am 25.10.2020.

Beznoska, M., & Hentze, T. (2017). *Die Verteilung der Steuerlast in Deutschland* iw-Trends 44. Institut der deutschen Wirtschaft.

bib (2020a). Bevölkerungszahl und ihr Wachstum, Afrika (1950–2020). Bundesinstitut für Bevölkerungsforschung. https://www.bib.bund.de/DE/Fakten/Fakt/W24-Bevoelkerungszahl-Wachstum-Afrika-ab-1950.html. Zugegriffen am 29.10.2020.

bib (2020b). Medianalter der Bevölkerung (1950–2060). Bundesinstitut für Bevölkerungsforschung. https://www.bib.bund.de/DE/Fakten/Fakt/B-20-Medianalter-Bevoelkerung-1950-Vorausberechnung.html. Zugegriffen am 20.10.2020.

bib (2020c). Zusammengefasste Geburtenziffer ab 1871. Bundesinstitut für Bevölkerungsforschung. https://www.bib.bund.de/DE/Fakten/Fakt/F08-Zusammengefasste-Geburtenziffer-ab-1871.html. Zugegriffen am 18.10.2020.

bibb (2017). Datenreport 2017. A5: Ausbildung im dualen Ausbildungssystem – Analysen auf Basis der Berufsbildungsstatistik, Tabelle A5.8-3. Bundesinstitut für Berufsbildung. https://www.bibb.de/datenreport/de/2017/63477.php. Zugegriffen am 12.10.2020.

BMAS (2015). Lebenslagen in Deutschland. Armuts- und Reichtumsberichterstattung. Forschungsprojekt Wahrnehmung von Armut und Reichtum in Deutschland. Ergebnisse der repräsentativen Bevölkerungsbefragung ARB-Survey. Bundesministerium für Arbeit und Soziales.

BMAS (2017). Geschichte der gesetzlichen Rentenversicherung. Bundesministerium für Arbeit und Soziales. https://www.bmas.de/DE/Themen/Rente/Gesetzliche-Rentenversicherung/Geschichte-GUV/geschichte-der-gesetzlichen-rentenversicherung.html. Zugegriffen am 20.03.2020.

Bourdieu, P. (1987). Die feinen Unterschiede. Kritik der gesellschaftlichen Urteilskraft. Suhrkamp. (Erstveröffentlichung 1979).

bpb (2019). 30 Jahre Deutsche Einheit. Zahlen und Fakten. Die soziale Situation in Deutschland. Bevölkerungsentwicklung und Altersstruktur. Bundeszentrale für politische Bildung. https://www.bpb.de/nachschlagen/zahlen-und-fakten/soziale-situation-in-deutschland/61541/altersstruktur. Zugegriffen am 15.10.2020.

bpb (2020). 30 Jahre Deutsche Einheit. Zahlen und Fakten. Die soziale Situation in Deutschland. Geburten. Bundeszentrale für politische Bildung. https://www.bpb.de/nachschlagen/zahlen-und-fakten/soziale-situation-in-deutschland/61550/geburten. Zugegriffen am 19.10.2020.

Cobham, A. & Sumner, A. (2013). Is it all about the tails? The Palma measure of income inequality. Working Paper 343. Center for Global Development. https://www.cgdev.org/sites/default/files/it-all-about-tails-palma-measure-income-inequality.pdf. Zugegriffen am 13.05.2021.

Cobham, A., Schlögl, L. & Sumner, A. (2016). Inequality and the tails: The Palma proposition and ratio revised. *Global Policy, 7*(1), 25–36.

countrymeters (2021). Weltbevölkerungsuhr. https://countrymeters.info/de/World. Zugegriffen am 27.06.2021.

destatis (1985). *Bevölkerung gestern, heute und morgen.* Statistisches Bundesamt.

destatis (2017a). Geburtenziffer. Statistisches Bundesamt. https://www.destatis.de/DE/ZahlenFakten/GesellschaftStaat/Bevoelkerung/FAQ/Geburten/Methodik/Geburtenziffer1950bis2012.html. Zugegriffen am 25.12.2017.

destatis (2017b). Gesellschaft und Staat. Statistisches Bundesamt. https://www.destatis.de/DE/ZahlenFakten/GesellschaftStaat/Bevoelkerung/Geburten/Tabellen/GeburtenabstandLaender.html. Zugegriffen am 26.12.2017.

destatis (2017c). Pressemitteilung 254: Die Kinderlosigkeit in Deutschland ist nicht weiter gestiegen. Statistisches Bundesamt. https://www.destatis.de/DE/PresseService/Presse/Pressemitteilungen/2017/07/PD17_254_122.html. Zugegriffen am 25.12.2017.

destatis (2019a). *Bevölkerung und Erwerbstätigkeit. Haushalte und Familien. Ergebnisse des Mikrozensus.* Statistisches Bundesamt.

destatis (2019b). *Kinderlosigkeit, Geburten und Familien. Ergebnisse des Mikrozensus 2018.* Statistisches Bundesamt.

destatis (2019c). *Volkswirtschaftliche Gesamtrechnungen. Wichtige Zusammenhänge.* Statistisches Bundesamt.

destatis (2020a). *Bevölkerung und Erwerbstätigkeit. Zusammenfassende Übersichten. Eheschließungen, Geborene und Gestorbene, 1946–2019.* Statistisches Bundesamt.

destatis (2020b). Europa. Bevölkerung. Statistisches Bundesamt. https://www.destatis.de/Europa/DE/Thema/Basistabelle/Bevoelkerung.html. Zugegriffen am 20.10.2020.

destatis (2020c). Geburtenraten und Tempoeffekt Statistisches Bundesamt. https://www.destatis.de/DE/Themen/Gesellschaft-Umwelt/Bevoelkerung/Geburten/Methoden/GeburtenratenTempoeffekt.html. Zugegriffen am 20.10.2020.

destatis (2020d). Geburtenziffer. Statistisches Bundesamt. https://www.destatis.de/DE/ZahlenFakten/GesellschaftStaat/Bevoelkerung/FAQ/Geburten/Methodik/ZusammengefassteGeburtenziffer.html. Zugegriffen am 19.10.2020.

destatis (2020e). Kohortenfertilität. Statistisches Bundesamt. https://www.destatis.de/DE/ZahlenFakten/GesellschaftStaat/Bevoelkerung/FAQ/Geburten/Methodik/Kohortenfertilitaet.html. Zugegriffen am 18.10.2020.

destatis (2020f). Mikrozensus 2019: Haushalte und Familien: Kinderlosigkeit, Geburten und Familien. Statistisches Bundesamt. https://www.destatis.de/DE/Themen/Gesellschaft-Umwelt/Bevoelkerung/Haushalte-Familien/Publikationen/Downloads-Haushalte/haushalte-familien-2010300197004.html. Zugegriffen am 18.10.2020.

destatis (2021a). Bevölkerung. Geburten. Statistisches Bundesamt. https://www.destatis.de/DE/Themen/Gesellschaft-Umwelt/Bevoelkerung/Geburten/_inhalt.html. Zugegriffen am 17.06.2021.

destatis (2021b). Sterbefallzahlen im Dezember 2020: 29 % über dem Durchschnitt der Vorjahre. Statistisches Bundesamt. https://www.destatis.de/DE/Presse/Pressemitteilungen/2021/01/PD21_044_12621.html. Zugegriffen am 17.06.2021.

Deutscher Bundestag (2019). Anteile verschiedener Einkommensgruppen am Steueraufkommen. Wissenschaftliche Dienste. WD 4 – 3000 – 036/19.

DIW (2020). Sozio-ökonomisches Panel. Deutsches Institut für Wirtschaftsforschung. https://www.diw.de/de/diw_01.c.412809.de/presse/glossar/sozio_oekonomisches_panel_soep.html. Zugegriffen am 11.02.2020.

Downs, A. (1957). *An economic theory of democracy.* Harper and Row.

DRV (2019). *1889–2019. 130 Jahre gesetzliche Rentenversicherung.* Deutsche Rentenversicherung.

DRV (2020). *Rentenversicherung in Zahlen.* Deutsche Rentenversicherung.

DSW (2020). Weltbevölkerung. Deutsche Stiftung Weltbevölkerung. https://www.dsw.org/weltbevoelkerung/. Zugegriffen am 01.11.2020.

Fogel, R. W. (1993). Economic growth, population theory, and physiology: The bearing of long-term processes on the making of economic policy. Nobel lecture. 72–105. https://www.nobelprize.org/uploads/2018/06/fogel-lecture.pdf. Zugegriffen am 03.04.2020.

Gini, C. (1912). *Variabilità e mutabilità.* Tipografia di Paolo Cuppin.

Gini, C. (1914). Sulla misura della concentrazione e della variabilità dei caratteri. *Atti del R. Istituto Veneto di SS. LL. AA, 73,* 1203–1248.

Gini, C. (1921). Measurement of inequality of incomes. *Economic Journal, 31*(121), 124–126.

Global Economy (2020a). Fertilitätsrate in Afrika. https://de.theglobaleconomy.com/rankings/Fertility_rate/Africa/. Zugegriffen am 20.10.2020.

Global Economy (2020b). Fertilitätsrate – Land – Rankings. https://de.theglobaleconomy.com/ranking/Fertility_rate/. Zugegriffen am 20.10.2020.

HDR (2020). Inequality-adjusted human development index. Human development report 2020. The next frontier. Human development and the Anthropocene. Tabelle 3, 353–355. United Nations Development Programme.

IAQ (2020a). Armutsgefährdungsquoten nach Bundesländern 2019. Institut für Arbeit und Qualifikation der Universität Duisburg-Essen. http://www.sozialpolitik-aktuell.de/tl_files/sozialpolitik-aktuell/_Politikfelder/Einkommen-Armut/Datensammlung/PDF-Dateien/abbIII77.pdf. Zugegriffen am 25.10.2020.

IAQ (2020b). Bundesmittel an die gesetzliche Rentenversicherung 2019. Institut Arbeit und Qualifikation der Universität Duisburg-Essen. http://www.sozialpolitik-aktuell.de/tl_files/sozialpolitik-aktuell/_Politikfelder/Alter-Rente/Datensammlung/PDF-Dateien/abb-VIII35.pdf. Zugegriffen am 31.10.2020.

Lorenz, M. O. (1905). Methods of measuring the concentration of wealth. *Publications of the American Statistical Association, 9*(70), 209–219.

Maddison, A. (2006). *The world economy. Volume I: A millennium perspective. Volume II: Historical statistics.* Organisation for Economic Co-operation and Development (OECD).

Malthus, Th. R. (1798). An essay on the principle of population, as it affects the future improvement of society with remarks on the speculations of Mr. Godwin, M. Condorcet, and other writers. J. Johnson. http://www.esp.org/books/malthus/population/malthus.pdf. Zugegriffen am 17.06.2021.

Malthus, Th. R. (1836). Principles of political economy considered with a view to their practical application. (Erstveröffentlichung 1820). https://oll-resources.s3.us-east-2.amazonaws.com/oll3/store/titles/2188/Malthus_1462_Bk.pdf. Zugegriffen am 17.06.2021.

Mincer, J. (1962). Labor force participation of married women: A study of labor supply. In H. G. Lewis (Hrsg.), *Aspects of labor economics* (S. 63–106). Princeton University Press.

Niehues, J. (2018). *Die Einkommens- und Vermögensungleichheit Deutschlands im internationalen Vergleich.* IW-Kurzbericht 29. Institut der deutschen Wirtschaft.

OECD (2011a). Demographic (in)determinism. Organisation for Economic Co-operation and Development. https://www.oecd.org/pensions/public-pensions/47384613.pdf. Zugegriffen am 31.10.2020.

OECD (2011b). *Pensions at a glance 2011. Retirement income systems in OECD and G 20 countries.* Organisation for Economic Co-operation and Development.

OECD (2019a). *Pensions at a glance 2019. OECD and G 20 indicators.* Organisation for Economic Co-operation and Development.

OECD (2019b). Under pressure: the squeezed middle class, Organization for Economic Co-operation and Development. https://www.oecd.org/germany/Middle-class-2019-Germany.pdf. Zugegriffen am 10.09.2020.

OECD (2021). Income inequality. Organisation for Economic Co-operation and Development. https://data.oecd.org/inequality/income-inequality.htm. Zugegriffen am 10.04.2021.

Our World in Data (2020a). Absolute increase in global population per year. https://ourworldindata.org/world-population-growth. Zugegriffen am 30.10.2020.

Our World in Data (2020b). Annual population growth rate. https://ourworldindata.org/grapher/annual-population-growth-rate. Zugegriffen am 01.11.2020.

Our World in Data (2020c). World population by region. https://ourworldindata.org/world-population-growth. Zugegriffen am 30.10.2020.

Palma, J. G. (2011). Homogeneous middles vs. heterogeneous tails, and the end of the „inverted-U": The share of the rich is what it's all about. *Cambridge Working Papers in Economics. Development and Change, 42*(1), 87–153.

Palma, J. G. (2014). Has the income of the middle and upper-middle been stable around the „50/50 rule", or has it converged towards this level? The „Palma Ratio" revisited. *Development and Change, 45*(6), 1416–1448.

Palma, J. G. (2016). Do nations just get the inequality they deserve? The „Palma Ratio" re-examined. *Cambridge Working Papers in Economics,* 1627.

Peichl, A. & Stöckli, M. (2018). Ungleichheit und Umverteilung in Deutschland: Trends und Handlungsoptionen. *ifo Schnelldienst, 71*(15), 18–22.

PRB (2020). How many people have ever lived on earth? Population Reference Bureau. www.prb.org/howmanypeoplehaveeverlivedonearth/. Zugegriffen am 13.10.2020.

Rentenversicherung und Zusatzrentenfonds (2020). Warum sich die gesetzliche Altersvorsorge in Italien verändert hat, 4. file:///C:/Users/ISSS-T~1/AppData/Local/Temp/463382_4.1-Demographie-Geschichte-Rentensystem-1.pdf. Zugegriffen am 31.10.2020.

Sinus-Institut (2020). Die Sinus-Milieus in Deutschland 2020. https://www.sinus-institut.de/sinus-loesungen/sinus-milieus-deutschland/. Zugegriffen am 11.02.2020.

statista (2020a). Anteile der Länder mit der größten Bevölkerung an der Weltbevölkerung im Jahr 2018. statista. https://de.statista.com/statistik/daten/studie/381888/umfrage/anteile-der-laender-mit-der-groessten-bevoelkerung-an-der-weltbevoelkerung/. Zugegriffen am 01.11.2020.

statista (2020b). Armutsgefährdungsquote in Deutschland nach Bundesländern im Jahr 2019. statista. https://de.statista.com/statistik/daten/studie/164203/umfrage/armutsgefaehrdungsquoten-in-den-bundeslaendern/. Zugegriffen am 25.10.2020.

statista (2020c). Durchschnittsalter von Hochschulabsolventen in Deutschland in den Prüfungsjahren 2003 bis 2019. statista. https://de.statista.com/statistik/daten/studie/189237/umfrage/durchschnittsalter-von-hochschulabsolventen-in-deutschland/. Zugegriffen am 12.10.2020.

statista (2020d). Entwicklung der Weltbevölkerungszahl von Christi Geburt bis zum Jahr 2020. statista. https://

de.statista.com/statistik/daten/studie/1694/umfrage/
entwicklung-der-weltbevoelkerungszahl/. Zugegriffen
am 30.10.2020.

statista (2020e). Fertilitätsrate – Fruchtbarkeitsraten nach
Kontinenten 2019. statista. https://de.statista.com/sta-
tistik/daten/studie/1724/umfrage/weltweite-
fertilitaetsrate-nach-kontinenten/. Zugegriffen am
20.10.2020.

statista (2020f). Statistiken zu Geburten. statista. https://
de.statista.com/themen/151/geburten/? Zugegriffen
am 20.10.2020.

statista (2021a). Bevölkerung – Zahl der Einwohner in
Deutschland nach relevanten Altersgruppen am 31.
Dezember 2019. statista. https://de.statista.com/statis-
tik/daten/studie/1365/umfrage/bevoelkerung-
deutschlands-nach-altersgruppen/. Zugegriffen am
02.06.2021.

statista (2021b). Deutschland: Entwicklung der Einkommensungleichheit auf Basis des Gini-Index im Zeitraum 2009 bis 2019. statista. https://de.statista.com/
statistik/daten/studie/1184266/umfrage/
einkommensungleichheit-in-deutschland-nach-dem-
gini-index/. Zugegriffen am 10.04.2021.

statista (2021c). Europäische Union: Ranking der Mitgliedsländer und Beitrittskandidaten nach Ungleichheit bei der Einkommensverteilung auf Basis des Gini-Index im Jahr 2019. statista. https://de.statista.com/
statistik/daten/studie/942729/umfrage/ranking-der-
eu-laender-nach-einkommensungleichheit-im-gini-
index/. Zugegriffen am 10.04.2021.

statista (2021d). Ranking of the Gini index by country
2020. statista. https://www.statista.com/forecasts/
1171540/gini-index-by-country. Zugegriffen am
22.06.2021.

statista (2021e). Reichtumspyramide. Verteilung des
Reichtums auf der Welt im Jahr 2019. statista. https://
de.statista.com/statistik/daten/studie/384680/um-
frage/verteilung-des-reichtums-auf-der-welt/. Zugegriffen am 10.04.2021.

UN (2020). Population dynamics. United Nations, Popu-
lation Division, Department of Economic and Social
Affairs.   https://population.un.org/wpp/Download/
Standard/Population/. Zugegriffen am 20.02.2020.

UN (2021). Growth in United Nations membership. United Nations. https://www.un.org/en/about-us/growth-
in-un-membership. Zugegriffen am 26.05.2021.

WEF (2017). 10 demographic trends changing America
and the world. World Economic Forum. https://www.
weforum.org/agenda/2017/05/10-demographic-
trends-shaping-the-us-and-the-world. Zugegriffen am
01.11.2020.

World Bank (2020a). Poverty and equity. https://databank.
worldbank.org/data/download/poverty/33EF03BB-
9722-4AE2-ABC7-AA2972D68AFE/Global_PO-
VEQ_SSA.pdf. Zugegriffen am 18.03.2020.

World Bank (2020b). Poverty and equity data portal 2019.
http://povertydata.worldbank.org/poverty/home/. Zugegriffen am 18.03.2020.

World Bank (2021). Gini Index Germany. https://data.
worldbank.org/indicator/SI.POV.GINI?locations=DE.
Zugegriffen am 10.04.2021.

World Factbook (2020a). Median age. https://www.cia.
gov/library/publications/the-world-factbook/field-
s/343rank.html#GM. Zugegriffen am 20.10.2020.

World Factbook (2020b). Total fertility rate. https://www.
cia.gov/library/publications/the-world-factbook/field-
s/356rank.html. Zugegriffen am 01.11.2020.

World Population Review (2021a). Gini coefficient by
country 2021. https://worldpopulationreview.com/
country-rankings/gini-coefficient-by-country. Zugegriffen am 22.06.2021.

World Population Review (2021b). Wealth inequality by
country 2021. https://worldpopulationreview.com/
country-rankings/wealth-inequality-by-country. Zugegriffen am 22.06.2021.

worldometer (2021). Current world population. https://
www.worldometers.info/world-population/. Zugegriffen am 27.06.2021.

Soziale Marktwirtschaft

4

Zusammenfassung

Um die Soziale Marktwirtschaft besser in das wirtschaftswissenschaftliche Theoriegebäude einordnen zu können, werden zunächst die bekanntesten wirtschaftspolitischen Schulen kurz vorgestellt: Klassik, Sozialismus, Neoklassik, Keynesianismus, Neoklassische Synthese, Monetarismus, Neokeynesianismus, Neuklassik. Im Überblick über die Vordenker der Sozialen Marktwirtschaft wird deutlich, warum zum einen Adam Smith (1723–1790) als einer ihrer Vorläufer angesehen werden kann und warum zum anderen diese Wirtschaftsordnung als „deutsche" Wirtschaftsordnung angesehen wird. In einer Abgrenzung zur Freien Marktwirtschaft und zur Sozialistischen Marktwirtschaft wird die hohe Bedeutung der Ordnungspolitik für die Soziale Marktwirtschaft hervorgehoben. Die Erläuterungen fundamentaler Markt- und Sozialprinzipien zeigen die entscheidenden Charakteristika dieser ethisch eingebetteten Form der Marktwirtschaft. Die Präferenz für Stabilitäts- gegenüber Stabilisierungspolitik sowie Fragen einer gerechten Ordnung schließen die Ausführungen in diesem Kapitel ab.

4.1 Grundlagen

Lernziele: Beschreiben, Erklären, Interpretieren, Beurteilen

- der wichtigsten wirtschaftspolitischen Schulen, der Klassik, des Sozialismus, der Neoklassik, des Keynesianismus, der Neoklassischen Synthese, des Monetarismus, Neokeynesianismus sowie der Neuklassik,
- der Freien, Sozialen und Sozialistischen Marktwirtschaft,
- des Neo- und des Ordoliberalismus,
- der Marktprinzipien,
- der Sozialprinzipien,
- der Stabilisierungs- und Stabilitätspolitik,
- unterschiedlicher Gerechtigkeitskonzepte.

Die Soziale Marktwirtschaft ist die Wirtschaftsordnung der Bundesrepublik Deutschland. Auch wenn diese Wirtschaftsordnung in ihrer Rein-

© Springer Fachmedien Wiesbaden GmbH, ein Teil von Springer Nature 2021
R. Richert, *Grundlagen der Volkswirtschaftslehre aus globaler Sicht klipp & klar*, WiWi klipp & klar, https://doi.org/10.1007/978-3-658-35173-1_4

form nie existiert hat und die gelebte Wirtschaftsordnung heute vom Ideal der Sozialen Marktwirtschaft weiter entfernt ist als in den fünfziger
und in den frühen sechziger Jahren des 20. Jahrhunderts, ist die heutige deutsche Wirtschaftsordnung dem Ideal der Sozialen Marktwirtschaft
immer noch näher als es die Wirtschaftsordnungen der meisten anderen Länder sind.

Zunächst werden die einflussreichsten **wirtschaftspolitischen Schulen** knapp vorgestellt,
um die Soziale Marktwirtschaft besser einordnen
zu können. Die Reihenfolge dieser Dogmen folgt
der Chronologie ihrer jeweiligen Entstehung:

- Klassik,
- Sozialismus,
- Neoklassik,
- Keynesianismus,
- Neoklassische Synthese,
- Monetarismus,
- Neokeynesianismus,
- Neuklassik.

Sodann wenden wir uns der Entstehungsge-
schichte der Sozialen Marktwirtschaft zu, um die
Etablierung dieser Wirtschaftsordnung aus ihrem
historischen Kontext heraus zu verstehen. Nach
einer Definition der Sozialen Marktwirtschaft
werden die **Marktprinzipien** vorgestellt, die
notwendige Bestandteile einer funktionierenden
(Sozialen) Marktwirtschaft sind, nämlich:

- Anreizkompatibilität,
- private Eigentums- und Verfügungsrechte,
- funktionsfähiger Wettbewerb,
- Preisflexibilität,
- Vertragsfreiheit,
- Haftungsprinzip.

Von den **Sozialprinzipien** werden folgende in
den Vordergrund gestellt:

- Subsidiaritätsprinzip,
- Regelgebundenheit,
- Solidaritätsprinzip,
- Schutz vor der Ökonomisierung aller Lebens-
  bereiche,
- Versorgung mit Kollektivgütern.

Anschließend wird der Unterschied einer –
dem Ideal der Sozialen Marktwirtschaft wider-
sprechenden – **Stabilisierungspolitik** und einer – konform mit der Sozialen Marktwirtschaft
gehenden – **Stabilitätspolitik** erläutert: Nach einem kurzen Überblick über die wirtschaftlichen
Krisenjahre der Bundesrepublik Deutschland, in
deren Nachgang stabilisierungspolitische Maßnahmen eine große Beachtung gefunden haben,
folgt die Erörterung kritischer Aspekte der Stabilisierungspolitik, als da sind:

- Verdrängungseffekte staatlicher Eingriffe in
  den wirtschaftlichen Prozess,
- das Ricardianische Äquivalenztheorem,
- die geringe freie Verfügbarkeit öffentlicher
  Mittel,
- Zeitverzögerungen vom Erkennen der jeweiligen konjunkturellen Situation bis zum Wirken
  staatlicher Maßnahmen,
- die Uneinheitlichkeit der Stabilisierungspolitik,
- die „Anmaßung von Wissen" staatlicher Entscheider,
- die öffentliche Verschuldung,
- das Aufhalten eines notwendigen Strukturwandels,
- denkbare Vergeltungsmaßnahmen des Auslands,
- die mangelnde Berücksichtigung der Effizienz
  und Umsetzbarkeit.

4.2   Wirtschaftspolitische Schulen

4.2.1   Klassik

Die **Klassik** ist die älteste der traditionellen ökonomischen Schulen und war für knapp ein Jahrhundert bis etwa 1870 das vorherrschende ökonomische Lehrgebäude. Klassische Ökonomen
stehen fälschlicherweise im Ruf, Verfechter eines
„Ellenbogen-Kapitalismus" zu sein. Dieser Leu-
mund ist nicht zuletzt darauf zurückzuführen,
dass das bedeutendste klassische Werk, Adam
Smith' (1723–1790) „Wohlstand der Nationen"
aus dem Jahr 1776 (vgl. Smith, 2018b, c) als die

„Bibel" einer reinen Marktökonomik interpretiert worden ist. Verkannt wird Smith, weil vielen seine erste bahnbrechende Monografie aus dem Jahr 1759, die „Theorie ethischer Gefühle" (vgl. Smith, 2010, 2018a), unbekannt geblieben ist, obwohl der schottische Moralphilosoph dieses Buch selbst höher eingeschätzt hat als seinen „Wohlstand der Nationen". Smith' weltberühmte **„invisible hand"**, die **„Unsichtbare Hand"**, die auf faszinierende Weise den Markt zum Wohle aller steuert, obwohl oder vielmehr, weil jeder seinem Selbstinteresse folgt, wird jedoch nicht erst im „Wohlstand der Nationen", sondern bereits 17 Jahre früher in der „Theorie ethischer Gefühle" eingeführt.

Zudem betont dieses Werk die hohe Bedeutung einer sozialen Rahmenordnung. Das moralische Pendant zur Unsichtbaren Hand ist der **„Unparteiische Zuschauer"**. Dieser ist ein interner Schiedsrichter, der den Menschen zeigt, was gut und was schlecht ist. Der Unparteiische Zuschauer beurteilt Verhalten nicht nach dem Kriterium des Lobes, das des Urteils anderer bedarf, sondern nach dem Kriterium der **Lobenswürdigkeit**, die von jedem selbst beurteilt werden kann, sodass ein zügelloses Ausleben von Eigeninteressen durch diese moralische Instanz verhindert werden kann.

Smith ist mitnichten Verfechter eines „Nachtwächterstaates", in dem der staatliche Einfluss so gering wie möglich gehalten werden soll. Das freie Spiel der Marktkräfte muss nach Smith in eine hohen ethischen Ansprüchen genügende Rahmenordnung eingebettet sein. Die Ethik soll sich in der Ordnungspolitik niederschlagen und bedarf damit durchaus staatlicher Maßnahmen, während der Markt „Lenker" der konkreten Prozesspolitik sein soll, aus dem sich der Staat weitgehend herauszuhalten hat. Moralische Prinzipien sollen sich unter dem Urteil des „impartial spectator", des **„Unparteiischen Zuschauers"** als „gute" Spielregeln in der Rahmenordnung manifestieren. Ökonomische Effizienz ist dadurch zu erreichen, dass sich der Staat nicht in das Spiel an sich, den wirtschaftlichen Prozess, einmischt. Die Klassiker im Allgemeinen und Smith im Besonderen sind demzufolge nicht – wie immer wieder zu hören und zu lesen ist – Wegbereiter des „Neo-liberalismus", sondern Wegbereiter des „Ordoliberalismus". Dieser ist innerhalb der Prozesspolitik, die sich auf spezifisch-konkrete wirtschaftliche Abläufe bezieht, wirtschaftsliberal, fordert aber einen starken Staat in der Ordnungspolitik, die ihr Augenmerk auf die Ausgestaltung einer generell-abstrakten Rahmenordnung legt.

4.2.2 Sozialismus

Die Verwendung des reißerischen Begriffspaars „Sozialismus versus Kapitalismus" ist zwar weit verbreitet, jedoch mitnichten inhaltlich haltbar: Denn alle gängigen Wirtschaftsordnungen sind kapitalistisch, weil ein Wirtschaften ohne Kapital gar nicht möglich ist. Der entscheidende Unterschied zwischen dem Sozialismus und seinem kontrastiven Gegenteil liegt nicht darin, dass die eine Ordnung nicht-kapitalistisch oder gar anti-kapitalistisch ist, die andere hingegen kapitalistisch. Stattdessen liegt der ausschlaggebende Unterschied darin, dass der Sozialismus einen *Staats*kapitalismus im Gegensatz zu einem *Privat*kapitalismus präferiert.

Auch der Begriff **„Planwirtschaft"** verkennt die Realität, suggeriert er doch, als würde in einer Planwirtschaft mehr geplant als in einer Marktwirtschaft. Mit Blick auf die Millionen unternehmerischen Planer in Deutschland ist davon auszugehen, dass in einer „Planwirtschaft" sogar weniger geplant wird als in einer Marktwirtschaft. Der ausschlaggebende Unterschied liegt nicht in der Planung an sich, ohne die ein rational orientiertes Wirtschaften ohnehin undenkbar ist. Vielmehr ist der entscheidende Unterschied, dass in einer Planwirtschaft *zentral*, in einer Marktwirtschaft *dezentral* (über den Markt) geplant wird. Ein inhaltlich besser zu rechtfertigendes Antonym als Substitut für „Sozialismus versus Kapitalismus" ist daher „Zentralverwaltungswirtschaft versus Marktwirtschaft". Denn der Hauptunterschied liegt weder im Kapital noch in der Planung, sondern in der Frage, ob die Ökonomie zentral oder dezentral gesteuert werden soll.

Die sozialistische wirtschaftliche Ordnung ist das Pendent zur kommunistischen politischen Ordnung, dessen intellektueller Wegbereiter Karl

Marx, (1818–1883) gewesen ist (vgl. Marx, 1867, 1885, 1894a, b). Der französische Anarchist Pierre-Joseph Proudhon (1809–1865) ist einer der exponierten (früh-) sozialistischen Vordenker (vgl. Proudhon, 1841). Der Sozialismus zeichnet sich durch einen regen staatlichen Einfluss auf allen ökonomisch relevanten Ebenen aus. Seine Funktionsfähigkeit basiert auf der Annahme, dass die Regierung willens und fähig ist, die ökonomischen Herausforderungen eines Landes zu meistern.

In Russland wurde die sozialistische Wirtschaftsordnung mit der Oktoberrevolution von 1917 eingeführt, die nach dem damals in Russland noch geltenden Julianischen Kalender am 25. Oktober, nach dem im übrigen Europa vorherrschenden Gregorianischen Kalender am 7. November die Bolschewiki unter der Führung Wladimir Iljitsch (Uljanow) Lenins (1870–1924) an die Macht gebracht hatte. Der Sozialismus war die prägende Wirtschaftsordnung der **Sowjetunion** (1922–1991). Seit dem Zusammenbruch dieser Union, die schließlich in 15 unabhängigen Staaten aufgegangen ist, entspricht die russische Wirtschaftsordnung eher derjenigen einer Sozialistischen Marktwirtschaft. In **China**, dem zweiten großen kommunistischen Reich, bestand seit Gründung der Volksrepublik China 1949 durch Mao Tse-tung (1893–1976) eine sozialistische Wirtschaftsordnung, die 1992 mit der offiziellen Einführung der Sozialistischen Marktwirtschaft zu Grabe getragen wurde.

4.2.3   Neoklassik

Zur Zeit des deutschen Kaiserreichs entwickelte sich die **Neoklassik** zur einflussreichsten ökonomischen Schule. Diese im Vergleich zur Klassik stärker mikroökonomisch und mathematisch ausgerichtete Schule verficht den Primat des Marktes gegenüber dem Staat. Ökonomische Rationalität, (egoistische) Nutzenmaximierung privater Haushalte beziehungsweise Gewinnmaximierung von Unternehmern prägen das Entscheidungsverhalten im neoklassischen Sinne. Der Einfluss dieser Schule ist ungebrochen. Noch heute ist die Mikroökonomik neoklassisch ge-

prägt. Neoklassiker stehen staatlichen Interventionen skeptisch gegenüber und vertrauen stattdessen auf Wettbewerb und Marktlösungen. Sie argumentieren wie die Klassiker angebotsorientiert: Unter guten Marktbedingungen für die Anbieter wird sich das Angebot selbst seine Nachfrage schaffen und die Volkswirtschaft in die Prosperität führen. Dieser Zusammenhang wird auch „Say'sches Gesetz" genannt (vgl. Say, 1814, 2011), benannt nach dem klassischen Ökonomen Jean Baptist Say (1767–1832). Die Neoklassiker führten die Marginalanalyse ein (vgl. Gossen, 1854; Jevons, 1871; Menger, 1871, 1892, S. 239–255; Walras, 1874): Von nun an wurden nicht nur Durchschnittsgrößen wie der Durchschnittskonsum oder die Durchschnittskosten betrachtet, sondern marginale Größen wie der Grenzkonsum beziehungsweise die Grenzkosten. Diese Variablen messen den *zusätzlichen* Konsum beziehungsweise die zusätzlichen Kosten jeder weiteren Einheit. Der französische Mathematiker Antoine-Augustin Cournot (1801–1877) und der Cambridge-Ökonom Alfred Marshall (1842–1924) machten die Darstellung der Angebots- und Nachfragekurve in einem Preis-Mengen-Diagramm salonfähig (vgl. Cournot, 1838; Marshall, 1879, S. 36; 1890; Humphrey, 1992, S. 3–23).

4.2.4   Keynesianismus

Der **Keynesianismus** verdankt seinen Namen seinem berühmten Begründer, John Maynard Keynes (1883–1946). Gezeichnet von der „Großen Depression", der Weltwirtschaftskrise zwischen 1929 und dem Zweiten Weltkrieg, war Keynes überzeugt, dass der Staat auch in die Prozesspolitik eingreifen muss. Die Untätigkeit und der eiserne Sparwille der Regierungen verschärften nach Keynes die Krise in der Zwischenkriegszeit. In seinem berühmten Werk von 1936, der „General Theory" (vgl. Keynes, 1936), erläutert er seine These, dass eine Regierung in wirtschaftlich schlechten Zeiten – im Gegensatz zu den Lehren der Klassiker und Neoklassiker – die gesamtwirtschaftliche Nachfrage ankurbeln muss. Denn in diesem Falle wird – in Umkehrung des Say'schen

Gesetzes – mehr produziert, die Beschäftigung steigt ebenso wie das Einkommen, sodann auch der vom Einkommen abhängige Konsum, was zu einem weiteren Anstieg der gesamtwirtschaftlichen Nachfrage führt. Diese erhöhte Nachfrage resultiert aus einer einmaligen staatlichen Initialzündung, die wie ein Multiplikator positiv auf die wirtschaftliche Erholung eines Landes wirkt. In schlechten Zeiten muss sich der Staat gegebenenfalls verschulden, während er in besseren Zeiten Rücklagen für eben diese Stabilisierungspolitik bilden soll.

Auch für die Außenwirtschaftspolitik ergeben sich aus dem Glauben an die staatliche Steuerbarkeit wirtschaftlicher Abläufe wichtige Implikationen: Dem Staat wird beispielsweise zugetraut, den Aufbau einer Exportindustrie durch gezielte Maßnahmen zu fördern oder zu hohe Importe durch eine Importsubstitutionspolitik zu unterbinden, das heißt, die nationale Produktion bisher importierter Güter zu fördern. Zudem präferieren Keynesianer um der besseren Kalkulierbarkeit von Außenhandelsgeschäften willen feste Wechselkurse. Während der Keynesianismus unter vielen Ökonomen seit dem Ende der siebziger Jahre des vorigen Jahrhunderts nicht mehr uneingeschränkt positiv beurteilt wird, erfreut er sich unter Politikern ungebrochener Beliebtheit.

4.2.5 Neoklassische Synthese

Die **Neoklassische Synthese** vereint angebotsorientierte Positionen der klassisch-neoklassischen Theorie mit nachfrageorientierten Positionen der keynesianischen Theorie: Der Arbeitsmarkt, die Produktionsfunktion, die Annahme eines flexiblen Preisniveaus, die Möglichkeit eines Vollbeschäftigungsgleichgewichts sowie die Determinanten des gesamtwirtschaftlichen Angebots sind klassisch-neoklassischer Herkunft. Die Einkommensabhängigkeit des Konsums, die Annahme nach unten starrer Lohnsätze, die Möglichkeit von Unterbeschäftigungsgleichgewichten sowie die Determinanten der gesamtwirtschaftlichen Nachfrage sind keynesianischer Provenienz (vgl. Modigliani, 1944, S. 45–88; Samuelson, 1947).

Die Neoklassische Synthese, die auch unter den Bezeichnungen „Vollständiges Keynesianisches Modell" und „Keynesianisch-Neoklassische Synthese" bekannt ist, versucht neoklassische und keynesianische Elemente zu vereinen. Sie erweitert das grundlegende nachfrageorientierte keynesianische Modell durch die explizite Berücksichtigung der Angebotsseite. Wie die Klassik-Neoklassik zeigt sie, dass der Markt die Volkswirtschaft in ein Gleichgewicht führen kann. Wie der Keynesianismus zeigt sie aber auch, wie Ungleichgewichtssituationen fortbestehen können, wenn der Staat nicht eingreift. Deshalb stellt diese wirtschaftspolitische Schule einen Kompromiss zwischen den angebotsseitig orientierten klassisch-neoklassischen und den nachfrageseitig orientierten interventionsfreundlichen keynesianischen Schulen dar.

Im Gegensatz zur Klassik werden in der Neoklassischen Synthese Ordnungs- und Prozesspolitik nicht klar getrennt. Obgleich beide Schulen sowohl den Markt als auch den Staat stärken, liegt der zentrale Unterschied darin, dass der Staat in der Neoklassischen Synthese unter bestimmten Bedingungen auch in den wirtschaftlichen Prozess eingreifen kann. Nach klassischer Lesart soll der Staat aber nur die Rahmenordnung gestalten, nicht den wirtschaftlichen Prozess. Er soll folglich die Spielregeln festlegen und dann den Markt das Spiel spielen lassen. Nach Sichtweise der Neoklassischen Synthese soll der Staat in bestimmten Situationen eingreifen, und zwar sowohl in die Spielregeln als auch in das Spiel selbst.

4.2.6 Monetarismus

Der **Monetarismus** ist eine der Neoklassik nahestehende Schule, die – wie ihr Name bereits andeutet (vgl. lateinisch: „moneta" – „Geld") – ihr Augenmerk auf die Geldpolitik legt. Ihre wichtigsten Vertreter lehr(t)en an der University of Chicago, weshalb Monetaristen auch „Chicago Boys" genannt werden. Die Ikone des Monetarismus, der Nobelpreisträger Milton Friedman (1912–2006), legte in seinen Schriften der fünfziger und sechziger Jahre des 20. Jahrhunderts dar, warum Geldpolitik nicht für eine Konjunkturpolitik instrumentalisiert werden soll (vgl. Friedman, 1956, 1960, 1968, 1969). Eine Zentralbank muss unabhängig sein, um ihre Politik frei von politischen Einflüssen, alleine ausgerichtet auf das ultimative Ziel der Preisniveaustabilität durchführen zu können. Ihre Politik soll sich dabei in erster Linie an der Steuerung der Geldmenge ausrichten, die langfristig einen beobachtbaren Einfluss auf die Inflationsrate ausübt. Um für die privaten Marktteilnehmer Transparenz und Kalkulierbarkeit zu gewährleisten, präferieren Monetaristen eine *passive* Geldmengenregel. Bei dieser verkündet die Zentralbank ihr Geldmengenziel, an das sich die Marktakteure anpassen. Wird beispielsweise eine Erhöhung der Geldmenge erwartet, die weit über das Produktionswachstum hinausgeht, ist ceteris paribus eine höhere Inflationsrate zu erwarten als im umgekehrten Fall.

Aufgrund der Dominanz des binnenwirtschaftlichen Ziels der Preisniveaustabilität lehnen Monetaristen feste Wechselkurssysteme ab, da diese das Ziel der Geldwertstabilität beeinträchtigen können: Steht beispielsweise eine ausländische Währung unter Abwertungsdruck, sodass der inoffizielle Wechselkurs auf dem Schwarzmarkt vom offiziellen abweicht, sieht sich die Zentralbank gezwungen, diese Devisen zu kaufen, um durch die gestiegene Nachfrage nach Auslandswährung deren Wert zu steigern. Da die Zentralbank im Gegenzug den Kauf ausländischer Währungseinheiten mit inländischer Währung bezahlt, steigt die inländische Geldmenge. Dies könnte in einer wirtschaftlichen Hochphase der Bekämpfung von Inflation zuwiderlaufen. Hingegen passen sich bei flexiblen Wechselkursen eben diese automatisch an, sodass die Autonomie der Geldpolitik gewahrt bleibt und die Zentralbank dem alles überragenden Ziel der Preisniveaustabilität ihre volle Aufmerksamkeit widmen kann.

Der Außenhandel soll ebenfalls frei von staatlichen Eingriffen betrieben werden, und zwar ausdrücklich auch dann, wenn eine liberale Handelspolitik zu dauerhaften Importüberschüssen beiträgt. Monetaristen wenden sich entschieden gegen jegliche Form von Protektionismus, der in-

ländische Unternehmen vor ausländischer Konkurrenz „schützen" soll (vgl. lateinisch: „protegere" – „schützen"). Populäre monetaristische Instrumente wie Zollsätze, Importquoten, Exportsubventionen oder Exportkreditsubventionen werden abgelehnt, weil sie den Wettbewerb verzerren.

4.2.7 Neokeynesianismus

Der **Neokeynesianismus** ist ein „neuer" Keynesianismus, der staatlichen Eingriffen reservierter gegenübersteht als der traditionelle Keynesianismus, sie aber nicht verbannt. Sein Verhältnis zwischen Markt und Staat ist zwischen der dezidiert staatsskeptischen Position von Klassikern, Neoklassikern und Monetaristen sowie der marktskeptischen Position der Keynesianer angesiedelt (vgl. Clower, 1960, S. 318–322; Leijonhufvud, 1968; Barro, 1979, S. 54–59).

Nach neokeynesianischer Lesart sind Märkte nicht – wie unter der neoklassischen Annahme – vollkommene Märkte, sondern rationierte, das heißt beschränkte Märkte. Märkte dürfen nicht statisch betrachtet werden, sie müssen dynamisch analysiert werden (vgl. Clower, 1954a, S. 64–81; 1954b, S. 107–115; 1959, S. 251–252), weil sich beispielsweise zeitraumbezogene Stromgrößen (flows) wie Einkommen und zeitpunktbezogene Bestandsgrößen (stocks) wie Vermögen im Zeitablauf gegenseitig beeinflussen. Dies bedeutet beispielsweise, dass private Haushalte oder Unternehmer einer Kreditrationierung unterliegen, Kredite also nur dann erhalten, wenn sie die nötigen genau definierten Kreditsicherheiten vorweisen können. Dadurch sind die Marktteilnehmer im Fall der Kreditunwürdigkeit nicht in der Lage, ihrem langfristigen Nutzen- beziehungsweise Gewinnmaximierungskalkül zu folgen. Auch der Fall der Überproduktion ist denkbar, in dem Unternehmer ihre Produkte zum Beispiel aufgrund intransparenter Informationen nicht absetzen können. Aus den oben genannten Gründen kann es daher sinnvoll sein, dass der Staat in wirtschaftlich schlechten Zeiten beispielsweise über Steuererleichterungen die Kreditkosten für private Haushalte und Unternehmer senkt, um dadurch die Konsum- und Investitionsnachfrage anzuregen.

Ein Kennzeichen der neokeynesianischen Theorie ist das Abweichen vom walrasianischen Gleichgewicht. Die neokeynesianische Theorie ist eine Theorie der Mengenrationierung, bei der Markttransaktionen zu nicht-markträumenden Preisen möglich sind (vgl. Grossman, 1971, S. 943–961; Barro & Grossman, 1971, S. 82–93; Benassy, 1973, 1982; Malinvaud, 1977; Drazen, 1980, S. 283–304). Gemäß der *dualen* Entscheidungshypothese („dual-decision hypothesis") des US-amerikanischen Ökonomen Robert Wayne Clower (1926–2011) treffen die Marktteilnehmer ihre Entscheidungen in einem zweistufigen Verfahren (vgl. Clower, 1965, S. 103–125): Beispielsweise entfalten die privaten Haushalte zunächst ihre *neoklassisch* geprägte *preisabhängige notionale* Konsumnachfrage, die sich – gemäß der Allgemeinen Gleichgewichtstheorie Walras' – allein an den relativen Preisen ausrichtet und Mengenbeschränkungen ausblendet. Kommt es jedoch zu Mengenrestriktionen, ist die *notionale* Güternachfrage nur eine *hypothetische* Nachfrage, die nicht zu verwirklichen ist: Denn erkennen die privaten Haushalte zum Beispiel, dass sie auf dem Arbeitsmarkt einer Mengenbeschränkung unterliegen, weil ihrem geplanten Arbeitsangebot keine entsprechende Arbeitsnachfrage der Unternehmer gegenübersteht, dann berücksichtigen sie nunmehr in ihrem Entscheidungskalkül, dass ihnen ein geringeres Einkommen zur Verfügung steht als ursprünglich geplant. Ihre *notionale* Konsumnachfrage mutiert in eine *keynesianisch* geprägte *einkommensabhängige effektive* Konsumnachfrage, die neben den relativen Preisen auch der Mengenrationierung auf dem Arbeitsmarkt Rechnung trägt (vgl. Leijonhufvud, 1973, S. 27–48; Drèze, 1975, S. 301–320). Diese Rationierung wirkt sich auf den Gütermarkt aus, weil die Konsumenten aufgrund ihrer Restriktion auf dem Arbeitsmarkt Einkommenseinbußen erleiden und deshalb ihre ursprüngliche Konsumnachfrage reduzieren. Das Ungleichgewicht auf dem Arbeitsmarkt führt zu einem Ungleichgewicht auf dem Gütermarkt. Keiner der Märkte wird geräumt, das nach Walras bei einer Senkung des Reallohnsatzes zu er-

wartende Gleichgewicht stellt sich aufgrund der *Mengen*rationierung der Arbeitsnachfrage nicht ein, die Ungleichgewichte bleiben bestehen. Die *effektive* Nachfrage ist *keynesianisch* geprägt, da sie sich am Einkommen orientiert.

Eine Kernaussage der neokeynesianischen Theorie lautet: Wird zu „falschen", nicht-markträumenden Preisen gehandelt, kommt es also zu einem „false trading", dann zeigen die Ungleichgewichte ein hohes Beharrungsvermögen und sind nicht nur kurzfristige Abweichungen von an sich stabilen Gleichgewichten, sondern „Ungleichgewichtsgleichgewichte" (vgl. Bushaw & Clower, 1954, S. 328–343; Burstein & Clower, 1960, S. 32–36). Aufgrund der Trägheit der Anpassungen reagieren die Gütermärkte verzögert auf Reallohnsatzsenkungen auf dem Arbeitsmarkt, sodass Ungleichgewichte fortbestehen. Das von der Neoklassik postulierte walrasianische Vollbeschäftigungsgleichgewicht wird als Spezialfall der neokeynesianischen Theorie angesehen.

4.2.8 Neuklassik

Die **Neuklassik** ist für das Wiedererstarken neoklassischer Lösungsvorschläge verantwortlich. Der Name ist unglücklich gewählt, da er sprachlich die gleiche Bedeutung hat wie „Neoklassik" (griechisch: néos – deutsch: „neu"). Nach dem neuklassischen Dogma soll aufgrund staatlicher Unvollkommenheiten eine passive Wirtschaftspolitik betrieben werden, die dem Spiel der Marktkräfte freien Lauf lässt. Selbst ureigene staatliche Aufgaben wie die Gewährleistung der inneren Sicherheit lassen sich nach neuklassischer Auffassung durch eine privatwirtschaftliche Lösung besser erzielen (vgl. Lucas, 1995; Sargent, 2011). Rational handelnde (vgl. Muth 1961, S. 315–335; Sargent, o. J.), mobile Menschen wissen sich am besten selbst zu helfen und sollen weder durch eine staatliche Förderpolitik, beispielsweise durch Subventionen, noch durch eine staatliche „Bestrafungspolitik", beispielsweise durch progressive Steuersätze, beeinflusst werden (vgl. Lucas & Prescott, 1971, S. 659–681; Lucas, 1975, S. 1113–1144). Diese Schule, die das wirtschaftswissenschaftliche Pendant zur neoliberalen Philosophie darstellt, findet heutzutage im anglo-amerikanischen Raum, aber auch in chinesischen und russischen Regionen seine Konkretisierung. Im Vergleich zu Neoklassikern werden die Forderungen neuklassischer Ökonomen in der Regel radikaler vertreten.

Neuklassiker verweisen auf die Unwirksamkeit einer lockeren Geldpolitik zur Bekämpfung von Arbeitslosigkeit (vgl. Lucas & Rapping, 1969, S. 721–754; Lucas, 1972, S. 103–124; 1995; Sargent, 1971, S. 721–725; 1973, S. 429–472). Keynesianer gehen davon aus, dass ein trade off zwischen einer niedrigen Inflationsrate und einer niedrigen Arbeitslosenrate besteht. Denn zum einen sinken durch eine höhere Inflationsrate die Reallohnsätze, sodass Unternehmer eher bereit sind, Arbeitskräfte einzustellen. Zum anderen unterschätzen Arbeitnehmer die Inflationsrate (Geldillusion), sodass sie mit höheren Reallohnsätzen rechnen und ihr Arbeitsangebot erhöhen. Beide Effekte zusammen münden in höhere Beschäftigung. Während selbst Monetaristen diesem Zusammenhang eine zumindest kurzfristige Geltung nicht absprechen, halten Neuklassiker aufgrund der rationalen Erwartungen aller Marktteilnehmer diese Kausalkette für unwirksam. Neuklassiker erteilen einem „Quantitative and Qualitative Easing" (QQE), das eine sehr lockere Geldpolitik verkörpert, eine klare Absage.

4.3   Vordenker

Die Soziale Marktwirtschaft gilt als „deutsche Wirtschaftsordnung" schlechthin. Ihre Ideen, ihre Umsetzung, ihre Reputation sind eng mit Deutschland verbunden.

Obgleich selten in diesem Kontext genannt, kann **Adam Smith** (1723–1790) als einer der **Vordenker** der Sozialen Marktwirtschaft angesehen werden. Smith stellt in seinem berühmtesten Werk von 1776, „Eine Untersuchung über die Natur und Ursachen des Wohlstands der Nationen" (vgl. Smith, 2018c), die hohe Bedeutung der Marktwirtschaft heraus und preist die Vorzüge einer privatwirtschaftlichen Ordnung. Durch das

Verfolgen ihrer Selbstinteressen liefern die Menschen – wie durch eine „Unsichtbare Hand" geführt – einen höheren Beitrag zum Wohlstand eines Landes, als wenn sie ihr Verhalten an öffentlichen Interessen orientieren.

Erstmals wurde das Konzept der Sozialen Marktwirtschaft im Nachkriegsdeutschland umgesetzt. Deshalb gilt sie auch als „deutsche Wirtschaftsordnung" und wird zuweilen „Rheinischer Kapitalismus" genannt. Ideengeber für dieses Konzept waren vor allem deutsche Ökonomen, Juristen, Soziologen und Politiker. Im Besonderen sind in diesem Zusammenhang zu nennen: Der Arzt und erste Soziologie-Professor Deutschlands, **Franz Oppenheimer** (1864–1943), der die Bedeutung des freien Wettbewerbs unter Gleichen herausstellt (vgl. Oppenheimer, 1942, S. 307–310); **Alexander Rüstow** (1885–1963), der staatliche Eingriffe als Durchsetzung von Partikularinteressen brandmarkt (vgl. Rüstow, 1932, S. 169–172); zudem **Erwin von Beckerath** (1889–1964) und die drei Begründer der „Freiburger Schule", **Walter Eucken** (1891–1950), Hans **Großmann-Doerth** (1894–1944) sowie **Franz Böhm** (1895–1977); **Ludwig Erhard** (1897–1977), der die Soziale Marktwirtschaft mit dem Ziel des „Wohlstands für alle" zwischen 1949 und 1963 als erster Wirtschaftsminister und zwischen 1963 und 1966 als zweiter Bundeskanzler der 1949 gegründeten Bundesrepublik Deutschland in die Tat umgesetzt hat; **Wilhelm Röpke** (1899–1966) sowie **Alfred Müller-Armack** (1901–1978), der 1946 den Begriff „Soziale Marktwirtschaft" eingeführt und in Erhards Wirtschaftsministerium unter anderem als Leiter der Grundsatzabteilung gearbeitet hat, zu deren Aufgaben die Konzeptualisierung der Wirtschaftsordnung gehörte.

Gründer der **Freiburger Schule**, die als Wiege des **Ordoliberalismus** gilt, sind der Ökonom **Walter Eucken** (1891–1950) sowie die Juristen Hans **Großmann-Doerth** (1894–1944) und **Franz Böhm** (1895–1977). In einem „wirtschaftsrechtlichen und wirtschaftspolitischen Proseminar für Juristen und Ökonomen", das sie gemeinsam im Wintersemester 1933/34 an der Albert-Ludwigs-Universität Freiburg abhielten, entwickelten sie die Gedanken des Ordoliberalismus. Diese wurden durch die Publikation der Schriftenreihe „Ordnung der Wirtschaft" ab 1937 (vgl. Böhm, 1937) einem breiten Publikum zugänglich gemacht.

Walter Eucken war Sohn des Jenenser Philosophen Rudolf Christoph Eucken (1846–1926), dem 1908 als einem von bisher zehn Deutschen der Literaturnobelpreis verliehen worden war. Walter Eucken war die Schlüsselfigur der Freiburger Schule und arbeitete die wichtigsten Prinzipien der Sozialen Marktwirtschaft heraus (vgl. Eucken, 1940, 1990). Als Ehemann einer Jüdin engagierte er sich im deutschen Widerstand. 1947 gehörte er zu den Gründungsmitgliedern der liberalen Mont-Pèlerin-Gesellschaft.

Franz Böhm machte sich insbesondere dadurch einen Namen, dass er die zentrale Bedeutung des privaten Eigentums, des Wettbewerbs sowie der Unterscheidung zwischen Ordnungs- und Prozesspolitik hervorhob (vgl. Böhm, 1928, S. 324–345; 1933a, b; 1936, S. 3–14; 1937; 1942, S. 4–98). Ihm ist das 1957 verabschiedete Gesetz gegen Wettbewerbsbeschränkungen (GWB) zu verdanken. Wie Eucken engagierte auch er sich im Widerstand und unterstützte Juden, sodass ihm ein Ruf auf einen Lehrstuhl der Universität Freiburg verweigert und später sogar die Lehrbefugnis entzogen wurde. Böhm war auch Mitglied des Bonhoeffer-Kreises. Nach dem Krieg war er unter anderem hessischer Kultusminister und Anfang der fünfziger Jahre deutscher Delegationsführer bei den Verhandlungen über die Wiedergutmachungsleistungen gegenüber den Juden.

Hans Großmann-Doerth, der die Bedeutung spontan geschaffener rechtlicher Konventionen hervorhob, fiel an der Ostfront und konnte den Ruhmeszug der Sozialen Marktwirtschaft nicht mehr miterleben.

Ludwig Erhard (1897–1977) setzte die Soziale Marktwirtschaft mit dem Ziel des „Wohlstands für alle" (vgl. Erhard, 1957) zwischen 1949 und 1963 als erster Wirtschaftsminister und zwischen 1963 und 1966 als zweiter Bundeskanzler der 1949 gegründeten Bundesrepublik Deutschland in die Tat um. Als Direktor der Wirtschaftsverwaltung der Bizone verfügte er zu Beginn der Währungsreform 1948 die Freigabe der Preise.

Hintergrundinformation

Die Zeit des **„deutschen Wirtschaftswunders"** umfasst den Zeitraum (1949–1966), in dem Erhard an prominenter Stelle, zunächst als Wirtschaftsminister, danach als Bundeskanzler, politisch aktiv gewesen ist.

Alfred Müller-Armack (1901–1978) führte 1946 den Begriff „Soziale Marktwirtschaft" ein (vgl. Müller-Armack, 1990). Im Alter von 25 Jahren habilitierte er sich pikanterweise mit einer Arbeit zur Theorie der Konjunkturpolitik, der Ordoliberale skeptisch gegenüberstehen. Später lehrte der Ökonom, Kultur- und Religionssoziologe in Köln und Münster, bevor er in Erhards Wirtschaftsministerium unter anderem als Leiter der Grundsatzabteilung fungierte, zu deren Aufgaben die Gestaltung der Wirtschaftsordnung gehörte. Die beiden wichtigsten Werte der Sozialen Marktwirtschaft sind die Freiheit, die auf dem Markt zur Geltung kommt, und der soziale Ausgleich, der die Soziale Marktwirtschaft von der Freien Marktwirtschaft unterscheidet. Müller-Armack macht deutlich, dass die Soziale Marktwirtschaft mit ihrer „sozialen Irenik" die Möglichkeit eröffnet, ideologische Gegensätze hintanzustellen und „friedlich" (vgl. griechisch: „irene" – „Frieden") einen dritten Weg zwischen einem Marktradikalismus ohne soziale Sicherheit und einem Sozialismus ohne Freiheit einzuschlagen (vgl. Müller-Armack, 1950, S. 181–203).

Zentrale Werte der Ordoliberalen sind Freiheit, Subsidiarität und Selbstverantwortung. Aber die oftmals religiös motivierten Ordoliberalen legten nicht nur auf die oben genannten „liberalen" Elemente wert, sondern stellten auch den Solidaritäts- und Gerechtigkeitsgedanken in den Vordergrund ihrer ordnungspolitischen Überlegungen.

4.4 Definition

Für die Definition der „Sozialen Marktwirtschaft" ist die Unterteilung der Wirtschaftspolitik in Ordnungs- sowie **Prozesspolitik** von zentraler Bedeutung:

Die eine Ebene der Wirtschaftspolitik ist die Rahmenordnung, die andere der wirtschaftliche Prozess.

▶ **Ordnungspolitik** bedeutet die Gestaltung eines **generell-abstrakten Regelsystems**.

▶ **Prozesspolitik** bedeutet einen Eingriff in den **spezifisch-konkreten Wirtschaftsablauf**.

Die entscheidende Frage ist weniger, ob der Staat regulieren soll, sondern vielmehr, wie er regulieren soll. Die Daumenregel lautet: Je allgemeiner die Regel, desto besser.

Ordnungs- oder Prozesspolitik

Die Frage, ob Investitionen im Allgemeinen durch die steuerliche Abzugsfähigkeit von Fremdkapitalzinsen zu fördern sind, gehört in den Bereich der Ordnungspolitik. Die Frage, ob Investitionen in Windkraftanlagen in Mecklenburg-Vorpommern durch Subventionen zu unterstützen sind, ist eine Frage der Prozesspolitik. ◀

Beginnen wir mit einer **negativen Definition** der Sozialen Marktwirtschaft: „Soziale Marktwirtschaft" bedeutet **weder „Freie Marktwirtschaft"**, in der dem Staat nur ein enger ordnungs- und prozesspolitischer Entscheidungsrahmen gewährt wird, **noch „Sozialistische Marktwirtschaft"**, in der dem Staat weitreichende ordnungs- und prozesspolitische Befugnisse zugestanden werden. Deshalb basiert die Soziale Marktwirtschaft nicht auf einem neoliberalen Konzept, das den Einfluss des Staates zu minimieren trachtet. In Tab. 4.1

werden die Freie, die Soziale und die Sozialistische Marktwirtschaft miteinander verglichen.

Die der Freien Marktwirtschaft relativ nahe kommende Wirtschaftsordnung ist vor allem in den angelsächsischen Ländern mit Ausnahme Kanadas anzutreffen: im Ursprungsland des Liberalismus, dem Vereinigten Königreich von Großbritannien und Nordirland; im benachbarten Irland, einstmals das ärmste Land im freien Europa, zu Beginn der 2020er-Jahre eines der reichsten Länder der Welt; in den USA, die schon früh ihre Volkswirtschaft liberalisiert haben; in Australien und Neuseeland, die sich von ehemaligen Wohlfahrtsstaaten zu stärker marktorientierten Ländern entwickelt haben.

▶ Die **Freie Marktwirtschaft** räumt generell dem Markt Vorrang vor dem Staat ein. Die **Sozialistische Marktwirtschaft** befürwortet staatliche Interventionen sowohl in der Ordnungspolitik als auch in der Prozesspolitik. Die **Soziale Marktwirtschaft** ist demgegenüber eine Wirtschaftsordnung, in welcher der Staat für die generell-abstrakten Regeln der Rahmenordnung zuständig ist und der Markt für die spezifisch-konkreten Regeln wirtschaftlicher Prozesse.

Die Soziale Marktwirtschaft ist auch kein Konzept, das marktwirtschaftliche und sozialistische Elemente zu verbinden versucht, indem staatlicher Interventionismus trotz eines grundsätzlichen Bekenntnisses zur Marktwirtschaft gutgeheißen wird. Dies ist eine Sozialistische Marktwirtschaft, die aus Mangel an transparenten Regeln unter dem Deckmantel des Sozialismus einflussreiche Unternehmer und Politiker

Tab. 4.1 Marktwirtschaften im Vergleich

	Freie	Soziale	Sozialistische
Ordnungspolitik wirtschaftliche Rahmenordnung generell-abstrakte Regeln	Markt	Staat	Staat
Prozesspolitik Wirtschaftsprozess spezifisch-konkrete Regeln	Markt	Markt	Staat
Philosophische Schule	Neoliberalismus	Ordoliberalismus	Sozialismus
Ökonomische Schule	Neuklassik	Klassik	Sozialismus mit Marktelementen

protegiert, solange sie einen wichtigen Beitrag zum Wirtschaftswachstum leisten. China implementierte in mehreren Schritten eine Sozialistische Marktwirtschaft: faktisch seit der Ende 1978 von Deng Xiaophing (1904–1997) eingeleiteten Öffnungspolitik, offiziell seit 1992. In Russland herrscht ebenfalls eine Sozialistische Marktwirtschaft, die bereits 1986 noch zu Sowjetzeiten unter Michail Gorbatschows „Perestroika" („Umgestaltung") ihren Anfang genommen hat. Im selben Jahr erfasste der wirtschaftliche Aufbruch auch die kommunistischen Regimes des früheren Französisch-Indochinas: In Vietnam wurde 1986 der „Doi Moi", die wirtschaftliche „Erneuerung" eingeleitet, in Laos erfolgten Reformen unter dem Schirm des „New Economic Mechanism" (NEM) und in Kambodscha seit dem Pariser Friedensabkommen von 1991, das einen Schlussstrich unter die Schreckensherrschaft der Roten Khmer unter Pol Pot (1975–1978) und den kambodschanischen Bürgerkrieg setzte.

Positiv definiert, basiert die **„Soziale Marktwirtschaft"** auf der Philosophie des **Ordoliberalismus**: Die „soziale" Komponente findet ihren Niederschlag in der **Rahmenordnung** (vgl. lateinisch: „ordo" – „Ordnung"), wo dem **Staat** viel Einfluss eingeräumt wird, solange er sich auf die Ausarbeitung **generell-abstrakter Regeln** beschränkt. Die liberale „Markt"-Komponente findet sich in der **Prozesspolitik**, aus der sich der Staat weitgehend heraushalten soll.

Während der Staat sich auf die Ausgestaltung einer allgemeingültigen Rahmenordnung für die politische, rechtliche, realwirtschaftliche, monetäre und soziale Sphäre zu konzentrieren hat, sind die **spezifisch-konkreten Entscheidungen** den Fähigkeiten, Fertigkeiten, Kenntnissen und der Kreativität der **Individuen** anzuvertrauen.

Die entscheidende Frage für die Soziale Marktwirtschaft lautet demzufolge nicht, *ob* der Staat wirtschaftspolitischen Einfluss haben soll oder nicht. Ausschlaggebend ist, *wie* er sich wirtschaftspolitisch einbringt: Ordnungspolitische Eingriffe sind erwünscht, ja sogar geboten, gegenüber prozesspolitischen Interventionen soll der Staat Zu-

rückhaltung üben. Beispielsweise wird ein überzeugter Ordoliberaler in der deutschen Wirtschaftspolitik *mehr* staatlichen Gestaltungswillen in der **Ordnungspolitik**, aber *weniger* staatliche Regulierung in der **Prozesspolitik** anmahnen.

Mit Bezug auf die oben erläuterten ökonomischen Schulen lässt sich für die Soziale Marktwirtschaft Folgendes festhalten: Der Neoklassik, dem Monetarismus sowie der Neuklassik ermangelt es an der Akzeptanz staatlicher Einflussnahme, die im Sozialismus, Keynesianismus sowie Neokeynesianismus zu weit geht, da auch prozesspolitische Eingriffe gutgeheißen werden. Die Neoklassische Synthese kombiniert zwar marktwirtschaftliche und staatsinterventionistische Maßnahmen, unterscheidet aber nicht strikt zwischen ordnungs- und prozesspolitischen Steuerungsmechanismen. Am nächsten kommt dem Konzept der Sozialen Marktwirtschaft daher die **Klassik**, da sie einerseits den Primat des Marktes anerkennt, andererseits eine Verankerung moralischer und sozialer Komponenten in der Rahmenordnung gutheißt.

4.5 Prinzipien

4.5.1 Euckens konstituierende Prinzipien

Der Mitgründer der Freiburger Schule, Walter Eucken, nennt in seinen „Grundsätzen der Wirtschaftspolitik" aus dem Jahr 1952 die folgenden **sieben konstituierenden Prinzipien** einer Sozialen Marktwirtschaft:

1. Grundprinzip
2. Primat der Währungspolitik
3. offene Märkte
4. Privateigentum
5. Vertragsfreiheit
6. Haftung
7. Konstanz der Wirtschaftspolitik

Unter dem **Grundprinzip** versteht Eucken Preisflexibilität und vollständige Konkurrenz (vgl. Eucken, 1990, S. 254), die weiter unten in zwei Prinzipien aufgeteilt werden.

Den **Primat der Währungspolitik** sieht er durch eine konsequente Ausrichtung am Ziel der Preisniveaustabilität erfüllt. Dabei betont Eucken den engen Zusammenhang zwischen der Geldmenge und der Gütermenge (vgl. Eucken, 1990, S. 255 ff.), durch den später auch die Monetaristen zu ihrer passiven Geldmengenregel animiert worden sind. Eucken versteht Währungspolitik als Geldpolitik. Dieses Prinzip findet weiter unten in der Forderung nach einer Stabilitätspolitik seinen Niederschlag.

Offene Märkte zeichnen sich vor allem dadurch aus, dass freier Markteintritt gewährleistet ist, sodass Wettbewerb nicht nur mit aktuellen, sondern auch mit *potenziellen* Konkurrenten möglich ist, da diese jederzeit mit ihrem Markteintritt drohen können und so die aktuellen Produzenten disziplinieren. Markteintrittsbarrieren und protektionistische Instrumente wie Zollsätze oder Importquoten schränken die Offenheit der Märkte ein und werden daher abgelehnt (vgl. Eucken, 1990, S. 264 ff.).

Privateigentum an den Produktionsmitteln wird als wichtiges Element einer Wettbewerbswirtschaft angesehen, weil dadurch die Unternehmer die notwendigen Freiheiten und Anreize haben, nach einer effizienten Produktion zu streben. So wird die optimale Faktorallokation ermöglicht (vgl. Eucken, 1990, S. 270 ff.).

Die **Vertragsfreiheit** sieht der Freiburger Ökonom im Lichte des Wettbewerbs: Um diesen Wettbewerb zu entfachen, muss den Unternehmern als wichtiges Instrument die Freiheit gewährt werden, Verträge grundsätzlich individuell auszugestalten. Diese Freiheit findet aber ihre Grenze, wenn dadurch der Wettbewerb eingeschränkt wird. Beispielsweise ist die Bildung von Kartellen nicht durch die Vertragsfreiheit gedeckt (vgl. Eucken, 1990, S. 275 ff.).

Die **Haftung** für selbstverantwortliches Handeln ist unabdingbar für die Anreizkompatibilität. Eucken betont die hohe Bedeutung der Symmetrie im Umgang mit Gewinnen und Verlusten: Werden in einer marktwirtschaftlichen Ordnung Gewinne individualisiert, so muss dies auch für Verluste gelten, die demzufolge nicht sozialisiert werden dürfen (vgl. Eucken, 1990, S. 279 ff.).

Unter **Konstanz der Wirtschaftspolitik** wird der Vorrang einer Stabilitätspolitik vor einer Stabilisierungspolitik verstanden. Der Staat soll für eine verlässliche Rahmenordnung sorgen, damit Unternehmer auch langfristig planen können. Hingegen zeichnet sich eine Stabilisierungspolitik mit konkreten Eingriffen in den Wirtschaftsprozess durch Unstetigkeit, mangelnde Vorhersehbarkeit und größere Unsicherheit aus – alles Faktoren, die einen negativen Einfluss auf das unternehmerische Umfeld ausüben (vgl. Eucken, 1990, S. 285 ff.).

4.5.2 Marktprinzipien

Im Folgenden werden die wichtigsten Prinzipien der Sozialen Marktwirtschaft erläutert, die nicht immer deckungsgleich mit Euckens konstituierenden Prinzipien sind, ihnen aber weitgehend entsprechen. Die Prinzipien der Sozialen Marktwirtschaft sind zu unterscheiden in

1. **Marktprinzipien**, die
   a. Grundsätzen der **Liberalität** gehorchen,
   b. das **Allokationsziel** der **Effizienz** verfolgen;
2. **Sozialprinzipien**, die
   c. Grundsätzen der **Ethik** gehorchen,
   d. das **Distributionsziel** der **Gerechtigkeit** verfolgen.

Wichtige Marktprinzipien sind:

1. Anreizkompatibilität
2. private Eigentums- und Verfügungsrechte
3. funktionsfähiger Wettbewerb
4. Preisflexibilität
5. Vertragsfreiheit
6. Haftungsprinzip.

4.5.2.1 Anreizkompatibilität
Das **Prinzip der Anreizkompatibilität** sorgt für ein Marktdesign, in dem individuelle Anreize so gesetzt werden, dass sie nolens volens kollektive Ziele erfüllen.

▷ Das **Prinzip der Anreizkompatibilität** besagt, dass eine Vereinbarkeit individueller Anreize mit kollektiven Zielen herzustellen ist.

Beispielsweise verfolgt ein Unternehmer das Ziel, hohe Gewinne zu erzielen. Diese erzielt er, wenn er Güter produziert, deren Nachfrage im Vergleich zu ihrem Angebot relativ hoch ist, die mithin knapp sind. So lassen sich die individuellen (Gewinn-) Anreize mit dem kollektiven Ziel der Bereitstellung dieser knappen Güter vereinbaren. Die Intention des Unternehmers folgt seinem Selbstinteresse, im Ergebnis wird er aber „aus Versehen" auch das Kollektivinteresse befriedigen.

Der Wirtschaftsnobelpreisträger Vernon Smith verdeutlicht durch folgendes Zitat aus seiner Nobelpreisrede den Zusammenhang zwischen individueller und kollektiver Rationalität (Smith, 2002, S. 503):

> „to do good for others, does **not** require deliberate action to further the perceived interest of others."

Um aus teleologischer, konsequentialistischer, folgenethischer Sicht, in der die Handlungs*folgen* ausschlaggebend sind, etwas Gutes zu tun, bedarf es nicht einer deontologischen, intentionalistischen, pflichtenethischen Rechtfertigung, in der die Handlungs*absichten* ausschlaggebend sind.

Der in England ansässige niederländische Neurologe, Sozialpsychologe und Sozialphilosoph Bernard Mandeville (1670–1733) beschrieb 1705 in seinem Gedicht über den „Unzufriedenen Bienenstock", das später Teil seiner „Bienefabel" wurde (vgl. Mandeville, 1714), ein Phänomen, welches der schottische Moralphilosoph Adam Smith (1723–1790) über ein halbes Jahrhundert später als „Unsichtbare Hand" (vgl. Smith, 2010, 2018a, b, c) weltberühmt machen sollte (Mandeville, 1705, S. 167–168):

> „The worst of all the multitude did something for the common good."

Märkte sorgen für Spezialisierung und schaffen Handel zu wechselseitigem Vorteil. Die Existenz von Märkten sagt nichts darüber aus, wie eigennutzorientiert Menschen sind oder sein sollen. Ob Einkommen konsumiert, investiert oder gespendet werden, hängt nicht davon ob, ob sie auf einem Markt entstanden sind oder nicht (vgl. Smith, 2002, S. 503–504).

4.5.2.2 Private Eigentums- und Verfügungsrechte

Eigentums- und Verfügungsrechte vereinen die rechtliche (Eigentum) und die tatsächliche (Besitz) Herrschaft über eine Sache. Die hohe Bedeutung der Eigentums- und Verfügungsrechte betont bereits der Welt erster Professor für Volkswirtschaftslehre, der Engländer Thomas Robert Malthus (1766–1834) in seinen „Grundsätzen der Volkswirtschaftslehre" (Malthus, 1836, S. 309–310):

> „Among the primary and most important causes which influence the wealth of nations, must unquestionably be placed, those which come under the head of politics and morals. **Security of property** [Hervorhebungen durch RR], without a certain degree of which, there can be no encouragement to individual industry, depends mainly upon the political constitution of a country, the excellence of its laws and the manner in which they are administered."

Dem Recht auf Privateigentum kommt eine entscheidende Bedeutung zu. Es ist Voraussetzung für marktorientiertes Wirtschaften, insbesondere für Aktivitäten, die einen längeren Zeithorizont erfordern. Investitionen beispielsweise sind oft erst nach einem längeren Zeitraum profitabel, sodass es für den Investor wichtig ist, sich auf stabile Verfügungsrechte verlassen zu können. Zudem dient Privateigentum als Kreditsicherheit und verschafft Unternehmern dadurch Zugang zu Fremdkapital, das in deutschen Unternehmen im Durchschnitt fast 70 Prozent, in Kleinunternehmen sogar fast 80 Prozent des Gesamtkapitals ausmacht (vgl. statista, 2020). Für kapitalintensive Investitionen spielt der Zugang zu Fremdkapital daher eine außerordentlich wichtige Rolle. Aufgabe des Staates ist es, Eigentums- und Verfügungsrechte zu schützen und durchzusetzen, um die Kreditwürdigkeit privater Unternehmen sicherzustellen.

▶ **Private Eigentums- und Verfügungsrechte** stellen Anreizkompatibilität her und sorgen für Kreditsicherheiten.

Wird Privateigentum (an den Produktionsmitteln) aus ideologischen Gründen abgelehnt oder werden private Eigentumsrechte nicht ausreichend geschützt, gehen den meisten potenziellen

Investoren die Möglichkeiten zur Kreditfinanzierung verloren. In diesem Fall hat nur eine kleine Gruppe wohlhabender Unternehmer die Möglichkeit, mit ihrem Eigenkapital zu investieren. Diese Kausalkette ist von erheblicher Bedeutung, zeigt sie doch, dass die sozial motivierte Forderung nach einer Abschaffung des Privateigentums zum Gegenteil dessen führt, was mit dieser Forderung beabsichtigt wird: Nicht die Existenz des Privateigentums an den Produktionsmitteln, sondern ihre Absenz stärkt die Macht der Unternehmer, weil in diesem Fall nur die Reichen über die (privaten) finanziellen Ressourcen verfügen, ihre Geschäftsideen in bare Münze umzuwandeln. In Ländern, in denen Eigentums- und Verfügungsrechte nicht geschützt sind – und dies gilt für die Mehrheit der Länder – liegt die Wirtschaft oft in den Händen einiger einflussreicher Familien: In den arabischen Ländern, aber auch in Osteuropa (Russland, Weißrussland, Ukraine), in Zentralasien, in den meisten Staaten Lateinamerikas sowie in der Subsahara dominieren Oligarchen und Familienclans Volkswirtschaften mit Millionen von Menschen. In Süd-Korea ist dies zwar auch der Fall, obwohl die Eigentums- und Verfügungsrechte (inzwischen) Schutz genießen. Aber eine Demokratie mit Rechtsschutz wurde das geteilte Land erst 1987 unter dem internationalen Druck, der mit der damals anstehenden Ausrichtung der Olympischen Spiele (1988) in der koreanischen Hauptstadt Seoul verbunden war. Die alten Strukturen, in denen wenige Großfamilien die Pfründe unter sich aufgeteilt hatten, hinterließen bleibende Spuren.

Nach Joseph Schumpeter (1883–1950) erlahmen die Antriebskräfte **dynamischer Pionierunternehmer** (vgl. Schumpeter, 1942, 2020) vor allem aus zwei Gründen: Zum einen ist der Pionierunternehmer, der Eigentum, die rechtliche Verfügungsgewalt, und Besitz, die wirtschaftliche Verfügungsgewalt, in sich vereint, eine vom Aussterben bedrohte Spezies, die heutzutage immer mehr durch Angestellte – „Manager" – ersetzt wird. Diese verfolgen jedoch eher kürzerfristige Interessen, da sie das Unternehmen, für das sie arbeiten, ohne große Hürden wechseln können. Zum anderen führt die Stückelung des Eigenkapitals in Aktien und Anteilsscheine zu einer De-Materialisierung des Eigentums, einer abstrakt wahrgenommenen Form des Eigentums, das die Identifikation mit dem Eigentum selbst und damit auch den Willen, für dieses Eigentum aufopfernd Großes zu leisten, reduziert hat.

4.5.2.3 Funktionsfähiger Wettbewerb

Wettbewerb erstreckt sich nicht nur auf den Wettbewerb unterschiedlicher Produkte, sondern auch auf den Standortwettbewerb kleinerer Entitäten oder auf den Wettbewerb unterschiedlicher Regulierung. (vgl. Ferguson, 2011). Die Sicherstellung von Wettbewerb ist eines der herausragenden Ziele der Sozialen Marktwirtschaft. Markteintrittsbarrieren sollen so niedrig wie möglich gehalten werden, um nicht nur Wettbewerb unter *aktuellen*, sondern auch unter *potenziellen* Konkurrenten aufrechtzuerhalten. Grundsätzlich wird eine polypolistische Marktform, die durch viele Anbieter und viele Nachfrager charakterisiert ist, angestrebt. Die Erfüllung des **Prinzips des funktionsfähigen Wettbewerbs** bedeutet zwar in erster Line, aber nicht notwendigerweise die Schaffung und Sicherung atomistischer, anonymer Märkte, auf denen es viele Anbieter und viele Nachfrager gibt. Die Funktionsfähigkeit kann beispielsweise bei Vorliegen von Marktversagen aufgrund natürlicher Monopole, steigender Skalenerträge (*economies of scale*), öffentlicher Güter oder Externalitäten auch bei einer geringen Zahl von Anbietern gewährleistet sein, wenn ihr Marktverhalten demjenigen von Polypolisten entspricht.

▶ Das Prinzip des *funktionsfähigen Wettbewerbs* bedeutet, dass als erstbeste Lösung polypolistisches Verhalten, als zweitbeste Lösung bei Marktversagen ein Verhalten der Marktteilnehmer angestrebt wird, das trotz nicht-polypolistischer Strukturen so ist, **als ob** (= funktionsfähig) es vollständige Konkurrenz gäbe.

Wettbewerb kann als Entmachtungsinstrument angesehen werden, da im Wettbewerb stehende Unternehmen nicht das tun können, was sie wollen, ohne mögliche Reaktionen *aktueller* und *latenter* Konkurrenz hervorzurufen. Aktuelle Konkurrenz wird durch Wettbewerber verkörpert, die bereits am Markt aktiv sind. Aber auch ohne diese kann ein Unternehmen im Wettbewerb stehen: Denn wenn andere bereitstehen, um gegebenenfalls in den Markt einzutreten, muss ein Unternehmer auch deren Kalküle in Erwägung ziehen. Um latente Konkurrenz glaubwürdig aufrechtzuerhalten, ist **freier Marktzutritt** von hoher Bedeutung für den Wettbewerb.

Das Wettbewerbsprinzip ist in der Sozialen Marktwirtschaft nicht nur Mittel zum Zweck, sondern Ziel an sich. Eine unabhängige Institution soll sich gänzlich dem Schutz des Wettbewerbs verschreiben, Markteintrittsbarrieren abbauen, unlauteren Wettbewerb verbieten und grundsätzlich Oligopolisierungs- oder gar Monopolisierungstendenzen entgegentreten. Das 1958 in Kraft getretene Gesetz gegen Wettbewerbsbeschränkungen (GWB) sowie das 1958 auf Grundlage des GWB ins Leben gerufene Bundeskartellamt in Bonn sind Beispiele für die Implementierung des Wettbewerbsprinzips. Zu den wichtigsten Aufgaben dieser Bundesbehörde zählen die Aufsicht und Kontrolle (vgl. Bundeskartellamt, 2021) über

- die Durchsetzung des Kartellverbots,
- die Fusionskontrolle,
- marktbeherrschende Unternehmen,
- die Vergabe öffentlicher Aufträge durch den Bund,
- den Verbraucherschutz.

In § 1 GWB ist das grundsätzliche **Kartellverbot** formuliert:

„Vereinbarungen zwischen Unternehmen, Beschlüsse von Unternehmensvereinigungen und aufeinander abgestimmte Verhaltensweisen, die eine Verhinderung, Einschränkung oder Verfälschung des Wettbewerbs bezwecken oder bewirken, sind verboten."

Eine marktbeherrschende Stellung hat zu unterbleiben. Was unter Marktbeherrschung verstanden wird, wird im GWB enumerativ genannt (§ 18 Abs. 1 und 2 GWB):

„(1) Ein Unternehmen ist marktbeherrschend, soweit es als Anbieter oder Nachfrager einer bestimmten Art von Waren oder gewerblichen Leistungen auf dem sachlich und räumlich relevanten Markt ohne Wettbewerber ist, keinem wesentlichen Wettbewerb ausgesetzt ist oder eine im Ver-

hältnis zu seinen Wettbewerbern überragende Marktstellung hat.
(2) Der räumlich relevante Markt kann weiter sein als der Geltungsbereich dieses Gesetzes."

Bei der Bewertung der Marktstellung eines Betriebes im Verhältnis zur Konkurrenz sind insbesondere zu berücksichtigen (vgl. § 18 Abs. 3 GWB):

- Marktanteil,
- Finanzkraft,
- Zugang zu Daten,
- Zugang zu Beschaffungs- und Absatzmärkten,
- Verflechtungen mit anderen Unternehmen,
- Marktzutrittsschranken anderer Unternehmen,
- tatsächlicher und potenzieller Wettbewerb,
- Substitutionsmöglichkeiten der Unternehmung selbst,
- Substitutionsmöglichkeiten der anderen Marktseite (z. B. der Konsumenten).

Wettbewerb erfüllt die

- Allokationsfunktion, wenn die Produktionsfaktoren dort eingesetzt werden, wo sie am effizientesten sind;
- Innovationsfunktion, wenn Unternehmer nach neuen Produkten und Verfahren suchen;
- Distributionsfunktion, wenn demjenigen, der den Markt am besten bedient, die Gewinne zugeteilt werden;
- Kontrollfunktion, wenn dauerhafte wirtschaftliche Machtpositionen verhindert werden.

4.5.2.4 Preisflexibilität

Dem Prinzip der Anreizkompatibilität kann nur Genüge getan werden, wenn **Preisflexibilität** besteht, weil Preisen die Funktion innewohnt, Knappheit beziehungsweise Überfluss zu signalisieren. Diese Forderung schließt alle Preise mit ein, beispielsweise den

- Güterpreis als Preis für den Erwerb von Konsumgütern,
- Lohnsatz als Preis für die befristete Nutzung von Arbeitskraft,
- Mietzinssatz als Preis für die befristete Nutzung von Wohnraum,

- Pachtzinssatz als Preis für die befristete Bewirtschaftung von Land,
- Zinssatz als Preis für die befristete Überlassung von Kapital,
- Aktienkurs als Preis für den Erwerb eines Unternehmensanteils,
- Wechselkurs als Preis für den Erwerb einer ausländischen Währungseinheit,
- Gebühr als Preis für die Nutzung eines Gutes,
- Beitragssatz als Preis für den Beitrag zu einer Solidargemeinschaft.

» **Preisflexibilität** sichert die Signalfunktion von Preisen: Steigende Preise signalisieren Knappheit (Nachfrageüberschuss), sinkende Preise Überfluss (Angebotsüberschuss).

Dem Marktprinzip der Preisflexibilität widerspricht ein **Mindestlohnsatz**, der in Deutschland im Jahr 2015 eingeführt worden ist. Ein gesetzlich vorgeschriebener Mindestlohnsatz stellt einen Eingriff in die freie Preisbildung dar. Ist der Mindestlohnsatz niedriger als der Marktlohnsatz, ist er unwirksam. Ein wirksamer Mindestlohnsatz muss daher über dem Marktlohnsatz liegen. Dann ist der Lohnsatz jedoch verzerrt, die Signalfunktion der Preise ist eingeschränkt. Es ist damit zu rechnen, dass die negativ vom Reallohnsatz abhängige Arbeitsnachfrage der Unternehmer zu gering ausfällt und die Arbeitslosigkeit steigt. Es besteht auch die Gefahr, dass eine Mindestlohnpolitik nicht zielgenau ist: Sie unterstützt denjenigen, der einen geringen Lohnsatz erhält, und zwar unabhängig davon, ob er arm ist oder nicht. Die Tatsache, dass insbesondere geringfügig Beschäftigte und Teilzeitbeschäftigte niedrige Lohnsätze verdienen, weist daraufhin, dass unter den Geringverdienern auch Personen (zum Beispiel Studenten) aus wohlhabenden privaten Haushalten sind, die sich nebenbei noch etwas hinzuverdienen. Aus Sicht der Sozialen Marktwirtschaft sollen Lohnsätze flexibel sein und die Armen direkt unterstützt werden, beispielsweise durch staatliche Aufstockung oder durch Lohnsubventionen an die Unternehmen. Dabei droht allerdings die Gefahr von Mitnahmeeffekten, weil auch Arbeitgeber Lohnsubven-

tionen erhalten, die den höheren Lohn aus eigener Tasche zahlen können.

4.5.2.5 Vertragsfreiheit

Das Prinzip der **Vertragsfreiheit** schlägt sich in der **Konsumentensouveränität** und **Produzentensouveränität** nieder, welche die Gewerbe-, Produktions- und Handelsfreiheit umfasst. Grundsätzlich sollen Konsumentscheidungen von den privaten Haushalten und Produktionsentscheidungen von den privaten Unternehmern getroffen werden.

» Nach dem Prinzip der **Produzentensouveränität** trifft der private Unternehmer die freie Entscheidung, was, wie viel, wie, wo, wann er produzieren oder investieren möchte.

» Nach dem Prinzip der **Konsumentensouveränität** trifft der private Haushalt die freie Entscheidung, was, wie viel, wie, wo, wann er konsumieren oder sparen möchte.

Die Marktteilnehmer planen individuell und entscheiden auch selbst, mit wem sie gegebenenfalls zusammenarbeiten wollen. Die Planung erfolgt dezentral über den Markt, nicht zentral über eine Behörde, die sich „anmaßt", etwas zu wissen, was sie gar nicht wissen kann.

4.5.2.6 Haftungsprinzip

Das **Haftungsprinzip** ergibt sich aus dem Prinzip der Anreizkompatibilität. Wer entscheidet soll auch die Folgen tragen. Nach dem Verursacherprinzip dürfen Risiken übernehmende Unternehmer auch hohe private Gewinne erwirtschaften, müssen dann allerdings auch für ihre Verluste einstehen, ohne auf Hilfe von außen zu hoffen. Die EU-Hilfen in Billionenhöhe unterlaufen das Haftungsprinzip, weil Verluste sozialisiert werden.

» Das **Haftungsprinzip** erfordert die Kongruenz von Entscheidung und Verantwortung (Rechenschaftspflicht).

Bei Vorliegen – positiver wie negativer – externer Effekte tritt Marktversagen auf. Dem Staat obliegt die Aufgabe, durch geeignete Maßnahmen eine **Internalisierung externer Effekte** zu erwirken, um damit dem Verursacherprinzip Rechnung zu tragen. So können beispielsweise Betriebe, die ausbilden und damit positive beschäftigungspolitische Effekte hervorrufen, gefördert werden, und Betriebe, die öffentliche Ressourcen in besonderem Maße beanspruchen, mit zusätzlichen Lasten belegt werden.

Dem Staat kommt grundsätzlich nicht die Aufgabe zu, die Präferenzen seiner Bürger aktiv zu beeinflussen, beispielsweise durch Nudging (vgl. Thaler & Sunstein, 2008, 2020). Stattdessen soll er an den Restriktionen ansetzen und willfähriges Verhalten dadurch erzielen, dass das Verfolgen individueller Ziele zu gemeinschaftskonformem Verhalten führt. Dieses Prinzip der Anreizkompatibilität orientiert sich an Smith' Unsichtbarer Hand: Es ist nicht notwendig, dass ein Unternehmer bestimmte Güter zu dem Zweck herstellt, die Bevölkerung mit eben diesen zu versorgen. Er soll qualitativ und quantitativ das produzieren, was ihm profitabel erscheint. Gewinnanreize sind dort am höchsten, wo Güterknappheit besteht, und dort am niedrigsten, wo Überfluss an Gütern herrscht. Deshalb wird ein dem Gewinnmaximierungskalkül verpflichteter Unternehmer die Güter produzieren, die besonders stark nachgefragt werden. Denn diese Güter haben einen – in Relation zu den Kosten – relativ hohen Preis, wenn der Preis seine Signalfunktion erfüllt. Sozusagen „aus Versehen" trägt dies zu einer optimalen Güterversorgung bei. Anreizkompatibilität ist dadurch gegeben, dass die (Gewinn-) Anreize für den Unternehmer dort am höchsten sind, wo die Güterknappheit am stärksten ausgeprägt ist. Individuelle Gewinnmaximierung führt somit zu sozialer Wohlstandsbefriedigung. Smith schreibt dazu, dass Individuen im Allgemeinen weder beabsichtigen, im öffentlichen Interesse zu handeln, noch wissen, inwieweit sie das öffentliche Interesse fördern. Sie verfolgen ihr Selbstinteresse und dienen dadurch – gelenkt wie durch eine Unsichtbare Hand – dem öffentlichen Wohl. Durch das Streben nach individuellen Zielen wird der Gesellschaft oftmals ein besserer Dienst getan als durch das bewusste Streben nach gemeinschaftlichen Zielen.

4.5.3 Sozialprinzipien

4.5.3.1 Subsidiaritätsprinzip

Das **Prinzip der Subsidiarität**, Grundpfeiler der christlichen Soziallehre, ist ein bedeutendes Charakteristikum der Sozialen Marktwirtschaft. Dieses Prinzip besagt, dass Angelegenheiten, wann immer möglich, von der jeweils kleinsten Einheit zu regeln sind. Folgende Hierarchie ist denkbar:

1. Familie
2. Gemeinde
3. Landkreis
4. Bundesland
5. Bundesrepublik Deutschland
6. Europäische Union
7. Vereinte Nationen

Somit obliegt beispielsweise die Entscheidung über eine Investition dem einzelnen Unternehmer, nicht dem Staat. Die Frage, ob ein Dorfbrunnen restauriert werden soll oder nicht, ist eine Frage, welche die Kommune zu beantworten hat, nicht ein einzelner Unternehmer, weil er keinen Anreiz hat, als Einziger für eine Leistung, die allen Dorfbewohnern zugutekommt, zu zahlen. Die Restauration eines Dorfbrunnens ist aber auch nicht Aufgabe der Landesregierung, da die Kommune als kleinere Einheit diese Aufgabe aufgrund ihres Detailwissens über die örtlichen Gegeben- und Besonderheiten besser erfüllen kann. Die Frage der Ausbesserung einer Straße, die mehrere Ortschaften eines Bundeslandes verbindet, ist hingegen Aufgabe der Landesregierung, da eine einzelne Kommune nicht über ein Projekt entscheiden kann, das mehrere Kommunen betrifft. Die Frage der Verteidigung der Bundesrepublik Deutschland liegt in der Kompetenz von Bundesorganen, da eine auf alle 16 Bundesländer verteilte Entscheidungskompetenz der Sache nicht dienlich ist. Die Frage der Verschmutzung des Rheins ist eine Aufgabe, die von der Rheinschifffahrtskommission, der alle Anrainerstaaten des Rheins angehören, gelöst werden kann, da die Reinhaltung des Rheins eine grenzüberschreitende Aufgabe ist. Der Frage des Klimawandels können sich die Vereinten Nationen annehmen, da diese Aufgabe eines global agierenden und akzeptierten Entscheiders bedarf. Somit ist das Subsidiaritätsprinzip das philosophische Fundament einer Politik, die sich durch einen weitreichenden **Dezentralismus** auszeichnet.

4.5.3.2 Regelgebundenheit

Die Soziale Marktwirtschaft zieht eine **regelgebundene Politik** einer personalisierten diskretionären Politik vor. Während diese sich dadurch auszeichnet, dass einzelnen Entscheidern eine Schlüsselposition zukommt, bindet jene nicht nur private, sondern auch staatliche Entscheider. Eine **skeptisch** zu beurteilende **personalisierte Macht** soll durch eine **positiv** zu beurteilende entpersonalisierte **institutionelle Macht** ersetzt werden. Gute Politik zeichnet sich dadurch aus, dass sie auf festgelegten Normen basiert, nicht auf Beschlüssen, die mit wechselnden Personen verändert werden und Instabilitäten hervorrufen. Anforderungen an „gute" Regeln sind

1. **Regelstabilität** zur Gewährleistung der Rechtssicherheit
2. **Regeläquivalenz** zur Gewährleistung der Gleichbehandlung aller
3. **Regeltransparenz** zur Gewährleistung der Übersichtlichkeit und Verständlichkeit.

Dem Staat kommt die Aufgabe zu, Regeln zu verfassen, durchzusetzen und gegebenenfalls Sanktionsmaßnahmen gegenüber Regelbrechern zu verhängen. Die Qualität einer regelgebundenen Politik kann durch **öffentliche Nebenwetten** erhöht werden. Hierbei geben Politiker nicht nur ihre messbaren Ziele öffentlich bekannt, sondern auch mögliche messbare Sanktionen, denen sie sich im Falle eines Scheiterns persönlich und automatisch unterwerfen.

Öffentliche Nebenwette in der Politik.

So erhöht beispielsweise die Aussage eines potenziellen Kanzlerkandidaten, dass er die Arbeitslosenrate in Deutschland innerhalb einer Legislaturperiode um drei Prozentpunkte absenken (messbare Formulierung des Ziels)

und im Falle des Scheiterns unwiderruflich seinen Rücktritt einreichen wird (Formulierung der messbaren Sanktion), die Glaubwürdigkeit seiner Ankündigung. ◄

4.5.3.3 Solidaritätsprinzip

Um eine hohen moralischen Anforderungen genügende Rahmenordnung zu gewährleisten, soll der Staat seine Bürger bis zu einem gewissen Grad gegen bestimmte Risiken absichern. So bilden beispielsweise die unter Bismarck eingeführten Sozialversicherungen, die Kranken-, Unfall- und Rentenversicherung, die in der Weimarer Republik ins Leben gerufene Arbeitslosenversicherung sowie die im wiedervereinigten Deutschland geschaffene Pflegeversicherung die Grundpfeiler des deutschen Sozialversicherungssystems und tragen durch die Sozialisierung individueller Risiken dem **Solidaritätsprinzip** Rechnung.

▷ Die fünf Säulen der deutschen Sozialversicherung sind:

1. Krankenversicherung (1883)
2. Unfallversicherung (1884)
3. Rentenversicherung (1889)
4. Arbeitslosenversicherung (1927)
5. Pflegeversicherung (1995).

4.5.3.4 Schutz vor der Ökonomisierung aller Lebensbereiche

Dem Staat obliegt die Aufgabe, die Bevölkerung vor einer Ökonomisierung **aller Lebensbereiche** zu schützen. Somit lässt sich rechtfertigen, dass die öffentlichen Haushalte herangezogen werden, um beispielsweise Universitätsstudiengänge wie Kunstgeschichte oder Altphilologie am Leben zu erhalten, die ein hohes Maß an *ideeller* Bildung, vermeintlich aber nur ein geringes Maß an *ökonomisch verwertbarer* Bildung vermitteln und in einem Effizienzvergleich Studiengängen wie Betriebswirtschaftslehre oder Maschinenbauwesen unterlegen sind. Subventionen für Theater, Opernhäuser, Museen und andere kulturelle Einrichtungen lassen sich ebenfalls mit diesem Sozialprinzip rechtfertigen.

4.5.3.5 Versorgung mit Kollektivgütern

Die Versorgung der Bevölkerung mit **Kollektivgütern** ist Aufgabe des Staates. Kollektivgüter sind Güter, denen zwei essenzielle Eigenschaften privater Güter ganz oder teilweise fehlen (vgl. Abschn. 6.3.3): Besteht keine Rivalität im Konsum, das heißt, wird der Konsum des einen Konsumenten nicht durch den Konsum des anderen Konsumenten beeinträchtigt, handelt es sich um **Mautgüter**. Ist es nicht möglich oder nicht gewollt, einen potenziellen Konsumenten vom Konsum auszuschließen, weil dieser sich beispielsweise nicht an der Bezahlung desselben beteiligt, liegen **Allmendegüter** vor. Sind weder Rivalität im Konsum noch Ausschluss vom Konsum gegeben, haben wir es mit **öffentlichen Gütern** zu tun.

Insbesondere bei öffentlichen Gütern kommt kein Markt zustande, weil die „Unsichtbare Hand" wirkungslos bleibt. Denn gewinnorientiertes Wirtschaften ist nicht möglich, wenn Nicht-Zahler nicht vom Konsum ausgeschlossen werden können, und auch nicht erwünscht, wenn zusätzlicher Konsum durch andere den Nutzen zahlender Konsumenten nicht schmälert. Es kommt, ebenso wie bei natürlichen Monopolen und bei Externalitäten, zu Marktversagen. Wird ein Angebot der Kollektivgüter für wichtig erachtet, muss der Staat einspringen, weil es sonst kein privater Anbieter tut.

Beispielsweise stellt der Staat eine Infrastruktur bereit, die Verkehrswege, aber auch Dienstleistungen aus dem Bereich der Kommunikations- und Informationstechnik ermöglicht. Öffentliche Güter können auch Rechte sein, beispielsweise die individuelle Freiheit, öffentliche Plätze zu nutzen. In der Corona-Pandemie sind die Inkompatibilitäten individueller Ziele (größtmögliche Bewegungsfreiheit) mit kollektiven Zielen (Gesundheitsschutz) deutlich geworden (vgl. Funk, 2021, S. 6). Vorhersehbare Schwierigkeiten, einen angemessenen Zuteilungsmechanismus individueller Freiheiten zu finden, ohne das Kollektivziel der Verhinderung zahlreicher Infektionen aus dem Auge zu verlieren, entbinden den Staat jedoch nicht von der Suche nach einer (umstrittenen) Lösung.

4.6 Stabilisierungs- versus Stabilitätspolitik

4.6.1 Geld- und Fiskalpolitik

Stabilisierungspolitik verfolgt das Ziel, konjunkturelle Schwankungen zu glätten. Insbesondere in der Ausprägung einer expansiven Fiskal- (Erhöhung der Staatsausgaben) und Geldpolitik (Erhöhung der Geldmenge) interveniert der Staat. Eine derartige Politik ist insbesondere in wirtschaftlichen Krisenzeiten populär.

Eine Erhöhung der Geldmenge (expansive Geldpolitik) wird ceteris paribus zu einem Angebotsüberschuss auf dem Geldmarkt und somit zu niedrigeren Zinssätzen führen. Dies regt die negativ vom Zinssatz abhängige Investitionsnachfrage an. Dadurch steigt die gesamtwirtschaftliche Nachfrage. Dies veranlasst die Unternehmer zu einem höheren gesamtwirtschaftlichen Angebot, sodass Produktion, Beschäftigung und Einkommen steigen. Dadurch wird die einkommensabhängige Konsumnachfrage angeregt, sodass die gesamtwirtschaftliche Nachfrage, das gesamtwirtschaftliche Angebot und somit auch die Produktion, die Beschäftigung und das Einkommen weiterhin steigen. Der durch die einkommensabhängige Konsumnachfrage ausgelöste zusätzliche Nachfrageeffekt ist ein Multiplikatoreffekt, der die ursprüngliche Staatsausgabenerhöhung „vervielfacht".

Eine Erhöhung der Staatsausgaben (expansive Fiskalpolitik) wird ceteris paribus die gesamtwirtschaftliche Nachfrage erhöhen. Dies veranlasst die Unternehmer zu einem höheren gesamtwirtschaftlichen Angebot, sodass Produktion, Beschäftigung und Einkommen steigen. Dadurch wird die Konsumnachfrage angeregt, sodass die gesamtwirtschaftliche Nachfrage, das gesamtwirtschaftliche Angebot und somit auch die Produktion, die Beschäftigung und das Einkommen weiterhin steigen. Es kommt auch hier zu einem Multiplikatoreffekt.

Obwohl aktive stabilisierungspolitische Maßnahmen attraktiv erscheinen, weil sie die Möglichkeit der direkten Steuerbarkeit einer Volkswirtschaft suggerieren, die dem weitverbreiteten

Wunsch nach Sicherheit, Geborgenheit und Plan-
barkeit entgegenkommt, wird ihnen von ordoliberaler Seite mit Skepsis begegnet.

Zudem kann eine restriktive Fiskalpolitik – ent-
gegengesetzt zum keynesianischen Transmissions-
mechanismus – auch expansiv wirken: Dadurch,
dass die Regierung durch ihre stabilitätsorientierte
Haushaltspolitik Vertrauen für die Zukunft schafft,
wird die Nachfrage angeregt.

4.6.2 Verdrängungseffekte

Es besteht die Gefahr, dass eine Erhöhung der
staatlichen Nachfrage zur Stimulierung der Konjunktur private Nachfrage verdrängt und somit
keine zusätzliche Nachfrage geschaffen wird, sodass auch die beabsichtigten Produktions-, Be-
schäftigungs- und Einkommenseffekte ausblei-
ben.

Eine **steuerfinanzierte** expansive Fiskalpolitik führt zu einem teilweisen Rückgang privater
Nachfrage: Werden die Steuern erhöht, sinken
ceteris paribus die verfügbaren Einkommen, und
damit geht der Konsum zurück. Dieser macht den
wichtigsten Teil der gesamtwirtschaftlichen
Nachfrage aus und **dämpft** somit die angestrebte
positive Wirkung auf die aggregierte Nachfrage
und das aggregierte Angebot sowie die Beschäftigung.

Eine **kreditfinanzierte** Ankurbelung der Konjunktur erhöht die **Finanzierungskosten**: Dadurch, dass der Staat durch seinen Finanzierungs-
bedarf die Kreditnachfrage in die Höhe treibt,
steigen *ceteris paribus* die Zinssätze. *Hohe Zinssätze* haben jedoch einen negativen Effekt auf die
Investitionsnachfrage, sodass ein Teil der gesamtwirtschaftlichen Nachfrage gedämpft wird.
Zudem führen höhere Zinssätze dazu, dass finanzielle Mittel weniger in Sachanlagen investiert
werden, sondern aufgrund gestiegener Opportunitätskosten in Geldanlagen fließen, die somit
der gesamtwirtschaftlichen Nachfrage verloren
gehen. Werden die **Zinssätze** künstlich *niedrig*
gehalten, weil der Staat als größter Schuldner ein
großes Interesse an niedrigen Zinslasten hat, besteht auf lange Sicht auch ein Problem: Kredite
werden zunächst für Private attraktiver, sodass

Anreize zur Verschuldung gegeben sind. Steigen
in Zukunft die Zinssätze wieder, so können die
höheren Zinslasten für die noch abzutragenden
Kredite die Tragfähigkeit der Schulden in Frage
stellen und den Schuldner in einen Liquiditäts-
engpass treiben. Dies war einer der Gründe, wie
sich die Finanzkrise im Jahr 2007 in den USA
Bahn brach. Der Liquiditätsdruck, der auf den
Privaten lastet, ist stärker als derjenige, der auf
Schuldnern des öffentlichen Sektors lastet, weil
jene im Gegensatz zu diesen ihre Schulden zurückzahlen müssen und nicht ohne Weiteres ihre
Kreditlaufzeiten verlängern können. Die meisten
EU-Staaten können dies tun, selbst wenn ihre
Schulden höher sind als ihr BIP.

Private Haushalte und Unternehmer werden
öffentliche **Kredite** als **künftige Steuererhöhungen** wahrnehmen, sofern sie keiner Fiskalillusion unterliegen. Bei Geltung des **Ricardianischen Äquivalenztheorems** nehmen sie eine
Kreditfinanzierung als eine Politik wahr, die
künftige Steuererhöhungen nach sich zieht. Deshalb werden sie bei steigenden Einkommen ihre
Nachfrage – wenn überhaupt – nur geringfügig
ausweiten und stattdessen sparen, um die für die
Zukunft erwarteten Steuererhöhungen beglei-
chen zu können. Dadurch wird die Durchschlags-
kraft einer kreditfinanzierten Stabilisierungspolitik geschmälert. Aufgrund der Abwesenheit von
Fiskalillusion sind eine Steuer- und eine Kreditfinanzierung zusätzlicher Staatsausgaben gleich-
wertig. Dieser von Robert **Barro** (*1944) entwickelte Ansatz wird auch **„Ricardianisches
Äquivalenztheorem"** genannt (vgl. Barro, 1974,
S. 1095–1117).

4.6.3 Weitere Probleme

Die **disponiblen öffentlichen Mittel** sind deutlich **geringer** als die budgetierten, da der Großteil öffentlicher Ausgaben festgelegt ist und nicht
ohne Weiteres zugunsten anderer Posten gekürzt
werden kann. Man denke an Personalkosten, die
einen hohen Anteil staatlicher Budgets ausmachen und aufgrund arbeits- und tarifrechtlicher
Restriktionen kurz- und mittelfristig als fix anzu-
sehen sind, bindende Sozialleistungen oder nicht

zu umgehende Zins- und Tilgungszahlungen für Kredite öffentlicher Haushalte. Wenn beispielsweise zehn Prozent der öffentlichen Finanzmittel in Deutschland als frei verfügbar angesehen werden, erfordert eine aus beschäftigungspolitischen Erwägungen beschlossene Erhöhung der Staatsausgaben um ein Prozent des Budgets eine Erhöhung der disponiblen Mittel um zehn Prozent, weil das verfügbare Budget nur ein Zehntel des gesamten Haushalts ausmacht. Der staatliche Spielraum für eine signifikante Einflussnahme auf Einkommen und Beschäftigung ist daher ohne Kreditaufnahme relativ gering.

Beschäftigungspolitische Maßnahmen unterliegen **Zeitverzögerungen** (*time lags*). Diese erscheinen auf fünf Ebenen, von denen die ersten drei von den Entscheidern selbst (*inside lags*), die letzten beiden von Dritten (*outside lags*) abhängen: Entscheider benötigen Zeit, um eine Situation wie eine wirtschaftliche Flaute und eine damit einhergehende konjunkturelle Arbeitslosigkeit zu erkennen (*recognition lag*). Auch der Entscheidungsprozess verschlingt wertvolle Zeit (*decision lag*), da Stabilisierungspolitik von Bundes-, Landes- und Kommunalpolitikern ausgeführt wird und Gesetze in mehreren Lesungen die entsprechenden Parlamente passieren müssen. Ist die Legislative zu einer Entscheidung gelangt, muss die Exekutive adäquate Maßnahmen in die Wege leiten (*action lag*), was ebenfalls Zeit in Anspruch nimmt, da beispielsweise haushaltsrechtliche Restriktionen oder Ausschreibungsregeln umgehendes Handeln nicht zulassen. Sind Handlungsempfehlungen erfolgt, müssen diese erst einmal umgesetzt werden (*implementation lag*), was ebenfalls zu zeitlichen Verzögerungen von teilweise mehreren Jahren führt. Ehe mit der Umsetzung die beabsichtigten Wirkungen zutage treten (*effectiveness lag*), sind weitere Zeitverluste in Kauf zu nehmen. Erkennt man eine wirtschaftliche Rezession und versucht, eine adäquate Stabilisierungspolitik durchzuführen, die aber erst Jahre später ihre Wirkung zeigt, besteht die Gefahr, dass eine konjunkturstimulierende Politik erst in einer wirtschaftlichen Hochkonjunktur wirkt und somit nicht nur nicht nützt, sondern sogar schadet, weil nun eine Überhitzung der Konjunktur herbeigeführt wird. Auto-

matische Stabilisatoren (*built-in stabilizers*) wie eine progressive Steuer, die Unternehmen in einer wirtschaftlich schlechten Situation automatisch steuerlich entlastet, unterliegen hingegen keinen Zeitverzögerungen und sind zudem regelgebunden.

Es gibt Tausende von Entscheidern in den Bundes-, Landes- sowie Kommunalregierungen und -parlamenten, die darüber hinaus unterschiedlichen Parteien und Koalitionen angehören, sodass die **Einheitlichkeit der Stabilisierungspolitik** nicht gewährleistet ist. Während eine Bundesregierung für eine expansive Fiskalpolitik eintritt, könnten zur selben Zeit Kommunalregierungen, die einen Großteil öffentlicher Investitionen durchführen, aufgrund angespannter Kassenlage eine kontraktive Fiskalpolitik verfolgen.

Eine Stabilisierungspolitik unterstellt, dass die staatlichen Entscheider wissen, was zu tun ist. Dies ist aber in Zweifel zu ziehen: Zum einen kennen sich Unternehmer zumindest in ihrer Marktnische in der Regel besser aus, während Politiker zwar einen Überblick über das ganze System haben (sollten), aber eben nicht unbedingt über Detailwissen verfügen. Zum anderen haben Unternehmer größere Anreize, gründlich Informationen zu sammeln und zu verarbeiten, da sie eine falsche Entscheidung in den wirtschaftlichen Ruin treiben könnte, wogegen Politiker für Fehlentscheidungen nicht haften. Die Annahme einer **asymmetrischen Informationsverteilung** zugunsten staatlicher Institutionen, die als Rechtfertigung für staatliche Einflussnahme herangezogen wird, ist somit **nicht gegeben**. Deshalb ist zu bezweifeln, dass sich Politiker das für eine aktive Beschäftigungspolitik notwendige **Wissen** angeeignet haben.

Es besteht eine wirtschaftspolitische Asymmetrie: Mit Blick auf ihr Wahlvolk wohnt Politikern die Tendenz inne, eine expansive Politik gegenüber einer kontraktiven zu präferieren. Auf Dauer steigt dadurch die **öffentliche Verschuldung**. Denn in Rezessions- und Depressionsphasen werden die erhöhten Staatsausgaben über Kredite finanziert (*deficit spending*), in Expansions- und Boomphasen wird jedoch nicht gespart. Die öffentliche Verschuldung Deutschlands stieg zwar im Zuge der Wiedervereinigung und der Corona-Krise, ihre Grundlagen wurden jedoch in der keynesianischen Periode der zweiten Hälfte der sechziger Jahre und vor allem in den siebziger Jahren gelegt, in der eine expansive Fiskalpolitik en vogue war.

Die Soziale Marktwirtschaft ist eine dynamische Wirtschaftsordnung. Der Schumpeter'sche Prozess des Schöpfens und Zerstörens ist ständiger Begleiter dieser Wirtschaftsordnung. Fortwährender struktureller Wandel soll daher nicht aufgehalten, sondern nur abgefedert werden. Populistischer Interventionismus, der beispielsweise medienwirksam die Subventionierung eines angeschlagenen Konzerns zur „Rettung" zahlreicher Arbeitsplätze fordert, ist mit den Prinzipien der Sozialen Marktwirtschaft nicht vereinbar, da er einen Eingriff in den konkreten Wirtschaftsprozess darstellt, notwendige Strukturveränderungen behindert und nachträglich die Spielregeln ändert. Ebenso wie die Soziale Marktwirtschaft das Erzielen privater Gewinne rechtfertigt, wendet sie sich – in ihrer Analyse konsistent und konsequent – gegen die Sozialisierung privatwirtschaftlicher Verluste, sofern nicht höhere Gewalt wie die Corona-Pandemie geltend gemacht werden kann. Es besteht die Gefahr, dass eine staatliche Beschäftigungspolitik die falschen Symptome zu kurieren beabsichtigt, dann nämlich, wenn nicht konjunkturelle, sondern längerfristige strukturelle Probleme Ursache für die Misere am Arbeitsmarkt sind. Staatliches Eingreifen verhindert damit den wirtschaftlich notwendigen **Strukturwandel** und trägt durch seine Politik mit dazu bei, dass die Kosten eines notwendigen Strukturwandels aufgrund seiner Verzögerung in die Höhe getrieben werden.

Eine Volkswirtschaft wie die deutsche kann ihre Einbettung in die Weltwirtschaft nicht ignorieren. Deutschland als einer der weltweit größten drei Exporteure und Importeure kann keine rein national bezogene Wirtschaftspolitik betreiben. Finanzielle Unterstützungen für deutsche Konsumenten oder Produzenten können **Vergeltungsmaßnahmen des Auslands** nach sich ziehen, wenn sie nicht ohnehin gegen europäisches Recht verstoßen.

Der Staat soll deshalb davon absehen, die Volkswirtschaft durch eine Stabilisierungspolitik zu „unterstützen", weil ihm dies ohnehin nicht gelingt, wenn die Wirtschaftssubjekte seine Maßnahmen antizipieren. Stattdessen soll er **Stabilitätspolitik** betreiben, die sich durch Stabilität, Transparenz und Äquivalenz wirtschaftsrelevanter Regeln auszeichnet.

Mit der Frage nach der **Effektivität** einer diskretionären Fiskalpolitik ist zudem keineswegs die Frage beantwortet, ob diese empfehlenswert ist. Denn eine erfolgreiche Umsetzung kann auch daran scheitern, dass Fiskalpolitik innerhalb eines bestimmten Modellrahmens zwar effektiv ist, die **Modellannahmen** aber, die naturgemäß **vereinfachend** sind, relevante Aspekte der Realität ausklammern. Zudem unterliegen Menschen einer selektiven, verzerrten Wahrnehmung, da die Fähigkeiten ihres Verstandes und ihrer Sinnesorgane im doppelten Sinne des Wortes „beschränkt" sind. Gegen Verzerrungen („biases") und Rauschen („noise") sind auch staatliche Entscheider nicht gefeit (vgl. Kahneman, 2012; Kahneman et al., 2021). Im Gegensatz zu privaten Unternehmern tragen öffentliche Repräsentanten jedoch geringere Risiken, sodass ihre Anreize, gründlich über die Konsequenzen ihrer Entscheidungen nachzudenken, geringer ausgeprägt sind.

Selbst wenn dieser Mangel geheilt ist, impliziert dies nicht unweigerlich, dass der Staat aktiv werden soll. Denn ein Ökonom fragt nicht nur nach der Effektivität einer Wirtschaftspolitik, die gegeben ist, wenn man seinem Ziel näherkommt. Er fragt nach der **Effizienz**. Diese ist gegeben, wenn entweder ein gegebener Erfolg mit minimalem Aufwand oder bei gegebenem Aufwand ein maximaler Erfolg erzielt wird. Die angestrebte Wirtschaftspolitik soll nicht nur eine gute, sondern – dem ökonomischen Prinzip entsprechend – die beste Politik sein.

Letztlich ist die Frage nach der politischen **Umsetzbarkeit** zu stellen, an deren Hürde selbst eine ökonomisch effiziente Maßnahme scheitern kann. Insgesamt steht die Soziale Marktwirtschaft einer Stabilisierungspolitik, die aktives Eingreifen des Staates erfordert, reserviert gegenüber.

Unabhängige und **rechenschaftspflichtige Institutionen** sind das Lebenselixier einer funktionierenden Marktwirtschaft: Sie sollen beispielsweise die **politische Stabilität** sichern, indem eine freiheitlich-demokratische Grundordnung (FDGO) den Menschen langfristige, verlässliche Perspektiven bietet; die **rechtliche Stabilität** sichern, indem unabhängige Gerichte die faire Umsetzung von Gesetzen und anderen Normen gewährleisten; die **monetäre Stabilität** sichern, indem eine unabhängige Zentralbank Inflation bekämpft und eine unabhängige monetäre Aufsichtsbehörde unerwünschte Phänomene wie die Illiquidität monetärer Finanzinstitute oder „Geldwäsche" verhindert; den **funktionsfähigen Wettbewerb** sichern, indem eine unabhängige Kartellbehörde freien Marktzugang garantiert und grundsätzlich Monopolisierungs- sowie Oligopolisierungstendenzen wirkungsvoll entgegentritt; **Gerechtigkeit** sichern, indem „soziale" – genau genommen: „finanzielle" – Sicherungssysteme nicht nur das physische, sondern das kulturelle Existenzminimum sicherstellen und durch eine regelgebundene Redistributionspolitik in einem bestimmten Ausmaß Einkommen und Vermögen von oben nach unten umverteilen. Distributive Eingriffe sollen eher generell-abstrakten denn spezifisch-konkreten Charakter haben. Marktergebnisse, die nicht mit den von der Gesellschaft gewünschten Ergebnissen übereinstimmen, können durch eine entsprechende Gerechtigkeitsordnung korrigiert werden, auf die wir im nächsten Gliederungspunkt eingehen.

Für das Wirtschaftswachstum sind auch **kulturelle Aspekte** nicht unbedeutend. So betont Max Weber (1864–1920) die „innerweltliche Askese" der calvinistischen Ethik, die zu einer Akkumulation von Vermögen führt, wenn es investiert und nicht konsumiert wird (vgl. Weber, 1920). Auch das religiös fundierte hohe Arbeitsethos protestantisch dominierter Gesellschaften oder das hohe Bildungsideal, das der in China, Taiwan, Korea, Japan, Vietnam und Singapur verbreitete Konfuzianismus verkörpert, haben einen erheblichen positiven Einfluss auf die wirtschaftliche Entwicklung eines Landes. Auf der anderen Seite sind religiös-kulturelle Phänomene wie das Kastenwesen in Indien, das Verbot ex ante festgelegter Zinssätze in islamischen Ländern oder die Weltabgewandtheit buddhistischer Länder, insbesondere derjenigen in der Tradition des Theravada und des Vajrayana, zusätzliche Hemmnisse für wirtschaftliche Entwicklung. In postmaterialistischen Ländern, in denen die Bedeutung der Work-Life-Balance großgeschrieben wird, ist die Bedeutung der Arbeit gesunken. Maximierungsziele werden durch Satisfizierungsziele ersetzt, man strebt nicht nach maximalem, sondern nach angemessenem Einkommen und verzichtet auf Optionen, die das Einkommen und damit das Wirtschaftswachstum erhöhen.

4.7 Gerechtigkeit

4.7.1 „Soziale Gerechtigkeit"

Neben der Allokationspolitik, die das Ziel ökonomischer Effizienz verfolgt, indem die Produktionsfaktoren in die Bereiche gelenkt werden sollen, in denen sie am produktivsten sind, spielt die Distributions- oder Verteilungspolitik (vgl. lateinisch: „distribuere" – „verteilen") in hoch entwickelten Wohlfahrtsstaaten wie dem deutschen eine konstitutive Rolle. In der Regel manifestiert sich diese Politik in einer Redistributions- oder Umverteilungspolitik (vgl. lateinisch: „redistribuere" – „umverteilen"), da die primäre Einkommens- und Vermögensverteilung nachträglich korrigiert wird. Ziel dieser Politik, die zulasten ökonomischer Effizienz geht, ist das Herstellen von Gerechtigkeit. Was genau unter Gerechtigkeit zu verstehen ist, bedarf einer eingehenden Analyse, da die wirtschaftspolitischen Handlungsempfehlungen davon abhängen, was die relevanten Entscheider unter Gerechtigkeit verstehen.

„Gerechtigkeit" ist seit Menschengedenken einer der meistdiskutierten Begriffe, da Gerechtigkeit aus dem Portefeuille menschlicher Zielsetzungen nicht wegzudenken ist. Auch wenn es nicht möglich ist, eine allgemeingültige Definition von „Gerechtigkeit" zu formulieren, so folgt daraus nicht, auf den Versuch, ihr näherzukommen, zu verzichten. Denn wirtschaftspolitische Handlungsempfehlungen beruhen unweigerlich – ob explizit oder implizit – auf einer bestimmten Gerechtigkeitsvorstellung.

Schon lange erfreut sich der Ausdruck „soziale Gerechtigkeit" einer hohen Wertschätzung, obwohl er den Kerngedanken der Gerechtigkeit eher verschleiert als erhellt. Die Verwendung dieses Begriffs zeigt in bestechender Weise, wie ein irreführender, unfundierter, unvollständiger und damit der Demagogie zugänglicher Gerechtigkeitsbegriff im Zuge mangelnder Reflexion die Oberhand für eine der kardinalen Fragen menschlichen Zusammenlebens, nämlich die nach der gerechten Ordnung, gewinnen kann (vgl. Richert, 1996).

Der *erste* **Bestandteil** der „sozialen Gerechtigkeit", **„sozial"** (vgl. lateinisch: „socialis" – „die Gemeinschaft betreffend") wird in der Regel nicht in seiner korrekten Bedeutung verwandt, die sich auf die Einbindung in das Leben einer Gemeinschaft bezieht, sondern als Synonym für „finanziell": Wenn beispielsweise die Lohnsätze für Bezieher geringer Einkommen unterproportional stark angehoben werden, spricht man von „sozialer Ungerechtigkeit", meint aber „finanzielle Ungerechtigkeit", da die unteren Lohn- und Gehaltsgruppen relative finanzielle Einbußen erleiden, die nicht zwangsläufig zu sozialen Einbußen führen. Der Euphemismus des „sozial Schwachen" bezeichnet einen „finanziell Schwachen", also einen „Armen". Sozial schwach können auch Wohlhabende sein, die zum Beispiel aufgrund hoher beruflicher und damit auch sozialer Mobilität Einbußen in Bezug auf feste soziale Kontakte hinnehmen, während sogenannte „sozial Schwache" durchaus zu den sozial Starken gehören können, wenn sie über ein erweitertes, frei verfügbares Zeitbudget verfügen.

Dass finanzielle Spielräume auch über Partizipationsmöglichkeiten am gesellschaftlichen Leben mitentscheiden, soll keineswegs geleugnet werden, aber ebenso darf ein *trade off* zwischen hohen Einkommen und mehr Zeit für Teilhabe am sozialen Leben nicht ausgeblendet

werden. So betont das Konzept einer angemessenen Work-Life Balance gerade den Umstand, dass das Ziel der Einkommensmaximierung nur auf Kosten von Freizeit zu erreichen und daher skeptisch zu betrachten ist. Die Gleichsetzung von „sozial" mit „finanziell" verstellt den Blick dafür, dass in vielen Bereichen soziales Leben unabhängig von Reichtümern ist, ja sogar in einer substitutiven Beziehung zu einer guten finanziellen Lage stehen kann. In den neuen Bundesländern beispielsweise sind wirtschaftliche Fortschritte seit den neunziger Jahren unübersehbar, soziale Rückschritte aber eben auch. Der Hauptgrund, warum beispielsweise Arbeitslosigkeit in Wohlfahrtsstaaten wie Deutschland als ein Problem empfunden wird, ist oft ein sozialer, nicht unbedingt ein finanzieller. Denn trotz einer im internationalen und intertemporalen Vergleich üppigen finanziellen Ausstattung Arbeitsloser wird dieser Zustand in der Regel aufgrund mangelnder sozialer Einbindung als negativ empfunden. Wer dieses Problem nur durch finanzielle Kategorien zu lösen gedenkt versperrt den Blick darauf, dass „Sozialleistungen" nur finanzielle, nicht aber soziale Leistungen darstellen. Bemerkenswert ist zudem die sprachliche Asymmetrie: Wer von „sozial Schwachen" spricht, meidet das Wort „Arme", nennt das Gegenteil jedoch nicht „sozial Starke", sondern „Reiche". Dies ist ein Kategorienfehler, der den Unterschied zwischen sozialer (gemeinschaftsbezogener) und finanzieller Stärke beziehungsweise Schwäche verwischt. Hingegen weckt ein sprachlich korrekter Vergleich zwischen „sozial Schwachen" und „sozial Starken" beziehungsweise zwischen „finanziell Schwachen" und „finanziell Starken" oder einfach ausgedrückt: zwischen „Armen" und „Reichen" die adäquaten Assoziationen, dass es sich nämlich im ersten Fall um soziale, im zweiten Fall um finanzielle Kategorien handelt.

Der *zweite* **Bestandteil „Gerechtigkeit"** wird in der Regel im Sinne absoluter „Gleichheit" verwandt. Nun kann jemandes Gerechtigkeitsvorstellung durchaus diese Gleichsetzung befürworten, sie ist jedoch keineswegs zwingend und wahrscheinlich auch nicht mehrheitsfähig. Schon Aristoteles schreibt in seiner „Nikomachischen

Ethik" einen bedeutenden Satz, von dem meistens nur der erste Teil berücksichtigt wird, obwohl der zweite nicht weniger relevant ist (Aristoteles, 2017, V, 6, 1131a):

> „Vielmehr kommen Zank und Streit eben daher, dass entweder Gleiche Nicht-Gleiches oder Nicht-Gleiche Gleiches bekommen und genießen."

„Gleichverteilung" ist somit keine absolute, sondern eine relationale Variable, die nicht für sich allein betrachtet werden kann, sondern einer Bezugsgröße bedarf. Betrachtet man das, was in gleicher Weise verteilt sein soll, so ist es immer in Bezug auf irgendetwas gleich zu verteilen: Es entbehrt beispielsweise einer mehrheitsfähigen Grundlage, unter dem Deckmantel der Gerechtigkeit darauf zu drängen, gleichhohe Einkommen für alle Gesellschaftsmitglieder anzustreben. Die Umsetzung dieser Forderung scheitert an der mangelnden Berücksichtigung möglicher Bezugsgrößen wie zum Beispiel Leistung, Leistungsbereitschaft oder Bedürftigkeit. Nur bei gleicher Leistung (Leistungsbereitschaft oder Bedürftigkeit) zweier Personen ist die Gleichverteilung der Einkommen für größere Teile der Bevölkerung ein akzeptables Ziel. Ungleiche Niveaus der Bezugsgrößen implizieren dagegen konsequenterweise eine ungleiche Einkommensverteilung. „Gerecht" bedeutet nicht immer „gleich". Bei ungleichen Voraussetzungen verkörpert Gleichbehandlung Ungerechtigkeit, Ungleichbehandlung hingegen Gerechtigkeit.

„Soziale Gerechtigkeit" im üblichen Sinn stellt nur einen Teil möglicher Gleichheiten dar und reduziert den hohen Komplexitätsgrad, welcher einer umfassenden Gerechtigkeit innewohnt, auf einen monetären Ausschnitt. Die Verwendung des Begriffs „soziale Gerechtigkeit" ist daher

- irreführend, weil sie finanzielle Aspekte im Auge hat, aber soziale Assoziationen weckt,
- unfundiert, da sie Gleichverteilung fordert, ohne sie zu begründen,
- unvollständig, weil es in keiner Weise einsichtig ist, warum Gerechtigkeit nur unter „sozialen" (finanziellen) Gesichtspunkten zu beurteilen ist.

Die Vorstellung einer „asozialen Gerechtigkeit" wäre geradezu abwegig. „Soziale Gerechtigkeit" ist daher weder „sozial" noch „gerecht", sondern mit „finanzieller Gleichheit" gleichzusetzen. Diese sprachliche Kasteiung, welche die Kennzeichnung der entscheidenden Merkmale im Begriff tunlich vermeidet, fasst der österreichisch-britische Nobelpreisträger für Wirtschaftswissenschaften, von Hayek (1899–1992), treffend in der folgenden Aussage zusammen, auch wenn er sein Ergebnis anders begründet, als es an dieser Stelle geschehen ist (von Hayek, 1981, S. 112; vgl. auch 1979, S. 16):

> „Der Ausdruck ‚soziale Gerechtigkeit' gehört nicht in die Kategorie des Irrtums, sondern in die des Unsinns wie der Ausdruck ‚ein moralischer Stein'."

4.7.2 Gerechtigkeitsobjekte

Nachdem die Unzulänglichkeit des Begriffs „soziale Gerechtigkeit" aufgezeigt worden ist, stehen im Folgenden die Objekte und Subjekte der Gerechtigkeit im Zentrum der Untersuchung, also das, was gerecht – nicht notwendigerweise gleich – zwischen einer zu definierenden Gruppe verteilt sein soll. Um das Konfliktpotenzial von Gerechtigkeitsdiskussionen zu reduzieren, empfiehlt sich, Gerechtigkeit in die beiden großen Gruppen der Ex-ante- und der Ex-post- Gerechtigkeit aufzuspalten:

▷ **Ex-ante-Gerechtigkeit**, die Gerechtigkeit „im Vorhinein", zielt darauf ab, gerechte Startbedingungen herzustellen, und sieht – im strengen Sinne – gänzlich von Ergebnissen ab.

▷ **Ex-post-Gerechtigkeit**, die Gerechtigkeit „im Nachhinein", zielt darauf ab, gerechte Ergebnisse herzustellen, und sieht – im strengen Sinne – gänzlich von den Startbedingungen ab.

Während Erstgenannte darauf abstellt, gleiche Handlungsmöglichkeiten – nicht Handlungen – aller Beteiligten zu generieren, konzentriert sich Ex-post-Gerechtigkeit auf das Erreichen des gleichen Nutzenniveaus. In politologischer Terminologie lässt sich der Unterschied folgendermaßen

ausdrücken (Adomeit, 1992, S. 65; vgl. auch Homann, 1990, S. 155–175):

„Die bürgerliche Gleichheit (Ex-ante-Gerechtigkeit, R.R.) ist die an der Startlinie, die sozialistische (Ex-post-Gerechtigkeit, R.R.) die an der Ziel-
linie."

Ökonomisch bedeutsam ist die Einsicht, dass
Ex-ante-Gerechtigkeit die **Anreizfunktion** wirtschaftlichen Handelns besser erfüllt als
Ex-post-Gerechtigkeit, da jene davon absieht,
Marktergebnisse zu korrigieren, wenn alle Marktteilnehmer die gleichen Ausgangsbedingungen
haben. Somit entfallen Negativanreize, die im
Zuge einer nach Ex-post-Gerechtigkeit streben-
den Umverteilungspolitik nicht zu vermeiden
sind. Im Gegensatz dazu erfüllt Ex-post-Gerechtigkeit die **Korrektivfunktion** wirtschaftlichen
Handelns besser, indem sie primäre Marktergebnisse korrigiert, was unweigerlich zu einer Ver-
minderung individueller Leistungsanreize führt.
Dieser zwingende Zusammenhang wird allerdings von einigen (utopistischen) Theoretikern
sozialistischer Provenienz geleugnet. Somit besteht – ökonomisch betrachtet – ein Trade off zwischen Ex-ante- und Ex-post-Gerechtigkeit, da es
sich um konkurrierende Zielsetzungen handelt
(vgl. Kanbur, 1987, S. 60–69). Ex-ante-Gerechtigkeit folgt der deontologischen (vgl. griechisch:
„deon" – „Pflicht") Ethik, Ex-post-Gerechtigkeit
der teleologischen (vgl. griechisch: „telos" –
„Zweck", „Ziel"), konsequentialistischen (vgl.
lateinisch: „consequi" – „folgen") Ethik.

▶ **Deontologische Ethik** ist Pflichtenethik,
teleologische (konsequentialistische) Ethik
Folgenethik.

Tab. 4.2 fasst die entscheidenden Unterschiede
zwischen Ex-ante- und Ex-post-Gerechtigkeit in
Stichworten zusammen.

Es stellt sich die Frage, ob es ausreichend ist,
sich auf eine der beiden Arten von Gerechtigkeit
festzulegen und die andere vollends auszublen-
den, wie es in Diskussionen häufig zu beobachten ist. So argumentieren beispielsweise Vertreter von Arbeitgeberverbänden fast ausschließlich
im Kontext der Ex-ante-Gerechtigkeit und Ar-
beitnehmervertreter im Kontext der Ex-post-
Gerechtigkeit. Eine reine Argumentation aus
dem Blickwinkel der Ex-ante-Gerechtigkeit
schließt als mögliches gewolltes Ergebnis mit
ein, dass Menschen, die ihre gute Startposition
nicht nutzen, eines Hungertodes sterben können, ja sogar sollen. Ein solches Ergebnis widerspricht aber universalen Moralvorstellungen
und wird daher von einer Mehrheit nicht als
„gerecht" bezeichnet werden. Somit ist von einer alleinigen Betrachtung der Ex-ante-Gerechtigkeit abzusehen.

Die einseitige Ausrichtung auf Ex-post-
Gerechtigkeit, die ihren Blick nur auf gleiche
Resultate lenkt, lässt ein Ergebnis zu, dass Menschen, die trotz besserer Anlagen und Möglichkeiten auf Kosten anderer leben, das gleiche
Nutzenniveau erreichen können und sollen wie
Menschen, die trotz widriger Anfangsbedingun-
gen durch hohen persönlichen Einsatz Großes
für die Gemeinschaft leisten. Auch dieses Ergebnis wird in keiner Gesellschaft eine Mehrheit finden.

Somit ist auch von einer alleinigen Betrachtung der Ex-post-Gerechtigkeit abzusehen. Da
sowohl die einseitige Ausrichtung auf Ex-ante-
als auch auf Ex-post-Gerechtigkeit zu Ergebnissen führen kann, die mehrheitlich nicht als

Tab. 4.2 Vergleich von Ex-ante- und Ex-post-Gerechtigkeit

Ethik	deontologisch	teleologisch
maßgebliche Variable	Startbedingungen	Resultate
zu messende Größe	Handlungsmöglichkeiten	Nutzenniveau
Art der Gerechtigkeit	iustitia commutativa Tauschgerechtigkeit	iustitia distributiva Verteilungsgerechtigkeit
Art der Beziehung	Beziehung unter Gleichen	Beziehung unter Ungleichen
politischer Ansatzpunkt	Rahmenordnung	Marktergebnisse
Funktion	Anreizfunktion	Korrektivfunktion

„gerecht" empfunden werden, ist als Fazit festzuhalten, dass es für einen erfolgversprechenden Gerechtigkeitsdiskurs unabdinglich ist, beide Arten abzuprüfen.

4.7.3 Gerechtigkeitssubjekte

Bezüglich der Gerechtigkeit ist nicht nur die Frage zu beantworten, was ex ante oder ex post gleichverteilt sein soll, sondern auch, zwischen wem. Es stellt sich die Frage, ob beispielsweise bei Maßnahmen zur Einkommensumverteilung nur Inländer ins Visier genommen werden sollen oder alle Einwohner aus den 19 Staaten der Europäischen Wirtschafts- und Währungsunion oder alle aus den 27 Staaten der EU oder alle aus den 50 Staaten Europas oder alle aus den knapp 200 Staaten der Welt. Ein bedingungsloses Grundeinkommen von € 1200 monatlich liegt in Deutschland kaum über dem kulturellen Existenzminimum, in der Welt immerhin über dem Durchschnittseinkommen. Es gibt Länder, in denen mit dem deutschen Grundeinkommen eines Jahres ein Kind von der Wiege bis zu seinem 20. Lebensjahr mit Essen, Kleidung, Bildung und medizinischer Hilfe versorgt werden kann.

Selbst bei einer umfassenden Berücksichtigung der **Gerechtigkeitssubjekte** ist zu prüfen, inwieweit künftige Generationen, die ihren Willen ja noch nicht äußern können, in ein Gerechtigkeitskonzept einzubeziehen sind, da sie beispielsweise die Schuldenlast ihrer Vorgängergenerationen abzutragen haben. Selbst die Forderung der Berücksichtigung vergangener Generationen hat etwas für sich: Tote werden beispielsweise durch Erbschaftssteuern nachträglich partiell „enteignet", obwohl frühere Generationen ihr Vermögen in dem Glauben gespart haben mögen, es ihren Nachkommen zu hinterlassen. Diese **intergenerationale Gerechtigkeit** kommt in Formulierungen wie dem „Generationenvertrag" zumindest ansatzweise zum Vorschein. Allerdings handelt es sich dabei keineswegs um einen Vertrag im herkömmlichen Sinne, weil keine übereinstimmenden Willenserklärungen der „Vertragspartner" vorliegen (können).

Eine Möglichkeit, zumindest die Präferenzen von Kindern stärker zu berücksichtigen, liegt in einem **indirekten Kinderwahlrecht**, bei dem den Erziehungsberechtigten jeweils eine halbe Wahlstimme pro Kind gegeben wird. Selbst wenn Eltern anders wählen als ihre Kinder es wünschen, kann diese Vorgehensweise dadurch gerechtfertigt werden, dass Eltern auch in anderen Lebenslagen Träger von Rechten und Pflichten ihrer Kinder sind. Es ist Teil der Ordnungspolitik und damit des Staates, diese Fragen nach der gerechten Ordnung zu lösen. In Deutschland hätten die Wahlstimmen der Minderjährigen einen Anteil von einem Fünftel.

4.7.4 Gerechtigkeit der Geschlechter

4.7.4.1 Global Gender Gap Index (GGGI)

Mit dem **Global Gender Gap Index (GGGI)** wird das Ziel verfolgt, geschlechtsspezifische Ungleichheiten kompakt durch eine Zahl aufzuzeigen. Das Weltwirtschaftsforum (World Economic Forum) veröffentlicht dazu jährlich einen Bericht (vgl. WEF, 2021). Der Global Gender Gap wird anhand folgender vier Kriterien gemessen (vgl. WEF, 2021, S. 8):

1. politische Teilhabe („political empowerment")
2. wirtschaftliche Teilhabe („economic participation and opportunity")
3. Bildungsstand („education attainment")
4. Gesundheit („health and survival")

Am größten ist die „globale Lücke" von Frauen im Vergleich zu Männern hinsichtlich ihrer politischen Teilhabe (78 %), relativ hoch auch hinsichtlich ihrer wirtschaftlichen Teilhabe (42 %), relativ gering bei Bildung (5 %) und Gesundheit (4 %), wie der Bericht des Weltwirtschaftsforums nahelegt (vgl. WEF, 2021, S. 11).

Am **höchsten** – und damit am besten für die gelebte Gleichberechtigung zwischen Mann und Frau – ist der Global Gender Gap Index in Nord-, West- und Mitteleuropa sowie in Nordamerika.

Sämtliche europäischen Länder liegen über dem Weltdurchschnitt, die Rote Laterne Europas trägt das krisengeschüttelte Griechenland. Zu den Ländern, die einer Gleichberechtigung nahekommen, gehören vor allem (vgl. WEF, 2021, S. 6, 10):

- die **nordischen Länder** (Island, Finnland, Norwegen, Schweden, Litauen, Lettland, Dänemark),
- **west- und mitteleuropäische Länder** (Irland, Schweiz, Deutschland, Belgien, Spanien, Frankreich, Serbien, Österreich, Portugal, Vereinigtes Königreich, Albanien, Moldau),
- Kanada und die USA,
- Neuseeland,
- in Asien die Philippinen,
- in Afrika Namibia, Ruanda, Südafrika und Burundi,
- in Mittelamerika Nicaragua, Costa Rica, Barbados.

Am **niedrigsten** – und damit am schlechtesten für die gelebte Gleichberechtigung zwischen Mann und Frau – ist der Global Gender Gap Index in der **islamischen** Welt, gefolgt vom **hinduistischen** Indien und vom **konfuzianisch** geprägten Ostasien (vgl. WEF, S. 10). Kein einziges der über 50 islamischen Länder ist im oberen Drittel dieses ‚Index' zu finden. Die einzigen beiden mehrheitlich islamischen Länder mit einem Index, der leicht über dem Weltdurchschnitt liegt, sind die Vereinigten Arabischen Emirate, deren Bevölkerung sich zu fast 90 Prozent aus Ausländern zusammensetzt, sowie Bosnien-Herzegowina, das von katholischen (Kroatien) beziehungsweise orthodoxen (Serbien, Montenegro) Nachbarn umgeben ist. In über 80 Ländern der Welt stand noch nie eine Frau an der Spitze des Landes (vgl. WEF, 2021, S. 5). Singapur ist das einzige Land mit konfuzianischer Kultur, das bezüglich seiner Geschlechtergerechtigkeit nicht in der „schlechteren" Hälfte liegt. Wie wichtig eine gerechte Teilhabe von Frauen an politischen und wirtschaftlichen Entscheidungen sowie ihre Bildung und Gesundheit auch für die wirtschaftliche Entwicklung eines Landes sind, zeigt die Tatsache, dass Japan das einzige reiche Land im unteren

Drittel des GGGI ist und fast alle anderen reichen Staaten einen relativ hohen GGGI aufweisen.

4.7.4.2 Gender Inequality Index (GII)

Der **Gender Inequality Index (GII)** setzt sich aus den folgenden Größen zusammen (vgl. UNDP-GSNI, 2020, S. 26; UNDP-TN, 2020, S. 8–10):

1. Müttersterblichkeit („maternal mortality ratio")
2. Geburtenrate unter Teenagern („adolescent birth rate", 15–19 Jahre alt)
3. Parlamentssitze von Frauen („share of parliamentary seats held by each sex")
4. Frauen mit höherer Bildung („population with at least some secondary education")
5. Beschäftigungsanteil von Frauen („labour force participation rate")

Am höchsten ist der Gender Inequality Index (GII) in der Sub-Sahara, in der arabischen Welt und in Südasien. Die geschlechtsspezifische Ungleichheit in diesen drei Regionen ist deutlich höher als in Europa, Zentral- und Ostasien, aber auch als in Lateinamerika (vgl. UNDP-HDR, 2020, Tab. 5, S. 361–364; UNDP-GSNI, 2020, S. 3). Es zeigt sich, dass Länder mit hoher Geschlechtergerechtigkeit eher eine hohe Wohlfahrt – gemessen am Human Development Index (HDI) – aufweisen als Länder, in denen Frauen gegenüber Männern ungleich behandelt werden (vgl. UNDP-GSNI, 2020, S. 26–29).

Mit dem 2019 vom UNDP eingeführten Gender Social Norms Index (GSNI) wird versucht, den Grad an politischer, wirtschaftlicher, bildungsmäßiger („educational") und körperlicher Integrität zu messen (vgl. UNDP-GSNI, 2020, S. 6, 20–25). Vergleicht man den GSNI mit dem GII, so zeigt sich, dass die Gleichheit der Geschlechter auch durch soziale Normen verhindert wird (vgl. UNDP-GSNI, 2020, S. 7, 20–25).

4.7.5 Gerechtigkeitsgrundsätze

Wenn von einer gerechten Einkommens- und/ oder Vermögensverteilung die Rede ist, sind unterschiedliche Ebenen auseinanderzuhalten: Der Unterschied von vertikaler und horizontaler Gerechtigkeit wird an einem Beispiel deutlich gemacht:

Vertikale Gerechtigkeit stellt zwei Familien mit unterschiedlichen Haushaltseinkommen, aber ansonsten gleichen Voraussetzungen gegenüber: Die eine Familie hat ein Haushaltseinkommen von € 40.000, die andere eines von € 200.000 pro Jahr. Zu beiden Familien gehört jeweils ein Kind. Nach vertikaler Gerechtigkeit wird man der ärmeren Familie ein Kindergeld zubilligen, der reicheren Familie nicht. Denn diese ist imstande, die Lebenshaltungskosten für das Kind auch ohne staatliche Unterstützung zu tragen.

Horizontale Gerechtigkeit stellt zwei Familien mit gleichen Haushaltseinkommen, aber ansonsten ungleichen Voraussetzungen gegenüber: Beide Familien haben ein Haushaltseinkommen von jeweils € 200.000 pro Jahr. Zu der einen Familie gehört ein Kind, zu der anderen nicht. Nach horizontaler Gerechtigkeit wird man auch der reicheren Familie ein Kindergeld zubilligen können, weil die erste Familie gegenüber der zweiten finanziell schlechtergestellt ist.

Gemäß dem **Leistungsprinzip** ist eine Gerechtigkeitsverteilung anzustreben, die sich an dem orientiert, was jemand für das Gemeinwesen „leistet", das heißt, was er der Gesellschaft „gibt". Was jedoch unter „Leistung" zu verstehen ist wird kontrovers diskutiert. Die Reduktion auf monetäre Größen verengt diesen Begriff auf eine Gerechtigkeitsvorstellung, die sich nur auf Beiträge zum Inlandsprodukt bezieht. Das Konzept des BIP offenbart jedoch unter anderem die gravierende Schwäche, dass es nur marktgerichtete wirtschaftliche Aktivitäten berücksichtigt, aber Leistungen, die außerhalb des Marktes erbracht beziehungsweise empfangen werden, außer Acht lässt.

Das **Äquivalenzprinzip** stellt darauf ab, dass die zu leistenden Beiträge mit den in Anspruch genommenen staatlichen Leistungen steigen. Mithilfe dieses Prinzips lässt sich beispielsweise die Unternehmensbesteuerung rechtfertigen, indem darauf verwiesen wird, dass der Staat den Unternehmen die Nutzung seiner Infrastruktur ermöglicht, ohne die Unternehmen für Aufbau und Erhaltung der Infrastruktur in die Pflicht zu nehmen. Das Äquivalenzprinzip basiert auf dem Reziprozitätsprinzip, dem römischen Prinzip des „Do ut des" – „Ich gebe, damit du gibst" – und stellt sich das Verhältnis zwischen Staat und Individuum als ein Verhältnis zweier gleichberechtigter Vertragspartner vor, bei dem eine Leistung durch eine Gegenleistung entgolten wird.

Während das Äquivalenzprinzip die Inanspruchnahme staatlicher Leistungen in den Vordergrund stellt, berücksichtigt das **Leistungsfähigkeitsprinzip** die Fähigkeit des Einzelnen, sich an der Bereitstellung öffentlicher Leistungen zu beteiligen, sei es durch finanzielle Lasten wie Beiträge, Gebühren oder Steuern, sei es durch nicht-monetäre Lasten wie das Anbieten unentgeltlicher Arbeitsleistungen. Damit werden Personen an dem, was sie „haben", gemessen, und zwar unabhängig davon, was sie „geben" (Leistungsprinzip) oder „nehmen" (Äquivalenzprinzip). Das Leistungsfähigkeitsprinzip rechtfertigt eine Umverteilung „von oben nach unten", und zwar auch dann, wenn beispielsweise untere Einkommensschichten staatliche Leistungen in stärkerem Maße in Anspruch nehmen als Bezieher höherer Einkommen.

Das **Bedarfsprinzip** fragt nicht danach, was jemand der Gesellschaft „gibt", von ihr „nimmt" oder selbst „hat", sondern orientiert sich allein an dem, was jemand „braucht". Diese karitative Zielsetzung ist allerdings mit starken Problemen behaftet: Zum einen ist es nicht möglich festzulegen, was jemand „braucht", da die Bedürfnisse der Menschen individuell verschieden sind und somit nur in einem „gläsernen Staat" offenkundig wären. Zum anderen ist die Grenze zwischen Grundbedarfsgütern und Luxusgütern fließend sowie in Abhängigkeit von der Raum-Zeit-Stelle variabel. Selbst Abraham Harold Maslow (1908–1970), berühmt geworden durch seine Maslow'sche Bedürfnispyramide (vgl. Maslow 1954), gesteht, dass der Mensch nicht zuerst ausschließlich nach der Befriedigung seiner physiologischen Bedürfnisse („physiological needs") strebt, gefolgt von der Befriedigung seiner Sicherheits- („safety needs"), Sozialisations- („belongingness and love needs"), Selbstachtungs- („esteem needs") und erst zum Schluss seiner

Selbstverwirklichungsbedürfnisse ("self-actualization needs"), sondern räumt ein, dass man zeitgleich nach der Befriedigung dieser Bedürfnisse trachtet. Schließlich verletzt das Bedarfsprinzip die Anreizkompatibilität ökonomisch effizienten Verhaltens in gravierendem Ausmaß. Sobald jeder weiß, was ihm, gemessen an seinem Bedarf, zusteht, entfallen im Zuge einer radikalen Umverteilungspolitik individuelle Leistungsanreize, die den "Kuchen", der aufgeteilt werden soll, schrumpfen lassen.

4.8 Zusammenfassung und Aufgaben

4.8.1 Zusammenfassung

Die wichtigsten Ergebnisse dieses Kapitels sind zusammengefasst:

1. Bezüglich ihrer (abnehmenden) Präferenz für Marktlösungen gegenüber Staatslösungen lassen sich die **wirtschaftspolitischen Schulen** in folgende Reihenfolge bringen: Neuklassik, Monetarismus, Neoklassik, Klassik, Neoklassische Synthese, Neokeynesianismus, Keynesianismus, Sozialismus.

2. Adam Smith (1723–1790) kann als Vorreiter der **Sozialen Marktwirtschaft** angesehen werden. Diese gilt als "deutsche Wirtschaftsordnung", da ihre theoretischen Grundlagen vornehmlich in Deutschland entwickelt worden sind und das Konzept der Sozialen Marktwirtschaft erstmals in der Bundesrepublik Deutschland umgesetzt worden ist.

3. Die **Freie Marktwirtschaft** räumt generell dem Markt Vorrang vor dem Staat ein. Die **Sozialistische Marktwirtschaft** befürwortet staatliche Interventionen sowohl in der Ordnungspolitik als auch in der Prozesspolitik. Die Soziale Marktwirtschaft ist demgegenüber eine Wirtschaftsordnung, in welcher der Staat für die generell-abstrakten Regeln der Rahmenordnung zuständig ist und der Markt für die spezifisch-konkreten Regeln wirtschaftlicher Prozesse.

4. Die Soziale Marktwirtschaft ist kein neoliberales, sondern ein **ordoliberales** Konzept: Der Staat soll Ordnungspolitik betreiben, indem er eine Rahmenordnung mit generell-abstrakten Regeln schafft. Er soll sich aus der Prozesspolitik weitgehend heraushalten und den Individuen die spezifisch-konkreten Entscheidungen überlassen.

5. Wesentliche **marktwirtschaftlich orientierte Prinzipien** der Sozialen Marktwirtschaft sind Anreizkompatibilität, private Eigentums- und Verfügungsrechte, funktionsfähiger Wettbewerb, Preisflexibilität, Vertragsfreiheit sowie das Haftungsprinzip.

6. Wesentliche **sozial (ethisch) orientierte Prinzipien** der Sozialen Marktwirtschaft sind das Prinzip der Subsidiarität, die Regelgebundenheit der Politik, die Sozialisierung individueller Risiken, der Schutz vor der Ökonomisierung aller Lebensbereiche, die Versorgung mit Kollektivgütern.

7. **Stabilisierungspolitik** versucht, durch staatliche Eingriffe in den Wirtschaftsprozess konjunkturelle Schwankungen auszugleichen. Eine Stabilitätspolitik strebt danach, durch ordnungspolitische Maßnahmen klare Regeln zu schaffen, ohne in wirtschaftliche Prozesse einzugreifen.

8. Eine expansive Fiskalpolitik führt zu einer Verdrängung privater Nachfrage, zu einem **Crowding out**. Verdrängungseffekte einer Stabilisierungspoli-

tik entstehen dadurch, dass staatliche Nachfrage private Konsum- und Investitionsnachfrage verdrängt.

9. Eine steuerfinanzierte und – bei Geltung des **Ricardianischen Äquivalenztheorems** – auch eine kreditfinanzierte Stabilisierungspolitik erhöhen die Verdrängungseffekte dadurch, dass das verfügbare Einkommen der Privaten und damit der Konsum sinkt.

10. Weitere **Probleme**, die gegen eine expansive Fiskalpolitik sprechen, sind die geringen frei verfügbaren öffentlichen Mittel, das Auftreten von Zeitverzögerungen zwischen der Analyse der wirtschaftlichen Situation und der Wirkung entsprechender Maßnahmen (Wahrnehmung, Entscheidung, Handlung, Umsetzung, Wirksamkeit), die Vielzahl politischer Entscheider, die eine einheitliche Stabilisierungspolitik unmöglich macht, die ungerechtfertigte „Anmaßung von Wissen" durch die Politik, das empirisch belegte Risiko hoher Staatsverschuldung, die Verhinderung notwendigen Strukturwandels sowie Vergeltungsmaßnahmen aus dem Ausland.

11. Aus Gründen der Effizienz und politischen Umsetzbarkeit wird aus Sicht der Sozialen Marktwirtschaft einer **Stabilitätspolitik** mit unabhängigen und rechenschaftspflichtigen Institutionen Vorrang vor einer Stabilisierungspolitik eingeräumt.

12. Ex-ante-Gerechtigkeit ist die **Gerechtigkeit** am Start, Ex-post-Gerechtigkeit die im Ziel.

13. In den meisten Ländern ist die Gerechtigkeit der Geschlechter nicht gewährleistet. Länder, die der **Gleichberechtigung** am nächsten kommen, sind zumeist reichere Länder.

14. Nach **Aristoteles** (384–322 v. Chr.) ist es gerecht, wenn Gleiches gleich und Ungleiches ungleich verteilt ist.

4.8.2   Wiederholungsfragen

1. Welche wirtschaftspolitische Schule steht der Sozialen Marktwirtschaft am nächsten? Lösung Abschn. 4.2

2. Inwiefern kann der klassische Ökonom Adam Smith (1723–1790) als Vordenker der Sozialen Marktwirtschaft angesehen werden? Lösung Abschn. 4.3

3. Wodurch unterscheiden sich Ordnungs- und Prozesspolitik? Lösung Abschn. 4.4

4. Inwiefern unterscheiden sich Neoliberalismus und Ordoliberalismus? Lösung Abschn. 4.4

5. Wie grenzt man die Soziale Marktwirtschaft von der Freien und von der Sozialistischen Marktwirtschaft ab? Lösung Abschn. 4.4

6. Welches sind die wichtigsten Marktprinzipien der Sozialen Marktwirtschaft? Lösung Abschn. 4.5

7. Welches sind die wichtigsten Sozialprinzipien der Sozialen Marktwirtschaft? Lösung Abschn. 4.5

8. Wodurch unterscheiden sich Stabilisierungs- und Stabilitätspolitik? Lösung Abschn. 4.6

9. Wodurch unterscheiden sich Ex-ante- und Ex-post-Gerechtigkeit? Lösung Abschn. 4.7

10. Wodurch unterscheiden sich das Leistungs-, Leistungsfähigkeits-, Äquivalenz- und Bedarfsprinzip? Lösung Abschn. 4.7

4.8.3   Aufgaben

Aufgabe 1

„In einer Sozialen Marktwirtschaft soll der Staat seinen Einfluss so gering wie möglich halten." Beurteilen Sie diese Aussage.

Aufgabe 2

„In einer Sozialen Marktwirtschaft soll der Staat für niedrige Zinssätze sorgen, um eine Volkswirtschaft über niedrige Kreditzinssätze und damit höhere Investitionen und höheren Konsum aus einer wirtschaftlichen Rezession zu führen." Beurteilen Sie diese Aussage.

4.8.4   Lösungen

Lösung zu Aufgabe 1
Diese Aussage ist falsch, da der Staat seinen Einfluss nur in der Prozesspolitik geringhalten soll. Die Ordnungspolitik ist hingegen eine Politikform, in welcher der Staat seinen Einfluss geltend machen soll, um ökonomische, rechtliche, soziale und ethische Prinzipien mithilfe generell-abstrakter Regeln durchzusetzen.

Lösung zu Aufgabe 2
Diese Handlungsempfehlung geht nicht konform mit den Grundsätzen der Sozialen Marktwirtschaft, da eine (zinssatzsenkende) expansive Geldpolitik einen Eingriff in die Preisflexibilität darstellt. Damit verliert der Zinssatz seine Signalfunktion, die Knappheiten und Risiken von Krediten anzeigen soll. Stattdessen sind aus Sicht der Sozialen Marktwirtschaft unabhängige und rechenschaftspflichtige Institutionen mit klarer Aufgabenteilung zu schaffen. Die Geldpolitik soll stabilitätsorientiert von einer unabhängigen Zentralbank betrieben werden und dem Ziel der Preisniveaustabilität dienen, jedoch nicht für die Konjunkturpolitik vereinnahmt werden.

Literatur

Adomeit, K. (1992). *Rechts- und Staatsphilosophie*, Bd. 1: Antike. UTB.
Aristoteles. (2017). *Nikomachische Ethik*. Reclam. (Erstveröffentlichung 325 v. Chr.).
Barro, R. J. (1974). Are government bonds net wealth? *Journal of Political Economy, 82*(6), 1095–1117.
Barro, R. J. (1979). Second thoughts on Keynesian economics. *American Economic Review, 69*(2), 54–59.
Barro, R. J. & Grossman, H. I. (1971). A general disequilibrium model of income and employment. *American Economic Review, 61*(1), 82–93.
Benassy, J.-P. (1973). *Disequilibrium theory*. University of California.
Benassy, J.-P. (1982). *The economics of market disequilibrium*. Academic Press.
Böhm, F. (1928). Das Problem der privaten Macht. *Die Justiz, 3*, 324–345.
Böhm, F. (1933a). *Kartelle und Koalitionsfreiheit*. Heymann.
Böhm, F. (1933b). *Wettbewerb und Monopolkampf. Eine Untersuchung zur Frage des wirtschaftlichen Kampfrechts und zur Frage der rechtlichen Struktur der geltenden Wirtschaftsordnung*. Heymann.
Böhm, F. (1936). Die Wirtschaftsordnung als Zentralbegriff des Wirtschaftsrechts. *Mitteilungen des Jenaer Instituts für Wirtschaftsrecht, 31*, 3–14.
Böhm, F. (1937). *Die Ordnung der Wirtschaft als geschichtliche Aufgabe und rechtsschöpferische Leistung. Ordnung der Wirtschaft, 1*. Kohlhammer.
Böhm, F. (1942). Der Wettbewerb als Instrument staatlicher Wirtschaftslenkung. In W. G. Schmölders (Hrsg.), *Der Wettbewerb als Mittel volkswirtschaftlicher Leistungssteigerung und Leistungsauslese (Schriften der Akademie für Deutsches Recht)* (S. 4–98). Duncker & Humblot.
Bundeskartellamt (2021). Das Bundeskartellamt. https://www.bundeskartellamt.de/DE/UeberUns/Bundeskartellamt/bundeskartellamt_node.html#doc4532724bodyText2. Zugegriffen am 28.04.2021.
Burstein, M. L. & Clower, R. W. (1960). On the invariance of demand for cash and other assets. *Review of Economic Studies, 28*(1), 32–36.
Bushaw, D. & Clower, R. W. (1954). Price determination in a stock-flow economy. *Econometrica, 22*(3), 328–343.
Clower, R. W. (1954a). An investigation into the dynamics of investment. *American Economic Review, 44*(1), 64–81.
Clower, R. W. (1954b). Productivity, thrift and the rate of interest. *Economic Journal, 64*(253), 107–115.
Clower, R. W. (1959). Stock and flow quantities: A common fallacy. *Economica, 26*(103), 251–252.
Clower, R. W. (1960). Keynes and the classics: A dynamical perspective. *Quarterly Journal of Economics, 74*(2), 318–322.
Clower, R. W. (1965). The Keynesian counter-revolution: A theoretical appraisal. In F. H. Hahn & F. P. R. Brechling (Hrsg.), *The theory of interest rates* (Proceedings of an international economic association series, S. 103–125). Macmillan.
Cournot, A. A. (1838). *Researches into the mathematical principles of the theory of wealth*. Macmillan.
Drazen, A. (1980). Recent developments in macroeconomic disequilibrium theory. *Econometrica, 48*(2), 283–304.
Drèze, J. (1975). Existence of an exchange equilibrium under price rigidities. *International Economic Review, 16*(2), 301–320.
Erhard, L. (1957). *Wohlstand für Alle*. Econ.
Eucken, W. (1940). *Die Grundlagen der Nationalökonomie*. Fischer.
Eucken, W. (1990). *Grundsätze der Wirtschaftspolitik*. Mohr Siebeck. (Erstveröffentlichung 1952).
Ferguson, N. (2011). *The West and the rest*. Penguin.
Frankena, W. K. (1972). *Analytische Ethik*. Deutscher Taschenbuch. (Erstveröffentlichung 1963).
Friedman, M. (1956). *Studies in the quantity theory of money*. University of Chicago Press.
Friedman, M. (1960). *A program for monetary stability*. Fordham University Press.

Friedman, M. (1968). The role of monetary policy. *American Economic Review, 58*(1), 1–17.

Friedman, M. (1969). *The optimum quantity of money and other essays.* Aldine Transaction.

Funk, L. (2021). Kollektivgut: Ökonomik der Pandemiepolitik. *wirtschaftsdienst, 101*(1), 6. https://www.wirtschaftsdienst.eu/inhalt/jahr/2021/heft/1/beitrag/kollektivgut-oekonomik-der-pandemiepolitik.html. Zugegriffen am 28.06.2021.

Gossen, H. (1854). *Entwicklung der Gesetze des menschlichen Verkehrs und der daraus fließenden Regeln für menschliches Verhalten.* Prager.

Grossman, H. I. (1971). Money, interest and prices in market disequilibrium. *Journal of Political Economy, 79*(5), 943–961.

von Hayek, F. A. (1979). *Wissenschaft und Sozialismus.* Mohr.

von Hayek, F. A. (1981). *Recht, Gesetzgebung und Freiheit. Bd. 2: Die Illusion der sozialen Gerechtigkeit.* Moderne Industrie.

Homann, K. (1990). Demokratie und Gerechtigkeitstheorie. In James M. Buchanans Kritik an John Rawls. B. Biervert et al. (Hrsg.), *Sozialphilosophische Grundlagen ökonomischen Handelns* (S. 155–175). Suhrkamp.

Humphrey, T. M. (1992). Marshallian cross diagrams and their uses before Alfred Marshall: The origins of supply and demand geometry. *Economic Review, 78*(2), 3–23.

Jevons, W. S. (1871). *Theory of political economy.* Forgotten Books.

Kahneman, D. (2012). *Schnelles Denken, langsames Denken.* Penguin. (Erstveröffentlichung 2011).

Kahneman, D., Sibony, O., & Sunstein, C. R. (2021). *Noise. Was unsere Entscheidungen verzerrt – und wie wir sie verbessern können.* Siedler.

Kanbur, R. (1987). The standard of living: Uncertainty, inequality, and opportunity. In A. K. Sen et al. (Hrsg.), *The standard of living* (S. 60–69). Cambridge University Press.

Keynes, J. M. (1936). *The general theory of employment, interest and money.* Macmillan.

Leijonhufvud, A. (1968). *On Keynesian economics and the economics of Keynes: A study in monetary theory.* Oxford University Press.

Leijonhufvud, A. (1973). Effective demand failures. *Swedish Journal of Economics, 75*(1), 27–48.

Lucas, R. E. (1972). Expectations and the neutrality of money. *Journal of Economic Theory, 4*(2), 103–124.

Lucas, R. E. (1975). An equilibrium model of the business cycle. *Journal of Political Economy, 83*(6), 1113–1144.

Lucas, R. E. (1995). Monetary neutrality. Nobel lecture. 246–265. https://www.nobelprize.org/uploads/2018/06/lucas-lecture.pdf. Zugegriffen am 03.04.2020.

Lucas, R. E. & Prescott, E. C. (1971). Investment under uncertainty. *Econometrica, 39*(5), 659–681.

Lucas, R. E. & Rapping, L. A. (1969). Real wages, employment, and inflation. *Journal of Political Economy, 77*(5), 721–754.

Malinvaud, E. (1977). *The theory of unemployment reconsidered.* Blackwell.

Malthus, Th. R. (1836). Principles of political economy considered with a view to their practical application. Pickering. (Erstveröffentlichung 1820). https://oll-resources.s3.us-east-2.amazonaws.com/oll3/store/titles/2188/Malthus_1462_Bk.pdf. Zugegriffen am 13.06.2021.

Mandeville, B. (1705). *The grumbling hive, or: knaves turn'd honest.* Sam: Ballard.

Mandeville, B. (1714). *The fable of the bees or, private vices, publick benefits.* J. Roberts.

Marshall, A. (1879). The pure theory of domestic values. https://socialsciences.mcmaster.ca/econ/ugcm/3ll3/marshall/domesticvalues.pdf. Zugegriffen am 12.06.2021.

Marshall, A. (1890). *Principles of economics.* Macmillan.

Marx, K. (1867). *Das Kapital. Kritik der politischen Oekonomie. Erster Band, Buch I: Der Productionsprocess des Kapitals.* Meissner.

Marx, K. (1885). In F. Engels (Hrsg.), *Das Kapital. Kritik der politischen Oekonomie. Zweiter Band, Buch II: Der Cirkulationsprocess des Kapitals.* Meissner.

Marx, K. (1894a). In F. Engels (Hrsg.), *Das Kapital. Kritik der politischen Oekonomie. Dritter Band, erster Theil, Buch III: Der Gesammtprocess der kapitalistischen Produktion.* Meissner.

Marx, K. (1894b). In F. Engels (Hrsg.), *Das Kapital. Kritik der politischen Oekonomie. Dritter Band, zweiter Theil, Buch III: Der Gesammtprocess der kapitalistischen Produktion.* Meissner.

Maslow, A. H. (1954). *Motivation and personality.* Harper & Row.

Menger, C. (1871). *Grundsätze der Volkswirtschaftslehre.* Braumüller.

Menger, C. (1892). On the origin of money. *Economic Journal, 2,* 239–255.

Modigliani, F. (1944). Liquidity preference and the theory of interest and money. *Econometrica, 12*(1), 45–88.

Müller-Armack, A. (1950). Soziale Irenik. Über die Möglichkeit einer die Weltanschauungen verbindenden Sozialidee. *Weltwirtschaftliches Archiv, 64,* 181–203.

Müller-Armack, A. (1990). *Wirtschaftslenkung und Marktwirtschaft.* Kastell. (Erstveröffentlichung 1946).

Muth, J. F. (1961). Rational expectations and the theory of price movements. *Econometrica, 29*(3), 315–335.

Oppenheimer, F. (1942). Capitalism and the free economy. *American Journal of Economics and Sociology, 1*(3), 307–310.

Proudhon, P.-J. (1841). *Qu'est-ce que la propriété? Ou Recherches sur le principe du droit et du gouvernement.* Librairie de Prévot.

Richert, R. (1996). *Eudaimonistische Wirtschaftstheorie. Ein Referenzsystem ökonomischer Zielsetzung.* Peter Lang.

Rüstow, A. (1932). Interessenpolitik oder Staatspolitik. *Der deutsche Volkswirt, 7*(6), 169–172.

Samuelson, P. A. (1947). *Foundations of economic analysis.* Harvard University Press.

Sargent, T. J. (1971). A note on the „accelerationist" controversy. *Journal of Money, Credit and Banking, 3*(3), 721–725.

Sargent, T. J. (1973). Rational expectations, the real rate of interest, and the natural rate of unemployment. *Brookings Papers on Economic Activity, 2*, 429–472.

Sargent, Th. J. (2011). Nobel Prize banquet speech. https://www.nobelprize.org/prizes/economic-sciences/2011/sargent/26015-thomas-j-sargent-banquet-speech-2011/. Zugegriffen am 03.04.2020.

Sargent, Th. J. (o. J.). Rational expectations. The library of economics and liberty. https://www.econlib.org/library/Enc/RationalExpectations.html. Zugegriffen am 17.01.2020.

Say, J. B. (1814). *Abhandlung über die National-Oekonomie, oder, einfache Darstellung der Art und Weise, wie die Reichthümer entstehen, verteilt und verzehrt werden.* Bauer. (Erstveröffentlichung 1803).

Say, J. B. (2011). *Traité d'économie politique, ou, Simple exposition de la manière dont se forment, se distribuent, et se consomment les richesses.* Rapilly. (Erstveröffentlichung 1803).

Schumpeter, J. A. (1942). Capitalism, socialism and democracy. Routledge.

Schumpeter, J. A. (2020). Kapitalismus, Sozialismus und Demokratie, 10. Aufl. Francke (Erstveröffentlichung 1942).

Smith, A. (2010). *Theorie ethischer Gefühle.* Meiner. (Erstveröffentlichung 1759).

Smith, A. (2018a). *The theory of moral sentiments.* Clarendon. (Erstveröffentlichung 1759).

Smith, A. (2018b). *An inquiry into the nature and causes of the wealth of nations.* Hansebooks. (Erstveröffentlichung 1776).

Smith, A. (2018c). *Der Wohlstand der Nationen. Eine Untersuchung seiner Natur und seiner Ursachen.* dtv. (Erstveröffentlichung 1776).

Smith, V. (2002). Constructivist and ecological rationality in economics. Nobel lecture. 502–561. https://www.nobelprize.org/uploads/2018/06/smith-lecture-2.pdf. Zugegriffen am 03.04.2020.

statista. (2020). Durchschnittliche Eigenkapitalquoten von mittelständischen Unternehmen in Deutschland nach Beschäftigtengrößenklassen von 2006 bis 2019. statista. https://de.statista.com/statistik/daten/studie/150148/umfrage/durchschnittliche-eigenkapitalquote-im-deutschen-mittelstand/. Zugegriffen am 16.06.2021.

Thaler, R. H. & Sunstein, C. R. (2008). *Nudge. Improving decisions about health, wealth and happiness.* Yale University Press.

Thaler, R. H. & Sunstein, C. R. (2020). *Nudge. Wie man kluge Entscheidungen anstößt.* Ullstein. (Erstveröffentlichung 2008).

UNDP-GSNI (2020). *Human development perspectives: Tackling social norms. A game changer for gender inequalities.* United Nations Development Program.

UNDP-HDR (2020). *Human development report 2020. The next frontier. Human development and the Anthropocene.* United Nations Development Program.

UNDP-TN (2020). Technical notes. United Nations Development Program. http://hdr.undp.org/sites/default/files/hdr2020_technical_notes.pdf. Zugegriffen am 15.04.2021.

Walras, L. (1874). *Éléments d'économie politique pure, ou, Théorie de la richesse sociale.* Pichon.

Weber, M. (1920). *Die protestantische Ethik und der Geist des Kapitalismus.* Beck. (Erstveröffentlichung 1905).

WEF (2021). *Global gender gap report 2021. Insight report.* World Economic Forum.

Magisches Viereck

Zusammenfassung

Im Stabilitätsgesetz, das im Bewusstsein der ersten wirtschaftlichen Depression Nachkriegsdeutschlands 1967 in Kraft getreten ist, werden vier makroökonomische Ziele genannt, die auch als „Magisches Viereck" bezeichnet werden: Das Ziel angemessenen und stetigen Wirtschaftswachstums erfüllte Deutschland in den Wirtschaftswunderjahren von 1949 bis 1966 (vor Verabschiedung dieses Gesetzes) in hervorragender Weise, danach allerdings nur noch mäßig. Preisniveaustabilität ist dagegen ein Ziel, das in den vergangenen 70 Jahren in keinem Land der Welt so gut erfüllt worden ist wie in Deutschland. Ein hoher Beschäftigungsstand ist ein Ziel, bei dem Deutschland insbesondere zwischen 1995 und 2005 ins Straucheln gekommen ist. Danach wurden aber zumindest befriedigende Ergebnisse erzielt. Außenwirtschaftliches Gleichgewicht ist das vierte Ziel, das Deutschland – in der Interpretation als Devisenbilanzgleichgewicht – in vorzüglicher Weise erfüllt hat, weil seine typischer Weise hohen Leistungsbilanzüberschüsse durch ebenso hohe Kapitalbilanzdefizite ausgeglichen wurden.

5.1 Grundlagen

Lernziele: Beschreiben, Erklären, Interpretieren, Beurteilen
der makroökonomischen Ziele des Stabilitätsgesetzes (StabG)

- angemessenes und stetiges Wirtschaftswachstum,
- Preisniveaustabilität,
- hoher Beschäftigungsstand,
- außenwirtschaftliches Gleichgewicht.

Im Gefolge der ersten schweren Rezession im Nachkriegsdeutschland wurde 1967 das **„Gesetz zur Förderung der Stabilität und des Wachstums der Wirtschaft"** verabschiedet, das im Paragraphen 1 folgende vier stabilisierungspolitischen Ziele formuliert (§ 1 StabG):

„Bund und Länder haben bei ihren wirtschafts- und finanzpolitischen Maßnahmen die Erfordernisse des gesamtwirtschaftlichen Gleichgewichts zu beachten. Die Maßnahmen sind so zu treffen, dass sie im Rahmen der marktwirtschaftlichen Ordnung gleichzeitig zur Stabilität des Preisniveaus, zu einem hohen Beschäftigungsstand und

© Springer Fachmedien Wiesbaden GmbH, ein Teil von Springer Nature 2021
R. Richert, *Grundlagen der Volkswirtschaftslehre aus globaler Sicht klipp & klar*, WiWi klipp & klar, https://doi.org/10.1007/978-3-658-35173-1_5

außenwirtschaftlichen Gleichgewicht bei stetigem und angemessenem Wirtschaftswachstum beitragen."

Dieses sogenannte „Stabilitätsgesetz" zwingt Bund und Länder zu einer Globalsteuerung, welche die vier oben genannten makroökonomischen Ziele zu verfolgen hat.

≫ Die Ziele des **Magischen Vierecks** lauten:

1. angemessenes und stetiges Wirtschaftswachstum
2. Preisniveaustabilität
3. hoher Beschäftigungsstand
4. außenwirtschaftliches Gleichgewicht

Diese vier Ziele werden „Magisches Viereck" genannt. Die Bezeichnung „Viereck" rührt daher, dass es *vier* makroökonomische Ziele sind. „Magisch" wird dieses Portfolio von Zielen genannt, weil es in der Realpolitik unmöglich erscheint, alle vier Ziele gleichzeitig zu erfüllen, sodass ihnen etwas „Magisches" anhaftet.

5.2   Angemessenes und stetiges Wirtschaftswachstum

5.2.1   Konjunkturzyklus

Die abstrakte Zielgröße „angemessenes und stetiges Wirtschaftswachstum" wird durch die jährliche Änderungsrate des BIP operationalisiert. „Angemessenheit" wird durch Konjunkturpolitik, „Stetigkeit" durch Wachstumspolitik gesteuert.

≫ **Wirtschaftswachstum** wird anhand der jährlichen Veränderungsrate des BIP gemessen.

Idealerweise werden vier Phasen eines **Konjunkturzyklus** unterschieden:

1. Expansion (Aufschwung)
2. Boom (Hochkonjunktur)
3. Rezession (Abschwung)
4. Depression (Krise)

In der Expansion steigen Produktion, Einkommen, Beschäftigung und in der Regel auch das Preis- und Zinssatzniveau, bis sie im Boom ihren Höhepunkt erreichen. Lohnerhöhungen sind in diesen beiden Phasen leichter durchzusetzen. In der Rezessionsphase gehen Produktion, Einkommen, Beschäftigung und in der Regel auch das Preis- und Zinssatzniveau zurück, bis sie in der Depression ihren Tiefpunkt erreichen. Nominale Lohnsenkungen sind von den Arbeitgebern erfahrungsgemäß auch in diesen Phasen nur schwer durchzusetzen.

Konjunkturindikatoren werden unterschieden in

1. **Frühindikatoren**, zum Beispiel die Veränderung der Auftragseingänge oder Befragungen von Unternehmen zum Geschäftsklima, wie sie das ifo-Institut in München seit 1990 regelmäßig durchführt;
2. **Präsensindikatoren**, zum Beispiel die Kapazitätsauslastung, mit deren Hilfe versucht wird, die gegenwärtige Konjunkturphase korrekt zu identifizieren;
3. **Spätindikatoren**, zum Beispiel Preise oder Arbeitslosenzahlen, die eine Konjunkturanalyse bestätigen oder verwerfen.

In Deutschland ist zu beobachten, dass

- die Investitionsgüterproduktion stärkeren konjunkturellen Ausschlägen ausgesetzt ist als die Konsumgüterproduktion,
- Vorratsinvestitionen konjunkturabhängiger sind als Ausrüstungsinvestitionen,
- die Produktion von Gebrauchsgütern aufgrund ihres investiven Charakters stärker als die Produktion von Verbrauchsgütern im Konjunkturverlauf schwankt,
- die Fluktuation von Gewinnen stärker ausfällt als die von – in der Regel tariflich vereinbarten – Löhnen und Gehältern.

Was genau als „angemessenes" Wirtschaftswachstum gilt, lässt sich nicht generell beantworten, weil Angemessenheit in erheblichem Maße vom ökonomischen Status quo ante abhängt:

Für *hochentwickelte* **Ökonomien** wie Deutschland sind reale (inflationsbereinigte) Wachstumsraten von zwei bis drei Prozent adäquat, weil Wachstumsraten dieser Größenordnung auch langfristig erzielbar sind, sodass das Ziel der Stetigkeit gewahrt bleibt. Höhere Wachstumsraten bedeuten hingegen, dass die Konjunktur überhitzt und dass diese Wachstumsraten aufgrund ihrer bereits hohen Basiswerte (BIP des Vorjahres) nicht dauerhaft zu halten sind. Nach einem zu starken Boom ist mit einem tiefen Fall in eine Rezession zu rechnen, in der hohe Anpassungskosten in Form von Arbeitslosigkeit, Deflation, Konsum- und Investitionsstau drohen.

Für *aufstrebende* **Volkswirtschaften** („emerging economies") im östlichen Mitteleuropa, in Südost- und Ostasien sowie in einigen lateinamerikanischen Ländern sind hohe reale Wachstumsraten von über fünf Prozent jedoch durchaus erstrebenswert, weil ihre Basiswerte niedriger sind. Wenn das Entwicklungspotenzial aufgrund der schwächeren Ausgangslage langfristig hoch ist, können stetig höhere Wachstumsraten erzielt werden.

Für *arme* **Ökonomien**, die vor allem in der Subsahara sowie in Südasien liegen, sind auch noch höhere Wachstumsraten zu rechtfertigen, weil die häufig stark wachsende Bevölkerung mit Nahrung, Kleidung und Wohnraum versorgt werden muss, Kinder Schulen und junge Erwachsene Arbeitsplätze benötigen. China, das noch Anfang der 1980er-Jahre eines der ärmsten Länder der Welt gewesen ist, beeindruckt seit den 1990er-Jahren mit wirtschaftlichen Wachstumsraten von über zehn Prozent pro Jahr (vgl. statista, 2021d). Eine dermaßen hohe Wachstumsrate ist allerdings mit einem sehr hohen Tempo des Strukturwandels verbunden, der bei Hochgeschwindigkeit zu sozialen Verwerfungen führen kann.

Ein Land mit einem angemessenen und stetigen Wirtschaftswachstum hat den sozialpolitischen Vorteil, dass eine Umverteilung von Einkommens- und Vermögens*zuwächsen* auf geringeren politischen Widerstand stößt als die Redistribution von Pfründen, die bereits in der Vergangenheit erworben worden sind.

5.2.2 Wirtschaftswachstum in Deutschland

Tab. 5.1 gibt einen Überblick über die *deutsche* **Wirtschaftsleistung**, genauer: über das *nominale* Bruttoinlandsprodukt zu Marktpreisen (BIP) innerhalb Deutschlands – bis 1990 innerhalb der kleineren Bundesrepublik Deutschland.

Das *nominale* Bruttoinlandsprodukt kann aus zwei Gründen wachsen, nämlich aufgrund

1. steigender *realer* Produktion,
2. steigenden Preisniveaus.

Um das BIP als Wohlstandsindikator zu verwenden, ist es sinnvoll, die monetären Änderungen herauszurechnen. Denn Erhöhungen des Preisniveaus (Inflation) führen zwar zu Steigerungen des *nominalen* BIP, aber eben nicht zu Steigerungen des *realen* BIP, das für den Wohlstand die ausschlaggebende Größe darstellt. Daher werden in Statistiken oft das *reale* BIP beziehungsweise das *reale* Wirtschaftswachstum berücksichtigt.

Im Durchschnitt betrug das *reale* (bundes-) deutsche Wirtschaftswachstum:

- in den 1950er-Jahren 8 Prozent,
- in den 1960er-Jahren 4,5 Prozent,
- in den 1970er-Jahren 3 Prozent,
- in den 1980er-Jahren 2,5 Prozent,
- in den 1990er-Jahren 1,5 Prozent,
- in den 2000er-Jahren 1 Prozent,
- in den 2010er-Jahren 2 Prozent.

In Tab. 5.1 sind die Jahre des deutschen **Wirtschaftswunders** gut zu erkennen, die sich mit der politischen Amtszeit des ersten (bundes-) deutschen Wirtschaftsministers (1949–1963) und zweiten deutschen Bundeskanzlers (1963–1966), Ludwig Erhard (1897–1977), decken: **1949–1966**. In diesen Jahren waren die

Tab. 5.1 Deutsches BIP in € Milliarden (vgl. statista, 2020a, 2021c)

Jahr	BIP	Jahr	BIP	Jahr	BIP	Jahr	BIP	Jahr	BIP	Jahr	BIP	Jahr	BIP
1950	50	1960	155	1970	361	1980	789	1990	1307	2000	2109	2010	2564
1951	61	1961	170	1971	400	1981	826	1991	1586	2001	2173	2011	2694
1952	70	1962	184	1972	436	1982	860	1992	1702	2002	2198	2012	2745
1953	75	1963	196	1973	486	1983	898	1993	1751	2003	2212	2013	2811
1954	80	1964	215	1974	526	1984	942	1994	1830	2004	2263	2014	2927
1955	92	1965	235	1975	551	1985	984	1995	1895	2005	2288	2015	3026
1956	102	1966	250	1976	597	1986	1037	1996	1921	2006	2385	2016	3134
1957	111	1967	253	1977	637	1987	1065	1997	1961	2007	2500	2017	3260
1958	119	1968	273	1978	679	1988	1123	1998	2014	2008	2546	2018	3356
1959	130	1969	305	1979	737	1989	1200	1999	2059	2009	2446	2019	3449
												2020	3336

Wachstumsraten immer hoch, es gab nicht eine einzige wirtschaftliche Krise.

Real, das heißt inflationsbereinigt, sank das BIP in der Bundesrepublik Deutschland erstmals **1967**, begünstigt durch die weltpolitisch instabile Lage mit der heißen Phase des Vietnamkriegs (1963–1975) und des Sechs-Tage-Kriegs (1967). Aufgrund der bis dahin ungewohnten Wachstumsschwäche wurde noch im selben Jahr das Stabilitätsgesetz verabschiedet. Die Ölkrisen der Winter 1973/74 sowie 1979/80 mündeten jeweils mit zeitlicher Verzögerung in negative Wachstumsraten in den Jahren **1975** und **1982**. Der Zusammenbruch der Sowjetunion (1991), des vormals wichtigsten Handelspartners der DDR, die hohen Einheitslasten sowie der abflauende Konsumrausch in den neuen Bundesländern waren verantwortlich für die Depression **1993**. Das Unvermögen, die dringenden strukturellen Probleme auf dem Arbeitsmarkt zu lösen, die platzende Internetblase (2001) sowie die Terroranschläge am 11. September 2001 waren Gründe für das Schrumpfen der deutschen Volkswirtschaft im Jahr **2003**. Die Finanz- und Wirtschaftskrise, die mit dem Platzen der US-amerikanischen Immobilienblase im Juli 2007 ihren Anfang nahm und nach der Insolvenz des Finanzhauses Lehman Brothers im September 2008 die Realwirtschaft erfasste, trug dazu bei, dass das Jahr **2009** das sechste in der bundesrepublikanischen Geschichte wurde, in dem die Volkswirtschaft real schrumpfte. Von allen Krisenjahren war es das erste mit einem deutlichen Rückgang der gesamtwirtschaftlichen Wertschöpfung um real fünf Prozent. Es war auch das erste Mal, dass das nominale BIP in Deutschland sank. Nach der 2010 publik gewordenen Schulden- und Bankenkrise („Eurokrise") insbesondere in den mediterranen Euroländern war Deutschland eines der wenigen Euroländer mit (moderat) positivem Wirtschaftswachstum, bis **2020** die Corona-Pandemie um sich griff und die Weltwirtschaft erschütterte. Erst zum zweiten Mal erlebte Deutschland ein Jahr, in dem das nominale BIP schrumpfte und das reale BIP um fünf Prozent sank. Ohne die historisch einmaligen staatlichen Hilfen in Höhe hunderter Milliarden Euro wäre der Wirtschaftseinbruch erheblich stärker ausgefallen.

Die *wachstumsschwächste* **Dekade** mit einem durchschnittlichen realen Wirtschaftswachstum von unter einem Prozent waren die Jahre zwischen 1995 und 2005. Nur in wenigen, zumeist krisen- und kriegsgeschüttelten Ländern wuchs die Volkswirtschaft noch weniger als die deutsche. In diesem zehnjährigen Zeitraum war das Jahr 2000, das den Gipfel der New Economy repräsentierte, das einzige Jahr, in dem die reale Wachstumsrate die angestrebten zwei Prozent übertraf. Ansonsten war es eine Zeit wirtschaftlicher Stagnation, in der 90 Prozent aller Staaten höhere Wachstumsraten aufwiesen als „der kranke Mann Europas". Zum Ende ihrer zweiten Legislaturperiode verabschiedete die damalige Rot-Grüne Bundesregierung (1998–2005) unter der Kanzlerschaft Gerhard Schröders die „Agenda 2010", um die Dynamik und Innovationskraft der deutschen Volkswirtschaft wieder zu stärken.

5.2.3 Wirtschaftswachstum in China

1972 warnte der Club of Rome in einem vielbeachteten Buch, das 1973 mit dem renommierten Friedenspreis des Deutschen Buchhandels ausgezeichnet wurde, vor den „Grenzen des Wachstums" (vgl. Meadows et al., 1972). Seine Prognosen schlugen fehl. Zum einen vernachlässigten die Autoren die Signalfunktion der Preise, die Knappheiten beziehungsweise Überfluss an Gütern anzeigen und entsprechende Anreize zu mehr oder weniger Angebot beziehungsweise zu mehr oder weniger Nachfrage setzen. Der Club of Rome vernachlässigte aber auch die Bedeutung des Dienstleistungssektors, der in Deutschland seit 1970 den Großteil des BIP erwirtschaftet. Denn auch wenn eine Grenze des Wachstums materieller Güter vorstellbar ist, so ist sie es für Dienstleistungen mitnichten. In den 2020er-Jahren liegt die Bedeutung des tertiären Sektors in den meisten entwickelten Ländern zwischen 70 und 85 Prozent der gesamtwirtschaftlichen Wertschöpfung. Ein Land wie Deutschland, dessen Industrie (ohne das Baugewerbe) nicht einmal ein Viertel seiner Wirtschaftsleistung erbringt, gilt in einer Welt der Dienstleistungen bereits als „Industrienation".

China ist ein Beispiel schier unerschöpflichen, „grenzenlosen" Wirtschaftswachstums: Um 1820 lag der chinesische Anteil an der Weltbevölkerung und an der globalen Wirtschaftsleistung jeweils bei etwa einem Drittel, der europäische bei einem Sechstel beziehungsweise einem Viertel, der US-amerikanische bei einem beziehungsweise zwei Prozent. Der Erste Opium-Krieg (1839–1842), in dem eine kleine britische Truppe das Reich der Mitte zur Öffnung seiner Grenzen für den Außenhandel zwang, war ein offensichtliches Indiz für den sich abzeichnenden wirtschaftlichen Bedeutungsverlust Chinas. Der Zweite Opium-Krieg (1856–1860), an dem sich neben Briten auch Franzosen beteiligten, führte zum endgültigen Verlust außenwirtschaftlicher Autonomie der letzten großen chinesischen Dynastie, der Qing-Dynastie (1644–1912), und leitete schließlich den Zusammenbruch des – fast ununterbrochen – über 2100 Jahre währenden chinesischen Kaiserreichs ein. Nach dem Zerfall des Kaiserreichs dauerte es nicht lange, bis die chinesischen Kommunisten ihrem Vorbild Sowjetunion nacheiferten und nach dem Zweiten Weltkrieg die Macht in China übernahmen. Insbesondere der „Große Sprung nach vorn" (1958–1961) und die Kulturrevolution (1965–1975) führten das Reich der Mitte nach drei Dekaden Maoismus in die wirtschaftliche und soziale Verelendung.

Danach begann die wirtschaftliche **Reformpolitik**, die **Deng Xiaophing** (1904–1997), der damals zwar nicht formal, aber faktisch wichtigste Führer Chinas, mit seiner berühmten Rede auf der dritten Vollversammlung des elften Zentralkomitees der Kommunistischen Partei Chinas im Dezember **1978** eingeleitet hatte. Zunächst wurde das Wirtschaftswachstum aber noch gelähmt durch die wirtschaftliche Isolation sowie durch das hohe Bevölkerungswachstum bis zur Einführung der Ein-Kind-Politik im Jahr 1980, die im Glauben an die planerische Allmacht der Partei 2016 zur Zwei-Kind-Politik und schließlich 2021 zur Drei-Kind-Politik mutierte. Seinen **historischen Tiefpunkt** erreichte das chinesische **BIP pro Kopf** (nach Kaufkraftparitäten) **1982**: Niemals zuvor und nie wieder danach war der Wohlstandsunterschied zwischen China und Westeuropa so groß wie in dem Jahr, in dem Chinas Bevölkerungszahl erstmals die Milliardengrenze überschritt. Damals lag das BIP pro Kopf bei $ 285 pro Jahr, das heißt ein Chinese hatte im Durchschnitt nicht einmal 80 US-Cent pro Tag zur Verfügung, um sein Überleben zu sichern. Das durchschnittliche BIP per capita war zu dieser Zeit nach jeweiligen Kaufkraftparitäten sogar im von Armut geplagten Indien höher als in China, in Brasilien und im Iran zehnmal so hoch, in den Ländern Westeuropas zwanzig- bis dreißigmal so hoch wie in China. Anfang der 1980er-Jahre musste ein Chinese einen Monat lang mit dem Geld auskommen, das ein Deutscher jeden Tag zur Verfügung hatte.

Tab. 5.2 zeigt die Entwicklung des chinesischen BIP zwischen 1980 und 2021 (vgl. statista, 2021d). Zwei methodische Aspekte sind bei der Interpretation dieser Daten zu berücksichtigen: Zum einen sind Schwankungen des in jeweiligen Dollar-Preisen gemessenen chinesischen BIP

Tab. 5.2 Chinas BIP zu Wechselkursparitäten in $ Milliarden (vgl. statista 2021d)

Jahr	BIP	Jahr	BIP	Jahr	BIP
1980	303	1994	562	2008	4577
1981	289	1995	731	2009	5089
1982	285	1996	860	2010	6034
1983	305	1997	958	2011	7492
1984	314	1998	1024	2012	8539
1985	310	1999	1088	2013	9625
1986	300	2000	1206	2014	10.524
1987	327	2001	1334	2015	11.113
1988	409	2002	1466	2016	11.227
1989	458	2003	1657	2017	12.265
1990	397	2004	1949	2018	13.842
1991	413	2005	2290	2019	14.340
1992	492	2006	2754	2020	14.722
1993	617	2007	3556	2021	16.642

zum Teil auf Wechselkursänderungen des chinesischen Renminbi gegenüber dem US-Dollar zurückzuführen. Zum anderen wird das Bevölkerungswachstum nicht berücksichtigt, sodass das Wachstum des BIP pro Kopf über diese vier Jahrzehnte etwas geringer ausgefallen ist als das Wirtschaftswachstum für das ganze Land mit steigender Bevölkerungszahl.

Zunächst wuchs die chinesische Ökonomie in Maßen. Zeitgleich mit der deutschen Wiedervereinigung setzte dann die historisch einmalige Aufholjagd der chinesischen Volkswirtschaft ein: Zwischen 1991 und 2021 wuchs die Bevölkerungszahl um ein Viertel auf 1,4 Milliarden Menschen, das chinesische BIP hingegen um das Vierzigfache, pro Kopf immerhin noch um das Dreißigfache. Dies bedeutet, dass ein Chinese das Einkommen, mit dem er 1991 einen Monat lang auskommen musste, nur eine Generation später täglich ausgeben konnte.

Wenn das hohe Wirtschaftswachstum, das selbst im Pandemiejahr 2020 positiv gewesen ist, anhält, wird das chinesische BIP im Jahr 2024 die 20-Billionen-Dollar-Grenze, 2027 die 25-Billionen-Dollar-Grenze und 2030 die 30-Billionen-Dollar-Grenze überschritten haben. Noch in den 2020er-Jahren wird China die USA als größte Volkswirtschaft der Welt abgelöst haben, gemessen am BIP zu Wechselkursparitäten. Gemessen am BIP zu Kaufkraftparitäten, hat

China die USA bereits 2016 als größte Volkswirtschaft der Welt abgelöst.

5.2.4 Wirtschaftswachstum in der Welt

Angus Maddison (1926–2010), britischer Geschichtsprofessor im niederländischen Groningen, liefert Zahlen zur globalen wirtschaftlichen Entwicklung, die deutlich machen, wie sehr wirtschaftlicher Erfolg durch die Geistesgeschichte geprägt ist (vgl. Maddison, 2001, 2003, 2006). Während das reale Wirtschaftswachstum pro Kopf zwischen der Zeitenwende und 1820 weitgehend stagnierte, wuchs die Realwirtschaft in den zweihundert Jahren danach um das Zweihundertfache. Die Umsätze im Welthandel waren am Vorabend der Corona-Pandemie dreihundertmal höher als 1950. Dieser in seiner Stärke nie zuvor erlebte Wachstumsschub seit 1820 belegt die oft unterschätzte Bedeutung der geistesgeschichtlichen Epoche der Aufklärung (Kernperiode zwischen 1750 und 1820) nicht nur für die westliche Kultur, sondern auch für das globale Wirtschaftswachstum: Die Aufklärung sorgte für die Veränderung in den Köpfen, was die mentale Basis für die Industrialisierung im 19. Jahrhundert schuf. Nicht Raffgier oder die Ausbeutung der Arbeitnehmer, die bereits Jahrhunderte lang das Wirtschaftsleben prägten, sondern die – in diesem Ausmaß – historisch erstmalige Beteiligung großer Bevölkerungsteile mit ihren kreativen, innovativen Kräften sorgte für diese Wohlstandsmehrung. Werte, die sich nach der Aufklärung allmählich durchsetzten, legten den Grundstein für einen Wohlstand, der in der zweiten Hälfte des 20. Jahrhunderts erstmals nicht nur die Eliten, sondern breite Bevölkerungsschichten erfasste.

Das geschätzte Weltinlandsprodukt zu Kaufkraftparitäten lag um das Jahr

- 0 bei ca. $ 0,1 Billionen,
- 1000 bei ca. $ 0,1 Billionen,
- 1820 bei ca. $ 0,7 Billionen,
- 2020 bei ca. $ 130 Billionen.

Die Weltwirtschaft wuchs in den ersten 1000 Jahren nach Christi Geburt gar nicht und im zweiten Jahrtausend bis 1820 jährlich nur um durchschnittlich 0,22 Prozent, pro Kopf um 0,05 Prozent (vgl. Maddison, 2006, S. 30; statista, 2020f, 2021j). Für eine Versiebenfachung der Wirtschaftsleistung bedurfte es mehr als 1800 Jahre. Zu Beginn des 21. Jahrhundert genügten China für das Wachstum seiner Ökonomie um das Siebenfache ein Dutzend Jahre. Das globale Wirtschaftswachstum war allerdings ungleich verteilt: In Afrika erhöhte sich der Wohlstand zwischen 1970 und 2000 überhaupt nicht (vgl. Maddison, 2006, S. 603). Zur Jahrtausendwende war das kaufkraftbereinigte BIP im bevölkerungsreicheren Afrika mit $ 1 Billion nur ein Drittel so hoch wie dasjenige in Lateinamerika (vgl. Maddison, 2006, S. 606). Im Jahr 2000 war allein das deutsche BIP höher als das BIP des gesamten afrikanischen Kontinents mit 54 (mit der Sahara 55) unabhängigen Staaten.

Nach dem Fall des (West-) Römischen Reiches gegen Ende des 5. Jahrhunderts ließ das Wachstum in Westeuropa bis zum 11. Jahrhundert nach (vgl. Maddison, 2006, S. 631). Neben der Eroberung dünnbesiedelten, fruchtbaren Landes nennt Maddison zwei Gründe – genaugenommen sind es vier – für das wirtschaftliche Wiedererstarken Westeuropas im Hochmittelalter (vgl. Maddison, 2006, S. 20): den freien Verkehr von Waren und Dienstleistungen (1) sowie von Kapital (2) und die Innovationen technischer (3) sowie institutioneller Art (4). Zwischen 1000 und 1500 schuf Venedig neue Handelsrouten. Technische Neuerungen fanden ihren Weg von Asien nach Europa: die Seidenproduktion, Baumwollproduktion, Glasbläserei, der Anbau von Reis in Italien und von Rohrzucker auf den damaligen venezianischen Kolonien Kreta und Zypern (vgl. Maddison, 2006, S. 21).

Motoren wirtschaftlichen Fortschritts wurden die Entwicklung

- des Geld- und Bankwesens für die effiziente Abwicklung monetärer Transaktionen,
- des Kreditwesens für die Finanzierung von Investitionen,
- des Versicherungswesens für die Streuung von Risiken,
- der Devisenmärkte für den Handel,
- der Buchführung für die Steuerung und Kontrolle unternehmerischer Entscheidungen,
- des öffentlichen Finanzwesens für die Schaffung stabiler Rahmenbedingungen,
- diplomatischer Vertretungen für das Spinnen kaufmännischer Netzwerke,
- des Buchdrucks und der Büchereien für die Verbreitung des Wissens,
- der Augenoptik, die das Lesen in höherem Alter und bei spärlichem Licht ermöglichte.

Nach der endgültigen Niederlage der Kreuzritter im achten und letzten Kreuzzug im Jahr 1291 in der Levante und noch stärker nach dem Fall Konstantinopels 1453 und dem Aufstieg des Osmanischen Reichs sank die Bedeutung Venedigs für die eurasischen Beziehungen (vgl. Maddison, 2006, S. 21).

Die zahlreichen eroberten Gebiete Portugals in allen Winkeln der Welt zeigen das Ausmaß der weltumspannenden Umbrüche zu Beginn der Neuzeit. Im 15. Jahrhundert wurde Portugal die erste bedeutende europäische Kolonialmacht, die es bis zum Ende des 20. Jahrhunderts bleiben sollte. Zu dieser Zeit waren die Philippinen die einzige spanische Kolonie von Bedeutung. Der bedeutendste Seefahrer unter spanischer Flagge war Christoph Kolumbus (1451–1506), ein Genuese mit portugiesischer Ausbildung. Vasco da Gama (1469–1524), der 1498 den (korrekten) Seeweg nach Indien entdeckte, war ebenso Portugiese, wie Ferdinand Magellan (1480–1521), der die erste Weltumseglung (1519–1522) in Angriff nahm, sie aber im Gegensatz zu einem Teil seiner Mannschaft nicht überlebte.

Hintergrundinformation
Die Portugiesen eroberten unter anderem:

- die in Marokko liegende Enklave Ceuta (1415),
- das über 700 km westlich von Marokko liegende Madeira (1419),
- die ungefähr 1400 km nordwestlich von Portugal gelegenen Azoren (1427),
- die etwa 600 km westlich von Mauretanien und dem Senegal gelegenen Kapverden (1445),

- im Golf von Guinea Sao Tomé (1471) und Príncipe (1472, bis 1502 Santo Antonio genannt) sowie die heute zu Äquatorialguinea gehörenden Annobón und Bioko (jeweils 1472),
- Angola (1483),
- Mosambik (1497),
- das knapp 2000 km westlich von Angola liegende St. Helena (1501),
- zahlreiche Stützpunkte an der West- und Ostküste Afrikas sowie an der West- und Ostküste Indiens,
- Inseln im Indischen Ozean wie Sansibar und Ceylon,
- Bahrein im Persischen Golf und Oman,
- Malakka im heutigen Malaysia,
- Teile der Molukken im heutigen Indonesien,
- Macao, die letzte portugiesische Kolonie, die 1999 an China zurückgegeben wurde,
- die beiden großen Sundainseln Flores (im heutigen Indonesien) und Ost-Timor,
- Barbados in der Karibik,
- Brasilien in Südamerika.

Zwischen dem 15. und 17. Jahrhundert waren die Niederlande die dynamischste Volkswirtschaft Europas. Um 1570 war die Tonnage niederländischer Schiffe höher als diejenige englischer, französischer und deutscher Schiffe zusammengenommen (vgl. Maddison, 2006, S. 22). Die 1602 gegründete Niederländische Ostindien-Kompanie entwickelte sich im „Gouden Eeuw", dem Goldenen 17. Jahrhundert der Niederlande, zum größten Handelsunternehmen der Welt. Zu dieser Zeit begann die Dominanz der europäischen Wirtschaft gegenüber der asiatischen.

Hintergrundinformation

Im Zuge der europäischen Kolonialpolitik wurden in den eroberten Gebieten Universitäten gegründet, um zumindest der kolonialen Elite die Möglichkeit zu höherer Bildung zu verschaffen: schon früh die lateinamerikanischen in Santo Domingo (1538), Lima (1551), Mexiko-Stadt (1553), Santiago (1622), Sucre (1624), Bogotá (1653), Guatemala-Stadt (1676), Caracas (1721) und Havanna (1728); in der Regel später, aber dafür einflussreicher die nordamerikanischen Universitäten: bis zur Unabhängigkeitserklärung der USA neben der kanadischen Laval University in Québec (1663) neun, bis heute prestigeträchtige Universitäten an der Ostküste: Harvard (1636), College of William and Mary (1693), Yale (1701), Princeton (1746), Columbia [New York] (1754), Philadelphia (1755), Brown (1764), Rutgers (1766) sowie Dartmouth (1769).

In einem Vergleich der heute vier größten Volkswirtschaften Europas zeigt Tab. 5.3 die Verschiebungen der ökonomischen Gewichte dieser vier Länder (vgl. Maddison, 2006, S. 636, 638; destatis, 2020b). Zur Zeitenwende spielten die Briten aufgrund ihrer geringen Einwohnerzahl nur eine unbedeutende Rolle. In den ersten Jahrhunderten nahm Italien – nach Bevölkerungszahl – mit dem Römischen Reich die führende Position ein, die es im Frühmittelalter an Frankreich verlor. Seit dem Spätmittelalter übertraf Deutschland, seit der ausklingenden Aufklärung auch das Vereinigte Königreich die Mittelmeeranrainer. Die demographisch und ökonomisch dominierende Rolle Frankreichs hatte bereits mit der Niederlage im Deutsch-Französischen Krieg vor eineinhalb Jahrhunderten ihr Ende gefunden. Zwischen 1870 und 1950 stagnierte Frankreichs Bevölkerung. Von nun an stellten die Deutschen –

Tab. 5.3 Europäische Bevölkerungszahlen im Vergleich (vgl. Maddison, 2006, S. 636, 638; destatis, 2020b)

Jahr	Deutschland	Vereinigtes Königreich	Frankreich	Italien
0	3	0,8	5	**7**
1000	3,5	2	**6,5**	5
1500	12	4	**15**	10
1600	16	6	**18**	13
1700	15	8,5	**21,5**	13
1820	25	21	**31**	20
1870	**39**	31	38	28
1913	**65**	45	41	37
1950	**68**	50	41	47
2000	**82**	60	60	58
2020	**83**	67	67	60

abgesehen von den Russen – die größte Bevölkerung Europas.

In Europa ist der Eindruck weit verbreitet, dass China und Indien eine immer größere Rolle in der Weltwirtschaft einnehmen. Im Vergleich zu 1980, als der relative Anteil beider Länder zusammen mit nur sieben Prozent der weltweiten Wirtschaftsleistung auf einem historischen Tiefpunkt angelangt war, trifft dies unzweifelhaft zu. Nicht zu vergessen ist jedoch, dass bis zur Mitte des 19. Jahrhunderts jeder zweite Mensch Inder oder Chinese gewesen ist und bis zum Beginn der Industriellen Revolution die Hälfte der globalen Wertschöpfung in einem dieser beiden Länder generiert worden ist. Zu keiner Zeit haben Inder oder Chinesen die Weltwirtschaft überproportional stark beherrscht, obgleich beide Kulturen jeweils auf eine Jahrtausende alte Zivilisationsgeschichte zurückblicken können. Aber kulturelle Überlegenheit bedeutet nicht unbedingt wirtschaftliche Überlegenheit. Hauptgrund für die ökonomische Dominanz Chinas und Indiens war – im Gegensatz zu den USA im 20. Jahrhundert – nicht ein überdurchschnittlich hohes BIP pro Kopf, sondern vielmehr ihr kontinuierlich hoher Anteil an der Weltbevölkerung, der in den vergangenen 2000 Jahren höher gewesen ist als heute: Waren seit der Zeitenwende typischer Weise etwa ein Viertel der Menschen Chinesen und vor 200 Jahren sogar 37 Prozent, so sind es im Jahr 2020 nur noch 18 Prozent. Ähnliches gilt für Indien, das China im Jahr 2024 als bevölke-

rungsreichstes Land der Erde ablöst und damit seine Position wiederherstellt, die es bis zur Neuzeit immer innegehabt hat, nämlich die des bevölkerungsreichsten Landes der Erde.

Wie in Tab. 5.4 zu erkennen (vgl. Maddison, 2006, S. 638–639; statista, 2020f, 2021d), lag der Anteil des chinesischen Bruttoinlandsprodukts an der globalen Wertschöpfung zwischen dem Beginn der modernen Zeitrechnung und dem Ende der Zeit der Aufklärung im Jahr 1820 in der Regel zwischen einem Viertel (wie im Jahr null) und einem Drittel (wie im Jahr 1820) der globalen Wertschöpfung. Innerhalb nur eines halben Jahrhunderts halbierte sich dieser Anteil bis zur Gründung des Deutschen Reichs 1870 auf ein Sechstel, um 1910 betrug er nicht einmal mehr ein Zehntel, und 1982 war China mit einem Weltanteil von vier Prozent in die ökonomische Bedeutungslosigkeit gesunken. In den ersten vierzig Jahren der wirtschaftlichen Reformpolitik in China, die sich insbesondere seit den 1990er-Jahren in hohen Wachstumsraten niederschlägt, ist Chinas Anteil an der weltweiten Wertschöpfung bis zum Jahr 2020 wieder auf ein Fünftel gestiegen.

Den jeweils höchsten **Anteil** am *globalen* **BIP** (vgl. Maddison, 2006, S. 641) hatten die

- Inder mit einem Drittel in der Antike,
- Chinesen mit einem Drittel am Vorabend der Industriellen Revolution,
- US-Amerikaner mit einem Viertel kurz nach dem Zweiten Weltkrieg.

Tab. 5.4 Indiens, Chinas und Amerikas Anteile an globaler Bevölkerung und Wirtschaftsleistung (vgl. Maddison, 2006, S. 638–639; statista, 2020f, 2021d)

	Indien Anteil an		China Anteil an		USA Anteil an	
Jahr	Bevölkerung	BIP	Bevölkerung	BIP	Bevölkerung	BIP
0	32 %	33 %	26 %	26 %		
1000	28 %	29 %	22 %	23 %		
1500	25 %		23 %			
1600	24 %		29 %	30 %		
1700	27 %		23 %			
1820	20 %	16 %	37 %	33 %	1 %	2 %
1870	20 %		28 %		3 %	9 %
1913	17 %		24 %	9 %	5 %	19 %
1950	14 %		22 %	4,5 %		27 %
1980	15 %	3 %	22 %	4 %	5 %	
2020	18 %	4 %	18 %	13 %	4 %	25 %

Eine vergleichende Betrachtung der demographischen und der ökonomischen Entwicklung der letzten zwei Jahrtausende belegt zwar, dass China bis ins 19. Jahrhundert hinein aufgrund seiner höheren Bevölkerungszahl global die dominierende Volkswirtschaft gewesen ist. Dennoch war Chinas Wohlstand zu keiner Zeit signifikant höher als derjenige Westeuropas. Seit dem Spätmittelalter war das Bruttoinlandsprodukt pro Kopf sogar niedriger als in Westeuropa, seit der Zeit der Aufklärung deutlich niedriger.

In Tab. 5.5 wird die Entwicklung des BIP nach Kaufkraftparitäten in China mit derjenigen in Westeuropa verglichen. Aus den Zahlen geht hervor, dass Chinas Wohlstand 2020 dem Wohlstand Westeuropas im Jahr 2000 entsprochen hat.

Die *globale* **Wertschöpfung** wird in 198 Ländern – 194 von den UN voll anerkannten Staaten plus den teilweise anerkannten Entitäten Kosovo, Sahara, Palästina und Taiwan – erwirtschaftet.

Tab. 5.6 zeigt die – gemessen am BIP zu Kaufkraftparitäten (KKP), in Klammern zu Wechselkursparitäten (WKP) – größten Volkswirtschaften der Welt im Jahr 2020 sowie ihre jeweiligen Anteile an der globalen Wirtschaftsleistung (vgl. statista, 2020f, 2021j).

Nur drei Länder, nämlich China, die USA und Indien sind für die Hälfte der globalen Wertschöpfung (zu KKP) verantwortlich. Allerdings leben in diesen drei Ländern auch über drei Milliarden der acht Milliarden Erdenbewohner. Die Top acht Volkswirtschaften, neben den drei größten noch Japan, Deutschland, Russland, Indonesien und Brasilien, leisten einen doppelt so hohen Beitrag zum globalen Inlandsprodukt (zu KKP) wie die übrigen 190 Länder.

5.2.5 Determinanten des Wirtschaftswachstums

Im Folgenden werden entscheidende Bestimmungsgründe des Wirtschaftswachstums erläutert:

Zur Förderung eines attraktiven Investitionsklimas für in- und ausländische Investoren sind **politische** und **rechtliche Stabilität** geboten, um Rechtssicherheit für in- und ausländische Marktteilnehmer zu gewährleisten. Aufgrund der hohen Bedeutung des Eigenkapitals für die Anreizkompatibilität ökonomischen Handelns ist der Schutz von Eigentums- und Verfügungsrechten eine unabdingbare Voraussetzung für nachhaltiges Wirtschaftswachstum. Klare, durchsetzbare Eigentums- und Verfügungsrechte sorgen für eine Reduktion von Transaktionskosten sowie für Verlässlichkeit der Rahmenbedingungen, was die Planungssicherheit erhöht. Funktionsfähiger Wettbewerb ist auch institutionell zu schützen, wie beispielsweise durch das Gesetz gegen Wettbewerbsbeschränkungen (GWB) oder durch das Bundeskartellamt.

Tab. 5.5 Chinas und Westeuropas BIP pro Kopf (KKP) im Zeitablauf (vgl. Maddison, 2006, S. 629, 642; jüngere Jahre auf Basis von statista, 2020f, 2021d; Trading Economics, 2020)

Jahr	Bevölkerung in Millionen		BIP (KKP) pro Kopf in $	
	China	Westeuropa	China	Westeuropa
0	60	25	450	450
1000	60	25	450	400
1300	100	60	600	600
1400	70	40	600	700
1820	400	130	600	1200
1913	440	260	550	3500
1950	550	300	440	5500
1990	1100	400	1500	15.000
2000	1270	400	3500	19.000
2010	1340	400	9000	30.000
2020	1400	400	19.000	40.000

Tab. 5.6 Absolutes und relatives BIP (vgl. statista, 2020f, 2021j; eigene Rundungen)

Rang	Land	BIP 2020 in $ Billionen KKP (WKP)	Anteil am globalen BIP	Kumulierter Anteil am globalen BIP
1	China	27 (14)	22 %	22 %
2	USA	21 (21)	17 %	39 %
3	Indien	11 (3)	9 %	48 %
4	Japan	6 (5)	5 %	52 %
5	Deutschland	4,5 (4)	3,5 %	56 %
6	Russland	4,5 (2)	3,5 %	59 %
7	Indonesien	3,5 (1)	3 %	62 %
8	Brasilien	3,5 (2)	3 %	65 %
9	Vereinigtes Königreich	3 (2,5)	2,5 %	68 %
10	Frankreich	3 (2,5)	2,5 %	70 %
11	Mexiko	2,5 (1)	2 %	72 %
12	Italien	2,5 (2)	2 %	74 %
13	Türkei	2,5 (1)	2 %	76 %
14	Süd-Korea	2,5 (2)	2 %	78 %
15	Spanien	2 (1,5)	2 %	80 %
16	Kanada	2 (2)	2 %	81 %
17	Saudi-Arabien	2 (1)	2 %	82 %
18	Iran	1,5	1 %	84 %
19	Ägypten	1,5	1 %	85 %
20	Thailand	1,5	1 %	86 %
Welt		125		100 %

Patentrechte für Impfstoffe

Zu den Eigentums- und Verfügungsrechten zählen auch Patentrechte. In der Corona-Pandemie wurde die Forderung nach Aussetzung des Patentschutzes für Impfstoffe gegen Covid-19 von einer großen Mehrheit der Politik sowie der Bevölkerung getragen. Aus kurzfristiger, statischer Sichtweise ist diese moralisch unterlegte Forderung nachvollziehbar, wird doch durch die Aussetzung des Patentschutzes die Produktion des Impfstoffes durch Drittanbieter erleichtert. So ließen sich beispielsweise mehr arme Menschen impfen, sofern die Produktion den Engpass der Versorgung mit Impfstoff darstellt und nicht andere Faktoren wie die Knappheit an Rohstoffen oder an qualifiziertem Personal. Diese Argumentation vernachlässigt jedoch Auswirkungen auf die Anreizkompatibilität, die nur in einer langfristigen, dynamischen Sichtweise auszumachen sind: Durch die Aussetzung des Patentschutzes wird die Vereinbarkeit individueller Anreize mit kollektiven Zielen ausgehebelt:

Wenn die Pionierunternehmer erkennen, dass ihre innovativen Leistungen in der pharmazeutischen Industrie nicht ebenso gewürdigt werden wie in anderen Branchen und zudem Nachahmer mit einer „billigen" und risikolosen Imitationsstrategie ebenfalls hohe Gewinne erzielen können, dann entfallen die Anreize zu eben dieser Forschung nach innovativen Lösungen. Die italienische Pharmaindustrie weiß seit der Abschaffung des Patentschutzes für medizinische Produkte davon ein Lied zu singen, ist die einstmals blühende Pharmaforschung in diesem Land im Laufe weniger Jahrzehnte bis auf den Nullpunkt eingebrochen. Langfristig drohen durch diese Negativanreize schwerwiegende negative Konsequenzen: Eine Aussetzung des Patentschutzes für Impfstoffe hat zur Folge, dass die Forschung nach wirksamen Impfstoffen gegen neue Covid-19-Mutationen nicht anreizkompatibel ist. Kurzfristige negative Folgen entstanden bereits durch die Infragestellung des Patentschutzes im Jahr 2021: Unternehmen, die mit den Rechteinhabern über eine Lizensierung der Produktion von Impfstoffen verhandelten, verhielten sich abwartend, weil sie gleich nach Beginn der öffentlichen Diskussion darauf spekulierten, bei Aussetzung des Patentschutzes die Produktionslizenz ohne die Zahlung einer nennenswerten Gebühr zu erhalten. Somit ist fraglich, ob die Aussetzung des Patentschutzes moralisch lobenswert oder moralisch verwerflich ist, weil kurzfristig das Angebot bestehender Impfstoffe sowie langfristig das Angebot neuer Impfstoffe erheblich eingeschränkt wird. Dabei liegt die Lösung einer hohen moralischen Ansprüchen verpflichteten marktwirtschaftlichen Ordnung nicht fern: Reiche Länder könnten unter Beibehaltung des Patentschutzes für Impfstoffe die Finanzierung der Impfstoffe für arme Länder übernehmen. In diesem Fall ist Anreizkompatibilität sowohl für das kurz- als auch für das langfristige Angebot von Impfstoffen gegeben, und die moralische Pflicht, die Armen mit Impfstoff zu versorgen, erfüllt. Die (geschätzte) finanzielle Belastung für die Impfung aller erwachsenen Erdenbewohner beträgt nicht einmal ein Zehntel dessen, was allein die EU an geplanten „Corona-Hilfen" im Rahmen ihres Pandemic Emergency Purchase Programme (PEPP) für nur 27 der weltweit knapp 200 Länder bereitgestellt hat. ◄

Die für stetiges Wirtschaftswachstum erforderliche **monetäre Stabilität** wird erreicht durch Preisniveaustabilität bei gleichzeitiger Aufrechterhaltung der Preisflexibilität, durch einen liquiden Bankensektor sowie durch Kapitalbildung auf funktionierenden Geld-, Kapital- und Kreditmärkten.

Die Verbesserung der materiellen **Infrastruktur** einer Volkswirtschaft ist von erheblicher Bedeutung für das Wirtschaftswachstum. Zur materiellen Infrastruktur zählen nicht nur Verkehrswege zu Lande, zu Wasser, in der Luft oder in der Pipeline, sondern auch die Ausstattung mit Informations- und Kommunikationstechnik oder die Wasser- und Elektrizitätsversorgung.

Freihandelstheorien, Inzidenzanalysen protektionistischer Instrumente sowie empirische Daten zeigen, dass sich offene Volkswirtschaften besser entwickeln als geschlossene. Deutsch-

lands historische Kleinstaaterei und sein dadurch bedingter Dezentralismus war ein Wettbewerbsvorteil für die Öffnung seiner Volkswirtschaft und den regen internationalen Handel. Dennoch ist **Protektionismus**, der zu Wohlfahrtsverlusten und dadurch zu geringerem Wirtschaftswachstum führt, wieder salonfähig geworden. Auch **Bilateralismus**, der Handelserleichterungen zwischen zwei („bi-") Ländern schafft, ist weniger effizient als Multilateralismus, der Handelserleichterungen zwischen vielen („multi-") Ländern generiert.

▷ In einer **Inzidenzanalyse** wird untersucht, wer die tatsächliche Last einer wirtschaftspolitischen Maßnahme trägt.

Ziel **optimaler Allokation** ist **Effizienz**. Effizientes Verhalten heißt Verhalten gemäß dem ökonomischen Prinzip. Dieses existiert in zwei Ausprägungen: dem Maximum- und dem Minimumprinzip: Als Maximum-Prinzip besagt es, dass bei gegebenem Aufwand der Ertrag zu maximieren ist, als Minimum-Prinzip, dass bei gegebenem Ertrag der Aufwand zu minimieren ist. Die umgangssprachlich verbreitete Version, „mit dem geringstmöglichen Aufwand den größtmöglichen Ertrag" zu erzielen, ist aus logischen Gründen falsch: Der geringstmögliche Aufwand liegt bei null, sodass eine gleichzeitige Minimierung des Aufwands und Maximierung des Ertrags nicht möglich ist. Für die ökonomische Evaluation einer Maßnahme reicht es nicht, zu fragen, ob diese Maßnahme effektiv ist, das heißt, ob man durch sie seinem Ziel näherkommt, sondern unter dem Gesichtspunkt der Effizienz ist zu fragen, ob eine andere Maßnahme zu einer besseren Ziel-Mittel-Relation führt. **Effizientes Handeln** setzt ein **Denken in Opportunitätskosten** voraus.

Opportunitätskosten

Die finanzielle Unterstützung Italiens mit ca. 200 Milliarden Euro allein aus dem europäischen „Corona-Fonds" „NextGenerationEU" (vgl. NGEU, 2021) kann durchaus effektiv sein, wenn dadurch beispielsweise Italienern in Not geholfen wird. Sie ist aber nicht effizient, wenn mit derselben Summe mehr Menschen in größerer Not geholfen werden kann. Mit 200 Milliarden Euro, die an ein reiches Land wie Italien mit weniger als einem Prozent der Weltbevölkerung fließen, ließen sich beispielsweise die Impfungen zum Schutz vor Covid-19 für die ganze Menschheit finanzieren. ◄

Die durchschnittlichen Produktionskosten sinken durch (vgl. Spence, 2001, S. 440):

- **economies of scale**: steigende Skalenerträge: sinkende durchschnittliche Produktionskosten durch *Massenproduktion*;
- **economies of scope**: steigende Reichweite: sinkende durchschnittliche Produktionskosten durch *Produktdifferenzierung*;
- **economies of focus**: steigende Fokussierung: sinkende durchschnittliche Produktionskosten durch *Spezialisierung*.

Für das langfristige Wachstum von Unternehmen hat die Orientierung am **Shareholder Value** (vgl. Rappaport, 1986) eine hohe Bedeutung. Unternehmen sind konfrontiert mit:

- schwankenden Gewinnen (**v**olatility),
- Unsicherheit (**u**ncertainty),
- Komplexität (**c**omplexity),
- Mehrdeutigkeiten (**a**mbiguity).

Diesen vier, unter dem Akronym **„VUCA"** zusammengefassten Herausforderungen, kann mit einer Strategie der **Ambidextrie** („Beidhändigkeit", „beide rechts") begegnet werden, indem Unternehmer zwei Ziele verfolgen:

1. **Exploitation**, die **Effizienz**orientierung für gegenwärtige Geschäfte,
2. **Exploration**, die **Innovation**sorientierung für künftige Geschäfte.

Technischer Fortschritt kann durch Produkt- und Prozessinnovationen zur Steigerung der Produktivität und Senkung der Lohnstückkosten führen. Der **Kapitalkoeffizient** ist das Verhältnis zwischen dem Kapitalstock und dem Volkseinkommen. In den Industrieländern liegt der Kapitalkoeffizient zwischen zwei und vier, in Deutschland bei drei. Dies bedeutet, dass der Kapitalstock um ein Vielfaches größer ist als der Wert der laufenden Produktion. Dies ist auch daran erkennbar, dass die betriebsgewöhnliche Nutzungsdauer von Anlagegütern in der Regel bei über einem Jahr liegt und sich Abschreibungen auf Anlagen daher über mehrere Jahre hinziehen. Investitionen lösen einen Kapazitäts- und einen Nachfrageeffekt aus: Der **Kapazitätseffekt** hängt vom Kapitalkoeffizienten ab: Liegt der Kapitalkoeffizient wie in Deutschland bei drei, so erhöht sich die Produktionskapazität um ein Drittel der Nettoinvestition. Der **Nachfrageeffekt** entsteht dadurch, dass durch die Investition die gesamtwirtschaftliche Nachfrage um die Höhe der Bruttoinvestition zunimmt.

Wachstumsfördernd sind Investitionen in Bildung und soziale Sicherungssysteme, um so vielen wie möglich die Teilhabe am wirtschaftlichen Erfolg zu ermöglichen und damit auch die Zustimmung zu einem Wettbewerbssystem zu erhalten. Hervorragende Forschungs- und Entwicklungsleistungen, aber auch fachlich hochwertige Handwerks- und Industriearbeit sowie ein marktgerechtes Angebot im Dienstleistungsbereich sind notwendig für langfristiges Wirtschaftswachstum. Deshalb wird den Fähigkeiten und Fertigkeiten der Menschen – ökonomisch unprätentiös als **„Humankapital"** bezeichnet – die zentrale Rolle als Wachstumsmotoren zugeschrieben. Länder wie Deutschland, die im Gegensatz zu den USA, Kanada oder Australien keine Nettoimporteure von Humankapital sind, sind daher auf einen hohen Bildungsstand ihrer Bevölkerung angewiesen. Aus diesem Grund werden gerade in Zeiten schwindender deutscher Standortvorteile Forderungen nach höheren Bildungsinvestitionen laut. Allerdings ist Bildung nicht käuflich, sodass steigende finanzielle Ausgaben für den Bildungssektor nicht zwingend zu einer höheren Bildung der Bevölkerung führen.

Wie erfolgreich sich Bildung in Verbindung mit unternehmerischen Tugenden auf das Wirtschaftswachstum auswirken kann, zeigen die **„Hidden Champions"**, kleine und mittelständische Unternehmen, die

1. weltweit einer der drei größten Anbieter oder der größte kontinentale Anbieter sind,
2. jährlich weniger als € 5 Milliarden Umsatz erwirtschaften,
3. unbekannt sind.

Unter den 3000 seit Ende der achtziger Jahre identifizierten „Hidden Champions" kommen die Hälfte aus Deutschland, obwohl nur jeder einhundertste Mensch in Deutschland lebt. Nicht nur absolut, sondern auch relativ – bezogen auf die jeweilige Bevölkerungszahl – gibt es in Deutschland mit Abstand die meisten „Hidden Champions". Die anderen Länder, in denen diese erfolgreichen kleinen und mittleren Unternehmen ihre jeweiligen Gewerke verrichten, liegen alle in Mittel- und Nordeuropa: Nach Deutschland folgen Luxemburg, die Schweiz und Österreich, gefolgt von Schweden, Dänemark und Norwegen. In Deutschland gibt es zehnmal so viele „Hidden Champions" wie in Italien und Frankreich sowie achtzigmal so viele wie in Spanien (vgl. Simon, 2012).

Wie die beiden Princeton-Ökonomen Alan Blinder und Mark Watson in einer ökonometrischen Studie belegten, lag das US-amerikanische Wirtschaftswachstum zwischen 1949 und 2012 unter demokratischen Präsidentschaften um 1,8 Prozentpunkte höher als unter republikanischen (vgl. Blinder & Watson, 2016, S. 1015–1045). Als Grund für diesen Erfolg bietet sich der Verweis auf die Effektivität einer unter Demokraten populären expansiven Stabilisierungspolitik an. Jedoch ist es gut möglich, dass diese enge Verknüpfung einen argumentativen Fehlschluss darstellt. Denn nur, weil sich die Konklusion des relativ hohen Wirtschaftswachstums bestätigt, lässt sich diese Schlussfolgerung nicht zwingend aus der Prämisse einer expansiven Stabilisierungspolitik ableiten. Dieser **„Presidential Growth Gap"** kann unabhängig von der Wirtschaftspolitik erfolgt sein: Die beiden Chicago-Ökonomen Lubos Pastor und Pietro Veronesi zeigen, dass Präsidenten der Demokratischen Partei vorzugsweise am Ende wirtschaftlicher Rezessionen gewählt worden sind (vgl. Pastor & Veronesi, 2020, S. 4011–4045). Eine Regression zum Median bietet sich

als alternatives Narrativ an: Befindet sich die Volkswirtschaft in der Rezession oder Depression, ist über kurz oder lang zu erwarten, dass sie bald wieder wachsen wird. Die erste Wahl Franklin D. Roosevelts 1932 erfolgte nach drei Jahren Großer Depression, die dritte Amtszeit des einzigen aller amerikanischen Präsidenten mit mehr als zwei Amtszeiten (1933–1945) profitierte vom Kriegsboom. John F. Kennedy (1961–1963) regierte nach der Rezession von 1960/61, Jimmy Carter (1976–1980) nach dem Wirtschaftseinbruch im Nachgang der ersten Ölkrise, Bill Clinton (1993–2001) nach der Rezession Anfang der neunziger Jahre, Barack Obama (2008–2016) nach Ausbruch der US-amerikanischen Finanzkrise und Joe Biden nach der Corona-Krise (ab 2021).

Für den langfristigen Trend zu *niedrigem* **Wirtschaftswachstum** in Deutschland und Europa lassen sich folgende Gründe anführen:

- demographische Entwicklung,
- steigende Bedeutung von Dienstleistungen gegenüber Industriegütern,
- zunehmender Protektionismus,
- postmaterialistische Einstellungen.

Aufgrund ihrer negativen **demographischen Entwicklung**, die zum Teil auch in den USA zu erkennen ist (vgl. Vollrath, 2020), sind die entwickelten europäischen Länder Opfer ihres eigenen Erfolgs geworden: Zunehmender Wohlstand resultiert in einer besseren Bildung für Frauen. Dies führt zu späterer Heirat, späterer Mutterschaft, längeren Pausen zwischen Geschwisterkindern und dadurch zu einer sinkenden Fertilität. Dadurch rücken weniger Menschen in den Arbeitsmarkt nach. Deutschland wird ceteris paribus zwischen 2020 und 2035 etwa sieben Millionen seiner 44 Millionen Beschäftigten verlieren, weil die Alterskohorten der in den Arbeitsmarkt Nachrückenden im Durchschnitt um 40 Prozent kleiner sind als die Alterskohorten der in den Ruhestand Eintretenden. Sinkt der arbeitende Teil der Bevölkerung, so ist mit Wachstumseinbußen zu rechnen.

Das Phänomen der **De-Industrialisierung** schlägt sich in einer steigenden relativen Bedeutung der **Dienstleistungen** zuungunsten industrieller Erzeugnisse nieder. Jene sind weniger kapitalintensiv, dafür arbeitsintensiver. Ein **Produktivitätsparadoxon** ist zu beobachten: Seit der digitalen Revolution zur Jahrtausendwende sinkt die durchschnittliche Produktivität, obwohl die Digitalisierung zu Produktivitätsfortschritten führen sollte. Ein wichtiger Grund liegt darin, dass die im BIP erfasste Produktionsmenge geringer ist als die tatsächliche. Denn in einer zunehmend digitalisierten Ökonomie werden immer mehr bisher zu Marktpreisen verkaufte Dienstleistungen durch Dienstleistungen ersetzt, für die keine oder nur geringe Preise zu entrichten sind. Der Anteil der im BIP erfassten Informationsgüter ist in etwa gleichgeblieben, seine Nutzung und sein Nutzen sind heute jedoch deutlich höher als früher. Um diesen zusätzlichen Nutzen zu registrieren, müsste man vom Konzept kostenorientierter BIP-Messung (GDP) zu einem Konzept nutzenorientierter BIP-Messung (GDP-B[enefits]) übergehen. Vor dem Hintergrund individuell variierender Nutzenbewertungen ist dies jedoch ein unrealistisches Unterfangen.

▷ Die **(Mengen-) Produktivität** ist das Verhältnis zwischen der Produktions*menge* und der Faktoreinsatz*menge*.

▷ Die **(Wert-) Produktivität** ist das Verhältnis zwischen dem Produktions*wert* und den Faktor*kosten*.

Im Zähler der gesamtwirtschaftlichen (Wert-) Produktivität steht der gesamtwirtschaftliche Produktions*wert* (BIP). Ein Wert hat eine Preis- und eine Mengenkomponente. Daher ist der Produktionswert die zu Marktpreisen bewertete Produktionsmenge. Im Nenner der gesamtwirtschaftlichen (Wert-) Produktivität stehen die gesamtwirtschaftlichen Faktorkosten, die ebenfalls einen *Wert* verkörpern. Die Faktorkosten sind die zu Faktorpreisen bewertete Faktoreinsatzmenge. Sinkt nun die offiziell im BIP erfasste Produktionsmenge aufgrund alternativer digitaler Angebote, die nicht im BIP berücksichtigt werden, so sinkt ceteris paribus der Produktionswert und damit auch die gesamtwirtschaftliche (Wert-) Produktivität. Zu beachten

ist, dass das Nutzenniveau der Konsumenten nicht sinkt, sondern sogar steigen kann.

Verzerrungen beim BIP

Begriffe werden nicht mehr in einem (zuvor erworbenen) papiernen Lexikon nachgeschlagen, sondern online gesucht; Musik wird nicht mehr auf Tonträgern wie CD, Kassette, Schallplatte oder Tonband gehört, sondern über Audio-Streaming-Dienste wie Amazon Music, Apple Music, Spotify, Deezer, qobuz oder Tidal; Filme werden nicht mehr im Kino gesehen, sondern über Video-Streaming-Dienste wie Netflix, youtube, DAZN, Joyn, amazon prime, Google Play Video, iTunes Video oder Mediatheken; Orte nicht mehr auf papiernen Landkarten gesucht, sondern über googlemaps; Flüge, Hotels oder Mietwagen nicht mehr in Reisebüros gebucht, sondern online; Briefe nicht mehr auf Papier geschrieben und mit Briefmarke verschickt, sondern über Social Media; Photos nicht mehr im Photogeschäft entwickelt, sondern selbst ausgedruckt; rechtlicher und medizinischer Rat wird nicht mehr von Anwälten beziehungsweise Ärzten eingeholt, sondern auf einschlägigen Foren im Internet. ◀

Das BIP wäre unter der adäquaten Berücksichtigung digitaler Angebote sowie unter Einbeziehen der Güter, die in einer „sharing economy" weitgehend abseits des BIP gehandelt werden, deutlich höher (vgl. Brynjolfsson & McAfee, 2014). Um diesen Nutzen zumindest annäherungsweise abschätzen zu können, könnte er indirekt über die Nutzungszeiten im Internet gemessen werden, für die Opportunitätskosten geschätzt werden können.

5.3 Preisniveaustabilität

5.3.1 Warenkorb

Preisniveaustabilität ist gegeben, wenn das Preisniveau im Vergleich zum Vorjahr um etwa zwei Prozent gestiegen ist. Die Preisniveauänderungsrate ist bei steigendem Preisniveau die **Inflationsrate**, bei sinkendem Preisniveau die **Deflationsrate**

Deflation ruft Attentismus hervor: Konsumenten und Investoren „beachten" (vgl. lateinisch: „attendere" – „beachten") die sinkenden Preise und schieben ihre Käufe und Verkäufe auf, wenn sie weiterhin mit sinkenden Preisen rechnen. Durch den damit unweigerlich verbundenen Rückgang der gesamtwirtschaftlichen Nachfrage wird eine Spirale in Gang gesetzt, die sich negativ auf das Wirtschaftswachstum auswirkt: Die sinkende Nachfrage setzt die Preise noch mehr unter Druck, sodass sie weiter sinken und die abwartende Haltung der Nachfrager noch verstärken. Da das Preisniveau in der Regel eher steigt, als dass es sinkt, hat sich der Begriff „Inflationsrate" durchgesetzt. Die Inflationsrate wird anhand des **Harmonisierten Verbraucherpreisindex (HVPI)** gemessen. In Deutschland ist das Statistische Bundesamt dafür zuständig. Dieses ermittelt mithilfe eines Warenkorbs, der nicht nur Waren, sondern auch Dienstleistungen enthält, wie sich das Preisniveau im Vergleich zum Vorjahreszeitraum geändert hat.

➤ Eine positive Preisniveauänderungsrate bedeutet **Inflation**, eine negative **Deflation**.

Der **Warenkorb** des Statistischen Bundesamtes umfasst 650 Güter. Für einen im Zeitablauf konstanten Warenkorb spricht die Vergleichbarkeit, weil dann in jedem Jahr der gleiche Warenkorb mit den gleichen Anteilen am Konsum verglichen wird. Gegen einen konstant gehaltenen Warenkorb spricht, dass sich im Laufe der Zeit die repräsentative Konsumstruktur ändert und Warenkörbe dann nicht mehr den typischen Konsumgewohnheiten entsprechen. Deshalb soll der Warenkorb etwa alle fünf Jahre angepasst werden. Dadurch, dass über die Jahre hinweg unterschiedliche Warenkörbe miteinander verglichen werden, lässt sich die Inflationsrate allerdings nicht präzise messen.

Der vom Statistischen Amt der Europäischen Union (Eurostat) zugrunde gelegte Warenkorb ist in Anlage I: Europäische Klassifikation der Verwendungszwecke des Individualkonsums (ECOI-COP) der Verordnung (EU) 2016/792 über harmonisierte Verbraucherpreisindizes im Amtsblatt der Europäischen Union (L 135/11) festgelegt

(vgl. EU-2016/792). Ziel der Harmonisierung ist vor allem (EU-2016/792, Präambel Abs. 1):

> „Mit dem harmonisierten Verbraucherpreisindex (HVPI) soll die Inflation in allen Mitgliedstaaten auf harmonisierte Weise gemessen werden. Die Kommission und die Europäische Zentralbank (EZB) nutzen den HVPI bei ihrer Bewertung der Preisstabilität in den Mitgliedstaaten gemäß Artikel 140 des Vertrags über die Arbeitsweise der Europäischen Union (AEUV)."

Der HVPI wird ausdrücklich nicht als Index für die Lebenshaltungskosten angesehen, sondern als Index für die Messung der Inflationsrate in der Europäischen Union (vgl. eurostat, 2021c). Alle Länder müssen für sämtliche Kategorien (vgl. EU-2016/792, Anhang 1) der Europäischen Klassifikation des Individualkonsums (ECOI-COP) Indizes bilden, sofern der Anteil einer Kategorie an den Gesamtausgaben mindestens ein Promille ausmacht (vgl. eurostat, 2021b). Aufgrund nicht behobener Mängel in einer harmonisierten Erfassung werden folgende Kategorien der ECOICOP bei der Messung der Inflationsrate nicht erfasst (vgl. eurostat, 2021a):

- Drogen,
- unterstellte Mietzahlungen für selbstgenutztes Wohneigentum,
- Glücksspiele,
- Prostitution,
- Lebensversicherungen,
- gesetzliche Krankenversicherungsdienstleistungen,
- Bankdienstleitungen gegen unterstelltes Entgelt.

Inwiefern die Nicht-Berücksichtigung dieser Größen die Inflationsrate beeinflusst, wird an der Vernachlässigung kalkulatorischer Mieten für selbstgenutztes Wohneigentum deutlich: 70 Prozent der EU-Bürger wohnen in den eigenen vier Wänden, deren unterstellte Mietzahlungen nicht in der Inflationsrate berücksichtigt werden. Nur 30 Prozent der EU-Bürger sind Mieter. Dies führt insbesondere zuzeiten stark steigender beziehungsweise stark sinkender Immobilienpreise zu Verzerrungen, die sich auch von Land zu Land unterscheiden. Denn die **Wohneigentumsquote**, welche die Anzahl der privaten Haushalte mit Wohneigentum ins Verhältnis zur Anzahl aller privaten Haushalte setzt, unterscheidet sich in der EU erheblich, wie Tab. 5.7 illustriert. Das Statistische Bundesamt misst nur die Eigentümerquote selbstgenutzten Wohnraums, die in Deutschland bei 46 Prozent liegt. Das Statistische Amt der Europäischen Union misst hingegen die (höhere) Eigentümerquote selbst- sowie fremdgenutzten Wohneigentums, die in Deutschland bei etwa 50 Prozent liegt und die niedrigste aller EU-Staaten ist (vgl. statista, 2021k).

Im **Wägungsschema** des Verbraucherpreisindex, das sowohl vom Statistischen Amt der Europäischen Union (Eurostat) als auch vom Statistischen Bundesamt (destatis) verwendet wird, sind Anfang der 2020er-Jahre ein Dutzend Hauptproduktkategorien vertreten, deren jewei-

Tab. 5.7 Wohneigentumsquoten in der EU in % (vgl. statista, 2021k; für Malta: eurostat, 2015; eigene Rundungen)

Rumänien	96
Ungarn	92
Slowakei	91
Litauen	90
Kroatien	90
Polen	84
Bulgarien	84
Estland	82
Malta	80
Lettland	80
Tschechien	79
Spanien	76
Griechenland	75
Slowenien	75
Portugal	74
Italien	72
Belgien	71
Finnland	71
Luxemburg	71
Irland	70
Niederlande	69
Zypern	68
Frankreich	65
Schweden	64
Dänemark	61
Österreich	55
Deutschland	51

lige prozentuale Anteile in Tab. 5.8. dargestellt sind.

Den mit knapp einem Drittel höchsten Anteil an den Ausgaben eines repräsentativen privaten Haushalts hat das Wohnen mit allen seinen Nebenkosten. Es folgen drei größere Hauptproduktkategorien mit Anteilen, die jeweils etwa ein Zehntel ausmachen, nämlich die Ausgaben für Verkehr, Freizeit und Nahrungsmittel. Diese vier großen Posten Wohnen, Verkehr, Freizeit und Nahrungsmittel sind für etwa zwei Drittel der Konsumausgaben in Deutschland verantwortlich. Fünf mittelgroße Hauptproduktkategorien mit Anteilen von jeweils fünf Prozent verursachen ein weiteres Viertel der Ausgaben eines repräsentativen privaten Haushalts: Einrichtungsgegenstände, Gaststätten und Beherbergung, Gesundheit, Bekleidung und Schuhe, Alkohol und Tabak. Die beiden kleinsten Hauptproduktkategorien sind die Post- und Telekommunikation sowie die Bildung. Alles, was sich nicht in eine der elf bisher genannten Hauptproduktkategorien klassifizieren lässt, wird unter „Sonstiges" in der zwölften Hauptproduktkategorie verbucht („Andere Waren und Dienstleistungen").

Im Warenkorb (vgl. destatis, 2020c; eurostat, 2021b) finden sich so unterschiedliche Produkte wie

- „Kartoffelchips und -sticks" (CC13-01175),
- „Chemische Reinigung, Waschen und Bügeln von Bekleidung" (CC13-03141),
- „Schönheitsreparatur von Malern und Tapezierern" (CC13-04324),
- „Verlegen von elastischen Bodenbelägen" (CC13-05123),
- „Miete von motorbetriebenen Großwerkzeugen und -geräten" (CC13-05512),
- „Schwangerschaftstests, Kondome und Ähnliches" (CC13-61121),
- „Straßenbenutzungsgebühren und Parkgebühren" (CC13-07242),
- „Personenbeförderung mit Binnenschiffen" (CC13-07342),
- „Tragbare Bild-, Tonplayer und Fernsehgeräte" (CC13-09113),
- „Ausrüstung für Freizeitpferde und Ponys" (CC13-09214),

Tab. 5.8 Hauptproduktkategorien im Wägungsschema des Verbraucherpreisindex' in Deutschland (vgl. destatis, 2020c; eigene Rundungen)

Hauptgruppe	Anteil in %	Kumulierter Anteil in %
Wohnung, Wasser, Strom, Gas und andere Brennstoffe	32	32
Verkehr	13	45
Freizeit, Unterhaltung und Kultur	11	56
Nahrungsmittel und alkoholfreie Getränke	10	66
Möbel, Leuchten, Geräte und anderer Haushaltszubehör	5	71
Gaststätten und Beherbergungsdienstleistungen	5	76
Gesundheit	5	81
Bekleidung und Schuhe	5	86
Alkoholische Getränke und Tabakwaren	4	90
Post- und Telekommunikation	3	93
Bildungswesen	1	94
Andere Waren und Dienstleistungen	7	100

- „Veterinär- und andere Dienstleistungen für Haustiere" (CC13-09350),
- „Gebühren für Anlageberatung, Steuerberatung und Ähnliches" (CC13-12622).

Aus den Gewichtungsfaktoren im Warenkorb lassen sich einige interessante Ergebnisse ablesen: Für die Nettokaltmieten wird im Durchschnitt ein Fünftel des verfügbaren Einkommens verwendet. Heizöl hat im Warenkorb nur einen Anteil von einem Prozent an den Gesamtausgaben, Diesel und Benzin liegen bei gut drei Prozent. Für Nahrungsmittel geben die Deutschen im Durchschnitt weniger als zehn Prozent ihres verfügbaren Einkommens aus, davon je ein Viertel für Fleisch und Fisch sowie für Obst und Gemüse. Für Milchprodukte (ca. 15 %) sind die Ausgaben genauso hoch wie für Brot und Getreideerzeugnisse. Für die Pflege ihres Körpers geben Deutsche doppelt so viel aus wie für die Pflege ihres Geistes (Bildungswesen). Auch für Glücksspiele zahlen sie mehr als für ihre Bildung.

Die **Kerninflation** ist die Inflation ohne Berücksichtigung der Preisentwicklung für Nahrungsmittel und Energie, die einen Anteil von jeweils 10 Prozent an den Gesamtausgaben haben. Diese Preise variieren erfahrungsgemäß stark aufgrund schwankender Ernteerträge beziehungsweise aufgrund weltpolitischer Entwicklungen und sind daher imstande, langfristige Trends zu verzerren. Die Kerninflation nivelliert diese Unwägbarkeiten.

Um die Qualitätssteigerungen schnelllebiger Produkte angemessen zu erfassen, verwendet das Statistische Bundesamt seit 2002 **hedonische Techniken**: Ziel ist es, den Konsumnutzen (vgl. griechisch: „hedone" – „Freude") intertemporal zu erfassen und zu vergleichen. Mehrjährige Preisvergleiche von IT-Produkten durchschnittlicher Qualität sind verzerrt, weil beispielsweise ein Computer durchschnittlicher Qualität nur ein Jahr später eine deutlich höhere Produktqualität aufweist, die im Preis zu berücksichtigen ist. Denn für einen gegebenen Preis bekommt der Konsument mehr geboten. Eine gegebene Produktqualität ist zu einem niedrigeren Preis (für ein nunmehr älteres Modell) zu haben. Daher wird für folgende Güter aus der IT-Branche, für Gebrauchtwagen und Wohnimmobilien die hedonische Preisanpassung durchgeführt (vgl. destatis, 2021a):

- Desktop-PC,
- Tablet-PC,
- Notebooks,
- Festplatten,
- Prozessoren,
- Random-Excess Memory (RAMx),
- Server,
- Drucker,
- Smartphones,
- Gebrauchtwagen,
- Wohnimmobilien.

5.3.2 Inflationsraten in Deutschland

Die Inflationsraten in Deutschland sind in Tab. 5.9 aufgelistet.

Für die Beurteilung des Ziels der Preisniveaustabilität lassen sich für Deutschland folgende Ergebnisse ableiten:

1. Das Ziel der **Preisniveaustabilität** wurde in den meisten Jahren **erfüllt**. Im Durchschnitt lag die Inflationsrate bei zweieinhalb Prozent, zu DM-Zeiten höher (3 %) als zu Euro-Zeiten (1,5 %).
2. Der **Euro** ist **kein „Teuro"**: Das Ziel der Preisniveaustabilität wurde in den ersten 20 Jahren der Währungsunion fast immer erreicht. Nur in den ersten beiden Jahren der Finanzkrise (2007 und 2008) lag die Inflationsrate bei knapp über zwei Prozent. Im Nachgang der Corona-Krise überschritt die Inflationsrate 2021 wieder die Zwei-Prozent-Marke (vgl. destatis, 2021b).
3. **Inflation** erlebte Deutschland
   - in den Anfängen der Sozialen Marktwirtschaft 1951 (Rekord mit 7,6 %),
   - in den letzten Jahren des Wirtschaftswunders zwischen 1962 und 1966 (3 %),
   - in der keynesianisch orientierten Periode zwischen 1970 und 1982 (4–7 %),
   - im Wiedervereinigungsboom zwischen 1991 und 1993 (4–5 %).
4. **Deflation** erlebte Deutschland
   - 1950 aufgrund der Angebotsschwemme zur Einführung der Sozialen Marktwirtschaft (Rekord mit −6,4 %),
   - 1953, als der Kalte Krieg mit dem Aufstand des 17. Juni besonders „kalt" war (−1,7 %).

5.3.3 Europäisches System der Zentralbanken (ESZB)

Bedeutende Rechtsnormen zur europäischen Geld- und Währungspolitik finden sich im Vertrag über die Arbeitsweise der Europäischen Union (AEUV), vor allem im dritten Teil unter Titel VIII in Kapitel II (vgl. §§ 119–144 AEUV 2009) sowie in der Satzung des Europäischen Systems der Zentralbanken (ESZB) und der Europäischen Zentralbank (vgl. EZB, 2004).

Das **Europäische System der Zentralbanken (ESZB)** besteht aus (vgl. Art. 1.2 ESZB-Satzung in Verbindung mit Art. 128 Abs. 1 AEUV):

1. der Europäischen Zentralbank (EZB),
2. den nationalen Zentralbanken.

Tab. 5.9 Inflationsraten in der Bundesrepublik Deutschland (vgl. statista, 2021g)

Jahr	Inflation in %	Jahr	Inflation in %	Jahr	Inflation in %	Jahr	Inflation in %	Jahr	Inflation in %
1950	-6,4	1964	2,4	1978	2,7	1992	5,0	2006	1,6
1951	7,6	1965	3,2	1979	4,1	1993	4,5	2007	2,3
1952	2,1	1966	3,3	1980	5,4	1994	2,6	2008	2,6
1953	-1,7	1967	1,9	1981	6,3	1995	1,8	2009	0,3
1954	0,4	1968	1,6	1982	5,2	1996	1,3	2010	1,1
1955	1,4	1969	1,8	1983	3,2	1997	2,0	2011	2,1
1956	2,8	1970	3,6	1984	2,5	1998	0,9	2012	2,0
1957	2,0	1971	5,2	1985	2,0	1999	0,6	2013	1,5
1958	2,3	1972	5,4	1986	-0,1	2000	1,4	2014	1,0
1959	0,6	1973	7,1	1987	0,2	2001	2,0	2015	0,5
1960	1,6	1974	6,9	1988	1,2	2002	1,3	2016	0,5
1961	2,5	1975	6,0	1989	2,8	2003	1,1	2017	1,5
1962	2,8	1976	4,2	1990	2,6	2004	1,7	2018	1,8
1963	3,0	1977	3,7	1991	3,7	2005	1,5	2019	1,4
								2020	0,5

Die Europäische Zentralbank (EZB) mit Sitz in Frankfurt am Main (vgl. Art. 37 ESZB-Satzung) ging 1998 aus dem 1994 ins Leben gerufenen Europäischen Währungsinstitut hervor, in dem neben seinem Präsidenten die Zentralbankpräsidenten der EU-Mitglieder vertreten waren. Nach einer Interimsphase zwischen dem 30. Juni und dem 31. Dezember 1998 nahm die EZB ihre geldpolitische Arbeit mit Beginn der Europäischen Wirtschafts- und Währungsunion am 1. Januar 1999 auf. Der Euro ersetzt seit dem 1. Januar 1999 die bisherigen nationalen Währungen. Rechtlich hatte der Euroraum somit seit 1999 nur eine einzige Währung, obwohl sie materiell erst ab 2002 zur Verfügung gestellt wurde. Die „nationalen Währungseinheiten" wie die Deutsche Mark hatten den Status von „Untereinheiten des Euro". Sie waren bis zum Ende der Übergangszeit „gesetzliche Zahlungsmittel des Euro". Seit dem Jahr 2002 haben neben der Deutschen Mark auch die „fremden nationalen Währungseinheiten" ihre Funktion als jeweiliges gesetzliches Zahlungsmittel verloren, die seitdem nur noch dem Euro zukommt. Im Gegensatz zum Bundesbankgesetz, das mit einfacher Mehrheit zu ändern ist, ist die **Satzung der Europäischen Zentralbank** aufgrund der Tatsache, dass sie als Protokoll dem EG-Vertrag von Maastricht beigefügt ist (vgl. Protokoll über die Satzung des Europäischen Systems der Zentralbanken und der Europäischen Zentralbank [ESZB-Satzung]), ein **völkerrechtlicher Vertrag**, der nur mit den Stimmen aller beteiligten Partner geändert werden kann.

5.3.3.1 EZB-Rat

Wichtigstes Gremium der Europäischen Zentralbank ist der Rat. Der Vorsitzende des Rates der Europäischen Union und ein Mitglied der Europäischen Kommission haben das Recht, an Sitzungen des Zentralbankrates teilzunehmen. Stimmberechtigt sind sie nicht, dem Ratsvorsitzenden steht aber ein Vorschlagsrecht zu, das den nicht-präsidialen Mitgliedern der nationalen Zentralbanken vorenthalten wird. Im Gegenzug kann der Präsident der Europäischen Zentralbank an Sitzungen des Ministerrates teilnehmen, wenn Themen von geldpolitischer Bedeutung auf der Tagesordnung stehen.

Der **EZB-Rat** setzt sich zusammen aus

- einem sechsköpfigen Direktorium,
- den Präsidenten der nationalen Zentralbanken (vgl. Art. 10.1 ESZB-Satzung).

Anfang der 2020er-Jahre gehören dem EZB-Rat somit 25 Personen an, nämlich sechs Direktoren sowie 19 Präsidenten der nationalen Zentralbanken der teilnehmenden Länder. **Stimmberechtigt** sind seit 2015 jedoch nur **21 Ratsmitglieder**, nämlich alle sechs Direktoren sowie 15 Präsidenten der nationalen Zentralbanken, die ihr Stimmrecht in einem Rotationsverfahren ausüben (vgl. Art. 10.2 ESZB-Satzung; EZB 2014): Für dieses Rotationsverfahren werden zwei Ländergruppen gebildet, nämlich die:

1. fünf größten Länder (Deutschland, Frankreich, Italien, Spanien, Niederlande) mit vier Stimmen,
2. übrigen 14 Länder mit elf Stimmen.

Der EZB-Rat tritt mindestens zehnmal im Jahr zusammen (vgl. Art. 10.2 ESZB-Satzung). Grundsätzlich werden Entscheidungen mit einfacher Mehrheit getroffen (vgl. Art. 10.2 ESZB-Satzung).

Dem **Direktorium** obliegt die Führung der laufenden Geschäfte (vgl. Art. 11.6 ESZB-Satzung). Ihm gehören an:

- der Präsident,
- der Vize-Präsident,
- vier weitere Mitglieder (vgl. Art. 11.1 ESZB-Satzung).

Die Mitglieder des Direktoriums werden

- auf Vorschlag des ECOFIN-Rates (Rat für Wirtschaft und Finanzen),
- nach Anhörung des EZB-Rates,
- nach Anhörung des Europäischen Parlaments,
- durch den Rat in der Zusammensetzung der Regierungs- und Staatschefs

ernannt (vgl. Art. 11.2 ESZB-Satzung). Im EZB-Rat verfügt jedes Mitglied grundsätzlich über eine Stimme. Bei Stimmengleichheit gibt die Stimme des Präsidenten den Ausschlag. Eine **Stimmengewichtung nach Kapitalanteilen**, welche die Stimmen des Direktoriums mit null bewertet (vgl. Art. 10.3 Satz 2 ESZB-Satzung), erfolgt

- bei Abstimmungen über die Höhe des Kapitals der EZB (vgl. Art. 28.3 und 29.4 in
- Verbindung mit Art. 10.3 ESZB-Satzung),
- die Höhe der Währungsreserven (vgl. Art. 30.1 ESZB-Satzung),
- die Gewinnverteilung (vgl. Art. 32, 33, 51 in Verbindung mit Art. 10.3 ESZB-Satzung).

In diesem Fall müssen für das Erreichen einer qualifizierten Mehrheit Zentralbankpräsidenten zustimmen, die mindestens zwei Drittel des gezeichneten Kapitals und mindestens die Hälfte der Anteilseigner vertreten (vgl. Art. 10.3 ESZB-Satzung).

Die Geschichte lehrt, dass den Trägern der Fiskalpolitik nicht die Entscheidungskompetenz über die Ausgabe von Geld zukommen sollte. Historisch lässt sich eine signifikante **negative Korrelation** zwischen dem Grad der **Unabhängigkeit einer Zentralbank** von seiner Regierung und der Höhe der **Inflationsrate** nachweisen. Weltweit am besten schnitt – noch vor der Schweizer Zentralbank – die Deutsche Bundesbank ab, die den höchsten Grad an Unabhängigkeit aufwies und für die niedrigsten Inflationsraten in der zweiten Hälfte des vergangenen Jahrhunderts verantwortlich war. Das Statut der Europäischen Zentralbank versucht zumindest formal, weitgehende Unabhängigkeit der EZB zu gewährleisten.

5.3.3.2 Formale Unabhängigkeit
Formale Unabhängigkeit schlägt sich in der

- institutionellen,
- funktionalen,
- instrumentellen Unabhängigkeit nieder.

Institutionelle **Unabhängigkeit** manifestiert sich in der:

- Möglichkeit der EZB, eigene **Einnahmen** zu erzielen (vgl. Art. 33 ESZB-Satzung),
- Selbstständigkeit der **Haushaltsplanung**,
- Selbstständigkeit der **Rechnungslegung** (vgl. Art. 26.2 ESZB-Satzung),
- Unabhängigkeit der **Rechnungsprüfung** (vgl. Art. 27.1 ESZB-Satzung),
- gesetzlichen Verankerung der **Gewinnermittlung**,
- gesetzlichen Verankerung der **Gewinnverwendung** (vgl. Art. 32 und 33 ESZB-Satzung).

Funktionale Unabhängigkeit erweist sich

- in der Eigenständigkeit der **Zielsetzung**,
- im Fehlen von **Weisungsbefugnissen** anderer Gremien oder Personen,
- im Schutz vor der **Kontrolle** durch Regierungen oder Parlamente, die Einfluss auf die Entscheidungen der Europäischen Zentralbank ausüben könnten.

Das vorrangige Ziel der Europäischen Zentralbank, Geldwertstabilität, ist in der ESZB-Satzung festgeschrieben und genießt damit Verfassungsrang (vgl. Art. 2 Satz 1 ESZB-Satzung). An vielen Stellen des Statuts wird der **Primat der Preisniveaustabilität** immer wieder hervorgehoben. Allerdings soll die EZB die allgemeine Wirtschaftspolitik der Europäischen Gemeinschaften unterstützen (vgl. Art. 2 Satz 2 ESZB-Satzung in Verbindung mit Art. 2 EGV), „soweit dies ohne Beeinträchtigung des Zieles der Preis[niveau]stabilität möglich ist…" (Art. 2 Satz 2 ESZB-Satzung, Art. 127 Abs. 1 AEUV).

Instrumentelle Unabhängigkeit ist gewährleistet durch

- das Verbot einer direkten **Finanzierung von Budgetdefiziten** (vgl. Art. 109 e Abs. 2a in Verbindung mit Artikel 126 AEUV),
- die Entscheidungskompetenz des EZB-Rates bei **Kapitaltransaktionen** der EZB (vgl. Art. 18.2 ESZB-Satzung),

- die Entscheidungskompetenz des EZB-Rates bei der Anwendung des **geldpolitischen Instrumentariums** (vgl. Art. 131 AEUV).

Ein weiteres Kriterium instrumenteller Unabhängigkeit, die **Entscheidungskompetenz** der Europäischen Zentralbank in der **Währungspolitik**, ist in der Europäischen Wirtschafts- und Währungsunion **nicht gegeben**, da der Rat der Europäischen Gemeinschaften das letzte Wort hat.

5.3.3.3 Personelle Unabhängigkeit

Der Grad an **personeller Unabhängigkeit** des EZB-Rates wird durch folgende Regelungen positiv beziehungsweise negativ beeinflusst:

Während die **Ernennung** der **Präsidenten** der nationalen Zentralbanken aufgrund nationalstaatlicher Regelungen nach dem Prinzip der einfachen Mehrheit vollzogen wird, erfordert die Ernennung der **Direktoriumsmitglieder** Einstimmigkeit im Rat (vgl. Art. 11.2 ESZB-Satzung), sodass jeder Mitgliedstaat der Europäischen Währungsunion über ein Vetorecht verfügt. Dadurch ist die Möglichkeit gegeben, dass besonders „weiche" und besonders „harte" Geldpolitiker keinen Eingang in dieses Gremium finden.

Vor einer Ernennung in das **Direktorium** der Europäischen Zentralbank ist eine **Anhörung** des Bewerbers vor dem EZB-Rat vorgeschrieben, in deren Zentrum die Prüfung der fachlichen Qualifikation des Kandidaten steht. Somit ist eine rein politische Besetzung einer Direktorenstelle ausgeschlossen. Mitglieder des Direktoriums müssen über einschlägige Erfahrungen verfügen und in geldpolitischen Belangen ausgewiesen sein. Ob diese Regelung nur pro forma oder de facto zu erfüllen ist, lässt sich allerdings nicht vorhersagen.

Die **Amtsdauer** der **Direktoriumsmitglieder** ist großzügig bemessen, sie beträgt grundsätzlich acht Jahre (vgl. Art. 11.2 ESZB-Satzung). Dadurch ist gewährleistet, dass die Direktoren auch Entscheidungen mit längerfristigen Wirkungen selbst verantworten müssen und ohne Einmischung politischer Instanzen ihr Amt ausüben können. Diese Kongruenz von Entscheidungs- und Verantwortungskompetenz ist anreizkompatibel mit einer Politik, die auf langfristige Preisniveaustabilität ausgerichtet ist.

Von dieser Regel wurde im Zuge der Erstbesetzung abgewichen: Um den kompletten Austausch des Direktoriums nach acht Jahren zu verhindern, wurde der erste Vize-Präsident der Europäischen Zentralbank für vier Jahre ernannt, die vier weiteren Direktoriumsmitglieder mussten nach fünf, sechs, sieben beziehungsweise acht Jahren ihren Platz räumen (vgl. Art. 50 ESZB-Satzung). Die **Amtszeiten** der Direktoriumsmitglieder enden somit in unterschiedlichen Jahren. Dadurch wird verhindert, dass das Direktorium komplett ausgetauscht wird, sodass abrupte Änderungen des stabilitätspolitischen Kurses aufgrund personeller Veränderungen unwahrscheinlich sind. Das ESZB-Statut sieht vor, dass die Amtszeiten der **Präsidenten** der nationalen Zentralbanken jeweils mindestens fünf Jahre betragen (vgl. Art. 14.2 Satz 1 ESZB-Satzung).

Grundsätzlich gilt das **Verbot der Abwahl** von Direktoriumsmitgliedern (vgl. zu den Ausnahmen Art. 11.4 ESZB-Satzung). Die Demission kann nur bei mangelnden Voraussetzungen für eine angemessene Amtsführung oder bei schwerwiegender Verfehlung der Amtspflicht auf Antrag des Direktoriums selbst oder des EZB-Rates durch den Europäischen Gerichtshof verfügt werden. Direktoriumsmitglieder genießen daher fast grenzenlosen Kündigungsschutz. Für die Präsidenten der nationalen Zentralbanken sind als Kündigungsgründe ebenfalls nur mangelnde Voraussetzungen für die adäquate Amtsführung und schwerwiegende Verfehlungen möglich (vgl. Art. 14.2 Satz 2 ESZB-Satzung). Nicht nur ein geschasster Präsident, sondern auch der EZB-Rat kann gegen die Amtsenthebung eines präsidialen Kollegen Klage beim Europäischen Gerichtshof einreichen (vgl. Art. 14.2 Satz 3 ESZB-Satzung).

Ebenso gilt das **Verbot der Wiederernennung** von **Direktoriumsmitgliedern** (vgl. Art. 11.2 ESZB-Satzung), das Anreize zu willfährigem Verhalten mit Blick auf eine Verlängerung der Amtszeit im Keim erstickt. Da sich Direktoren nicht um ihre Wiederernennung zu kümmern brauchen, sind sie bei regierungsfeindlichem Verhalten vor Sanktionen politischer Würdenträger gefeit und genießen für ihre einmalige Amtszeit weitgehende Immunität. Die Wiederernennung der **Präsidenten** der nationalen Notenbanken ist hingegen durch das ESZB Statut **nicht ausgeschlossen.**

Für die Mitglieder des Direktoriums gilt das **Ausschließlichkeitsgebot**, das heißt, sie müssen ihrer Tätigkeit hauptamtlich nachgehen. Weder entgeltliche noch unentgeltliche Nebentätigkeiten sind erlaubt, es sei denn, der EZB-Rat gibt dazu ausnahmsweise seine Zustimmung (vgl. Art. 11.1 ESZB-Satzung). Dadurch entfallen denkbare Interessenkonflikte, die im Fall einer Mehrfachbeschäftigung nicht auszuschließen sind.

Finanzielle Unabhängigkeit des Direktoriums ist dadurch gesichert, dass die Beschäftigungsbedingungen einschließlich der (Ruhestands-) Gehälter durch das EZB- Direktorium verfügt werden. Diese Konditionen gehen auf Vorschläge einer Kommission zurück, die sich aus jeweils drei Mitgliedern des EZB-Rates und des ECOFIN-Rates zusammensetzt und damit nicht der Kontrolle der Parlamente unterliegt (vgl. Art. 11.3 ESZB-Satzung). Diese Autonomie schützt die Direktoren vor finanziellen Sanktionen.

Der EZB-Rat ist auf Hintergrundinformationen der nationalen Zentralbanken angewiesen. Er verfügt nur über einen Bruchteil der Mitarbeiter im Vergleich zum Mitarbeiterstab, der den nationalen Notenbanken in den Euroländern zur Verfügung steht. Somit liegt eine klassische **Prinzipal-Agenten-Struktur** vor: Die EZB ist der Prinzipal, das heißt der Übergeordnete, aber schlechter Informierte. Die nationalen Zentralbanken sind die Agenten, das heißt die Untergeordneten, aber besser Informierten. So ist eine manipulierte **Informationspolitik** nationaler Zentralbanken möglich, indem die Europäische Zentralbank mit „gefilterten" Informationen versorgt werden kann.

Im Zentralbankrat sank in den ersten 15 Jahren der Währungsunion das **geldpolitische Gewicht der Direktoren**, deren Zahl auf sechs begrenzt ist, mit zunehmender Zahl der Mitgliedsländer, weil nicht mehr wie 1999 nur elf

Präsidenten der nationalen Notenbanken in den Zentralbankrat entsandt wurden. Die Präsidenten der nationalen Zentralbanken werden jedoch nach nationalen Bestimmungen berufen, sodass unter ihnen die Gefahr der politischen Abhängigkeit größer ist als unter den Direktoren, die von einem international besetzten Gremium ernannt werden.

Zahlreiche stabilitätsorientierte Regelungen wie das Verbot der Wiederernennung der Direktoren dürfen nicht darüber hinwegtäuschen, dass Abhängigkeiten in Form **politischen Einkommens** fortbestehen: Ein der jeweiligen Regierung opportunes Verhalten von Mitgliedern des Direktoriums könnte nach Ablauf der Amtszeit mit gutdotierten oder prestigeträchtigen Posten entgolten werden. Der persönliche Werdegang ehemaliger Mitglieder der Europäischen Kommission bekräftigt diese Gefahr. Aufgrund der Affäre um den ehemaligen deutschen Wirtschaftsminister und EG-Kommissar spricht man in Deutschland auch vom Bangemann-Effekt.

Nicht zu unterschätzen ist der **Beckett-Effekt**, die Entwicklung eines Teamgeistes innerhalb des EZB-Rates, der zu einer Verringerung der „Nationalitätsloyalität" beiträgt. So verfolgten beispielsweise auch Bundesbankpräsidenten, die von der stärker keynesianisch geprägten SPD vorgeschlagen worden waren, eine harte, monetaristisch ausgerichtete Geldpolitik, was sich deren Förderer nicht unbedingt erhofft hatten. Diese Gruppendynamik ist einer der Preisniveaustabilität verpflichteten Geldpolitik förderlich.

5.3.4 Geldpolitische Ziele und Instrumente

Nachdem deutlich geworden ist, dass die EZB ihre Entscheidungen weitgehend unabhängig fällen kann, wenden wir uns nun den Zielen und Instrumenten der Geldpolitik zu.

Vorrangiges geldpolitisches Ziel der Europäischen Zentralbank ist – im Gegensatz zum amerikanischen Zentralbankensystem (Federal Reserve System), das auch die Ziele Wirtschaftswachstum und Vollbeschäftigung zu erfüllen hat – vorrangig das Erreichen von **Preisniveau-**

stabilität (Art. 127 Abs. 1 AEUV; vgl. auch Art. 2 ESZB-Satzung):

> „Das vorrangige Ziel des Europäischen Systems der Zentralbanken … ist es, die Preisstabilität zu gewährleisten. Soweit dies ohne Beeinträchtigung des Zieles der Preisstabilität möglich ist, unterstützt das ESZB die allgemeine Wirtschaftspolitik in der Union…"

Beim **Inflationsziel** orientiert sich die EZB am Harmonisierten Verbraucherpreisindex. Bis Mitte 2021 lautete das offizielle Ziel (EZB, 2021a):

> „Der EZB-Rat verfolgt das Ziel, die Inflationsrate auf mittlere Sicht unter, aber nahe 2 % zu halten."

Um ihre expansive Geldpolitik auch in Zeiten wirtschaftlicher Erholung unter Inkaufnahme etwas höherer Inflationsraten rechtfertigen zu können, modifizierte die EZB im Sommer 2021 ihr geldpolitisches Ziel der Preisniveaustabilität (EZB, 2021b):

> „Mittelfristig streben wir eine Inflationsrate" von 2 % an. Wir verstehen dieses Ziel als ein symmetrisches Ziel. Das heißt, unserer Auffassung nach ist eine zu niedrige Inflationsrate genauso negativ wie eine zu hohe Inflationsrate.

Zu beachten ist, dass sich ein Inflationsziel nur auf die erwartete, nicht auf die gegenwärtige Inflationsrate beziehen kann, da Preisniveauveränderungen erst mit einer Zeitverzögerung von bis zu zwei Jahren eintreten.

Das Ziel heißt Erreichen von Preisniveaustabilität, nicht „Preisstabilität", auch wenn in den relevanten Verträgen von „Preisstabilität" die Rede ist. In Marktwirtschaften sollen Preise nämlich gerade nicht stabil, sondern flexibel sein, um einige wichtige Funktionen zu erfüllen: Entsprechend der **Signalfunktion** signalisieren relativ hohe Preise Knappheit und relativ niedrige Preise Überfluss.

Zudem ist die **Allokationsfunktion** zu erfüllen, wonach durch unterschiedliche Preissignale die Produktionsfaktoren in die Bereiche gelenkt werden, in denen sie effizient eingesetzt werden. Hohe Preise signalisieren nämlich nicht nur Knappheit an Gütern, sondern bieten auch hohe Gewinnmöglichkeiten, sodass für Unternehmer Anreize bestehen, diese Güter zu produzieren, und zwar nicht mit der Intention, der Knappheit ein Ende zu setzen, sondern um hohe Gewinne abzuschöpfen. Hohe Gewinnmöglichkeiten bieten sich aber genau

in den Bereichen, in denen Güter knapp sind, sodass Unternehmer sozusagen „aus Versehen" die Güterknappheit abbauen. Hier erkennen wir die indirekte Steuerung einer Marktwirtschaft, in der, gelenkt durch Smith' „Unsichtbare Hand", die Verfolgung von Individualinteressen „unbeabsichtigt" zur Befriedigung von Kollektivinteressen führt.

Schließlich erfüllen flexible Preise auch eine **Eliminierungsfunktion**, nach der Anbieter und Nachfrager, die nicht in der Lage oder nicht bereit sind, zu den herrschenden Marktbedingungen zu handeln, ausgeschaltet werden (sollen). In der Summe jedoch sollen sich die gewichteten Preiserhöhungen und -senkungen aller Güter so ausgleichen, dass das Preisniveau um zwei Prozent steigt.

Eine **Deflation**, das heißt ein Sinken der Preisniveauveränderungsrate, ist mithin auch nicht erwünscht. Größer als null ist die angestrebte Inflationsrate, um den Gefahren einer Deflation vorzubeugen: Es könnte zum Beispiel zu einem Konsumaufschub kommen, da die Verbraucher mit einem weiter sinkenden Preisniveau rechnen. Außerdem wird den Qualitätsverbesserungen Rechnung getragen, die bei reinen Preisvergleichen vernachlässigt werden.

Die Europäische Zentralbank orientiert sich am Geldmengenaggregat M 3, das sie im ESVG explizit nicht definiert (vgl. ESVG, 2010, 5.A1.21, S. 181), während die offiziellen Definitionen seiner Bestandteile dem ESVG entnommen sind:

1. Bargeld (ESVG, 2010, 5.76, S. 156):

> „… Banknoten und Münzen, die eine Währungsbehörde ausgibt oder genehmigt"

2. Sichteinlagen mit täglicher Fälligkeit (ESVG, 2010, 5.80, S. 156):

> „… Einlagen, die auf Verlangen zum Nennwert in Bargeld umgetauscht und unmittelbar und ohne Einschränkung oder Einbuße zur Leistung von Zahlungen mit Scheck, Wechsel, Überweisung, Lastschrift oder anderen direkten Zahlungsmitteln genutzt werden können"

3. Termineinlagen mit einer vereinbarten Laufzeit von bis zu zwei Jahren (ESVG, 2010, 5.85, S. 157; 5.86a, S. 157):

> „Sonstige Einlagen sind alle Einlagen außer den Sichteinlagen. Sonstige Einlagen können weder als Zahlungsmittel verwendet (außer bei Fälligkeit oder

Ablauf einer vereinbarten Kündigungsfrist) noch ohne erhebliche Einschränkung oder Einbuße in Bargeld oder Sichteinlagen umgewandelt werden."

„Termineinlagen, über die nicht jederzeit, sondern erst nach Ablauf der vereinbarten Fälligkeit verfügt werden kann. Sie sind nur beschränkt verfügbar, da für sie ein fester Kündigungstermin oder eine Kündigungsfrist gilt. Hierzu gehören auch von Kreditinstituten bei der Zentralbank als Mindestreserven gehaltene Einlagen, soweit die Einleger nicht jederzeit und uneingeschränkt über sie verfügen können;"

4. Spareinlagen mit einer vereinbarten Kündigungsfrist von bis zu drei Monaten (ESVG 5.85, S. 157; vgl. auch 5.86b, S. 157):

„Sonstige Einlagen … bei … Ablauf einer vereinbarten Kündigungsfrist"

5. Repogeschäfte: Anteile an Fonds mit kurzfristigen Wertpapieren mit Wiederverkaufsvereinbarung (ESVG, 2010, 5.127, S. 162–163): Übereinkünfte, bei denen

„… Papiere, wie Schuldverschreibungen oder Aktien, gegen Bargeld oder andere Zahlungsmittel mit der Verpflichtung eingetauscht werden, dieselben oder ähnliche Wertpapiere zu einem festgesetzten Preis zurückzukaufen. Die Rückkaufverpflichtung kann sich entweder auf ein festgelegtes künftiges Datum oder auf einen ‚offenen' Fälligkeitstermin beziehen"

6. Geldmarktfondsanteile und -papiere: Anteile an Fonds mit kurzfristigen Wertpapieren (ESVG, 2010, 5.164, S. 168):

„Geldmarktfonds geben Aktien oder Anteile aus. Geldmarktfondsanteile können übertragbar sein und werden häufig als Substitute für Einlagen betrachtet."

7. Schuldverschreibungen: festverzinsliche Wertpapiere mit einer vereinbarten Laufzeit von bis zu zwei Jahren (ESVG, 2010, 5.89, S. 156):

„… begebbare Finanzinstrumente, die als Schuldtitel dienen"

Die Geldmenge M 1 setzt sich zusammen aus Bargeld und Sichteinlagen:

$$M\ 1 = 1 + 2$$

Die Geldmenge M 2 setzt sich zusammen aus der Geldmenge M 1 plus Termin- und Spareinlagen:

$$M\ 2 = 1 + 2 + 3 + 4$$

Die Geldmenge M 3 setzt sich zusammen aus der Geldmenge M 2 plus Repogeschäften plus Geldmarktfondsanteilen und -papieren plus Schuldverschreibungen:

$$M\ 3 = 1 + 2 + 3 + 4 + 5 + 6 + 7$$

Die EZB und die nationalen Zentralbanken können zur Erfüllung ihrer Aufgaben auf Euro oder auf eine Drittlandwährung lautende Forderungen, börsengängige Wertpapiere und Edelmetalle kaufen und verkaufen. Sie können die Abwicklung vornehmen, und zwar endgültig per Kasse oder Termin oder durch Tätigung von Darlehensgeschäften im Rahmen von Rückkaufvereinbarungen, den Pensionsgeschäften, oder durch Abschluss von Kreditgeschäften mit Kreditinstituten und anderen Marktteilnehmern, wobei ausreichende Sicherheiten für Darlehen zu stellen sind (vgl. Art. 18.1 ESZB-Satzung). Terminkontrakte sind (ESVG, 2010, 5.207, S. 173):

„… Finanzkontrakte, bei denen zwei Parteien übereinkommen, eine bestimmte Menge eines zugrundeliegenden Vermögensgutes an einem bestimmten Datum zu einem vereinbarten Preis (dem Ausübungspreis) auszutauschen".

Im Folgenden werden einige reguläre **geldpolitische Instrumente** der EZB erläutert. Besondere Instrumente wie die in der Eurokrise eingesetzten bleiben an dieser Stelle unberücksichtigt.

Ein wichtiges Instrument ist die **Mindestreservepolitik**: Neben der Nachfrage nach Banknoten tragen die (obligatorischen) Mindestreserven dazu bei, die monetären Finanzinstitute an die Europäische Zentralbank zu binden. Der Mindestreservepflicht unterliegen alle monetären Finanzinstitute, die sowohl Kredit- als auch Einlagengeschäfte durchführen. Relevant für die Höhe der Mindestreserve sind die Endbestände des Vormonats abzüglich eines Freibetrags, der verhindert, dass sehr kleine Finanzinstitute durch die Einlage von Mindestreserven belastet werden. Die Summe der täglichen Einlagen (Endbestände), die bei der EZB geleistet werden, muss im Monatsdurchschnitt mindes-

tens die Höhe der Mindestreservepflicht ergeben. Die Mindestreserve stellt somit einen
monatlichen Durchschnittswert dar. Die
Möglichkeit der gegenseitigen Verrechnung
von Unter- und Übererfüllung der täglichen
Mindestreserven übernimmt die Funktion eines
Puffers. Überschussreserven werden nicht verzinst.

Die **Offenmarktpolitik**, die auf Initiative der
EZB durchgeführt wird, stellte in allen EU-
Ländern insbesondere in der Form der **Wertpa-
pierpensionsgeschäfte** den wichtigsten Bereich
der Geldpolitik dar. Unterschiede bestanden le-
diglich hinsichtlich der Bietungs- und Zutei-
lungsverfahren. Zu den Offenmarktoperationen
der EZB zählen: Hauptrefinanzierungsgeschäfte, längerfristige Refinanzierungsgeschäfte, Feinsteuerungsgeschäfte, strukturelle
Finanzierungsgeschäfte sowie Devisenswapgeschäfte. Hauptrefinanzierungsgeschäfte und
längerfristige Refinanzierungsgeschäfte werden
nicht bilateral, das heißt zwischen der Europäischen Zentralbank und einem bestimmten monetären Finanzinstitut, sondern im Tenderver-
fahren, das heißt per Ausschreibung, getätigt.
Feinsteuerungsoperationen, strukturelle Opera-
tionen und Devisenswapgeschäfte erlauben sowohl zweiseitige Geschäfte als auch Ausschrei-
bungen. In der Regel vergehen zwischen dem
Zeitpunkt der Ausschreibung und dem Zeitpunkt der Bereitstellung von Liquidität zwei
Tage. Im Gegensatz zu diesem **Standardtender**
verkürzt sich beim **Schnelltender** die Transakti-
onszeit auf eine Stunde.

Beim **Mengentenderverfahren** gibt die Europäische Zentralbank den Zinssatz vor, die monetären Finanzinstitute geben Mengenangebote ab.
Da bei diesem Verfahren die Gebote der monetären Finanzinstitute in der Regel um ein Vielfaches höher ausfallen als der Betrag, der von der
Zentralbank bereitgestellt wird, ein Ausschluss
über den Preis jedoch nicht möglich ist, weil er
fix ist, erfolgt die Zuteilung durch **Repartierung**,
das heißt, jedes monetäre Finanzinstitut erhält
den gleichen prozentualen Anteil seiner gebotenen Summe. Das Mengentenderverfahren hat den
Vorzug, dass die Europäische Zentralbank über
den von ihr festgesetzten Zinssatz Signale an die

Finanzmärkte geben kann, die besonders in unsi-
cheren Zeiten **stabilitätsfördernd** wirken.

Beim **Zinstenderverfahren** wird der Zinssatz
durch eine Marktlösung gefunden: Die EZB gibt
die akzeptierten Zinssätze nicht vor, die monetären Finanzinstitute können bis zu zehn Angebote
zu unterschiedlichen Zinssätzen abgeben, die um
mindestens 0,01 Prozentpunkte differieren müssen. Der Vorteil dieses Verfahrens besteht neben
der **Marktkonformität** darin, dass die EZB keine
Zinssatzsignale setzt, die missinterpretiert werden
können. Zudem erhält jedes Gebot – eventuell mit
Ausnahme der Grenzgebote, die gerade noch berücksichtigt werden – die **volle Zuteilung**.

Die Höhe des Zinssatzes ist davon abhängig,
ob nach dem Holländischen oder nach dem Amerikanischen Verfahren vorgegangen wird. Gemäß
dem **Holländischen Verfahren** entrichtet jedes
monetäre Finanzinstitut denselben Zinssatz, nämlich den Grenzzinssatz, bei dem gerade noch eine
Zuteilung erfolgt. Bei Anwendung des **Amerikanischen Verfahrens** sind die unterschiedlichen
Zinssätze zu zahlen, die den jeweiligen Geboten
zugrunde liegen. Dadurch unterscheidet sich die
Zinsbelastung sowohl zwischen den monetären
Finanzinstituten als auch innerhalb eines Instituts,
wenn nämlich mehrere Gebote zu unterschiedlichen Zinssätzen abgegeben und berücksichtigt
worden sind. Der Vorteil des Holländischen Verfahrens ist in der Gleichbehandlung der monetären Finanzinstitute zu sehen, der Vorteil des Amerikanischen Verfahrens besteht darin, dass im
Zuge einer Preisdifferenzierung die unterschiedlichen direkten Preiselastizitäten der Finanzinstitute offengelegt werden. Es bestehen keine Anreize,
zu hoch oder zu niedrig zu bieten. Wer zu niedrig
bietet, läuft Gefahr, keine Zuteilung zu erhalten,
wer zu hoch bietet, erhöht zwar seine Chancen,
bei der Zuteilung berücksichtigt zu werden, setzt
sich aber dem Risiko aus, eine höhere Zinsbelastung als seine Konkurrenten auf sich zu nehmen.

Die wöchentlich aufgelegten **Hauptrefinanzierungsgeschäfte**, auch Haupttender genannt,
haben eine Laufzeit von zwei Wochen und werden in der Regel ohne Vorankündigung des Zuteilungsbetrags ausgeschrieben. **Längerfristige
Refinanzierungsgeschäfte**, sogenannte **Basis-
tender**, werden monatlich mit Laufzeiten von drei

Monaten und in der Regel mit Vorankündigung des Zuteilungsbetrags aufgelegt. Beide Geschäfte sind revolvierender Art, das heißt neue Geschäfte treten unverzüglich an die Stelle auslaufender. **Feinsteuerungsgeschäfte** haben Laufzeiten von wenigen Tagen und werden in unregelmäßigen Abständen angeboten, wenn eine nicht vorhersehbare Feinsteuerung geboten erscheint. **Strukturelle Geschäfte**, die ebenfalls in unregelmäßigen Abständen abgeschlossen werden, sind grundsätzlich zeitlich unbefristet. **Devisenswapgeschäfte** stellen Kombinationen aus Kassakäufen beziehungsweise -verkäufen von Devisen in Verbindung mit Terminverkäufen beziehungsweise -käufen von Devisen dar. Sie werden als „Swapgeschäfte" bezeichnet, weil ihr Zinssatz der Swapsatz ist, der sich als relative Differenz von Termin- und Kassakurs ergibt. Swaps sind (ESVG, 2010, 5.210, S. 173):

> „… Verträge, in denen Vertragspartner vereinbaren, Zahlungen, die sich auf einen vereinbarten fiktiven Kapitalbetrag beziehen, während eines bestimmten Zeitraums zu im Voraus festgelegten Bedingungen zu leisten. Am häufigsten kommen Zins-, Devisen- und Währungsswaps vor".

Devisenswapgeschäft

Ein Touristik-Unternehmen, das in drei Monaten einen Betrag in Höhe von 100.000 US-Dollar erwartet, kann sich seines Wechselkursrisikos dadurch entledigen, dass es heute festlegt, zu welchem Wechselkurs es diesen Dollar-Betrag in genau drei Monaten in Euro umtauscht. Der für das Zukunftsgeschäft festgelegte Wechselkurs (Terminkurs) wird in der Regel vom aktuellen Wechselkurs (Kassakurs) abweichen, je nachdem ob die Marktakteure eine Auf- oder Abwertung des Euro gegenüber dem US-Dollar erwarten. ◄

Eine Bereitstellung von Basisliquidität erfolgt durch das dritte geldpolitische Instrument der EZB, die **Ständigen Fazilitäten**. Im Gegensatz zu Offenmarktgeschäften, die von der Europäischen Zentralbank initiiert werden, ergreifen hier die monetären Finanzinstitute die Initiative. Diese Fazilitäten sind, wie es ihr Name sagt,

ständig verfügbar. Es gibt drei Arten von Ständigen Fazilitäten: Innertageskredite werden zinslos in Anspruch genommen. Sind jedoch am Ende eines Tages Konten nicht ausgeglichen, gehen diese Kredite automatisch in Spitzenrefinanzierungsfazilitäten über, die über Nacht verzinst werden. Für Guthaben über Nacht bei der Europäischen Zentralbank erhalten monetäre Finanzinstitute Zinsen. Diese Einlagefazilitäten bilden die Zinssatzuntergrenze. Allerdings führte die EZB 2014 Negativzinsen ein.

5.4 Hoher Beschäftigungsstand

5.4.1 Formen der Arbeitslosigkeit

Nicht einmal eine Woche nach Ausrufung der Weimarer Republik wurde **1918** das **Stinnes-Legien-Abkommen** unterzeichnet (vgl. Feldman & Steinisch, 1985, S. 135–137), das als Wiege der deutschen **Sozialpartnerschaft** zwischen Arbeitgebern und Arbeitnehmern angesehen wird. Zu den Unterzeichnern zählen bekannte Persönlichkeiten wie die Großindustriellen Ernst von Borsig (1869–1933) und Carl-Friedrich von Siemens (1872–1941) sowie der spätere Außenminister Walther Rathenau (1867–1922). Unter anderem wurden folgende Beschlüsse gefasst (Feldman & Steinisch 1985, S. 135, für alle Zitate):

- Anerkennung von **Gewerkschaften** (Nr. 1): „Die Gewerkschaften werden als berufene Vertreter der Arbeiter anerkannt."
- Zusicherung der **Koalitionsfreiheit** der Arbeiter (Nr. 2): „Eine Beschränkung der Koalitionsfreiheit der Arbeiter und Arbeiterinnen ist unzulässig."
- Akzeptanz von **Tarifverträgen** (Nr. 6, Satz 1): „Die Arbeitsbedingungen für alle Arbeiter und Arbeiterinnen sind entsprechend den Verhältnissen des betreffenden Gewerbes durch Kollektivvereinbarungen mit den Berufsvereinigungen der Arbeitnehmer festzusetzen."
- Zulassung von **Betriebsräten** (Nr. 7): „Für jeden Betrieb mit einer Arbeiterschaft von mindestens 50 Beschäftigten ist ein Arbeiterausschuß einzusetzen, der diese zu vertreten und

in Gemeinschaft mit dem Betriebsunternehmer darüber zu wachen hat, dass die Verhältnisse des Betriebes nach Maßgabe der Kollektivvereinbarungen geregelt werden."

- Einführung des **Acht-Stunden-Arbeitstags** (Nr. 9): „Das Höchstmaß der täglichen regelmäßigen Arbeitszeit wird für alle Betriebe auf 8 Stunden festgesetzt. Verdienstschmälerungen aus Anlaß dieser Verkürzung der Arbeitszeit dürfen nicht stattfinden."

Auch durch das Betriebsrätegesetz von 1920 (BRG), das Betriebsverfassungsgesetz von 1952 (BetrV) sowie das Mitbestimmungsgesetz von 1976 (MitbestG) wird die Mitbestimmung der Arbeitnehmer in Deutschland wie in kaum einem anderen Land garantiert. Arbeitslosigkeit wird daher nicht nur als ökonomisches, sondern auch als soziales Problem angesehen.

In Deutschland wird die Zahl der Arbeitslosen im **Registrationsverfahren** ermittelt: Arbeitslos ist derjenige, der als solcher registriert ist. Dieses Verfahren eignet sich für Länder, in denen die finanzielle Unterstützung im Fall von Arbeitslosigkeit relativ hoch ist, weil Menschen ohne Arbeit dann einen Anreiz haben, sich registrieren zu lassen. Länder, in denen aufgrund niedriger finanzieller Unterstützung nur geringe Anreize bestehen, sich als Arbeitsloser registrieren zu lassen, ermitteln ihre Arbeitslosen im **Stichprobenverfahren** (Sampling), wie es beispielsweise die **USA**, aber auch die Internationale Arbeitsorganisation (International Labour Organisation, ILO) oder die Organisation für wirtschaftliche Zusammenarbeit und Entwicklung (Organisation for Economic Co-operation and Development, OECD) tun.

Als arbeitslos gilt eine Erwerbsperson, wenn sie (vgl. ESVG, 2010, 1120, S. 359–360):

1. „ohne Arbeit" ist,
2. auf dem Arbeitsmarkt „verfügbar" ist,
3. „Arbeit sucht".

Die Arbeitsförderung ist seit 1999 im Dritten Buch des Sozialgesetzbuchs geregelt. Dort heißt es (§ 137 Abs. 1 SGB III):

„Anspruch auf Arbeitslosengeld bei Arbeitslosigkeit hat, wer

1. arbeitslos ist,
2. sich bei der Agentur für Arbeit arbeitslos gemeldet und
3. die Anwartschaftszeit erfüllt hat."

Für die Registrierung als Arbeitsloser werden **Beschäftigungslosigkeit**,   **Eigenbemühungen** und **Verfügbarkeit** vorausgesetzt (§ 138 Abs. 1 SGB III):

„Arbeitslos ist, wer Arbeitnehmerin oder Arbeitnehmer ist und

1. nicht in einem Beschäftigungsverhältnis steht (Beschäftigungslosigkeit),
2. sich bemüht, die eigene Beschäftigungslosigkeit zu beenden (Eigenbemühungen), und
3. den Vermittlungsbemühungen der Agentur für Arbeit zur Verfügung steht (Verfügbarkeit)."

Solange die wöchentliche Arbeits- oder Tätigkeitszeit bei weniger als 15 Stunden liegt, ist „Beschäftigungslosigkeit" nicht ausgeschlossen (vgl. § 138 Abs. 3 SGB III). Was unter „Eigenbemühungen" und „Verfügbarkeit" zu verstehen ist, wird im Gesetz selbst präzisiert (vgl. § 138 Abs. 4 bzw. 5 SGB III).

Die Zahl der registrierten Arbeitslosen erreichte mit über 5 Millionen im Jahr 2005 ihren Gipfel und halbierte sich im Verlauf des nächsten Jahrzehnts. Unter den Arbeitslosen sind auch **„unechte" Arbeitslose**, die sich um finanzieller Vorteile willen arbeitslos melden, aber nicht ernsthaft einen Arbeitsplatz suchen. Auf der anderen Seite gibt es neben der registrierten Arbeitslosigkeit auch verdeckte Arbeitslosigkeit: **Verdeckt Arbeitslose** sind beispielsweise Kurzarbeiter, Vorruheständler und Teilnehmer an Beschäftigungs- oder Weiterbildungsmaßnahmen. Zudem gibt es die **Stille Reserve**, zu der Stellensuchende gehören, welche die Arbeitsvermittlung nicht in Anspruch nehmen, und Personen, die sich mangels Erfolgsaussichten vom Arbeitsmarkt zurückgezogen haben. Unechte registrierte Arbeitslose führen zu einer Überschätzung der Arbeitslosigkeit, verdeckt Arbeitslose sowie die Stille Reserve zu einer Unterschätzung.

Die Arbeitslosenrate bemisst sich als Verhältnis zwischen der Zahl der registrierten Arbeitslosen und der Zahl der **Erwerbspersonen**. Im Jahr 2021 hat die Zahl der Erwerbspersonen in Deutschland mit 46,5 Millionen (vgl. statista, 2021a) ihren Gipfel erlangt, weil aufgrund der demographischen Situation ab den 2020er-Jahren ein kontinuierliches Sinken der Bevölkerungszahl Deutschlands erwartet wird.

Dadurch, dass die vier Millionen Selbstständigen und mithelfenden Familienangehörigen sowie die knapp zwei Millionen Beamten per definitionem nicht arbeitslos werden können, aber zu den Erwerbspersonen gerechnet werden, wird die Arbeitslosenrate als Quotient aus der Zahl der Arbeitslosen und der Zahl der Erwerbspersonen zu niedrig ausgewiesen. Denn der Nenner ist um sechs Millionen Erwerbspersonen zu hoch ausgewiesen, sodass der Bruch, der die Arbeitslosenrate misst, zu klein ist. Die Arbeitslosenrate ist keine „Arbeitslosenquote", weil eine Quote im Zähler eine echte Teilmenge des Nenners sein muss. Rechnerisch kann die Arbeitslosenrate in Deutschland nicht einmal 90 Prozent erreichen, weil über 10 Prozent der Erwerbspersonen formal gar nicht „arbeitslos" werden können.

Ziel eines hohen Beschäftigungsstands ist das Erreichen von Vollbeschäftigung, was nicht gleichbedeutend mit einer Arbeitslosenrate von null Prozent ist. Sucharbeitslosigkeit, auch **friktionelle** Arbeitslosigkeit genannt, ist nicht zu vermeiden und stellt in der Regel auch kein Problem dar.

Friktionelle Arbeitslosigkeit

Wird einem Arbeitnehmer sein Arbeitsverhältnis beispielsweise zum 30. Juni gekündigt und hat dieser einen Vertrag für ein neues Arbeitsverhältnis, beginnend mit dem 1. September, bereits abgeschlossen, ist seine zweimonatige Arbeitslosigkeit im Juli und August friktionelle Arbeitslosigkeit. ◄

Konjunkturelle Arbeitslosigkeit hat seine Ursache in einer wirtschaftlichen Schwächephase, die im Zuge einer Erholung der Konjunktur aber wieder bereinigt werden kann. Beispielsweise ist das Baugewerbe in besonderer Weise vom Konjunkturzyklus abhängig: In Rezessions- oder Depressionsphasen verzichten viele Menschen auf kostspielige Bauvorhaben. Bei schlechtem Wetter wird generell weniger gebaut.

Die in Deutschland vorherrschende Form der Arbeitslosigkeit ist **strukturelle** Arbeitslosigkeit, die unabhängig von konjunkturellen Dämpfern auftritt und ihre Ursache in strukturellen Problemen hat, die längerfristiger Natur sind. Ein für Arbeitgeber zu restriktiver Kündigungsschutz führt beispielsweise dazu, dass auch in Phasen wirtschaftlicher Erholung keine weiteren Arbeitskräfte nachgefragt werden, obwohl sie benötigt werden, da für den Unternehmer nicht abzusehen ist, ob die wirtschaftliche Prosperität anhält, und er sich nicht längerfristig an weitere Mitarbeiter binden möchte. So kann es zum Phänomen der **Hysterese** (vgl. griechisch: „hysteron" – „das Spätere") kommen, einer steigenden Sockelarbeitslosigkeit: Trotz zunehmenden Wirtschaftswachstums wird der Berg der zur Wirtschaftsflaute entstandenen zusätzlichen Arbeitslosigkeit nur unterproportional stark abgebaut, sodass die Arbeitslosenrate „später" in der neuen Hochkonjunktur höher liegt als in der alten Boom-Phase des vorhergehenden Konjunkturzyklus'.

Für Unternehmen zahlt es sich aus, ihren Arbeitnehmern höhere Löhne zu zahlen als die Konkurrenz, wie der Nobelpreisträger von 2016, der finnische MIT-Professor und Vertragstheoretiker Bengt Holmström, in seiner Nobelpreisrede aufzeigt (vgl. Holmström, 2016, 2017, S. 1753–1777). Bei gleicher Qualifikation altgedienter und neueingestellter Arbeitnehmer ist zu berücksichtigen, dass die Fluktuation von Arbeitskräften mit zusätzlichen Kosten (**Labour-Turnover Model**) bei der Suche, Auswahl und Einarbeitung neuer Mitarbeiter verbunden ist (vgl. Stiglitz, 1974, S. 194–227; Salop & Salop, 1976, S. 619–627; Salop, 1979, S. 117–125). Daher liegt es mitunter im unternehmerischen Eigeninteresse, höhere als marktübliche Lohnsätze zu zahlen. *Höhere* Lohnsätze belegen, dass nach der

Effizienzlohntheorie (vgl. Leibenstein, 1967, S. 91–103; Stiglitz, 1976, S. 185–207; 1982, S. 78–106; 2001, S. 479; Yellen, 1984, S. 200–205) auf dem Arbeitsmarkt Unterbeschäftigungsgleichgewichte möglich sind (vgl. Stiglitz, 1984, S. 14–16; Bull, 1983, S. 658–671; 1985, S. 890–891), weil der Arbeitsmarkt nicht durch das *Sinken* der Reallohnsätze geräumt werden kann. Durch das Damoklesschwert potentieller Arbeitslosigkeit, das über den Beschäftigten schwebt, werden die Mitarbeiter diszipliniert. Nicht nur *Nominal*lohnsätze, auch *Real*lohnsätze sind nach unten rigide.

Gutbezahlte Mitarbeiter sind weniger anfällig für *Shirking* (Abschn. 6.4.2.6), sie drücken sich nicht vor ihrer Arbeit, sondern sorgen für einen attraktiven Pool hochqualifizierter Mitarbeiter. Denn diese haben geringere Anreize, ihre Unternehmung zu verlassen. Da sie auch geringe Anreize haben, sich moralisch verwerflich zu verhalten, sind die Weichen für eine vertrauensvolle, langfristige Zusammenarbeit gestellt (vgl. Burki, 1995, S. 2). Das Problem *adverser Selektion* (Abschn. 6.4.2.4) wird entschärft (vgl. Stiglitz, 1976, S. 185–207; 1982, S. 78–106), weil sich bei hohen Lohnsätzen auch Hochqualifizierte bewerben. Zudem nehmen Mitarbeiter ihre bessere Bezahlung als „Geschenk" wahr, das sie durch eine höhere Leistungsbereitschaft und eine höhere Arbeitsproduktivität (vgl. Stiglitz, 2001, S. 479–

481) ihrem Arbeitgeber „zurückzahlen". Dieser **„Norm-Gift Exchange"** (vgl. Akerlof, 1982, S. 543–569; 1984, S. 79–83) folgt dem Do-ut-des-Prinzip der antiken Römer: „Ich gebe, damit du gibst."

5.4.2   Zahlen zur Arbeitslosigkeit

In Tab. 5.10 sind die Arbeitslosenraten in Deutschland von 1950 bis 2020 dargestellt.

In den „Wirtschaftswunderjahren" sank die Arbeitslosenrate kontinuierlich, wenn man einmal den Anstieg von 0,7 % 1962 auf 0,8 % 1963 ausblendet. Im „Krisenjahr" 1967 kletterte die Arbeitslosenrate von 0,7 % (1966) auf 2,1 % - eine Arbeitslosenrate, die im 21. Jahrhundert in jedem Land als ein großer Beschäftigungserfolg gefeiert würde. Im Winter der ersten Ölkrise (1973/74) ging die Zeit der Vollbeschäftigung ihrem Ende entgegen. Die Arbeitslosenrate stieg von einem Prozent 1973 bis auf neun Prozent Mitte der achtziger Jahre, bevor sie wieder sank. Die Wiedervereinigung stellte den deutschen Arbeitsmarkt ebenfalls vor große Herausforderungen, da die meisten Unternehmen der neuen Bundesländer auf dem Weltmarkt aufgrund ihrer niedrigen Produktivität nicht wettbewerbsfähig waren, niedrige Lohnsätze aber ebenfalls vermieden werden sollten, um einen Exodus qualifizier-

Tab. 5.10 Arbeitslosenraten in % der Erwerbspersonen in Deutschland (ab 1991 wiedervereinigt) von 1950 bis 2020 (vgl. satista, 2021b)

Jahr	Rate	Jahr	Rate	Jahr	Rate	Jahr	Rate	Jahr	Rate
1950	11,0	**1964**	0,8	**1978**	4,3	**1992**	8,5	**2006**	12,0
1951	10,4	**1965**	0,7	**1979**	3,8	**1993**	9,8	**2007**	10,1
1952	9,5	**1966**	0,7	**1980**	3,8	**1994**	10,6	**2008**	8,7
1953	8,4	**1967**	2,1	**1981**	5,5	**1995**	10,4	**2009**	9,1
1954	7,6	**1968**	1,5	**1982**	7,5	**1996**	11,5	**2010**	8,6
1955	5,6	**1969**	0,9	**1983**	9,1	**1997**	12,7	**2011**	7,9
1956	4,4	**1970**	0,7	**1984**	9,1	**1998**	12,3	**2012**	7,6
1957	3,7	**1971**	0,8	**1985**	9,3	**1999**	11,7	**2013**	7,7
1958	3,7	**1972**	1,1	**1986**	9,0	**2000**	10,7	**2014**	7,5
1959	2,9	**1973**	1,2	**1987**	8,9	**2001**	10,3	**2015**	7,1
1960	1,3	**1974**	2,6	**1988**	8,7	**2002**	10,8	**2016**	6,8
1961	0,8	**1975**	4,7	**1989**	7,9	**2003**	11,6	**2017**	6,3
1962	0,7	**1976**	4,6	**1990**	7,2	**2004**	11,7	**2018**	5,8
1963	0,8	**1977**	4,5	**1991**	7,3	**2005**	13,0	**2019**	5,5
								2020	6,5

ter Arbeitskräfte aus den neuen Bundesländern zu verhindern. Die Arbeitslosenrate stieg, bis sie 2005 zum Ende der Rot-Grünen Koalition mit 13 Prozent den höchsten Wert der deutschen Nachkriegsgeschichte erreichte. Danach sank die Arbeitslosenrate unaufhörlich, bis sie sich im ersten Jahr der Corona-Pandemie erstmals seit 15 Jahren wieder erhöhte.

In internationalen Statistiken werden die Arbeitslosenraten nach den weniger strengen Kriterien der Internationalen Arbeitsorganisation (International Labour Organization, ILO) erhoben, bei der die deutsche Arbeitslosenrate zwei Prozentpunkte niedriger ist als nach den strengen Standards des Statistischen Bundesamtes. Innerhalb der EU hat Deutschland eine der niedrigsten Arbeitslosenraten. Am höchsten sind sie in den Eurokrisenländern Griechenland, Spanien und Italien (vgl. statista, 2021e).

Tab. 5.11 Arbeitskosten je geleisteter Arbeitsstunde im produzierenden Gewerbe in der EU im Jahr 2019 (vgl. destatis, 2020a)

Land	Arbeitskosten je Stunde in €
Dänemark	46,30
Luxemburg	41,30
Belgien	40,70
Schweden	39,00
Frankreich	37,30
Österreich	36,00
Deutschland	35,90
Niederlande	35,30
Finnland	34,80
Irland	31,60
Italien	27,90
Spanien	21,70
Slowenien	19,10
Griechenland	16,60
Zypern	15,30
Malta	14,20
Portugal	13,70
Tschechien	13,60
Estland	13,50
Slowakei	12,70
Kroatien	11,10
Ungarn	10,70
Lettland	10,40
Polen	10,40
Litauen	9,50
Rumänien	7,30
Bulgarien	6,00

Deutschland zeichnet sich durch – im internationalen Vergleich – sehr hohe **Arbeitskosten** aus (vgl. Schröder, 2019, S. 68, 70, 72), die auch deutlich höher sind als in Industrieländern wie den USA, Kanada, dem Vereinigten Königreich, Süd-Korea, Japan oder Australien und um ein Vielfaches höher als in China oder in anderen wirtschaftlich aufstrebenden Ländern. Tab. 5.11 gibt einen Überblick über die Höhe der Arbeitskosten in der EU vor dem Ausbruch der Corona-Pandemie.

Die Arbeitslosenrate unter jungen Erwerbspersonen zwischen 15 und 25 Jahren ist in Deutschland die niedrigste der EU (vgl. Tab. 5.12). Vor der Corona-Pandemie lag die Jugendarbeitslosenrate in Deutschland sogar nur bei 4,5 Prozent. Das schlechteste Ergebnis er-

Tab. 5.12 Jugendarbeitslosenrate in der EU 2021 (vgl. statista, 2021f, i; eigene Rundungen)

Land	**Jugendarbeitslosenrate** in % der Erwerbspersonen unter 25 Jahren
Spanien	38
Griechenland	34
Italien	34
Schweden	25
Portugal	24
Luxemburg	22
Slowakei	21
Kroatien	21
Finnland	20
Frankreich	20
Zypern	19
EU/EWU	17
Rumänien	16
Irland	16
Estland	15
Slowenien	14
Lettland	14
Ungarn	14
Belgien	14
Polen	13
Dänemark	12
Bulgarien	12
Litauen	12
Österreich	10
Niederlande	9
Malta	8
Tschechien	8
Deutschland	6

zielte Deutschland 2005 zum Ende der Kanzlerschaft Schröders mit einer Jugendarbeitslosenrate von 12,5 Prozent (vgl. statista, 2021i).

Deutschland gehört zu den wenigen Ländern weltweit, in denen die Jugendarbeitslosenrate nicht signifikant höher liegt als die allgemeine Arbeitslosenrate.

5.5　Außenwirtschaftliches Gleichgewicht

5.5.1　Zahlungsbilanz

„Außenwirtschaftliches Gleichgewicht" ist eine abstrakte Zielgröße. Die entsprechende operationalisierte Zielgröße lautet „Zahlungsbilanzgleichgewicht".

▷ Die **Zahlungsbilanz** ist die systematische Erfassung aller ökonomischen Transaktionen zwischen Inländern und Ausländern innerhalb eines Jahres.

Die Zahlungsbilanz ist eine Ex-post-Rechnung, in der nicht die geplanten, sondern die tatsächlichen Größen ermittelt werden. Die Struktur der Zahlungsbilanz orientiert sich am Handbuch zur Zahlungsbilanz des Internationalen Währungsfonds, das fortwährend in aktualisierten Auflagen herausgegeben wird (vgl. BPM, 2009).

▷ Als **Inländer** gelten alle natürlichen Personen – mit Ausnahme von Diplomaten, Angehörigen ausländischer Streitkräfte und Studenten – mit ständigem Wohnsitz im Inland sowie andere Wirtschaftssubjekte einschließlich rechtlich nicht-selbstständiger Produktionsstätten und Zweigniederlassungen, soweit der Schwerpunkt ihrer wirtschaftlichen Aktivität im Inland liegt.

Unternehmen im Inland, die sich in ausländischem Eigentum befinden, gelten in dieser ökonomischen Betrachtung als inländische Unternehmen.

Die Zahlungsbilanz unterteilt sich in fünf Teilbilanzen, die sich zum Teil in weitere Teilbilanzen untergliedern, wie in Tab. 5.13 zu sehen ist.

5.5.1.1　Leistungsbilanz

Die **Leistungsbilanz** unterteilt sich in vier Teilbilanzen:

- Außenhandelsbilanz (Handelsbilanz, Warenbilanz),
- Dienstleistungsbilanz,
- Bilanz der Erwerbs- und Vermögenseinkommen (Primäreinkommen),
- Bilanz der laufenden Transfers.

Die **Außenhandelsbilanz** erfasst den Handel mit Waren. Exporte werden auf der Aktivseite, Importe auf der Passivseite dieser Bilanz gebucht. Der deutsche Außenhandelsbilanzsaldo ist

Tab. 5.13　Zahlungsbilanz

Zahlungsbilanz	
1 Leistungsbilanz	1.1 Außenhandel (Waren)
	1.2 Dienstleistungen
	1.3 Erwerbs- und Vermögenseinkommen
	1.4 Laufende Übertragungen
2 Bilanz der Vermögensübertragungen	
3 Kapitalbilanz	3.1 Direktinvestitionen
	3.2 Wertpapieranlagen
	3.3 Finanzderivate
	3.4 Kredite
	3.5 Übriger Kapitalverkehr
4 Restposten	
5 Devisenbilanz	5.1 Transaktionswerte
	5.2 Bilanzwerte

seit Jahrzehnten durchweg **positiv** – in der Regel mit Salden im dreistelligen Milliardenbereich – und war seit Gründung der Bundesrepublik Deutschland im Jahr 1949 noch in keinem einzigen Jahr negativ. Zu den konkreten Zahlen zu den einzelnen Posten der Zahlungsbilanz sei auf die Monatsberichte der Deutschen Bundesbank verwiesen.

In der Außenhandelsbilanz werden Exporte und Importe wertmäßig unterschiedlich erfasst: **Exporte** werden grundsätzlich zu **fob (free on board)** bewertet: Zum Warenwert gehören auch die Transportkosten bis zur inländischen Landesgrenze, aber nicht mehr diejenigen, die in Transitländern oder im Empfängerland anfallen. Importe werden grundsätzlich zu **cif (cost, insurance, freight)** bewertet: Zum Warenwert gehören die Transportkosten bis zur inländischen Landesgrenze, also auch diejenigen, die in Transitländern und im Ursprungsland anfallen. Werden diese Transportleistungen von ausländischen Unternehmen erbracht, zählen sie bei der Lieferung von Waren auch zu den Warenimporten, nicht zu den Dienstleistungsimporten, die sie genaugenommen verkörpern.

Die größten Exporteure der Welt sind in Tab. 5.14 dargestellt.

Die größten Importeure der Welt sind in Tab. 5.15 dargestellt.

Weisen Länder einen *positiven* Saldo in der Außenhandelsbilanz auf, sind sie *Nettoexporteure*. Tab. 5.16 gibt einen Überblick über die größten Nettoexporteure der Welt, die als „Überschussländer" bezeichnet werden.

Weisen Länder einen *negativen* Saldo in der Außenhandelsbilanz auf, sind sie *Nettoimporteure*. Tab. 5.17 gibt einen Überblick über die größten Nettoimporteure der Welt, die als „Defizitländer" bezeichnet werden.

Seit Gründung der Bundesrepublik Deutschland hat die deutsche **Außenhandelsbilanz** immer einen **positiv**en Saldo ausgewiesen. Die kumulierten Außenhandelsbilanzüberschüsse seit der Wiedervereinigung belaufen sich auf fast € 4 Billionen. Die Außenhandelsbilanzüberschüsse zwischen 2001 und 2019 sind genauso hoch wie das BIP von 2019: ca. € 3,45 Billionen. Sehr vereinfacht – ohne Berücksichtigung der Geldent-

Tab. 5.14 Die 20 größten Exportländer der Welt (vgl. statista, 2020b; eigene Rundungen)

Land	Exportwert in $ Milliarden
China	2500
USA	1650
Deutschland	1500
Niederlande	700
Japan	700
Frankreich	570
Süd-Korea	540
Hongkong	530
Italien	530
Vereinigtes Königreich	470
Mexiko	460
Kanada	450
Belgien	440
Russland	420
Singapur	390
Spanien	330
Taiwan	330
Indien	320
Schweiz	310
Vereinigte Arabische Emirate	280

wertung und der Zinsen – kann man sich als Gedankenspiel vorstellen, dass die Deutschen in diesem Zeitraum auf den Konsum ihrer 2019 erarbeiteten Wertschöpfung verzichtet haben.

In der **Dienstleistungsbilanz** wird der Handel mit Dienstleistungen berücksichtigt (vgl. auch statista, 2020g). Darunter fallen beispielsweise Ausgaben für den Tourismus, für Transportleistungen, Lizenzgebühren, Kapitalerträge, Versicherungsleistungen oder die Stationierung ausländischer Truppen. Exporte werden auf der Aktivseite, Importe auf der Passivseite dieser Bilanz gebucht. Typischerweise ist der deutsche Dienstleistungsbilanzsaldo **negativ** – in der Regel mit Salden im hohen zweistelligen Milliardenbereich. Die Hauptursache für die negative deutsche Dienstleistungsbilanz ist der internationale Reiseverkehr: Touristische Leistungen werden grundsätzlich in der Dienstleistungsbilanz gebucht, auch wenn es sich um den Austausch von Waren handelt. Ausgaben ausländischer Touristen bei Deutschen wirken sich positiv, Ausgaben deutscher Touristen bei Ausländern negativ auf die Dienstleistungsbilanz

Tab. 5.15 Die 20 größten Importländer der Welt (vgl. statista, 2020c; eigene Rundungen)

Land	Importwert in $ Milliarden
USA	2570
China	2080
Deutschland	1230
Japan	720
Vereinigtes Königreich	690
Frankreich	650
Niederlande	640
Hongkong	580
Süd-Korea	500
Indien	480
Italien	470
Mexiko	470
Kanada	460
Belgien	430
Spanien	370
Singapur	360
Taiwan	290
Schweiz	280
Polen	260
Vereinigte Arabische Emirate	260

Tab. 5.17 Die 20 größten Defizitländer im Außenhandel (vgl. statista, 2020d, j eigene Rundungen)

Land	Außenhandelsbilanzsaldo in $ Milliarden
USA	− 920
Vereinigtes Königreich	− 220
Indien	− 160
Frankreich	− 80
Hongkong	− 40
Philippinen	− 40
Ägypten	− 40
Spanien	− 40
Türkei	− 30
Pakistan	− 30
Griechenland	− 20
Portugal	− 20
Bangladesch	− 20
Marokko	− 20
Rumänien	− 20
Israel	− 20
Südafrika	− 20
Kanada	− 15
Japan	− 15
Libanon	− 15

Tab. 5.16 Die 20 größten Überschussländer im Außenhandel (vgl. statista, 2020e, j; eigene Rundungen)

Land	Außenhandelsbilanzsaldo in $ Milliarden
China	+ 420
Deutschland	+ 250
Russland	+ 160
Saudi-Arabien	+ 130
Niederlande	+ 70
Irland	+ 70
Italien	+ 60
Australien	+ 50
Taiwan	+ 40
Katar	+ 40
Süd-Korea	+ 40
Brasilien	+ 40
Schweiz	+ 40
Malaysia	+ 30
Irak	+ 30
Singapur	+ 30
Kuwait	+ 30
Tschechien	+ 20
Angola	+ 20
Kasachstan	+ 20

aus. Deutsche Touristen geben jährlich zweistellige Milliardenbeträge an Euro mehr bei Ausländern aus als ausländische Touristen bei Deutschen. Im Jahr vor der Corona-Krise lag allein das Defizit im Reiseverkehr bei € 45 Milliarden.

Die Bilanz der **Erwerbs- und Vermögenseinkommen** berücksichtigt Löhne und Gehälter von Inländern, die diese von Ausländern beziehen, als Erwerbseinkommen sowie internationale Kapitalerträge als Vermögenseinkommen. Empfangene Einkommen werden auf der Aktivseite, geleistete Einkommen auf der Passivseite dieser Bilanz gebucht. Aus deutscher Sicht ist diese Bilanz grundsätzlich **positiv** – mit Salden im hohen zweistelligen Milliardenbereich –, nachdem dieser Saldo noch bis 2004 negativ gewesen ist. Die deutliche Änderung dieses Saldos lässt sich durch die deutschen Leistungsbilanzüberschüsse seit der Jahrtausendwende erklären: Leistungsbilanzüberschüsse bedeuten Exporte von Gütern, die im Gegenzug bezahlt werden. Dadurch strömt Kapital nach Deutschland, das wiederum nach profitablen Anlagen verlangt. Werden diese wie im deutschen Beispiel im Ausland gefunden, kommt es zu Kapitalexporten, die sich in der defizitären deutschen Kapitalbilanz niederschlagen. Diese Auslandsaktiva werfen Renditen ab, die dann als Vermögenseinkommen nach Deutschland fließen und zu einem positiven Saldo der Erwerbs- und Vermögenseinkommen beitragen.

Laufende Übertragungen sind Ausgaben ohne Anspruch auf eine entsprechende Gegenleistung. Dazu zählen zum Beispiel die Zahlungen Deutschlands an internationale Organisationen wie die Europäischen Gemeinschaften oder den Internationalen Währungsfonds und Überweisungen ausländischer Arbeitnehmer in ihre Heimatländer. Auch Leistungen im Rahmen der Entwicklungshilfe werden in dieser Bilanz gebucht, sodass es nicht verwunderlich ist, dass die deutsche Bilanz der laufenden Übertragungen immer **negativ** ausfällt – in der Regel mit Salden im mittleren zweistelligen Milliardenbereich. Empfangene Übertragungen werden auf der Aktivseite, geleistete Übertragungen auf der Passivseite dieser Bilanz gebucht.

Der Saldo der **Leistungsbilanz** ergibt sich als aggregierter Saldo der Bilanzen

- des Außenhandels,
- der Dienstleistungen,
- der Erwerbs- und Vermögenseinkommen,
- der laufenden Übertragungen.

Die aggregierten Salden der Außenhandels- und Dienstleistungsbilanz sind der **Außenbeitrag zum Inlandsprodukt**. Vermehrt um den Saldo der Erwerbs- und Vermögenseinkommen bilden sie den **Außenbeitrag zum Bruttonationaleinkommen**. Wird noch der Saldo der laufenden Übertragungen berücksichtigt, erhält man den **Finanzierungssaldo**: die Änderung der Vermögensposition von Inländern gegenüber Ausländern.

Der deutsche **Leistungsbilanzsaldo** ist normalerweise positiv. Zwischen 1991 und 2000 war er im Zuge der deutschen Wiedervereinigung negativ. Seit 2001 ist er wieder **positiv** – in der Regel mit Werten zwischen 100 und 270 Milliarden Euro. Ein **Leistungsbilanzüberschuss** (Nettoex-

porte) geht mit einem **Kapitalbilanzdefizit** (Netto-Kapitalexporte) einher, weil Verkäufe von Waren und Dienstleistungen mit einer Zunahme von Forderungen verbunden sind. Dadurch steigt das Netto-Auslandsvermögen. Ein **Leistungsbilanzdefizit** (Nettoimporte) geht mit einem **Kapitalbilanzüberschuss** (Netto-Kapitalimporte) einher, weil Käufe von Waren und Dienstleistungen mit einer Zunahme von Verbindlichkeiten verbunden sind. Dadurch sinkt das Netto-Auslandsvermögen.

Die Leistungsbilanzsalden unterschiedlicher Länder variieren stark, wie Tab. 5.18 zeigt.

5.5.1.2 Bilanz der Vermögensübertragungen

In der Bilanz der **Vermögensübertragungen** werden beispielsweise Investitionsbeihilfen der Europäischen Investitionsbank (EIB) gebucht. Der Saldo der Vermögensübertragungen spielt quantitativ nur eine geringe Rolle – zumeist liegt er bei unter € 3 Milliarden. Er wies in den vergangenen Jahren sowohl positive als auch negative Werte auf. Wegen seiner geringen Bedeutung wird er in der ökonomischen Theorie in der Regel vernachlässigt.

Tab. 5.18 Leistungsbilanzsalden ausgewählter Länder 2018 (vgl. statista, 2020h; eigene Rundungen)

Land	Leistungsbilanzsaldo in $ Milliarden
Deutschland	+ 290
Japan	+ 175
Russland	+ 113
Niederlande	+ 100
Süd-Korea	+ 76
Saudi-Arabien	+ 72
Schweiz	+ 72
Taiwan	+ 72
Singapur	+ 65
Italien	+ 52
China	+ 50
Frankreich	– 16
Indien	– 57
Vereinigtes Königreich	– 109
USA	– 500

5.5.1.3 Kapitalbilanz

Die **Kapitalbilanz** erfasst die Änderung von Eigentumsrechten an Finanzpositionen wie Unternehmensbeteiligungen, Kapitaleinlagen oder Wertpapieren. Auf der Aktivseite verbuchte Kapitalimporte – die Abnahme von Forderungen sowie die Zunahme von Verbindlichkeiten gegenüber Ausländern – führen zu einer Aktivierung, auf der Passivseite verbuchte Kapitalexporte – die Zunahme von Forderungen beziehungsweise die Abnahme von Verbindlichkeiten gegenüber Ausländern – zu einer Passivierung der Kapitalbilanz. Der Saldo der Kapitalbilanz misst demzufolge die **Nettokapitalimporte**, die sich aus der Differenz von Kapitalimporten minus Kapitalexporten ergeben. Die Kapitalbilanz gliedert sich in fünf Teilbilanzen:

- Bilanz der Direktinvestitionen,
- Bilanz der Wertpapieranlagen,
- Bilanz der Finanzderivate,
- Bilanz der Kredite,
- Bilanz des übrigen Kapitalverkehrs.

In der ersten Teilbilanz werden ausländische **Direktinvestitionen** (FDI – „Foreign Direct Investment") erfasst. Zu diesen zählen Aktien oder andere Kapitalbeteiligungen an Unternehmen, an denen der Investor mindestens zehn Prozent des Kapitals hält, sowie langfristige Finanz- und Handelskredite und (Ver-) Käufe von Immobilien, insbesondere der Erwerb von Produktionsstätten. Direktinvestitionen fallen zum Beispiel an, wenn ein deutscher Unternehmer eine Fabrik in der Toskana baut. Wenn mehr Deutsche direkt in ausländisches Sachkapital investieren, als dass Ausländer Direktinvestitionen bei Deutschen tätigen, ist der Saldo der Direktinvestitionen negativ.

Wertpapieranlagen werden in der zweiten Teilbilanz berücksichtigt. Darunter fallen beispielsweise – sofern sie nicht zu den Direktinvestitionen gerechnet werden – Aktien, (lang- und kurzfristige) festverzinsliche Schuldverschreibungen, Anteile an Investment- und Geldmarktfonds sowie Dividendenpapiere. Der Saldo dieser Teilbilanz schwankt sehr stark.

Finanzderivate sind „… Finanzinstrumente, die an ein bestimmtes Finanzinstrument, einen Indikator oder eine Ware gebunden sind, wodurch bestimmte finanzielle Risiken als solche an den Finanzmärkten gehandelt werden können…" (ESVG, 2010, 5.199, S. 172). Finanzderivate werden in der dritten Teilbilanz erfasst und sind „abgeleitete" (lateinisch: „derivare" – „ableiten", „abwälzen") Finanzgeschäfte zur Absicherung gegenüber Spekulation mit Risiken, denen entsprechende Hauptgeschäfte zugrunde liegen: Beispielsweise sind Optionen Geschäfte, die jemandem Rechte auf Käufe beziehungsweise Verkäufe einräumen. Zu den Derivaten zählen auch Termingeschäfte, welche die Bedingungen (zum Beispiel geltende Wechselkurse) für künftige Geschäfte bereits heute regeln. Diese Teilbilanz ist aus deutscher Sicht typischerweise negativ.

Internationale Kredite und der übrige Kapitalverkehr, der keiner der ersten vier Teilbilanzen der Kapitalbilanz zugeordnet werden kann, werden von der Deutschen Bundesbank zusammen erfasst. Ihre Salden schwanken sehr stark. In der Volkswirtschaftslehre werden Kredite und der übrige Kapitalverkehr oft gesondert ausgewiesen. Dann werden internationale **Kredite** – sofern sie nicht zu den Direktinvestitionen gerechnet werden – in der vierten Teilbilanz erfasst. Entwicklungshilfeleistungen, die oft in Form vergünstigter Kredite gewährt werden, fallen unter diese Rubrik. Der Kapitalverkehr, der sich in keine der oben genannten Teilbilanzen einordnen lässt, fällt unter den **übrigen Kapitalverkehr**.

In **Deutschland** wechselten die Vorzeichen des **Kapitalbilanzsaldos**. Seit 2001 ist dieser Saldo durchweg **negativ**, das heißt, es fließt bedeutend mehr deutsches Kapital in ausländische Anlagen als umgekehrt.

5.5.1.4 Restposten

Der **Restposten** erfasst den Saldo der statistisch nicht aufgliederbaren Transaktionen. Diese liegen zum Beispiel vor, wenn die Abwicklung korrespondierender Transaktionen nicht periodengerecht erfolgt. Seine Vorzeichen variieren. Ökonomisch hat dieser Posten keine Bedeutung. Gäbe es die Orwell'sche Welt und eine exakte

Statistik, gäbe es diesen Posten nicht. Deshalb wird er in der Wirtschaftstheorie üblicherweise vernachlässigt.

5.5.1.5 Devisenbilanz

Die **Devisenbilanz** misst die Veränderung der Netto-Auslandsaktiva der Zentralbank, nämlich die Änderung der

- Währungsreserven (Forderungen minus Verbindlichkeiten in Fremdwährung),
- Gold- und weiterer Edelmetallbestände,
- Ziehungsrechte (Reserveposition) beim Internationalen Währungsfonds (IWF), das heißt, der Kreditlinie, die ein Land zur Finanzierung von Devisenbilanzdefiziten ohne Rechtfertigung und ohne Auflagen jederzeit für einen Kredit in Anspruch nehmen kann,
- der Sonderziehungsrechte (seit 1969/70), das heißt, Buchkredite, die ein Land ohne Rechtfertigung und ohne Auflagen in Höhe von bis zu 85 Prozent seiner IWF-Quote in Anspruch nehmen kann.

Die Zentralbank „… umfasst alle finanziellen Kapitalgesellschaften und Quasi-Kapitalgesellschaften, deren Hauptfunktion darin besteht, Zahlungsmittel auszugeben, den inneren und äußeren Wert der Landeswährung aufrechtzuerhalten und die internationalen Währungsreserven des Landes ganz oder teilweise zu halten" (ESVG, 2010, 2.72, S. 45).

Die Bewertung Auslandsaktiva erfolgt auf zweierlei Weise: zu **Transaktionswerten** und zu **Bilanzwerten**: Erwirbt die Zentralbank beispielsweise $ 1 Million zu einem Wechselkurs von $ 1 = € 0,80, liegt der Transaktionswert bei € 800.000. Wertet der Euro auf, sodass am Ende eines Jahres der Wechselkurs bei $ 1 = € 0,70 Euro liegt, beträgt der Bilanzwert nur noch € 700.000. Denn in der Bilanz wird gemäß dem Niederstwertprinzip der niedrigere Wert von Transaktionskurs und Kurs zum Bilanzstichtag gewählt.

Vorgänge, die zu Zahlungseingängen, das heißt zu einem inländischen Devisenangebot führen (Güterexporte, empfangene Erwerbs- und Vermögenseinkommen, empfangene Transfers, Kapitalimporte, Devisenverkäufe), werden auf der Aktivseite gebucht. Vorgänge, die zu Zahlungsausgängen, das heißt zu einer inländischen Devisennachfrage führen (Güterimporte, geleistete Erwerbs- und Vermögenseinkommen, geleistete Transfers, Kapitalexporte, Devisenkäufe), werden auf der Passivseite gebucht. Ein **Devisenbilanzüberschuss** führt in der Bilanz zu einer Aktivierung, da Reserven *zu*fließen. Ein **Devisenbilanzdefizit** führt in der Bilanz zu einer Passivierung, da Reserven *ab*fließen. Ein starkes Sinken der Devisenreserven kann die ökonomische Souveränität einschränken, da die Volkswirtschaft Devisen für die Bezahlung ihrer Importe benötigt.

5.5.2 Devisenbilanzgleichgewicht

Ein **außenwirtschaftliches Gleichgewicht** manifestiert sich in einem **Zahlungsbilanzgleichgewicht**. Die Zahlungsbilanz ist jedoch aufgrund der doppelten Buchführung formal immer ausgeglichen. Der Begriff „Zahlungsbilanzgleichgewicht" besteht aus drei Komposita, die alle inadäquat sind: Erstens ist die Zahlungsbilanz keine „Bilanz" im engeren Sinne, weil sie typischerweise nicht Bestandsgrößen, sondern Stromgrößen erfasst. Zweitens berücksichtigt sie nicht nur „Zahlungen", das heißt Zu- und Abflüsse liquider Mittel, sondern alle Einnahmen und Ausgaben. Drittens ergibt ein „Gleichgewicht" nur Sinn, wenn ein Ungleichgewicht zumindest denkbar ist. Ein formales Ungleichgewicht wird jedoch durch das Prinzip der doppelten Buchführung „undenkbar" gemacht. Deshalb ist zu spezifizieren, was genau unter einem Zahlungsbilanzgleichgewicht zu verstehen ist und was nicht.

Ein **Leistungsbilanzüberschuss** ist per definitionem mit einem *Defizit* der *Kapitalbilanz* im weiteren Sinne verbunden, die sich aus der Kapitalbilanz (im engeren Sinne) und der Devisenbilanz zusammensetzt. Eine *negative* Kapitalbilanz (i. e. S.) manifestiert sich in einer Erhöhung der privaten Nettoforderungen der Inländer gegenüber dem Ausland, es kommt zu Nettokapital*exporten*. Eine *negative* Devisenbilanz bedeutet eine *Zunahme* der *Nettoauslandsaktiva* der Zentralbank.

Ein **Leistungsbilanz***defizit* ist ex definitione mit einem *Überschuss* der *Kapitalbilanz* im weiteren Sinne verbunden. Eine *positive* Kapitalbilanz (i. e. S.) manifestiert sich in einer Verringerung der privaten Nettoforderungen der Inländer gegenüber dem Ausland, es kommt zu Nettokapital*importen*. Eine *positive* Devisenbilanz bedeutet eine *Abnahme* der *Nettoauslandsaktiva* der Zentralbank.

Ein Zahlungsbilanzgleichgewicht liegt nach herrschender Meinung vor, wenn ein **Devisenbilanzgleichgewicht** besteht. Devisenbilanz*gleichgewicht* bedeutet, dass sich der Bestand der Nettoauslandsaktiva der Zentralbank nicht ändert und somit der geplante Bestand der Währungsreserven dem tatsächlichen entspricht. Dies heißt bei Vernachlässigung des Restpostens, der nur statistische Bedeutung hat, sowie bei Vernachlässigung der Vermögensübertragungen, die quantitativ kaum zu Buche schlagen, dass die **Kapitalbilanz** (i. e. S.) das **Spiegelbild** der **Leistungsbilanz** sein soll: Liegt ein Leistungsbilanzüberschuss vor, muss gleichzeitig ein Kapitalbilanzdefizit in gleicher Höhe bestehen, damit die Devisenbilanz ausgeglichen ist. Liegt ein Leistungsbilanzdefizit vor, muss dieses durch einen gleichhohen Kapitalbilanzüberschuss ausgeglichen werden.

Auch wenn das Wort „Überschuss" positive Assoziationen weckt, bedeutet dies nicht, dass ein **Leistungsbilanzüberschuss** ein zu verfolgendes wirtschaftspolitisches Ziel darstellt: Mögliche negative Nebenwirkungen sind:

- Konsumverzicht trotz vorhandener Ressourcen,
- Risiken ausländischer Anlagen,
- zu hohe Währungsreserven,
- Vergeltungsmaßnahmen anderer Länder.

Werden Leistungsbilanzüberschüsse durch entsprechende Kapitalbilanzdefizite ausgeglichen, verzichtet die Volkswirtschaft auf eine bessere Versorgung mit Importgütern, obwohl sie die nötigen Ressourcen dazu hat. Demzufolge nutzt sie nicht alle Konsummöglichkeiten, die sie sich erarbeitet hat. Zudem ist Auslandsvermögen mit Unsicherheit behaftet und erfordert eine aufwändige Kontrolle.

Werden Leistungsbilanzüberschüsse nicht durch entsprechende Kapitalbilanzdefizite, sondern durch entsprechende Devisenbilanzüberschüsse ausgeglichen, sind die Währungsreserven höher als geplant. Da diese von der Zentralbank zu geld- und währungspolitischen Zwecken gehalten werden, führt ein Überschuss an Devisen nicht zu einer optimalen Faktorallokation: Diese Reserven könnten auf dem Geld- oder Kapitalmarkt kurz- beziehungsweise langfristig einer besseren Verwendung mit höherer Rendite zugeführt werden. Somit entstehen Opportunitätskosten in Form entgangener (höherer) Zinsen.

Allerdings ist in Rechnung zu stellen, dass die Kompensation eines **Leistungsbilanzdefizits** durch einen ebenso hohen Kapitalbilanzüberschuss zwar die Devisenbilanz zum Ausgleich bringt und somit ein außenwirtschaftliches Gleichgewicht vorliegt. Gleichwohl ist die Volkswirtschaft in diesem Fall auf ausländische Kapitalimporte angewiesen. Ausländisches Kapital jedoch ist renditeorientiert und nicht durch nationale Präferenzen beeinflusst, sodass es bei Änderungen der Erwartungen über künftige Renditen schneller abgezogen wird als inländisches Kapital.

China, Japan und die Schweiz haben Währungsreserven in Billionenhöhe. Dies ist zwar aus ökonomischen Gründen aufgrund der Opportunitätskosten nicht effizient, kann aber aus anderen Gründen gerechtfertigt sein: Zum Beispiel strebt China aus politischer Motivation hohe Dollarreserven an. Denn dadurch steht die unausgesprochene Drohung im Raum, dass Chinas von der Regierung abhängige Zentralbank durch eine Dollarflut auf den Märkten und eine damit verbundene Abwertung dieser Leitwährung die US-Wirtschaft und im Nachgang die Weltwirtschaft ins Wanken bringen kann. Dies verleiht der Zentralregierung in Peking politische Macht.

Obwohl Deutschland typischerweise sehr hohe Leistungsbilanzüberschüsse erzielt, stehen diesen nur *geringere* **Erhöhungen** des **Nettoauslandsvermögens** gegenüber. Ein Grund ist darin zu sehen, dass ein nicht unerheblicher Teil der im Ausland erwirtschafteten Gewinne von den im Ausland tätigen Unternehmen einbehalten und gegebenenfalls im Ausland investiert wird.

Ein weiterer Grund liegt darin, dass Bruttoinvestitionen im Zeitablauf an Wert verlieren und daher der jeweilige Buchwert des Anlagevermögens in der Bilanz um die Abschreibungen – direkt im Vermögensposten selbst oder indirekt über Wertberichtigungen – vermindert wird.

Die Höhe der Währungsreserven verschiedener Länder unterscheidet sich deutlich, wie in Tab. 5.19 zu sehen ist.

Zu berücksichtigen ist generell, dass andere Länder Überschussländern immer wieder mit Vergeltungsmaßnahmen (z. B. Zöllen) drohen, falls diese ihre Leistungsbilanzüberschüsse nicht abbauen. Derartige Maßnahmen können langfristig wirtschaftliche Nachteile für die Nettoexporteure nach sich ziehen, sodass sich ein „freiwilliger" Abbau der Leistungsbilanzüberschüsse aufdrängen kann.

In Deutschland wird das Ziel außenwirtschaftlichen Gleichgewichts erfüllt: Über Jahre hinweg ist der Devisenbilanzsaldo ausgeglichen gewesen: Die Salden sind niedrig, liegen im niedrigen einstelligen Milliardenbereich, manchmal sogar darunter, und die Vorzeichen wechseln.

Tab. 5.19 Währungsreserven ausgewählter Länder 2020 (vgl. statista, 2020k; eigene Rundungen)

Land	Währungsreserven in $ Milliarden
China	3200
Japan	1400
Schweiz	1000
Russland	600
Indien	500
Saudi-Arabien	450
Hongkong	450
Süd-Korea	400
Brasilien	350
Singapur	300
Deutschland	250
Thailand	250
Frankreich	200
Vereinigtes Königreich	200
Mexiko	200
Italien	200
USA	130

5.6 Zusammenfassung und Aufgaben

5.6.1 Zusammenfassung

Die wichtigsten Ergebnisse dieses Kapitels sind zusammengefasst:

1. Das **Magische Viereck** umfasst die vier makroökonomischen Ziele des Stabilitätsgesetzes von 1967: angemessenes und stetiges Wirtschaftswachstum, Preisniveaustabilität, hoher Beschäftigungsstand, außenwirtschaftliches Gleichgewicht.
2. Ein **Konjunkturzyklus** besteht aus den vier Phasen Expansion (Aufschwung), Boom (Hochkonjunktur), Rezession (Abschwung), Depression (Krise).
3. In Deutschland unterliegt die Nachfrage nach Investitions- und Gebrauchsgütern stärkeren **konjunkturellen Schwankungen** als die Nachfrage nach Konsumgütern.
4. **Unternehmens- und Vermögenseinkommen** unterliegen stärkeren konjunkturellen Ausschlägen als Löhne und Gehälter.
5. Das erste Ziel eines angemessenen und stetigen Wirtschaftswachstums wird anhand der jährlichen **Änderungsrate** des **BIP** gemessen.
6. Deutschland hat dieses Ziel in den Wirtschaftswunderjahren 1949 bis 1966 sehr gut, danach nur noch **mäßig** erfüllt.
7. Das jährliche reale **Wirtschaftswachstum** in Deutschland sank von durchschnittlich acht Prozent in den 1950er-Jahren auf ein Prozent in den 2000er-Jahren, um dann auf zwei Prozent in den 2010er-Jahren zu steigen.
8. Real schrumpfte Deutschlands Volkswirtschaft in den **Krisenjahren** 1967,

1975, 1982, 1993, 2003, real und nominal in den Jahren 2009 und 2020.

9. **1978** wurde die wirtschaftliche **Öffnung Chinas** in die Wege geleitet, seit 1991 schlägt sich diese in sehr hohen Wachstumsraten nieder.

10. In den 30 Jahren zwischen 1991 und 2021 wuchs die **chinesische Volkswirtschaft** um das Vierzigfache.

11. Im ersten Jahrtausend nach der Zeitenwende wuchs die **Weltwirtschaft** langfristig gar nicht, von 1000 bis 1820 stagnierte sie bei einer geschätzten Wachstumsrate von 0,2 Prozent pro Jahr. Seit 1820 „explodieren" die Wachstumsraten, zunächst in Europa, Nordamerika, Australien und Neuseeland, danach vor allem in Asien.

12. Dass große Bevölkerungsteile am Wohlstand eines reichen Landes partizipieren und eine große Mittelklasse bilden ist ein Phänomen, das erst im 20. Jahrhundert in Erscheinung getreten ist.

13. Bis 1820 war der Anteil der Inder und Chinesen an der globalen Wirtschaftsleistung, aber auch an der Weltbevölkerung so hoch wie im gesamten Rest der Welt.

14. 200 Jahre später ist das BIP zu Kaufkraftparitäten in China, Indien und den USA etwa so hoch wie im gesamten Rest der Welt.

15. Das zweite Ziel der Preisniveaustabilität wird anhand der Inflationsrate gemessen.

16. Deutschland hat dieses Ziel sehr gut erfüllt.

17. In der Europäischen Wirtschafts- und Währungsunion entscheidet der 25 köpfige **EZB-Rat** mit 21 Stimmen über die Geldpolitik. Deutschland verfügt in diesem Gremium über zwei Stimmen.

18. Die **EZB** ist in ihren Entscheidungen weitgehend unabhängig.

19. Das wichtigste **geldpolitische Ziel** liegt in einer mittelfristigen Inflationsrate von etwa zwei Prozent.

20. Seit der Einführung des Euro waren die **Inflationsraten** bis zum Ausbruch der Corona-Krise historisch niedrig.

21. Das dritte Ziel eines hohen Beschäftigungsstands wird anhand der **Arbeitslosenrate** gemessen.

22. Deutschland hat dieses Ziel bis 1973 sehr gut, danach nur noch **mäßig** erfüllt.

23. Zwischen 1960 und 1973 herrschte in Deutschland **Vollbeschäftigung**. Innerhalb der nächsten Dekade erhöhte sich die Arbeitslosenrate von einem auf neun Prozent.

24. In Deutschland sind die **Arbeitskosten** einschließlich der Sozialversicherungsleistungen im internationalen Vergleich hoch.

25. Deutschland ist eines der wenigen Länder, in denen die **Jugendarbeitslosenrate** nicht signifikant höher ist als die allgemeine Arbeitslosenrate.

26. Das vierte Ziel eines außenwirtschaftlichen Gleichgewichts wird als **Devisenbilanzgleichgewicht** interpretiert.

27. Deutschland hat dieses Ziel **sehr gut** erfüllt.

28. Die wichtigsten Teilbilanzen der Zahlungsbilanz sind die Leistungs-, Kapital- und Devisenbilanz.

29. Deutschland weist typischer Weise hohe Leistungsbilanzüberschüsse und etwa gleichhohe Kapitalbilanzdefizite auf.

30. In der ersten Dekade nach der deutschen Wiedervereinigung wies Deutschland Leistungsbilanzdefizite in Verbindung mit Kapitalbilanzüberschüssen auf, die für die Herstellung der Wettbewerbsfähigkeit der neuen Bundesländer erwünscht waren.

31. Die großen drei Außenhandelsnationen sind China, die USA und Deutschland.

5.6.2 Wiederholungsfragen

1. Wie wird das Ziel angemessenen und stetigen Wirtschaftswachstums gemessen? Lösung Abschn. 5.2
2. Wodurch wird Wirtschaftswachstum gefördert? Lösung Abschn. 5.2
3. Wie wird das Ziel der Preisniveaustabilität gemessen? Lösung Abschn. 5.3
4. Wer ist für die Geldpolitik der Europäischen Wirtschafts- und Währungsunion verantwortlich? Lösung Abschn. 5.3
5. Inwiefern ist die Europäische Zentralbank unabhängig? Lösung Abschn. 5.3
6. Wie wird das Ziel eines hohen Beschäftigungsstands gemessen? Lösung Abschn. 5.4
7. In welchen europäischen Ländern ist die Jugendarbeitslosigkeit traditionell hoch? Lösung Abschn. 5.4
8. Wie wird das Ziel eines außenwirtschaftlichen Gleichgewichts gemessen? Lösung Abschn. 5.5
9. Aus welchen Teilbilanzen besteht die Zahlungsbilanz? Lösung Abschn. 5.5
10. Wer sind die großen Exportnationen? Lösung Abschn. 5.5

5.6.3 Aufgaben

Aufgabe 1
Erläutern Sie, warum das Ziel der Preisniveaustabilität bei „unter, aber nahe zwei Prozent", jedoch nicht bei null Prozent als erfüllt angesehen wird.

Aufgabe 2
Erläutern Sie, inwiefern Zahlen zur Arbeitslosenrate national und international mit besonderer Skepsis zu betrachten sind.

5.6.4 Lösungen

Lösung zu Aufgabe 1
Zum einen werden trotz hedonischer Techniken nicht alle Qualitätssteigerungen erfasst, sodass eine Inflationsrate von null Prozent bei steigenden Güterqualitäten nicht Preisniveaustabilität, sondern Deflation widerspiegelt. Zum anderen soll eben diese durch einen gewissen Sicherheitsabstand vermieden werden, weil nicht nur eine Inflation, sondern auch eine Deflation die Volkswirtschaft in eine Krise stürzen kann: Bei sinkenden Preisen wird das Angebot zum Teil zurückgehalten, weil die Anbieter auf Preiserhöhungen warten.

Lösung zu Aufgabe 2
Verdeckt Arbeitslose, Menschen in Weiterbildungsmaßnahmen oder die Stille Reserve verzerren die Zahl der tatsächlich Arbeitslosen. Zudem werden unterschiedliche Standards angewendet: Mit der Methode des Statistischen Bundesamts kann in Deutschland unter bestimmten Voraussetzungen jemand als arbeitslos gelten, wenn er 14 Stunden in der Woche arbeitet. Nach der Erfassungsmethode durch die Internationale Arbeitsorganisation ist jemand, der zwei Stunden wöchentlich arbeitet, nicht mehr „arbeitslos". Zudem wird die Arbeitslosenrate in einigen Ländern im Registrationsverfahren ermittelt, in anderen Ländern durch Umfragen. Schließlich werden in vielen Ländern die offiziellen Zahlen von der jeweiligen Regierung kontrolliert. Deshalb gibt es zahlreiche, vor allem arme Länder, in denen die offizielle Arbeitslosenrate mit deutlich unter 10 Prozent angegeben wird, tatsächlich aber bei über einem Drittel liegt.

Literatur

Akerlof, G. A. (1982). Labor contracts as partial gift exchange. *Quarterly Journal of Economics, 97*(4), 543–569.

Akerlof, G. A. (1984). Gift exchange and efficiency-wage theory: Four views. *American Economic Review, 74*(2), 79–83.

Blinder, A., & Watson, M. W. (2016). Presidents and the US Economy: An econometric exploration. *American Economic Review, 106*(4), 1015–1045.

BPM (2009). *Balance of payments and international position of investment manual.* International Monetary Fund.

Brynjolfsson, E., & McAfee, A. (2014). *The second machine age: Work, progress, and prosperity in a time of brilliant technologies.* Norton.

Bull, C. (1983). Implicit contracts in the absence of enforcement and risk aversion. *American Economic Review, 73*(4), 658–671.

Bull, C. (1985). Equilibrium unemployment as a worker discipline device: Comment. *American Economic Review, 75*(4), 890–891.

Burki, A. A. (1995). A review of efficiency models of labor market: Theory and evidence. *Asia-Pacific Development Journal, 2*(2), 73–90.

destatis (2020a). Arbeitskosten in der EU, Pressemitteilung Nr. 142 vom 23. April 2020. Statistisches Bundesamt. https://www.destatis.de/DE/Presse/Pressemitteilungen/2020/04/PD20_142_624.html. Zugegriffen am 17.08.2020.

destatis (2020b). Europa. Bevölkerung. Statistisches Bundesamt. https://www.destatis.de/Europa/DE/Thema/Basistabelle/Bevoelkerung.html. Zugegriffen am 20.10.2020.

destatis (2020c). Wägungsschema des Verbraucherpreisindex: Deutschland, Jahre, Klassifikation der Verwendungszwecke des Individualkonsums (COICOP 2-5-Steller Hierarchie). Statistisches Bundesamt. https://www-genesis.destatis.de/genesis/online?operation=ergebnistabelleUmfang&levelindex=1&levelid=16 2416816 2416&downloadname=61111-0007#abreadcrumb. Zugegriffen am 20.06.2021.

destatis (2021a). Qualitätsbereinigung in der amtlichen Preisstatistik. Hedonische Techniken. Statistisches Bundesamt. https://www.destatis.de/DE/Themen/Wirtschaft/Preise/Landwirtschaftspreisindex-Forstwirtschaftspreisindex/Methoden/Erlaeuterungen/qualitaetsbereinigung.html. Zugegriffen am 20.06.2021.

destatis (2021b). Verbraucherpreisindex. Statistisches Bundesamt. https://www.destatis.de/DE/Themen/Wirtschaft/Preise/Verbraucherpreisindex/_inhalt.html. Zugegriffen am 20.06.2021.

ESVG (2010). *Europäisches System Volkswirtschaftlicher Gesamtrechnungen.* Annex A of Regulation (EU) No 549/2013. Europäische Kommission.

EU-2016/792 (2016). Verordnung (EU) 2016/792 des Europäischen Parlaments und des Rates vom 11. Mai 2016 über harmonisierte Verbraucherpreisindizes und den Häuserpreisindex sowie zur Aufhebung der Verordnung (EG) Nr. 2494/95 des Rates. Amtsblatt der Europäischen Union, L 135/11. Statistisches Amt der Europäischen Union.

eurostat (2015). Wohnverhältnisse im Jahr 2014. Pressemitteilung vom 23.11. 2015. https://ec.europa.eu/eurostat/documents/2995521/7086104/3-23112015-AP-DE.pdf/b0d93d73-4285-47f5-a1f8-643eb3c12f90.

eurostat (2021a). Erfassungsbereich. Welche Produkte werden im HVPI-Warenkorb nicht erfasst? Statistisches Amt der Europäischen Union. https://ec.europa.eu/eurostat/de/web/hicp/faq. Zugegriffen am 20.06.2021.

eurostat (2021b). Erfassungsbereich. Wie wird der HVPI-Warenkorb erstellt? Statistisches Amt der Europäischen Union. https://ec.europa.eu/eurostat/de/web/hicp/faq. Zugegriffen am 20.06.2021.

eurostat (2021c). General. Worin bestehen die Hauptunterschiede zwischen dem HVPI und den nationalen Verbraucherpreisindizes (VPI)? Statistisches Amt der Europäischen Union. https://ec.europa.eu/eurostat/de/web/hicp/faq. Zugegriffen am 20.06.2021.

EZB (2004). *Institutionelle Vorschriften. Satzung des ESZB und der EZB, Geschäftsordnungen.* Europäische Zentralbank.

EZB (2014). Die Rotation der Stimmrechte im EZB-Rat. Europäische Zentralbank. https://www.ecb.europa.eu/explainers/tell-me-more/html/voting-rotation.de.html. Zugegriffen am 20.06.2021.

EZB (2021a). Geldpolitik. Europäische Zentralbank. https://www.ecb.europa.eu/ecb/tasks/monpol/html/index.de.html. Zugegriffen am 24.06.2021.

EZB (2021b). Geldpolitik. Europäische Zentralbank. https://www.ecb.europa.eu/ecb/tasks/monopol/html/index.de.html. Zugegriffen am 07.09.2021.

Feldman, G., & Steinisch, I. (1985). *Industrie und Gewerkschaften 1918 bis 1924. Die überforderte Zentralarbeitsgemeinschaft* (Schriftenreihe der Vierteljahrshefte für Zeitgeschichte, Bd. 50). Deutsche Verlags-Anstalt.

Holmström, B. (2016). Pay for performance and beyond. Nobel lecture. 413–442. https://www.nobelprize.org/uploads/2018/06/holmstrom-lecture.pdf. Zugegriffen am 03.04.2020.

Holmström, B. (2017). Pay for performance and beyond. *American Economic Review, 107*(7), 1753–1777.

Leibenstein, H. (1967). The theory of underemployment in backward economies. *Journal of Political Economy, 65*(2), 91–103.

Maddison, A. (2001). *The world economy: A millennium perspective.* Organization for Economic Co-operation and Development.

Maddison, A. (2003). *The world economy: Historical statistics.* Organization for Economic Co-operation and Development.

Maddison, A. (2006). *The world economy. Volume I: A millennium perspective. Volume II: Historical statistics.* Organization for Economic Co-operation and Development.

Meadows, D., et al. (1972). *Die Grenzen des Wachstums. Bericht des Club of Rome zur Lage der Menschheit.* Rowohlt.

NGEU (2021). European Commission (Hg.). The EU's 2021–2027 long-term budget and NextGenerationEU. Facts and Figures. European Union.

Pastor, L., & Veronesi, P. (2020). Political cycles and stock returns. *Journal of Political Economy, 128*(11), 4011–4045.

Rappaport, A. (1986). *Creating Shareholder Value.* The Free Press.

Salop, S. C. (1979). A model of the natural rate of unemployment. *American Economic Review, 69*(1), 117–125.

Salop, J., & Salop, S. C. (1976). Self-selection and turnover in the labor market. *Quarterly Journal of Economics, 90*(4), 619–627.

Schröder, C. (2019). Industrielle Arbeitskosten im internationalen Vergleich. *Vierteljahresschrift zur empirischen Wirtschaftsforschung (Institut der deutschen Wirtschaft), 46,* 63–81.

Simon, H. (2012). *Hidden Champions. Aufbruch nach Globalia*. Campus. (Erstveröffentlichung 1996).

Spence, A. M. (2001). Signaling in retrospect and the informational structure of markets. Nobel lecture. 407–444. https://www.nobelprize.org/uploads/2018/06/spence-lecture.pdf. Zugegriffen am 03.04.2020.

statista (2020a). Bruttoinlandsprodukt (BIP) in Deutschland von 1950 bis 2019. https://de.statista.com/statistik/daten/studie/4878/umfrage/bruttoinlandsprodukt-von-deutschland-seit-dem-jahr-1950/. Zugegriffen am 20.10.2020.

statista (2020b). Die 20 größten Exportländer weltweit im Jahr 2019. statista. https://de.statista.com/statistik/daten/studie/37013/umfrage/ranking-der-top-20-exportlaender-weltweit/. Zugegriffen am 13.11.2020.

statista (2020c). Die 20 größten Importländer weltweit im Jahr 2019. statista. https://de.statista.com/statistik/daten/studie/157858/umfrage/groesste-importlaender-weltweit/. Zugegriffen am 13.11.2020.

statista (2020d). Die 20 Länder mit dem größten Handelsbilanzdefizit 2019. statista. https://de.statista.com/statistik/daten/studie/242564/umfrage/laender-mit-dem-groessten-handelsbilanzdefizit/. Zugegriffen am 13.11.2020.

statista (2020e). Die 20 Länder mit dem größten Handelsbilanzüberschuss 2019. statista. https://de.statista.com/statistik/daten/studie/242539/umfrage/laender-mit-dem-groessten-handelsbilanzueberschuss/. Zugegriffen am 13.11.2020.

statista (2020f). Die 20 Länder mit dem größten kaufkraftbereinigten Bruttoinlandsprodukt (BIP) im Jahr 2019. statista. https://de.statista.com/statistik/daten/studie/36918/umfrage/laender-weltweit-nach-bruttoinlandsprodukt/. Zugegriffen am 17.06.2021.

statista (2020g). Die 20 Länder mit der größten aktiven Dienstleistungsbilanz weltweit im Jahr 2019. statista. https://de.statista.com/statistik/daten/studie/982058/umfrage/ranking-der-top-20-laender-nach-aktiver-dienstleistungsbilanz-weltweit/. Zugegriffen am 13.11.2020.

statista (2020h). Leistungsbilanzsaldo der wichtigsten Industrie- und Schwellenländer im Jahr 2018 und Prognosen für 2018 bis 2024. statista. https://de.statista.com/statistik/daten/studie/982722/umfrage/prognostizierter-leistungsbilanzsaldo-der-wichtigsten-industrie-und-schwellenlaendern/. Zugegriffen am 13.11.2020.

statista (2020i). Ranking der 20 Länder mit dem größten Leistungsbilanzüberschuss im Jahr 2018. statista. https://de.statista.com/statistik/daten/studie/981932/umfrage/ranking-der-20-laender-mit-dem-groessten-leistungsbilanzueberschuss/. Zugegriffen am 13.11.2020.

statista (2020j). Saldo der Außenhandelsbilanz (Differenz zwischen Exporten und Importen von Waren) von Deutschland von 1991 bis 2019. statista. https://de.statista.com/statistik/daten/studie/37793/umfrage/exportueberschuss-in-deutschland-seit-1999/. Zugegriffen am 13.11.2020.

statista (2020k). Währungsreserven ausgewählter Länder weltweit im Juni 2020. statista. https://de.statista.com/statistik/daten/studie/157870/umfrage/waehrungsreserven-ausgewaehlter-laender/. Zugegriffen am 13.11.2020.

statista (2021a). Anzahl der Erwerbspersonen in Deutschland von 1990 bis 2020. statista. https://de.statista.com/statistik/daten/studie/161446/umfrage/zahl-der-erwerbspersonen-in-deutschland-seit-1991/. Zugegriffen am 20.06.2021.

statista (2021b). Arbeitslosenquote der Bundesrepublik Deutschland in den Jahren 1950 bis 2020. statista. https://de.statista.com/statistik/daten/studie/1127090/umfrage/arbeitslosenquote-der-bundesrepublik-deutschland/. Zugegriffen am 20.06.2021.

statista (2021c). Bruttoinlandsprodukt (BIP) in Deutschland von 1950 bis 2020. statista. https://de.statista.com/statistik/daten/studie/4878/umfrage/bruttoinlandsprodukt-von-deutschland-seit-dem-jahr-1950/. Zugegriffen am 24.06.2021.

statista (2021d). China: Bruttoinlandsprodukt (BIP) in jeweiligen Preisen von 1980 bis 2020 und Prognosen bis 2026. statista. https://de.statista.com/statistik/daten/studie/19365/umfrage/bruttoinlandsprodukt-in-china/. Zugegriffen am 24.06.2021.

statista (2021e). Europäische Union: Arbeitslosenquoten in den Mitgliedstaaten im April 2021. https://de.statista.com/statistik/daten/studie/160142/umfrage/arbeitslosenquote-in-den-eu-laendern/. Zugegriffen am 24.06.2021.

statista (2021f). Europäische Union: Jugendarbeitslosenquoten in den Mitgliedstaaten im April 2021. statista. https://de.statista.com/statistik/daten/studie/74795/umfrage/jugendarbeitslosigkeit-in-europa/. Zugegriffen am 20.06.2021.

statista (2021g). Gemeinschaftsdiagnose: Inflationsrate in Deutschland von 2008 bis 2020 und einer Prognose bis 2022. statista. https://de.statista.com/statistik/daten/studie/5851/umfrage/prognose-zur-entwicklung-der-inflationsrate-in-deutschland/. Zugegriffen am 25.06.2021.

statista (2021h). Inflationsrate in Deutschland von 1950 bis 2020. statista. https://de.statista.com/statistik/daten/studie/4917/umfrage/inflationsrate-in-deutschland-seit-1948/. Zugegriffen am 25.06.2021.

statista (2021i). Jugendarbeitslosenquote (15 bis unter 25 Jahre) in Deutschland von 2002 bis 2020. statista. https://de.statista.com/statistik/daten/studie/440534/umfrage/jugendarbeitslosenquote-in-deutschland/. Zugegriffen am 20.06.2021.

statista (2021j). Weltweites Bruttoinlandsprodukt in jeweiligen Preisen von 1980 bis 2020 und Prognosen bis 2026. statista. https://de.statista.com/statistik/daten/studie/159798/umfrage/entwicklung-des-bip-bruttoinlandsprodukt-weltweit/. Zugegriffen am 17.06.2021.

statista (2021k). Wohneigentumsquote in ausgewählten europäischen Ländern im Jahr 2019. statista. https://de.statista.com/statistik/daten/studie/155734/umfrage/wohneigentumsquoten-in-europa/. Zugegriffen am 20.06.2021.

Stiglitz, J. E. (1974). Alternative theories of wage determination and unemployment in L. D. C.s. The labor turnover model. *Quarterly Journal of Economics, 88*(2), 194–227.

Stiglitz, J. E. (1976). The efficiency wage hypothesis, surplus labour and the distribution of income in L. D. C.s. *Oxford Economic Papers, 28*(2), 185–207.

Stiglitz, J. E. (1982). Alternative theories of wage determination and unemployment: The efficiency wage model. In M. Gersovitz et al. (Hrsg.), *The theory and experience of economic development: Essays in honor of Sir Arthur W. Lewis* (S. 78–106). Routledge.

Stiglitz, J. E. (1984). Equilibrium wage distributions. NBER Working Paper 1337.

Stiglitz, J. E. (2001). Information and the change in the paradigm in economics. Nobel lecture. 472–540. https://www.nobelprize.org/uploads/2018/06/stiglitz-lecture.pdf. Zugegriffen am 03.04.2020.

Trading Economics (2020). China. GDP per capita, PPP. https://tradingeconomics.com/china/gdp-per-capita-ppp. Zugegriffen am 20.10.2020.

Vollrath, D. (2020). *Fully grown. Why a stagnant economy is a sign of success*. University of Chicago.

Yellen, J. L. (1984). Efficiency wage models of unemployment. *American Economic Review, 74*(2), 200–205.

Markt und Staat

Zusammenfassung

Die Frage, inwieweit der Staat oder der Markt die dominierende Rolle einer Volkswirtschaft einnehmen soll, ist die Frage aller Fragen, bei der sich die Geister scheiden. In der Regel haben Politiker stärkere Präferenzen für den starken Staat als Ökonomen, von denen einige darin sogar eine „Anmaßung von Wissen" sehen, das staatliche Entscheider gar nicht haben (können). Konstitutionenökonomische Rechtfertigungen des Staates sprechen für staatliche Aktivität, steigende staatliche Budgets für eine Begrenzung derselben. Bei Vorliegen öffentlicher Güter versagt allerdings der Markt, sodass der Staat dann auch aus Sicht von Marktapologeten aktiv werden muss. Ein gutes Marktdesign hat zudem informationsökonomische Erkenntnisse zu berücksichtigen, weil ansonsten Signalling, moralische Wagnisse, adverse Selektion, Trittbrettfahren oder Drückebergerei Fehlallokationen hervorrufen. Schließlich steht jedes Gemeinwesen vor dem Problem, dass individuelle und kollektive Rationalität nicht immer miteinander harmonieren, sondern manchmal auch konfligieren.

6.1 Grundlagen

Lernziele: Beschreiben, Erklären, Interpretieren, Beurteilen

- verfassungsökonomischer Rechtfertigungen des Staates,
- der Gründe für die Zunahme staatlicher Aktivität,
- der Kriterien für die Beurteilung staatlichen Handelns,
- öffentlicher und meritorischer Güter,
- informationsökonomischer Verzerrungen durch Signalling, Moral Hazard, Adverse Selection, Free Riding und Shirking,
- der Theorie kollektiver Entscheidungen.

In der Frühen Neuzeit erlebt die Staatsphilosophie eine Renaissance:

Dem Roman des englischen Politikers Thomas **Morus (1478–1535)** ist der Begriff der **Utopie** zu verdanken (vgl. Morus, 1516). Der frühere Oxford-Student der Altphilologie erläutert in la-

© Springer Fachmedien Wiesbaden GmbH, ein Teil von Springer Nature 2021
R. Richert, *Grundlagen der Volkswirtschaftslehre aus globaler Sicht klipp & klar*, WiWi klipp & klar, https://doi.org/10.1007/978-3-658-35173-1_6

teinischer Sprache seine Staatstheorie am Beispiel der zwar imaginären, aber ziemlich konkret
beschriebenen (vgl. Morus, 1995, S. 58–64) Insel
Utopia. Dabei äußert er Ideen, die später vom
Kommunismus aufgenommen worden sind.

Morus' Zeitgenosse, der italienische Staatsphilosoph Niccolò **Machiavelli (1469–1527)** er-
klärt in seinem Hauptwerk „Il Principe" („Der
Fürst") aus dem Jahr 1513, wie ein Politiker an
die Macht gelangen und sie erhalten kann (vgl.
Machiavelli, 1995). Seine rational, nicht moralisch begründeten Empfehlungen haben dazu geführt, dass unter einem Machiavellisten ein Politiker verstanden wird, der aus egoistischen
Motiven seine Machtbasis zu stärken sucht und
altruistische Maßnahmen für sich instrumentalisiert, sie also nicht um ihrer selbst willen aus-
führt.

Morus setzte mit „Utopia" den Anker für das
Ziel, Machiavelli mit „Il Principe" für den Weg
zu einer staatlichen Ordnung.

6.2   Verfassungsökonomische Rechtfertigungen des Staates

6.2.1   Staatsformen

Die Verfassungsökonomik versucht die Existenz
staatlicher Institutionen zu rechtfertigen. Die
Nachteile der Anarchie (vgl. griechisch: „an" –
„nicht", griechisch: „archein" – „herrschen") liegen vor allem darin, dass es in „herrschaftsfreien"
Räumen keine Institution gibt, welche die individuellen Freiheitsrechte vor Übergriffen schützt.
Zudem ist die Verwirklichung gemeinsamer Vor-
haben   kaum   möglich.   Daher   schließen
Menschen – gedanklich – einen **Gesellschaftsvertrag**, in dem sie die konstitutiven Elemente
ihrer präferierten Gesellschaftsordnung manifestieren.

In einer **Monarchie** herrscht „nur Einer" (vgl.
griechisch: „monos" – „nur Einer"). Unum-
schränkt ist die Macht des Alleinherrschers in
einer *absoluten* Monarchie wie in Saudi-Arabien,
eingeschränkt durch die Verfassung ist sie in einer *konstitutionellen* Monarchie wie in Jordanien,

eingeschränkt durch das Parlament in einer *par-
lamentarischen* Monarchie wie im Vereinigten
Königreich von Großbritannien und Nordirland.
Im Gegensatz zu einer Monarchie, die dem Prinzip der Erbfolge gehorcht, wird in einer **Republik** (vgl. lateinisch: „res publica" – „die öffentliche Sache") den Regierenden die politische
Macht nur auf Zeit übertragen. Republikanisch
ist eine Politik in dem Sinne, dass die gewählten
Repräsentanten die „öffentlichen Angelegenheiten" *für das Volk* regeln. Dies schließt auch die
Wirtschaftspolitik mit ein, die weniger den Partikularinteressen Einzelner oder kleiner Gruppen,
sondern vielmehr dem Gemeininteresse dienen
soll.

Eine **Demokratie** (vgl. griechisch: „demos" –
„Volk"; griechisch: „kratein" – „herrschen")
zeichnet sich dadurch aus, dass die politischen
Entscheider nicht von einem Diktator (vgl. lateinisch: „dictare" – „befehlen") oder von Oligarchen (vgl. griechisch: „oligoi" – „wenige"), sondern *vom* Volk gewählt werden. Dadurch ist die
Herrschaft der Mandatsträger nicht nur in einer
direkten, sondern auch in einer *repräsentativen*
Demokratie wie der deutschen legitimiert. Als
von allen volljährigen Bürgern Gewählte können
und sollen die Politiker beispielsweise regulie-
rend oder deregulierend die Wirtschaftsordnung
gestalten. Deutschlands politische Ordnung ist
die *parlamentarische* Demokratie, in welcher der
von Parlamentariern gewählte Regierungschef
(Bundeskanzler) die größte Machtfülle besitzt.
Dagegen obliegen dem Staatsoberhaupt, das in
Friedenszeiten über wenig Macht verfügt, haupt-
sächlich repräsentative Aufgaben. Hingegen hat
das Staatsoberhaupt in einer *präsidentiellen* Demokratie wie in den USA auch die höchste exekutive Macht. In einer *semi-präsidentiellen* Demokratie wie in Frankreich gibt es neben dem
mächtigen Staatsoberhaupt zwar noch einen Regierungschef (Premierminister), der aber über
deutlich weniger Einfluss verfügt als der höchste
Repräsentant des Staates.

Platon (427-347 v. Chr.), der wichtigste
Schüler des Sokrates (470-399 v. Chr.) und erste
„Akademiker", verficht in seiner „Politeia" („Der
Staat") als beste Regierungsform die Aristokra-
tie, unter der er eine **Epistemokratie** versteht,

eine „Philosophenherrschaft", bei der die gebildeten „Freunde" (vgl. griechisch: „philoi") der „Weisheit" (vgl. griechisch: „sophia") regieren sollen (vgl. Platon, 1994). Damit erweist sich Platon als Anhänger einer wissenschafts- (vgl. griechisch: „episteme" – „Wissenschaft") und evidenzbasierten Politik, die seit der Corona-Krise auch in Deutschland populär geworden ist. Dieser hohe Anspruch, den Platon an die Vernunft der Menschen stellt, zeigt sich insbesondere in seinen drei berühmten Allegorien, dem Sonnengleichnis (vgl. Platon, 1994, VI, 507b-509c), der Analogie der geteilten Linie (vgl. Platon, 1994, VI, 509d-511e) sowie dem Höhlengleichnis (vgl. Platon, 1994, VII, 514a-520a). Platons deduktiver Ansatz, über Syllogismen aus generell-abstrakten Prinzipien Erklärungen und Empfehlungen für spezifisch-konkrete Phänomene und Probleme abzuleiten, protegiert eine regelorientierte, universalistische Politik. Mit seinem besonders im Höhlengleichnis geforderten Appell an die Menschen, ihren Verstand zu gebrauchen und selbstständig zu denken, kann Platon als Vorläufer der Zeit der Aufklärung angesehen werden, die allerdings noch zweitausend Jahre auf sich warten ließ.

Platons Schüler **Aristoteles' (384-322 v. Chr.)** gibt sich in seiner „Politika" („Politik") als Anhänger einer **Aristokratie** im ursprünglichen Sinne zu erkennen, bei der die „Besten" und „Trefflichsten" (vgl. griechisch: „aristoi") die Herrschaft übernehmen sollen (vgl. Aristoteles, 1993). Die Peripatetiker, die Anhänger dieses großen griechischen Universalgelehrten, erweisen sich damit auch als Anhänger einer Politik der Vernunft und zugleich der Moral.

Der größte römische Redner und Staatsphilosoph Marcus Tullius **Cicero (106-43 v. Chr.)**, ein Zeitgenosse Caesars (100-44 v. Chr.), versucht in seiner Monographie „De re publica" („Über den Staat") die Konzepte der Herrschaft eines wohlwollenden Diktators mit derjenigen des Volkes zu einer Mischform zu vereinen, die bereits auf ein System von „checks and balances" setzt, also einer Einzelperson oder einer kleinen Gruppe nicht zu viel Macht gewähren soll (vgl. Cicero, 1995).

6.2.2 Gesellschaftsvertrag

Der englische Philosoph und Mathematiker Thomas **Hobbes (1588–1679)** veröffentlicht 1651 seinen „Leviathan" (vgl. Hobbes, 1651), eine Staatstheorie, in der die Allmacht des Staates allein schon durch die Wahl des Buchtitels hervortritt, der den Staat mit dem mächtigen Seeungeheuer Leviathan gleichsetzt, von dem schon in der babylonischen und später in der jüdischen und christlichen Mythologie die Rede ist. Im anarchischen **„Naturzustand"** gibt es nach Hobbes einen **„Krieg aller gegen alle"** (Hobbes, 1995, S. 115):

> „Hieraus ergibt sich, daß ohne eine einschränkende Macht der Zustand der Menschen ein solcher sei, wie er zuvor beschrieben wurde, nämlich ein Krieg aller gegen alle."

Die Menschen streben den Abschluss eines Gesellschaftsvertrags nicht aus hochstehenden moralischen Prinzipen, sondern aus existentiellen Gründen an, um ihr eigenes Überleben zu sichern. Staatliches Handeln versucht, die Nachteile zu beseitigen, die im Falle der Nicht-Existenz des Staates, also bei Vorliegen einer Anarchie, gegeben wären. Vor einem Krieg warnt Hobbes eindringlich (Hobbes, 1995, S. 115–116):

> „Was mit dem Kriege aller gegen alle verbunden ist, das findet sich auch bei den Menschen, die ihre Sicherheit einzig auf ihren Verstand und auf ihre körperlichen Kräfte gründen müssen. Da findet sich kein Fleiß, weil kein Vorteil davon zu erwarten ist; es gibt keinen Ackerbau, keine Schiffahrt, keine bequemen Wohnungen, keine Werkzeuge höherer Art, keine Länderkenntnis, keine Zeitrechnung, keine Künste, keine gesellschaftlichen Verbindungen; stattdessen ein tausendfaches Elend; Furcht, gemordet zu werden, stündliche Gefahr, ein einsames, kümmerliches, rohes und kurz dauerndes Leben."

Obwohl im Fall der Anarchie die Grenzen der Freiheit nicht explizit gezogen werden, bedarf es einer Institution, welche individuelle Freiheiten vor Übergriffen Dritter schützt. Daher treten Bürger ihre Machtbefugnisse um ihrer Sicherheit willen auf Kosten ihrer Freiheit an eine zentrale staatliche Autorität ab, die das Gewaltmonopol innehat. Somit ist die Rechtfertigung für die staatliche Omnipotenz in der freiwilligen individuellen Übertragung von Macht an den „Leviathan" zu sehen. Ein starker Staat ist notwendig, um die unzumutbare Alternative des Naturzustandes zu verhindern.

Der französische Aufklärer Charles-Louis de Secondat, Baron de la Brède et de **Montesquieu (1689–1755)**, hält in seinem epochalen Werk „Vom Geist der Gesetze" (vgl. Montesquieu, 1748) die **Gewaltenteilung** für ein konstitutives Merkmal einer freiheitlich orientierten staatlichen Ordnung (de Montesquieu, 1994, S. 216–217):

> „Sobald in ein und derselben Person oder derselben Beamtenschaft die legislative Befugnis mit der exekutiven verbunden ist, gibt es keine Freiheit. Es wäre nämlich zu befürchten, dass derselbe Monarch oder derselbe Senat tyrannische Gesetze erließe und dann tyrannisch durchführte. Freiheit gibt es auch nicht, wenn die richterliche Befugnis nicht von der legislativen und von der exekutiven Befugnis geschieden wird. Die Macht über Leben und Freiheit der Bürger würde unumschränkt sein, wenn jene mit der legislativen Befugnis gekoppelt wäre, denn der Richter wäre Gesetzgeber. Der Richter hätte die Zwangsgewalt eines Unterdrückers, wenn jene mit der exekutiven Gewalt gekoppelt wäre."

Auch wenn bereits Aristoteles die hohe Bedeutung der Gewaltenteilung herausgearbeitet hat (vgl. Aristoteles, 1993; Maier, 2006), steht der Name Montesquieu für eine klare Trennung der

- gesetzgebenden Gewalt (Legislative),
- ausführenden Gewalt (Exekutive),
- rechtsprechenden Gewalt (Judikative/Jurisdiktion).

Analog lässt sich die politische Dimension der Gewaltenteilung auf die wirtschaftliche Dimension der Trennung ökonomischer Zuständigkeiten übertragen: Die Legislative (Parlament), zu der aus ökonomischer Sicht neben den nationalen, regionalen und kommunalen Parlamenten auch die Regierungen und Behörden zählen, gibt die wirtschaftlich relevanten Rahmenbedingungen vor und passt sie gegebenenfalls den veränderten Umständen an. Die Exekutive (Regierung) wird in der ökonomischen Sphäre durch die privaten Marktteilnehmer repräsentiert, die autonom als Unternehmer produzieren und investieren beziehungsweise als Haushalte konsumieren und sparen. Die Judikative (Rechtsprechung) zeigt sich im Wirtschaftsleben durch unabhängige Institutionen, die – im Idealfall sanktionsbewehrt – Verstöße gegen die Rahmenordnung ahnden können. Zu diesen Institutionen zählen beispielsweise Wirtschaftsprüfungsgesellschaften, Behörden mit Kontrollaufgaben (beispielsweise für die Einhaltung des Brandschutzes) oder das Bundeskartellamt.

Der in der unabhängigen Republik Genf geborene Philosoph Jean-Jacques **Rousseau (1712–1778)** erlangte durch sein Konzept des „Contrat Social", eines hypothetisch geschlossenen „Gesellschaftsvertrags" (vgl. Rousseau, 1762) Berühmtheit. Die ersten Zeilen seines bahnbrechenden Werkes lauten (Rousseau, 1994, S. 6):

> „Ich will untersuchen, ob es in der bürgerlichen Ordnung irgendeine rechtmäßige und sichere Regel für das Regieren geben kann; dabei werden die Menschen genommen, wie sie sind, und die Gesetze, wie sie sein können."

Rousseau ist einer der Protagonisten der Aufklärung (Rousseau, 1994, S. 6):

> „Der Mensch ist frei geboren, und überall liegt er in Ketten."

Am 30. September 1784 bringt der Königsberger Philosoph Immanuel **Kant (1724–1804)** in der Berlinischen Monatsschrift die vielleicht bedeutendsten Worte der Zeit der Aufklärung zu Papier (Kant, 1784, S. 481):

> „Aufklärung ist der Ausgang des Menschen aus seiner selbst verschuldeten Unmündigkeit. Unmündigkeit ist das Unvermögen, sich seines Verstandes ohne Leitung eines anderen zu bedienen. Selbstverschuldet ist diese Unmündigkeit, wenn die Ursache derselben nicht am Mangel des Verstandes, sondern der Entschließung und des Muthes liegt, sich seiner ohne Leitung eines anderen zu bedienen. Sapere aude! Habe Muth dich deines eigenen Verstandes zu bedienen! ist also der Wahlspruch der Aufklärung."

Gleich daran anschließend formuliert Kant im zweiten Absatz das Problem, das auch für die Frage der Beantwortung der Frage „Markt oder Staat?" herangezogen werden kann: Eine marktwirtschaftliche Ordnung ist ein „Entdeckungs-verfahren" (vgl. Hayek, 1969, S. 249–265), das seiner Natur nach ergebnisoffen und daher mit Unsicherheiten über das Ergebnis behaftet ist. Es ist kein verlässlicher, stagnierender Status quo, sondern ein Prozess „schöpferischer Zerstörung" (vgl. Schumpeter, 1943, 2010), der die Markt-teilnehmer immer wieder vor neue Heraus-forderungen stellt. Dagegen suggeriert „Füh-rung" durch den Staat, die sich in staatlichen Interventionen verkörpert, ein hohes Maß an „ge-fühlter" Sicherheit. Denn die staatlichen Akteure scheinen den richtigen Weg zu kennen, und die Bürger brauchen nur nach der helfenden Hand eines paternalistischen Staatenlenkers zu greifen, um Halt und Geborgenheit zu finden, zwei psy-chische Konstanten, nach denen sich Menschen sehnen. Der mündige Bürger – von Kants des-pektierlicher, heutzutage nicht tolerabler Äuße-rung gegenüber Frauen in der zweiten Klammer unten sehen wir einmal ab – würde sich aller-dings die Frage stellen, ob der Staat eigentlich das Wissen hat, das er vorgibt zu haben, um auf bessere Weise zu intervenieren als Private, oder ob er sich einfach nur exklusives „Wissen an-maßt" (vgl. Hayek, 1944, 1945, 1974), das er gar nicht hat. In den Worten Kants ist es „bequem" und weniger „beschwerlich", sich durch einen „Vormund" leiten zu lassen (Kant, 1784, S. 481–482):

> „Faulheit und Feigheit sind die Ursachen, warum ein so großer Theil der Menschen, nachdem sie die Natur längst von fremder Leitung frei gesprochen (naturaliter majorennes [„natürlich die Erwachse-nen", RR]), dennoch gerne Zeitlebens unmündig bleiben; und warum es Anderen so leicht wird, sich zu deren Vormündern aufzuwerfen. Es ist so be-quem, unmündig zu sein. Habe ich ein Buch, das für mich Verstand hat, einen Seelsorger, der für mich Gewissen hat, einen Arzt der für mich die Diät beurtheilt, u. s. w. so brauche ich mich ja nicht selbst zu bemühen. Ich habe nicht nöthig zu den-ken, wenn ich nur bezahlen kann; andere werden das verdrießliche Geschäft schon für mich über-nehmen. Daß der bei weitem größte Theil der Menschen (darunter das ganze schöne Geschlecht) den Schritt zur Mündigkeit, außer dem daß er be-schwerlich ist, auch für sehr gefährlich halte: dafür sorgen schon jene Vormünder, die die Oberaufsicht über sie gütigst auf sich genommen haben. Nach-dem sie ihr Hausvieh zuerst dumm gemacht haben, und sorgfältig verhüteten, daß diese ruhigen Ge-

schöpfe ja keinen Schritt außer dem Gängelwagen, darin sie sie einsperreten, wagen durften; so zeigen sie ihnen nachher die Gefahr, die ihnen drohet, wenn sie es versuchen allein zu gehen. Nun ist diese Gefahr zwar eben so groß nicht, denn sie würden durch einigemahl Fallen wohl endlich ge-hen lernen; allein ein Beispiel von der Art macht doch schüchtern, und schrekt gemeiniglich von al-len ferneren Versuchen ab."

Der Ökonom Joseph **Schumpeter (1883–1950)**, der im Laufe seines Lebens die österrei-chische, deutsche und US-amerikanische Staatsbürgerschaft gehabt hat, weist schon früh auf die hohe Bedeutung der adaptiven Effizienz und des Change Management hin, ohne einen dieser beiden Begriffe explizit zu erwähnen. Der Umgang mit Neuem ist nach Schumpeter der Kern wirtschaftlicher Aktivität (Schumpeter, 1943, S. 136):

> „Der fundamentale Antrieb, der die kapitalistische Maschine in Bewegung setzt und hält, kommt von den neuen Konsumgütern, den neuen Produktions- und Transportmethoden, den neuen Märkten, den neuen Formen der industriellen Organisation …"

Schumpeter prägt den Begriff der **„schöpferi-schen Zerstörung"**, die einer Marktwirtschaft innewohnt. Er macht deutlich, dass die Zerstö-rung bestehender Strukturen keineswegs ein zu vermeidender Kollateralschaden einer Markt-wirtschaft ist, sondern vielmehr eines ihrer fun-damentalen Merkmale. So wird auch die antago-nistische Synthese zwischen dem positiv besetzten Adjektiv „schöpferisch" und dem nega-tiv besetzten Substantiv „Zerstörung" in Schum-peters berühmtestem Terminus verständlich (Schumpeter, 1943, S. 137–138):

> „Die Eröffnung neuer, fremder oder einheimischer Märkte und die organisatorische Entwicklung vom Handwerksbetrieb und der Fabrik zu solchen Kon-zernen wie dem U.S. Steel illustrieren den gleichen Prozess einer industriellen Mutation – wenn ich diesen biologischen Ausdruck verwenden darf –, der unaufhörlich die Wirtschaftsstruktur von innen heraus revolutioniert, unaufhörlich die alte Struk-tur zerstört, unaufhörlich eine neue schafft. Dieser **Prozess der „schöpferischen Zerstörung'** [Her-vorhebung durch RR] ist das für den Kapitalismus wesentliche Faktum."

Schumpeter erkennt auch einen grundle-genden Unterschied zwischen eigentümergeführten und managergeführten Unternehmen: Der Eigentümer hat eine über die kurzfristige Rendite hinausgehende Bindung zu seinem Unternehmen, während der angestellte Manager einer „Hit-and-run"-Strategie folgen kann. Dieser Unterschied wurde beispielsweise in der globalen Finanzkrise (2007–2009) offenbar, unter der familiengeführte Unternehmen aufgrund ihrer längerfristigen, risikoscheuen, auf Substanzerhalt gerichteten Orientierung im Durchschnitt weniger litten als andere Unternehmen. Diese über das Monetäre hinausgehende Einstellung stellt Schumpeter heraus (Schumpeter, 1943, S. 230):

> „Indem der kapitalistische Prozess ein bloßes Aktienpaket den Mauern und den Maschinen einer Fabrik substituiert, entfernt er das Leben aus der Idee des Eigentums … Das Eigentum, das von Person und Materie gelöst und ohne Funktion ist, macht keinen Eindruck und erzeugt keine moralische Treuepflicht, wie es die lebenskräftige Form des Eigentums einst tat."

Dem Staat obliegt nach Schumpeter weniger die Pflicht, in den wirtschaftlichen Prozess einzugreifen, sondern vielmehr die Aufgabe, Strukturen zu schaffen, die diesen permanent innovativen, kreativen, dynamischen Prozess des Wirtschaftens unterstützen (Schumpeter, 1943, S. 497):

> „Die herrschende ökonomische Theorie ist fast zur Gänze eine Theorie der Lenkung eines gegebenen industriellen Apparats. Aber sehr viel wichtiger als die Art, in welcher der Kapitalismus gegebene industrielle Strukturen lenkt, ist die Art, in welcher er sie schafft."

Der Nobelpreisträger von 1974, der österreichisch-britische Philosoph und Ökonom Friedrich August **von Hayek (1899–1992)** hebt die hohe Bedeutung des über Generationen akkumulierten *kollektiven* Wissens einer Kultur für die wirtschaftliche Entwicklung hervor (vgl. Hayek, 1960, S. 27). Die Genese dieses Wissens ist nicht nur von monetären Anreizen abhängig (vgl. North, 1993, V), sondern auch davon, inwieweit eine Gesellschaft bereit ist, die „Risiken und Nebenwirkungen" dieser Genese zu „ertragen": In einem kulturellen Umfeld, in dem Äu-

ßerungen von Skepsis, Kritik und Ideen zwar formal nicht verboten sind, faktisch aber an kulturellen Tabus oder Hierarchien scheitern, wird weniger Wissen hervorgebracht als in einer Kultur, in der ein skeptischer, kritischer, ideenreicher Geist hohe Anerkennung genießt. Dass die Mehrheit der globalen „hidden champions", der auf dem Weltmarkt in Marktnischen führenden kleinen und mittleren Unternehmen, aus (dem südwestlichen) Deutschland stammt (vgl. Simon, 2012, S. 48–82), hängt auch damit zusammen, dass sich dort eine Kultur des Tüftelns, des Nie-Zufriedenseins entwickelt hat und noch heute eine Sogwirkung erzeugt (Hayek, 1969, S. 11):

> „Dass in die Ordnung einer Marktwirtschaft viel mehr Wissen von Tatsachen eingeht, als irgendein einzelner Mensch oder selbst irgendeine Organisation wissen kann, ist der entscheidende Grund, weshalb die Marktwirtschaft mehr leistet als irgendeine andere Wirtschaftsform."

Von Hayek unterscheidet zwei Typen von Ordnung (vgl. Hayek, 1980, S. 59): die **Taxis**, die *gemachte* Ordnung, sowie den **Kosmos**, die gewachsene, spontane Ordnung. Von Hayek prangert die um sich greifende **„Anmaßung von Wissen"** an, die er in seiner Nobelpreisrede als „pretence of knowledge" und auch als „arrogation of knowledge" bezeichnet (vgl. Hayek, 1974). Der Szientismus in der Ökonomik ist eine Fiktion, weil er wenig reflektierte, mechanische Erkenntnisse auf Bereiche anzuwenden versucht, in denen seine mutmaßlichen Kausalketten nicht geformt worden sind. Er hat zwar in den Naturwissenschaften seine Berechtigung, nicht aber in den Sozialwissenschaften, zu denen auch die Wirtschaftswissenschaften zu rechnen sind (vgl. Hayek, 1942, S. 267–291). Wo Komplexität inhärent ist, kann kein vollständiges Wissen erlangt werden. Ein methodologischer Vergleich der Volkswirtschaftslehre mit der Physik verbietet sich (Hayek, 1974):

> „It seems to me that this failure of the economists to guide policy more successfully is closely connected with their propensity to imitate as closely as possible the procedures of the brilliantly successful physical sciences – an attempt which in

our field may lead to outright error. It is an approach, which has come to be described as the ‚scientistic' attitude …"

Der amerikanische Harvard-Philosoph John **Rawls (1921–2002)** verfolgt ein Gerechtigkeitskonzept, das im Unterschied zur Hobbes'schen Idee sowohl Kriterien der Ex-ante-Gerechtigkeit, der „Gerechtigkeit am Start", als auch der Ex-post-Gerechtigkeit, der „Gerechtigkeit im Ziel", übernimmt. In seiner „Theorie der Gerechtigkeit" (vgl. Rawls, 1971) argumentiert Rawls von einem **hypothetischen Urzustand** aus: In dieser Situation unterliegen Menschen einem **Schleier des Nicht-Wissens** („veil of ignorance"): Sie wissen nichts über ihre eigenen Zukunftschancen. Vor diesem Hintergrund müssen sie sich einstimmig auf ein Gerechtigkeitskonzept festlegen. Ob beispielsweise die Leistungs- oder die Bedarfsgerechtigkeit stärker zu gewichten ist, müssen die Menschen entscheiden, ohne zu wissen, ob sie selbst später zu den Leistungsträgern oder zu den Bedürftigen gehören werden. Rawls inthronisiert somit eine **Verfahrensgerechtigkeit**. Aufgrund des Schleiers des Nicht-Wissens ist zu erwarten, dass allen Menschen die gleichen fundamentalen Freiheiten zugestanden werden. Vorrangig ist daher die **Ex-ante-Gerechtigkeit** in Form des **Prinzips der Chancengleichheit**. Zusätzlich, allerdings nachrangig, sind Elemente der **Ex-post-Gerechtigkeit** zu berücksichtigen: Staatliche Eingriffe sind nur dann zu rechtfertigen, wenn dadurch der bisher am schlechtesten Gestellte bessergestellt wird. Im Gegensatz zum Fundament der traditionellen Ökonomik, dem Utilitarismus, der „das größte Glück der größten Zahl" im Auge hat, stehen bei Rawls die Ärmsten im Vordergrund. Unterschiede zwischen ihnen und den besser Gestellten sollen verringert werden. Dieses **Differenzprinzip** folgt grundsätzlich dem entscheidungstheoretischen **Maximin-Prinzip**.

Der Harvard-Philosoph Robert **Nozick (1938–2002)** kritisiert in seinem Hauptwerk (vgl. Nozick, 1974), einer Replik auf Rawls' „Theorie der Gerechtigkeit", ein Übermaß staatlicher Eingriffe. Staatliche Gewalt ist nur gerechtfertigt, wenn dadurch private **Eigentumsrechte** geschützt und freiwilliger Tausch durchgesetzt werden. Ansonsten soll sich der Staat wie ein **„Nachtwächterstaat"** verhalten, ein Terminus, der auf den deutschen Sozialdemokraten Ferdinand Lassalle (1825–1864) zurückgeht. Aufgrund der Selbstbestimmtheit des Individuums, das aus freiem Willen in ein Tauschgeschäft einwilligt oder es ablehnt, ist durch die Gewährleistung der **Tauschgerechtigkeit** eine staatliche Umverteilungspolitik widersinnig und daher zu unterlassen.

Der amerikanische Ökonom James **Buchanan (1919–2013)**, Nobelpreisträger von 1986, beginnt seine vertragstheoretischen Überlegungen ebenfalls in einem hypothetischen Urzustand (vgl. Buchanan, 1975). Diesen nennt er „Taxis", da in ihm über die Richtung entschieden wird, an der sich die Gesellschaftsmitglieder zu orientieren haben (vgl. griechisch: „taxis" – „(Schlacht-) Ordnung"): In diesem Urzustand herrscht eine Einzelfallgerechtigkeit, die jedoch hohe externe Kosten mit sich bringt, sodass die Menschen ihre individuellen Rechte abtreten und sich einem regelgebundenen Zustand hinwenden, dem „Kosmos" (vgl. griechisch: „kosmos" – „Ordnung"). Da Regeln Kooperation fördern, ist ein Regelsystem mit geringeren Transaktionskosten verbunden als ein System der Einzelfallgerechtigkeit. Um sich auf eine Ordnung zu einigen, in der eine ungleiche Einkommensverteilung programmiert ist, wird die Einführung dieser Ordnung gegen das Gewähren von Sozialleistungen getauscht: Potentielle Verlierer lassen sich ihre Zustimmung zur neuen Wirtschaftsordnung „abkaufen". Diese **„Duldungsprämie"** ist für sie nur dann attraktiv, wenn sie sich im Kosmos absolut besserstellen als in der Taxis. Absolute Einkommensgewinne kompensieren ihre relativen Einkommensverluste, die sie wegen höherer Einkommensunterschiede zu tragen haben. Sozialpolitik ist nicht aus moralischen Gründen erforderlich, sondern notwendig, um auch potenzielle Verlierer zur Zustimmung zur neuen Ordnung zu bewegen. Somit besteht ein konstitutioneller Anspruch auf sozialpolitische Maßnahmen. Buchanan verficht eine **durch sozialpolitische Maßnahmen untermauerte Tauschgerechtigkeit**.

6.3   Staatliche Aktivität

6.3.1   Staatliches Budget

Der **Staat** setzt sich zusammen aus den:

- Gebietskörperschaften des Bundes, der Länder und der Gemeinden;
- Parafisci, den Sozialversicherungsträgern der gesetzlichen Kranken-, Unfall-, Renten-, Arbeitslosen- und Pflegeversicherung sowie den Sonderfonds wie dem Sondervermögen aus dem European Recovery Program (seit 1947) oder dem Lastenausgleichsfonds (seit 1949);
- öffentlichen öffentlich-rechtlichen Unternehmen wie Versorgungsunternehmen;
- öffentlichen privatrechtlichen Unternehmen wie der Frankfurter Flughafen AG;
- (partiell) supranationalen Organisationen wie der Europäischen Union.

In liberalen Volkswirtschaften setzt staatliche Aktivität weniger an den Präferenzen der Bürger als an ihren **Restriktionen** an: Menschen brauchen nicht unbedingt davon überzeugt zu sein, aus ökologischen Gründen weniger Auto zu fahren. Selbst wenn ihre Präferenzen Aspekte einer sauberen Umwelt vernachlässigen, werden sie in der Regel weniger Auto fahren, wenn die Benzin- und Dieselpreise über höhere Mineralölsteuersätze steigen.

Neben den direkten, vor allem administrativen Kosten staatlicher Aktivität sind auch deren indirekte Kosten zu berücksichtigen. Diese ergeben sich durch

- Folgekosten,
- Kosten der Überwälzung,
- Marktverzerrungen aufgrund staatlicher Interventionen.

Der Nutzen staatlicher Aktivität ist oft nur schwierig zu messen, da die öffentliche „Leistung" nicht immer klar erkennbar ist. Oft behilft man sich durch ein Ausweichen auf inputbezogene Größen. Diese spiegeln jedoch den Nutzen staatlicher Leistungserstellung nicht adäquat wi-

der, wenn der vermeintliche Nutzen öffentlicher Leistungen bei höheren Ausgaben höher veranschlagt wird als bei niedrigeren Ausgaben.

Budget und Nutzen

Die „Leistung" eines öffentlichen Schwimmbades ist nicht deswegen besser, weil die Kosten (inputbezogene Größe) seiner Erstellung höher ausfallen als beim Bau eines anderen öffentlichen Bades. ◄

Bereits das auf den Juristen und Ökonomen Adolph Wagner (1835–1917) zurückgehende **Wagner'sche Gesetz** weist auf eine bemerkenswerte Entwicklung der Staatsquote hin: Der spätere Rektor der Friedrich-Wilhelms-Universität zu Berlin (seit 1949 Humboldt-Universität) stellt die These auf, dass in „wachsenden Culturvölkern" die Staatsausgaben im Vergleich zur gesamten wirtschaftlichen Aktivität überproportional stark zunehmen (Wagner, 1892, S. 893 f., Hervorhebungen im Original):

> „Der Staat speziell, als Wirtschaft zur Fürsorge der Bevölkerung mit gewissen Gütern, besonders Gemeingütern für gewisse Bedürfnisse aufgefasst, wird dabei **absolut** immer wichtiger für die Volkswirtschaft und für die Einzelnen. Aber auch seine **relative** Bedeutung steigt, d. h. eine immer **größere** und **wichtigere Quote** der Gesammtbedürfnisse eines fortschreitenden Culturvolks wird durch den Staat **statt** durch andere Gemein- und Privatwirtschaften befriedigt, …"

▷ **Wagner'sches Gesetz**: In sich entwickelnden Staaten nehmen die Staatsausgaben überproportional stark zu.

Das auf Cyrill Northcote Parkinson (1909–1993) zurückgehende **Parkinson'sche Gesetz** (vgl. Parkinson, 1955, S. 635–637) geht auf einen statistischen Zusammenhang zwischen der steigenden Zahl öffentlich Bediensteter und der sinkenden Zahl öffentlicher Aufgaben im zusammenbrechenden britischen Empire zurück. Im „Economist" beschreibt der viele Jahre in Südostasien lehrende britische Historiker diesen Zusammenhang an einem (überspitzten) Beispiel (Parkinson, 1955, S. 635):

„It is a commonplace observation that work expands so as to fill the time available for its completion. Thus, an elderly lady of leisure can spend the entire day in writing and despatching a postcard to her niece at Bognor Regis [englisches Seebad, RR]. An hour will be spent in finding the postcard, another in hunting for spectacles, half-an-hour in a search for the address, an hour and a quarter in composition, and twenty minutes in deciding whether or not to take an umbrella when going to the pillar-box in the next street. The total effort, which would occupy a busy man for three minutes all told, may in this fashion leave another person prostrate after a day of doubt, anxiety and toil. Granted that work (and especially paper work) is thus elastic in its demands on time, it is manifest that there need be little or no relationship between the work to be done and the size of the staff to which it may be assigned."

Das Parkinson'sche Gesetz liefert eine mögliche Erklärung für die zunehmende staatliche Aktivität: Zunächst wächst die Zahl der untergebenen staatlich Bediensteten, und zwar unabhängig von der erforderlichen Arbeitslast. Leitende Staatsdiener steigern so ihr Prestige. Dann wächst die Arbeit, bis die Kapazitäten wieder ausgeschöpft sind und dieser Kreislauf seine Fortsetzung findet. Dadurch bläht sich im Laufe der Zeit die öffentliche Verwaltung auf.

▶ **Parkinson'sches Gesetz**: Die Arbeit wächst mit der für ihre Bewältigung zur Verfügung gestellten Zeit.

Auch im 20. Jahrhundert ist die Geltung des Parkinson'schen Gesetzes ungebrochen.

Parkinson'sches Gesetz

Im krisengeschüttelten Griechenland waren vor Ausbruch der Schulden- und Bankenkrise („Eurokrise") ein Viertel aller Arbeitskräfte im öffentlichen Dienst beschäftigt, deutlich mehr als in den „gesunden" Eurostaaten. ◀

Der schwedische Ökonom Erik **Lindahl** (1891–1960) befasst sich mit **Budgetverhandlungen** (vgl. Lindahl, 1919): Verhandlungen in kleinen Gruppen über die Bereitstellung öffentlicher Güter gleichen Verhandlungen eines Oligopols über die Bereitstellung privater Güter. Unter den Annahmen, dass vollständige Information über die individuellen Präferenzen besteht und

die Entscheidung über das staatliche Budget einstimmig getroffen wird, entspricht im Lindahl-Gleichgewicht die Summe der marginalen Zahlungsbereitschaften den Grenzkosten der Bereitstellung eines öffentlichen Gutes. Dies bedeutet, dass das öffentliche Gut bereitgestellt werden sollte, wenn die Summe der Beträge, die jeder Einzelne gerade noch zu zahlen bereit ist, den zusätzlichen Kosten entspricht, die aufgewendet werden müssen, um dieses öffentliche Gut anzubieten. Zu einem stabilen Gleichgewicht kommt es aber nur, wenn von strategischem Verhalten, das mögliche Verhaltensreaktionen der anderen zu antizipieren versucht und in den eigenen Kalkül miteinbezieht, abgesehen wird. Werden die individuellen Präferenzen nicht offengelegt, ist strategisches Verhalten möglich, sodass es zu einer anderen Kostenaufteilung kommen kann.

▶ **Lindahl-Gleichgewicht**: Im Budget-Gleichgewicht entspricht die Summe der jeweiligen individuellen marginalen Zahlungsbereitschaften den Grenzkosten der Bereitstellung des öffentlichen Gutes.

6.3.2 Kriterien für staatliches Handeln

Sinnvoll ist eine staatliche Maßnahme, wenn das nach Vilfredo Pareto (1848–1923) benannte Pareto-Kriterium erfüllt ist (vgl. Pareto, 1919): Keiner ist schlechtergestellt als vorher. Pareto-superiore Maßnahmen sind Maßnahmen, die wenigstens einen besserstellen, ohne einen anderen schlechterzustellen.

▶ Das **Pareto-Optimum** ist erreicht, wenn es nicht mehr möglich ist, jemanden besserzustellen, ohne einen anderen schlechterzustellen.

Der Nachteil des Pareto-Kriteriums liegt darin, dass jeder Einzelne faktisch über ein „Vetorecht" verfügt und eine Maßnahme selbst dann nicht durchgeführt werden darf, wenn sehr viele dadurch bessergestellt werden, aber ein Einziger schlechtergestellt wird. Dies kann in großen

Gruppen zur Handlungsunfähigkeit führen. Diesem Nachteil schafft das auf den ungarischen Cambridge-Ökonomen Nicholas Kaldor (1908–1986) und den britischen Oxford-Ökonomen und Nobelpreisträger von 1972, John Richard Hicks (1904–1989), zurückgehende Kaldor-Hicks-Kriterium (vgl. Kaldor, 1939, S. 549–552; Hicks, 1939a, b, S. 696–712.) Abhilfe: Nach Kaldor ist eine wirtschaftspolitische Maßnahme zu empfehlen, wenn bei *Durchführung* dieser Maßnahme die Gewinner die Verlierer kompensieren *könnten*. Nach Hicks ist eine wirtschaftspolitische Maßnahme zu empfehlen, wenn bei *Verzicht* auf diese Maßnahme die potenziellen Verlierer dieser Maßnahme die potenziellen Gewinner kompensieren *könnten*.

▶ Das **Kaldor-Hicks-Kriterium** ist erfüllt, wenn eine Maßnahme mindestens einen besserstellt und die Verlierer durch die Gewinner kompensiert werden *könnten*.

Zu beachten ist, dass das Pareto-Kriterium den Realis, das Kaldor-Hicks-Kriterium den Potenzialis erfordert: Bei Anwendung des Kaldor-Hicks-Kriteriums braucht es nicht zu tatsächlichen Kompensationszahlungen zu kommen. Die Möglichkeit zur Kompensation ist entscheidend, um dieses Kriterium zu erfüllen. Demgegenüber ist das Pareto-Kriterium nur dann erfüllt, wenn tatsächlich keiner schlechtergestellt ist.

Der US-amerikanische Stanford-Ökonom Tibor Scitovsky (1910–2002), Sohn eines ungarischen Außenministers in der Zwischenkriegszeit, weist auf mögliche Inkonsistenzen des Kaldor-Hicks-Kriteriums hin (vgl. Scitovsky, 1941, S. 77–88): Eine politische Maßnahme könnte nach dem Kaldor-Hicks-Kriterium zu empfehlen sein, eben diese Maßnahme danach wieder rückgängig zu machen aber ebenfalls. Um diese Inkonsistenzen auszuräumen, schlägt er einen Doppeltest vor. Ist die Durchführung einer Maßnahme empfehlenswert, darf nicht zugleich die Rückgängigmachung derselben empfehlenswert sein.

▶ Der **Scitovsky-Doppeltest** ist bestanden, wenn eine Maßnahme *entweder* das Kaldor-Kriterium *oder* das Hicks-Kriterium erfüllt, nicht

aber, wenn beide Kriterien gleichzeitig erfüllt sind.

Der britische Oxford-Ökonom Ian Malcom David Little (1918–2012) wurde mit seiner Dissertation zum Namensgeber für das Little-Kriterium: Gemäß diesem Kriterium reicht es nicht, wenn die soziale Wohlfahrt gesteigert wird. Zudem darf sich die Einkommensverteilung nicht zuungunsten der Ärmeren verändern (vgl. Little, 1950). Damit nimmt Little das Rawls'sche Differenzprinzip vorweg.

▶ Das **Little-Kriterium** ist erfüllt, wenn eine Maßnahme *erstens* die soziale Wohlfahrt gegenüber der Ausgangssituation erhöht und sich *zweitens* die Einkommensverteilung nicht für die Ärmeren verschlechtert.

Little betont bereits in seiner Dissertation, dass die explizite Orientierung an der Effizienz implizit auch immer eine bestimmte Einkommensverteilung nach sich zieht und daher stärker explizit zu berücksichtigen ist. Denn der optimale Produktionsplan ist derjenige, der zur optimalen Einkommensverteilung führt (vgl. Little, 1950, S. 182).

6.3.3   Kollektivgüter

6.3.3.1 Grundtypen von Gütern
Um die **Theorie der Kollektivgüter** hat sich insbesondere der in Deutschland geborene US-Ökonom Richard **Musgrave** (1910–2007) verdient gemacht. Er unterscheidet vier **Grundtypen von Gütern** (vgl. Musgrave, 1959), von denen die letzten drei zu den Kollektivgütern zählen:

1. private Güter
2. öffentliche Güter
3. Mautgüter
4. Allmendegüter

Diese Unterscheidung wird nach zwei Kriterien getroffen: Erstens stellt sich die Frage, ob **Rivalität im Konsum** besteht oder nicht. Von rivalisierendem Konsum wird gesprochen, wenn der Konsum des einen durch den Konsum eines weiteren Konsumenten beeinträchtigt wird. Zweitens ist zu prüfen, ob **Ausschluss vom Konsum** zu vertretbaren Kosten möglich ist oder nicht. Er ist möglich, wenn Zahlungsunwillige davon abgehalten werden können, als Trittbrettfahrer („free riders") auf Kosten anderer am Konsum teilzuhaben.

Private Güter zeichnen sich durch Rivalität im Konsum aus. Über den Preis besteht ein Mechanismus, nur zahlende private Haushalte am Konsum teilhaben zu lassen und alle anderen vom Konsum auszuschließen.

Beispiel

Privates Gut: Trinkt jemand in einem Kaffeehaus einen Cappuccino mit Schokostreuseln, wird seine Wohlfühlatmosphäre auch dadurch beeinflusst, wie voll das Café ist. Ist es überfüllt, ist sein Nutzen, den er aus dem Kaffeehausbesuch bezieht, geringer, weil er eventuell auf einen freien Platz warten muss und sich durch Gespräche anderer Gäste gestört fühlt. Der eine Konsument ist sozusagen der „Rivale" des anderen potentiellen Konsumenten. ◄

Öffentliche Güter weisen die entgegengesetzten Eigenschaften auf: Es besteht **Nicht-Rivalität** im Konsum. Zudem gilt das Prinzip des **Nicht-Ausschlusses** vom Konsum, da es entweder gar nicht oder nur zu unverhältnismäßig hohen Kosten möglich ist, jemanden vom Konsum auszuschließen.

Beispiel

Öffentliches Gut: Beim Wandern in ausgedehnten Wäldern rivalisiert der Konsum nicht, sofern sich die Wanderer nicht andauernd über den Weg laufen. Ein Ausschluss vom Konsum ist daher nicht erwünscht, aber zu vertretbaren Kosten auch nicht möglich: Die Einzäunung und Bewachung riesiger Waldgebiete, um nur zahlende Wanderer einzulassen, führt zu einer Kostenexplosion, die in keinem Verhältnis zu den möglichen Einnahmen der Wanderer steht. ◄

Zudem gibt es zwei Typen **quasi-öffentlicher Güter**, Mautgüter sowie Allmendegüter:

Mautgüter sind Güter, bei deren Konsum grundsätzlich der Konsum des einen **nicht** mit dem Konsum des anderen **rivalisiert**, gleichwohl der **Ausschluss** vom Konsum gegeben ist.

Beispiel

Mautgut: Die Benutzung von Autobahnen, die nur durch kilometerweit entfernte Zufahrtsstraßen zugänglich sind, rivalisiert bis zu einem gewissen (Stau-) Grad nicht im Konsum. Mautstellen lassen sich aber relativ leicht installieren und versprechen höhere Einnahmen als Ausgaben, sodass dennoch ein Anreiz besteht, Nicht-Zahler vom Konsum auszuschließen. ◄

Bei Mautgütern liegt ein natürliches Monopol vor, da aufgrund hoher Fix- und geringer Grenzkosten ein Anbieter die Leistungen günstiger bereitstellen kann als mehrere Anbieter dies zu tun vermögen. Dieser eine Anbieter ist jedoch nicht in der Lage, den Monopolpreis durchzusetzen, da Markteintrittswillige mit Wettbewerb drohen können. Diese Drohung verliert dadurch an Schärfe, dass dem natürlichen Monopolisten bei einem Marktaustritt versunkene Kosten (sunk costs) entstehen, sodass er potentiellen Konkurrenten droht, seine Leistungen zu Grenzkosten anzubieten. Dies schreckt mögliche Mitbewerber ab, da für sie die gesamten Kosten entscheidungsrelevant sind.

Allmendegüter sind Güter, die sich durch **Rivalität** im Konsum, aber **Nicht-Ausschluss** vom Konsum auszeichnen.

Beispiel

Allmendegut: Die Benutzung eines öffentlichen Fußballplatzes durch zwei Mannschaften rivalisiert im Konsum mit anderen Mannschaften, die zur selben Zeit auf demselben Platz dem runden Leder hinterherlaufen möchten. Ausschluss ist durch die Einführung von Nutzungsgebühren denk- und umsetzbar, aber von der Gemeinde aus sozialen Gründen nicht erwünscht. ◄

Tab. 6.1 Grundtypen von Gütern

	Ausschluss	Nicht-Ausschluss
Rivalität	privates Gut	Allmendegut
Nicht-Rivalität	Mautgut	öffentliches Gut

Die Gemeinde sieht es als soziale Aufgabe an, ihren Einwohnern öffentliche Einrichtungen unentgeltlich zur Verfügung zu stellen, sodass sie die Allmende gebührenfrei anbietet. Dadurch, dass im Konsum Rivalität besteht, aber keiner vom Konsum ausgeschlossen wird, rufen Allmendegüter **Ineffizienzen** hervor. Übernutzung über das effiziente Maß hinaus ist ein typisches Problem von Allmendegütern. Wenn Rivalität im Konsum besteht, aber der Ausschluss vom Konsum nicht möglich oder nicht erwünscht ist, mündet individuelle Rationalität in kollektive Irrationalität, wie die erste Wirtschaftsnobelpreisträgerin, die US-amerikanische Politologin Elinor Ostrom (1933–2012), schreibt (vgl. Ostrom, 2009, S. 408–444, 2015). Man spricht in diesem Fall von der „**Tragik der Allmende**" (vgl. Hardin, 1968, S. 1243–1248).

Tab. 6.1 gibt einen Überblick über die vier Typen von Gütern – private Güter, öffentliche Güter, Mautgüter und Allmendegüter – mit ihren jeweiligen Charakteristika – Rivalität beziehungsweise Nicht-Rivalität im Konsum sowie Ausschluss beziehungsweise Nicht-Ausschluss vom Konsum.

6.3.3.2 Bereitstellung öffentlicher Güter

Die Grenzkosten eines Gutes sind die zusätzlichen Kosten einer weiteren produzierten Einheit dieses Gutes. Die Grenzrate der Substitution zeigt, mit wie vielen Einheiten eines Gutes jemand kompensiert werden muss, wenn er eine Einheit eines anderen Gutes aufgibt, ohne dass sich sein Nutzen ändert. Der Grenznutzen eines Gutes ist der zusätzliche Nutzen einer weiteren konsumierten Einheit dieses Gutes. Die marginale Zahlungsbereitschaft gibt den Preis an, den ein privater Haushalt gerade noch zu zahlen bereit ist, um eine weitere Einheit eines Gutes zu kaufen.

▶ Die **Optimalitätsbedingung** für die effiziente Menge eines öffentlichen Gutes lautet:
Die Grenzkosten eines *öffentlichen* Gutes entsprechen

- der jeweiligen Grenzrate der Substitution zwischen dem privaten und dem öffentlichen Gut,
- dem umgekehrten Verhältnis ihrer jeweiligen Grenznutzen,
- der Summe der marginalen Zahlungsbereitschaften der privaten Haushalte.

Während für die effiziente Menge eines privaten Gutes gilt, dass die Grenzrate der Substitution und damit auch die marginale Zahlungsbereitschaft jedes einzelnen privaten Haushalts den Grenzkosten dieses privaten Gutes entspricht, erfüllt die effiziente Menge des öffentlichen Gutes die Optimalitätsbedingung auch dann, wenn es private Haushalte gibt, deren marginale Zahlungsbereitschaft geringer ist als es die Grenzkosten des öffentlichen Gutes sind, solange nur die *Summe* der marginalen Zahlungsbereitschaften gleich den Grenzkosten ist. Die marginale Zahlungsbereitschaft für ein privates Gut ist im Optimum für alle privaten Haushalte gleich, da ansonsten Anreize bestehen, mit den Tauschvorgängen fortzufahren; die konsumierte Menge unterscheidet sich jedoch. Hingegen divergieren die marginalen Zahlungsbereitschaften für ein öffentliches Gut, aber die konsumierte Menge ist für jeden privaten Haushalt gleich.

Nach Samuelson ist das Optimum der Bereitstellung öffentlicher Güter genau dann gegeben, wenn die Grenzrate der Transformation eines privaten Gutes durch ein öffentliches Gut der Summe der jeweiligen Grenzraten der Substitution des privaten Gutes durch das öffentliche Gut entspricht. Die Grenzrate der Transformation zeigt die Grenzkosten des öffentlichen Gutes, gemessen in Einheiten des privaten Gutes. Die Grenzrate der Substitution zeigt den Grenznutzen des öffentlichen Gutes, gemessen in Einheiten des privaten Gutes. Bei dezentraler Preisbildung ist die Bereitstellung öffentlicher Güter nicht Pareto-optimal, weil die Marktteilnehmer sich strategisch verhalten und nicht ihre wahren marginalen Zahlungsbereitschaften offenlegen (vgl. Samuelson, 1954, S. 387–389).

▷ Das **Samuelson-Kriterium** ist erfüllt, wenn die Grenzrate der Transformation eines privaten Gutes durch ein öffentliches Gut der Summe der jeweiligen Grenzraten der Substitution des privaten Gutes durch das öffentliche Gut entspricht.

Club-Güter können die Effizienz der Bereitstellung von Gütern erhöhen, weil sie exklusiv nur den Vereinsmitgliedern zur Verfügung gestellt werden und dadurch Trittbrettfahren verhindern (vgl. Buchanan, 1965, S. 1–14).

Gemäß dem **Rotten-Kid-Theorem** (vgl. Becker, 1974, S. 1063–1093; Becker, 1992, S. 49) kann es im Interesse eigennutzorientierter Individuen liegen, für steigende Staatseinnahmen einen Teil der Kosten selbst zu tragen, wenn nämlich zu erwarten ist, dass die daraus resultierenden steigenden Staatsausgaben beispielsweise in Form von Transfers zu einem höheren individuellen Nutzen führen. Für Eltern kann es sich lohnen, anstatt in Rentenversicherungen in die Bildung ihrer Kinder zu investieren, weil dies über höhere Einkommen der Kinder zu einer besseren Versorgung der Eltern im Alter beitragen kann.

6.3.4 Meritorische Güter

Meritorische – „verdienstvolle" – und demeritorische – „nicht-verdienstvolle" – Güter (vgl. lateinisch: „merere" – „verdienen") sind Güter, für welche die Individuen verzerrte Präferenzen bilden (vgl. Musgrave, 1957, S. 333–343): Die marginale (monetäre wie zeitliche) Zahlungsbereitschaft für ein meritorisches Gut ist zu gering, während sie für den Erwerb eines demeritorischen Gutes zu hoch ist.

▷ Ein **meritorisches Gut** ist ein „gutes" Gut, dessen individueller Nutzen *unter*schätzt und daher verzerrt wahrgenommen wird.

▷ Ein **demeritorisches Gut** ist ein „schlechtes" Gut, dessen individueller Nutzen *über*schätzt und daher verzerrt wahrgenommen wird.

Der Staat versucht den Mangel an „wahren" Präferenzen dadurch zu beheben, dass er „gute" Güter wie Sport subventioniert und „schlechte" Güter wie Tabak besteuert, um so die Nachfrage in seinem Sinne, der den „wahren" Präferenzen vorgeblich entspricht, zu beeinflussen.

Eine Schwierigkeit besteht allerdings darin, den „wahren" erwarteten Nutzen eines Gutes zu ermitteln. Zwar mögen die Eigenschaften von Gütern meistens konstant sein, die Folgen, die aus ihrem Ver- beziehungsweise Gebrauch entstehen, sind es aber mitnichten. Letztlich sind im Konzept der Meritorik nicht die Eigenschaften an sich, sondern mögliche Konsequenzen ausschlaggebend, um ein Gut als meritorisch beziehungsweise demeritorisch zu klassifizieren.

Der Alkoholgehalt einer bestimmten Rotweinmarke ist in der Regel immer gleich. Während diese Eigenschaft nicht variiert, geschieht dies mit den möglichen Konsequenzen sehr wohl: Jemand, der jeden Tag zwei Flaschen Rotwein trinkt, gilt als Alkoholiker und als einer, der einem demeritorischen Gut einen zu hohen Nutzen beimisst, da er die gesundheitlichen Gefahren seiner Konsumentscheidung nicht hinreichend würdigt. Um seine „verzerrten" Präferenzen zu korrigieren, wird Rotwein mittels einer speziellen Verbrauchsteuer künstlich verteuert. Der Mangel an Konsistenz ist darin zu sehen, dass Rotwein erst ab einer bestimmten Menge seine demeritorische Wirkung entfaltet. Wer täglich ein Glas Rotwein zu sich nimmt lebt gesünder als jemand, der täglich ein Glas koffein- und zuckerhaltige Limonade trinkt, und nimmt nach Ansicht zahlreicher Ärzte eine „Medizin" ein, die lebensverlängernd wirkt und somit als meritorisch zu bezeichnen ist.

Auch auf die Menge kommt es an

Das „Gläschen am Abend" kann der Gesundheit alter Menschen förderlicher sein als ein Glas Limonade. ◀

Als Konsequenz dürfte ein Glas Rotwein nicht besteuert werden, sondern seine Subventionierung ist sogar vorstellbar, da durch den Genuss von Rotwein zum Zwecke der Gesundheit der Konsum von Pharmaka eingeschränkt wird und somit unerwünschte „Risiken und Nebenwirkungen" reduziert werden.

Da diese Zusammenhänge analog für viele – wenn nicht sogar alle – Güter gelten, sind Inkonsistenzen nicht zu vermeiden, wenn die Einteilung in meritorische, neutrale und demeritorische Güter nur nach den Eigenschaften der Güter durchgeführt wird. Miteinzubeziehen sind neben Qualitäten insbesondere Quantitäten, aber auch die Situation.

Der Zweck entscheidet

Die Einnahme einer geringen Menge Morphiums durch einen Kranken, der sie unter Aufsicht in einem Krankenhaus verabreicht bekommt, kann meritorische Wirkungen erzeugen, was von einem Gesunden, der diese Droge „auf der Straße" zur „Bewusstseinserweiterung" zu sich nimmt, nicht behauptet werden kann. ◄

Von herausragender Bedeutung ist die Frage, welche Instanz festlegt, ob ein Gut meritorisch, neutral oder demeritorisch ist. Dies ist ein schwieriges Unterfangen, da das Prinzip der Konsumentensouveränität durchbrochen wird und die Festlegung auf bestimmte Güterkanons nur dezisionistisch, das heißt qua Entscheidung, nicht aber moralisch begründet werden kann. Aus pragmatischen Erwägungen könnte eine solche Instanz das Parlament darstellen, da es demokratisch legitimiert ist. Gleichwohl bleibt der Mangel haften, nur eine unvollkommene moralische Begründungsstrategie liefern zu können.

6.4   Institutionenökonomik

6.4.1 Traditionelle versus Neue Institutionenökonomik

Die Institutionenökonomik ist die ökonomische Analyse von Institutionen. Als **Institution** definie-

ren wir ein System formaler und informeller Regeln, das Anreizkompatibilität zwischen individuellem Verhalten und kollektiven Zielen herzustellen versucht und mit Sanktionsmechanismen ausgestattet ist. Als **Organisation** definieren wir eine Institution mitsamt ihren eingebundenen Personen.

Wegbereiter der traditionellen **Institutionenökonomik** waren:

- Henry Dunning McLeod (1821–1902), schottischer Geldtheoretiker (vgl. McLeod, 1858, 1872);
- Thorstein Bunde Veblen (1857–1929), US-amerikanischer Sozialökonom (vgl. Veblen, 1898a, S. 187–201, 1898b, S. 373–397, 1899);
- Wesley Clair Mitchell (1874–1948), US-amerikanischer Konjunkturforscher sowie Gründer (1920) und erster Forschungsdirektor des National Bureau of Economic Research (NBER), des renommiertesten wirtschaftswissenschaftlichen Forschungsinstituts der Welt (vgl. Mitchell, 1913, insbesondere S. 32–43, 452–511);
- Walton Hale Hamilton (1881–1958), Yale-Professor und Schöpfer des Begriffs „Institutional Economics" (vgl. Hamilton, 1919, S. 309–318);
- John Rogers Commons (1862–1945), US-amerikanischer Wirtschaftshistoriker (vgl. Commons, 1934).

In der **traditionellen**, neoklassisch geprägten **Institutionenökonomik** werden Organisationen als monolithische Black Boxes angesehen, die eigene Ziele verfolgen und sich an einer sozialen Wohlfahrtsfunktion orientieren.

Traditionelle Institutionenökonomik

In einer Arbeitsagentur arbeiten Menschen, deren Ziel vorgeblich darin besteht, Arbeitsuchenden einen Arbeitsplatz zu vermitteln; in einer Wohlfahrtsorganisation sind Mitarbeiter tätig, die sich vorgeblich allein um die Wohlfahrt ihrer Schutzbefohlenen sorgen; das Amt des Kultusministers bekleidet ein Politiker, der sich vorgeblich der Förderung von Bildung und Kultur verschrieben hat. Diesen Aussagen liegt die Annahme zugrunde, dass Individualinteressen ausgeblendet werden. ◄

So bleibt beispielsweise unberücksichtigt, dass sich Mitarbeiter einer Arbeitsagentur langfristig ihrer persönlichen Existenzgrundlage berauben, wenn es ihnen tatsächlich gelingt, Arbeitslosigkeit nachhaltig zu bekämpfen; dass Führungskräfte von Wohlfahrtsorganisationen ihre Anerkennung und ihren Einfluss zu steigern vermögen, wenn sie ihr Augenmerk auf prestigeträchtige Großprojekte legen, anstatt sich in der öffentlich nur unzureichend wahrgenommenen Detailarbeit kleinerer Projekte zu verlieren, selbst wenn diese erfolgreicher sind als jene; dass sich ein Kultusminister durch Reformen ein Denkmal setzen kann, nicht aber durch geräuschlose Kärrnerarbeit, auch wenn diese der Förderung von Bildung und Kultur vielleicht eher dient. Es sei beispielsweise daran erinnert, dass der Philosoph und Altphilologe Georg Picht (1913–1982) bereits im Jahre 1964 die vermeintliche „deutsche Bildungskatastrophe" angeprangert hat (vgl. Picht, 1964) und seitdem Kultusminister die deutschen Länder von einer bildungspolitischen Strukturreform in die nächste getrieben haben. Viele der gegenwärtig diskutierten Schwächen des deutschen Bildungswesens entstanden jedoch erst nach der Proklamation der „Bildungskatastrophe" sowie der Umsetzung zahlreicher Reformen.

Exponenten der *Neuen* **Institutionenökonomik** sind insbesondere:

*   Ronald Harry Coase (1910–2013), britischer Unternehmenstheoretiker und Nobelpreisträger von 1991 (vgl. Coase, 1937, S. 386–405, 1960, S. 1–44);
*   Oliver Eaton Williamson (1932–2020), Wirtschafts- und Rechtsprofessor in Berkeley und Nobelpreisträger von 2009 (vgl. Williamson, 1975, 1985, 2009, S. 455–476);
*   Douglass Cecil North (1920–2015), US-amerikanischer Wirtschaftshistoriker und Nobelpreisträger von 1993 (vgl. North, 1981, 1990a, S. 355–367, 1990b, 1993).

Genau an dieser Inkonsistenz zwischen individueller und kollektiver Zielsetzung setzt die **Neue Institutionenökonomik** an: Ihr bedeutendstes Axiom ist die Annahme eines **methodologischen Individualismus**: Analytisch gehen wir nicht mehr wie in der traditionellen Institutionenökonomik davon aus, dass es Organisationen sind, die Ziele verfolgen, sondern dass die Fähigkeit zur Zielverfolgung nur den Individuen zukommt, die für eine Organisation arbeiten. Staatliche Hoheitsträger verfolgen nicht unbedingt das „öffentliche Interesse", sondern ihre individuellen Ziele. Sie legen ein **opportunistisches Verhalten** an den Tag, indem sie ihr Eigeninteresse unter Zuhilfenahme von List verfolgen (vgl. Williamson, 1985).

Die institutionalistische Sichtweise besteht im Öffnen der Black Box einer Organisation. Wir nehmen an, dass sich Mitarbeiter grundsätzlich als **homines oeconomici** verhalten, als nutzenbeziehungsweise gewinnmaximierende, rational handelnde Akteure, die aus Selbstinteresse handeln. Ihr Verhalten braucht nicht mit den Zielen übereinzustimmen, die für die Organisation als Ganzes die besten sind. Vor diesem Hintergrund lassen sich Entscheidungen erklären, die aus der Perspektive kollektiver Zielsetzung widersinnig, aus der Sicht individueller Zielsetzung hingegen schlüssig erscheinen.

Die moderne institutionalistische Ausrichtung der Wirtschaftswissenschaften wird „Neue Institutionenökonomik" oder „Neo-Institutionalismus" genannt, um sie von der „alten" Institutionenökonomik abzugrenzen. Weil ihre Ursprünge aber bis in die deutsche Kaiserzeit zurückreichen (vgl. Wicksell, 1896) und dieses Denkgebäude bereits in den siebziger Jahren des 20. Jahrhunderts in den Kanon der akademischen Lehre aufgenommen worden ist, wird hier auf das Attribut „neu" verzichtet und nur der Begriff „Institutionenökonomik" beziehungsweise „Institutionalismus" verwendet.

Aus institutionenökonomischer Sicht besteht gutes staatliches Handeln darin, **Anreizkompatibilität** herzustellen. Diese ist gegeben, wenn das Verfolgen eines individuellen Zielportefeuilles gleichzeitig das im öffentlichen Interesse liegende Zielportefeuille erfüllt. Somit wird Verhalten über ein geeignetes Marktdesign gesteuert.

6.4.2 Informationsökonomik

6.4.2.1 Prinzipal-Agenten-Theorie

Bahnbrechende **informationsökonomische** Arbeiten wurden verfasst von George Stigler (1911–1991), Nobelpreisträger des Jahres 1982 (vgl. Stigler, 1961, S. 213–225, 1967, S. 287–292, 1970, S. 526–536), sowie von den drei amerikanischen Nobelpreisträgern von 2001, George **Akerlof** (vgl. Akerlof, 1970, S. 488–500, 2001, S. 365–394), Joseph **Stiglitz** (vgl. Stiglitz, 1974, S. 219–255, 1975a, S. 552–579, 1975b, S. 283–300, 2001, S. 472–540) sowie A. Michael **Spence** (vgl. Spence, 1973, S. 213–225, 1974, S. 296–332, 1976, S. 51–74, 2001, S. 407–444, 2002, S. 434–459).

Die Informationsökonomik befasst sich mit Mängeln der Informationsgewinnung und der Informationsverarbeitung. In der Realität kann die Annahme vollständiger Information nicht aufrechterhalten werden. Darüber hinaus ist die Information nicht nur unvollständig, sondern zwischen den Akteuren ungleich verteilt: Es handelt sich um das Phänomen **asymmetrischer Informationsverteilung**, bei der die eine (Markt-) Seite besser informiert ist als die andere. Diese Annahme führt zum Prinzipal-Agenten-Problem.

Die **Prinzipal-Agenten-Theorie** hat ihren Ursprung in einem Aufsatz des englischen Nobelpreisträgers von 1991 (vgl. Coase, 1937, S. 386–405), Ronald **Coase** (1910–2013). Eine **Prinzipal-Agenten-Beziehung** ist eine Beziehung zwischen einem Übergeordneten und dessen Untergeordnetem: Der Prinzipal kann als „Chef" angesehen werden, er hat formal das Sagen, ist aber schlechter informiert als sein „Angestellter". Daher ist der Vorgesetzte seinem untergeordneten Agenten faktisch ausgeliefert. Der Agent kann ihn beispielsweise durch das Setzen falscher Signale täuschen. In hierarchisch geprägten Beziehungen ist das Prinzipal-Agenten-Problem der Normalfall.

Eine Prinzipal-Agenten-Beziehung besteht

- in der Familie zwischen Eltern (Prinzipalen) und Kindern (Agenten),
- im Betrieb zwischen Führungskräften (Prinzipalen) und Angestellten (Agenten),
- in der Politik zwischen Wählern (Prinzipalen) und Politikern (Agenten).

In der Politik besteht eine **zweistufige Prinzipal-Agenten-Beziehung** (Wähler-Politiker-Bürokrat):

- zum einen die zwischen dem Wähler als Prinzipal und dem Politiker als Agenten,
- zum anderen die zwischen dem Politiker als Prinzipal und dem Bürokraten als Agenten.

Die Gefahren, die sich aus der asymmetrischen Informationsverteilung ergeben, können reduziert werden durch

- **Screening**, bei dem der Prinzipal versucht, *im Vorhinein* zusätzliche Informationen über den Agenten einzuholen (vgl. Stiglitz, 1975b, S. 283–300);
- **Monitoring**, bei dem der Prinzipal versucht, *im Nachhinein* durch Überwachung des Agenten bei Fehlentwicklungen gegenzusteuern.

6.4.2.2 Signalling

Die Begriffe „Signale" („signals") und „Anzeichen" („indices") wurden durch den US-amerikanischen Politologen Robert Jervis in die politökonomische Analyse eingeführt (vgl. Spence, 2001, S. 407, Fußn. 3). **Anzeichen** sind grundsätzlich *unveränderliche* Merkmale, die *nicht* **beeinflussbar** sind. Beispiele sind das Geschlecht, die Hautfarbe oder die Körpergröße. **Signale** sind grundsätzlich *veränderliche* Merkmale, die durch explizite oder implizite Kommunikation auf **unterschiedliche** **Weise sichtbar** gemacht werden können. Beispiele sind der Bildungsstand oder Werte wie Zuverlässigkeit, Gründlichkeit, Teamfähigkeit.

Für die Analyse des Marktverhaltens ist es ein wichtiger Unterschied, ob die Marktteilnehmer im Fall vieler **Iterationen** *häufig* auf einem Markt aktiv sind und daher Anreize haben, eine gute Reputation aufzubauen, oder ob sie im Fall weniger Iterationen *selten* auf einem *anonymen* Markt aktiv sind, für den die Reputation der Marktteilnehmer nicht ausschlaggebend ist. Ähnliches gilt für Produkte: Werden sie häufig gekauft, bestehen Anreize, eine hohe Produktqualität für *anscheinend* hochwertige Güter sichtbar zu machen beziehungsweise für *scheinbar* hochwertige Güter zu imitieren.

6.4.2.3 Moralische Wagnisse

Ein Problem asymmetrischer Informationsverteilung ist moral hazard.

> ▶ Ein **moralisches Wagnis (moral hazard)** tritt auf, wenn Individuen Anreize haben, einen Schadensfall absichtlich herbeizuführen.

Versicherungsgeschäfte bergen typischerweise das Risiko moralischer Wagnisse in sich: Wird ein Schadensfall von einer Versicherungsgesellschaft (nahezu) komplett getragen, ohne dass dies nachhaltige Auswirkungen auf die Versicherungsbeiträge des Geschädigten hat, ist die Gefahr gegeben, dass der Versicherte achtlos oder gar mutwillig einen Schaden provoziert.

Moralisches Wagnis

Von Versicherten, die jahrelang in die Arbeitslosenversicherung eingezahlt haben, ist oft zu hören, dass sie *deshalb* auch einmal Leistungen aus der Arbeitslosenversicherung in Anspruch nehmen *„dürften"*. ◄

Zwischen der durch eine Versicherung ermöglichten Reduktion individueller finanzieller Risiken, die ein Schaden mit sich bringen kann, und der aufgewendeten Sorgfalt, den Eintritt des versicherten Schadens abzuwenden, besteht ein Trade off: Ohne Versicherung ist die Sorgfalt größer. Mit Versicherungsschutz ist die obwaltete Sorgfalt geringer, ja es bestehen sogar Anreize, offiziell einen Schadensfall zu dokumentieren.

6.4.2.4 Adverse Selektion

George **Akerlof** erlangte durch einen Aufsatz Weltruhm (vgl. Akerlof, 1970, S. 488–500), in dem er die Bedeutung **versteckter Eigenschaften** von Gütern herausstellt: Dies erläutert er am Beispiel des Gebrauchtwagenmarktes.

> ▶ **Adverse Selektion (Negativauslese)** bedeutet, dass sich am Markt aufgrund versteckter Eigenschaften die schlechteren Produkte gegenüber den besseren durchsetzen.

Auf einem Gebrauchtwagenmarkt werden gute und schlechte Autos gehandelt, der Kunde ist jedoch nicht in der Lage, die wahre Qualität der Kraftfahrzeuge zu ermitteln. Deshalb wird er sich an einem Durchschnittspreis orientieren. Asymmetrische Informationsverteilung und Intransparenz sorgen dafür, dass Verkäufer hochwertiger Gebrauchtwagen, die Akerlof als „Pflaumen" („plums") bezeichnet, nicht in der Lage sind, die Zweifel möglicher Käufer an der wirklich hohen Qualität ihrer Autos zu zerstreuen, sodass sie ihre Wagen nur unter Wert verkaufen können. Dies führt letztlich dazu, dass immer weniger qualitativ hochwertige Wagen am Markt angeboten werden, da der durchschnittliche Preis für diese Güteklasse zu unattraktiv ist. Hingegen werden qualitativ minderwertige Gebrauchtwagen, von Akerlof „Zitronen" („lemons") genannt – im Deutschen sprechen wir eher von „sauren Gurken" –, verstärkt angeboten, weil ihre Mängel aufgrund asymmetrischer Informationsverteilung potenziellen Käufern verborgen bleiben, sodass diese Fahrzeuge zu ungerechtfertigt hohen Preisen angeboten werden und die Verkäufer auf Kosten der Käufer höhere Gewinne erzielen. Im Laufe der Zeit verlassen die „Pflaumen" den Markt, es entwickelt sich ein Markt für „Zitronen", es kommt zu einer Auslese der schlechten Güter, zur **adversen Selektion**.

Adverse Selektion

Reisemittler vermitteln Pauschalreisen, deren Veranstalter sie selbst nicht sind. Sie bürgen nicht für die Qualität der Dienstleistung, da sie nur als Intermediäre auftreten. Ihr Interesse liegt in einer hohen Vermittlungsprovision. Der Kunde ist nicht in der Lage, die wahre Qualität der Reiseangebote zu ermitteln. Nach der Regel vom unzureichenden Grunde (für eine Qualitätsdiskriminierung) wird er eine vergleichbare Güte der als vergleichbar ausgewiesenen Angebote unterstellen und sich an einem Durchschnittspreis orientieren. Dies bedeutet aber, dass qualitativ hochwertige Reisen, die „Pflaumen" („plums"), nicht am Markt angeboten werden, weil der durchschnittliche Preis für diese Güteklasse unattraktiv ist. Qualitativ minderwertige Reisen, die „Zitronen" („lemons"), werden verstärkt angeboten, weil für sie aufgrund asymmetrischer Informationsverteilung zuungunsten des Käufers höhere Gewinne zu erzielen sind. ◄

6.4.2.5 Trittbrettfahren

Trittbrettfahren (free riding) tritt auf, wenn der Ausschluss eines zahlungsunwilligen Nachfragers vom Konsum nicht möglich ist (vgl. Olson, 1965). Bildlich können wir uns einen sportlichen Schwarzfahrer vorstellen, der unentdeckt auf das Trittbrett einer Straßenbahn aufspringt, nachdem der Fahrer den Passagieren die Fahrscheine verkauft und das Fahrzeug in Bewegung gesetzt hat.

➤ **Trittbrettfahren (free riding)** bedeutet Konsum eines Gutes, ohne sich an den Kosten desselben zu beteiligen.

Die Gefahr des Trittbrettfahrens besteht immer dann, wenn es möglich ist, individuellen Nutzen aus der kollektiven Entscheidung anderer zu ziehen, ohne dazu einen eigenen Beitrag leisten zu müssen. Die wahren Präferenzen werden nicht offengelegt, um der Finanzierung von Leistungen zu entgehen, von denen man ebenso profitiert wie Zahlende. Wichtige Voraussetzungen für die Möglichkeit des Trittbrettfahrens sind Anonymität und Nicht-Ausschließbarkeit vom Konsum.

Das Verschweigen seiner wahren Präferenzen auf Kosten anderer ist das Hauptmerkmal eines Trittbrettfahrers: Wird ein Trittbrettfahrer gefragt, wie viel er für den Unterhalt eines öffentlichen Parks zu zahlen bereit ist, wird er eine geringere als seine tatsächliche Zahlungsbereitschaft bekunden. Er hegt die Hoffnung, dass seine Mitmenschen höhere Beiträge anbieten, sodass der Park erhalten bleibt und er selbst im Park spazieren gehen kann, da sein Ausschluss vom Konsum nicht zu erwarten ist.

Trittbrettfahren

Jemand kann sich der Ko-Finanzierung von Maßnahmen zum Gewässerschutz mit dem offiziell vertretenen Argument verschließen, dass er diesen nicht für besonders wichtig erachte, allerdings die Hoffnung hegen, dass sich andere Financiers finden, die diesen Schutz, der dem Zahlungsverweigerer tatsächlich auch am Herzen liegt, ermöglichen. ◄

Verhalten sich alle Individuen wie Trittbrettfahrer, kommt es nicht zur Bereitstellung dieses Gutes. Trittbrettfahrer verursachen Ineffizienzen.

6.4.2.6 Shirking

Insbesondere anonyme Gesellschaften verleiten zu einem Verhalten der **Drückebergerei (shirking)**, weil verborgenes Verhalten aufgrund von Informationsasymmetrien nicht entdeckt werden kann. Die Mehrheit ist nicht in der Lage zu überprüfen, ob jedes einzelne Mitglied des Kollektivs tatsächlich seinen individuellen Beitrag für die Bereitstellung eines Kollektivguts leistet, sodass der soziale Druck auf die Beteiligten zu gemeinschaftskonformem Verhalten gering ist. Nicht-Ausschließbarkeit vom Konsum bedeutet, dass kein Konsument – sei er Zahler, sei er Drückeberger –, vom Konsum des Kollektivguts ausgeschlossen werden kann. Werden die wahren Präferenzen nicht offenbart, ist das Güterangebot suboptimal: Im Fall öffentlicher Güter, die im Konsum nicht rivalisieren, ist die Bevölkerung unterversorgt, im Fall von Allmendegütern, die im Konsum rivalisieren, droht die „Tragik der Allmende", eine Übernutzung des Kollektivguts. Dem Kollektivgüterproblem kann eine Regierung nur Einhalt gebieten, wenn es ihr gelingt, ein System von Anreizen zu schaffen, das der Rationalitätenfalle Herr wird.

➤ **Shirking (Drückebergerei)** bedeutet Minderleistung, ohne dass sie auffällt.

Gruppenentscheidungen sind in der Regel riskanter als Einzelentscheidungen, weil das Risiko nicht nur von einem, sondern von mehreren getragen wird und so nicht eindeutig zurechenbar ist.

6.4.3 Theorie kollektiver Entscheidungen

6.4.3.1 Inkonsistenz kollektiver Entscheidungen

Die Theorie kollektiver Entscheidungen befasst sich mit dem Problem, dass Entscheidungen aus Sicht der Gruppe nicht-rational sein können, auch wenn sie aus Sicht aller Individuen rational sind. Schon zur Zeit der Aufklärung machten die beiden französischen Mathematiker Jean-Charles de Borda (1733–1799) sowie Marie Jean Antoine Nicolas Caritat, Marquis de Condorcet (1743–1794), darauf aufmerksam, dass kollektive Entscheidungen in der Regel auf inkonsistente Weise getroffen werden (vgl. de Borda, 1781; de Condorcet, 1785). Bereits bei drei Personen gibt es kein Abstimmungsverfahren, das Konsistenz zwischen individueller und kollektiver Rationalität gewährleistet. Dies zeigt unter anderem das Arrow-Paradoxon, das nicht von Kenneth Joseph Arrow (1921–2017), sondern vom Marquis de Condorcet entwickelt worden ist (vgl. de Condorcet, 1785), aber dem Wirtschaftsnobelpreisträger von 1972 zugeschrieben wird (vgl. Arrow, 1950, S. 328–346, 1951). Wenn die Anforderung der Transitivität individueller Präferenzen erfüllt ist, braucht die Transitivität kollektiver Präferenzen noch lange nicht erfüllt zu sein, worauf auch der US-amerikanische Nobelpreisträger James Buchanan (1919–2013), hinweist (vgl. Buchanan, 1954, S. 114–123).

Für demokratische Entscheidungen ist die Orientierung an der **Einstimmigkeitsregel** am besten, weil dadurch Entscheidungen freiwillig getroffen werden. *Institutionelle* **Symmetrie**, das heißt ein Fehlen verzerrter Abstimmungen, ist jedoch nur zu erwarten, wenn derjenige, der über die Höhe staatlicher Leistungen entscheidet, gleichzeitig Nutznießer und Steuerzahler ist. Davon kann jedoch nicht ausgegangen werden. Denn der Nutznießer ist nicht identisch mit dem Belasteten, weil die gegenwärtige Generation aufgrund ihrer Verschuldung zum Teil über Belange künftiger Generationen mitentscheidet. Aufgrund strategischen Verhaltens sowie aufgrund hoher Verhandlungskosten ist die Einstimmigkeitsregel nicht praktikabel.

Mehrheitsentscheidungen ohne Einstimmigkeit können jedoch wegen mehrgipfliger Präferenzen zu inkonsistenten kollektiven Entscheidungen führen, wie das Arrow-Paradoxon zeigt. Auch die Staatsaktivität nimmt umso mehr zu, je mehr man sich von der Einstimmigkeitsregel entfernt. Somit besteht ein **Dilemma der Demokratie**.

Einen Kompromiss stellt eine Mischung aus beiden dar: die Einstimmigkeitsregel für konstitutive Entscheidungen und die Mehrstimmigkeitsregel für die übrigen Entscheidungen.

> **Unterschiedliche Mehrheiten**
>
> Für die Aufnahme in die Europäische Union gilt die Einstimmigkeitsregel, für andere wichtige Entscheidungen ist eine qualifizierte Mehrheit erforderlich, und die einfache Mehrheit reicht für Entscheidungen der dritten Ebene aus. ◄

6.4.3.2 Offenlegung von Präferenzen

Das **Dilemma** der **Offenlegung von Präferenzen** entsteht, wenn die Höhe des Beitrags, den ein privater Haushalt für ein öffentliches Gut zu leisten hat, von der Höhe seiner geäußerten Präferenzen abhängt. In diesem Fall ist es individuell rational, seine wahren Präferenzen nicht offenzulegen, sondern sich opportunistisch zu verhalten. Wird dieses Dilemma umgangen, indem den Personen versichert wird, unabhängig von ihren bekundeten Präferenzen einen vorher festgelegten Beitrag zu entrichten, besteht ebenfalls die Gefahr der Verschleierung der wahren Präferenzen: Jemand, der die Bereitstellung dieses Gutes wünscht, wird seine Präferenzen übertrieben hoch darstellen, um die Wahrscheinlichkeit zu erhöhen, dass die für die Bereitstellung erforderliche hypothetische Zahlungsbereitschaft erzielt wird. Jemand, der die Bereitstellung dieses Gutes nicht wünscht, wird seine Präferenzen zu niedrig angeben, wenn er die Bereitstellung dieses Gutes zu verhindern gedenkt. Auch diesem Verfahren fehlen die Anreize, die wahren Präferenzen zu offenbaren.

Für die Situation, in der ein Anbieter mit einem Nachfrager direkt verhandelt, ohne dass andere potentielle Nachfrager aktiv oder passiv beteiligt sind, gibt es einen Mechanismus, der beide Seiten dazu motiviert, ihre wahren Präferenzen offenzulegen: Der Nachfrager notiert schriftlich und unwiderruflich seine marginale Zahlungsbereitschaft, ohne dass der Anbieter davon Kenntnis erlangt. Der Anbieter darf nur ein einziges Mal seine Preisvorstellung gegenüber dem Kaufinteressierten äußern, Nachverhandlungen sind ausgeschlossen. Liegt die Preisvorstellung des Anbieters oberhalb der marginalen Zahlungsbereitschaft des Nachfragers, kommt das Geschäft nicht zustande. Liegt die Preisvorstellung des Anbieters höchstens so hoch wie die niedergeschriebene marginale Zahlungsbereitschaft des Nachfragers, findet der Kauf statt, und zwar zu dem Preis, der dem Gebot des Nachfragers entspricht, selbst wenn dieser höher ist als der Preis, zu dem der Anbieter bereits in den Verkauf einwilligt.

Offenlegung von Präferenzen

Ein Tourist möchte ein Bild eines nepalesischen Künstlers erwerben. Er schreibt auf einen Zettel, dass er bereit ist, $ 62 zu zahlen, und legt diesen Zettel verdeckt auf den Tisch, ohne dass der Verkäufer Kenntnis von der marginalen Zahlungsbereitschaft des Käufers erlangt. Der Verkäufer hat nur eine unwiderrufliche Chance, ein Angebot abzugeben. Nennt er beispielsweise $ 80, kommt der Kauf nicht zustande. Der Käufer nimmt seinen Zettel und verlässt die Galerie. Nennt der Verkäufer beispielsweise $ 50, kommt der Kauf zustande. Der Käufer zahlt aber nicht $ 50, sondern $ 62, wie auf seinem Zettel angegeben. ◄

Ausschlaggebend für den Erfolg dieses Mechanismus ist die strikte Einhaltung der beiden oben formulierten Bedingungen: Erstens nennt der Anbieter nur einmal seine Preisvorstellung, Nachverhandlungen sind ausgeschlossen. Zweitens wird das Gut entweder zu dem Preis verkauft, der exakt der bekundeten marginalen Zahlungsbereitschaft des Nachfragers entspricht, oder es wird gar nicht verkauft.

Mit diesem Mechanismus haben beide Seiten Anreize, ihre wahren Präferenzen offenzulegen: Der Anbieter hat keinen Anreiz, einen zu hohen Preis zu nennen, da er weiß, dass der Kunde diesen höheren Preis ohnehin zahlt, wenn er nicht höher ist als dessen marginale Zahlungsbereitschaft. Der Anbieter verspürt auch keinen Anreiz, den Preis zu niedrig auszuweisen, da dann das Risiko besteht, dass er sein Gut nicht verkaufen kann, obwohl der Kunde einen Preis bietet, mit dem der Anbieter eigentlich zufrieden ist. Auch der Nachfrager hat keinen Anreiz, seinen Preis zu hoch auszuweisen, weil er diesen zu hohen Preis im Fall des Kaufs zahlen muss. Ihm fehlt aber auch der Anreiz, seinen Preis zu niedrig auszuweisen, weil dann das Geschäft nicht zustande kommt, selbst wenn der Käufer eigentlich bereit ist, den gebotenen Preis zu zahlen. Wenn weder der Anbieter noch der Nachfrager einen Anreiz hat, seine Preisvorstellungen im Vergleich zu seinen wahren Präferenzen zu hoch oder zu niedrig auszuweisen, hat er einen Anreiz, seine wahren Präferenzen offenzulegen.

6.5   Innovationsfähigkeit und Innovationskraft

Die Innovationsfähigkeit und die Innovationskraft eines Landes lassen sich gut anhand des Global Innovation Index (GII) messen, der jährlich von einer Trias reputabler Organisationen ermittelt wird: der unmittelbar nach dem amerikanischen Bürgerkrieg 1865 im Bundesstaat New York gegründeten Cornell University, die als eine von acht amerikanischen Universitäten der elitären Ivy League angehört; INSEAD, dem 1957 ins Leben gerufenen französischen Institut Européen d'Administration des Affaires in Fontainebleau, sowie der 1967 gegründeten Weltorganisation für geistiges Eigentum (World Intellectual Property Organization, WIPO), die seit 1974 eine UN-Organisation („self-funding agency", vgl. WIPO, 2021) ist.

Der **Global Innovation Index** setzt sich zusammen aus dem **Input Sub-Index**, der Indikatoren enthält, die Innovationen *ermöglichen* (Innovationsfähigkeit), und dem **Output Sub-Index**, der Indikatoren enthält, die innovative *Ergebnisse* beurteilen (Innovationskraft). Diese beiden Indizes sind aus fünf beziehungsweise zwei Säulen („pillars") zusammengesetzt, die ihrerseits jeweils drei Unter-Säulen („Sub-Pillars") mit insgesamt 80 Indikatoren enthalten (vgl. GII, 2020, S. 11):

I. Input Sub-Index
   1. Institutionen
   2. Humankapital und Forschung
   3. Infrastruktur
   4. Ausgereiftheit der Märkte („market sophistication")
   5. Betriebliche Ausgereiftheit („business sophistication")
II. Output Sub-Index
   1. Output von Wissen und Technologie
   2. Kreativer Output

Die großen vier Bereiche, für die weltweit über zwei Drittel der Ausgaben für Forschung und Entwicklung anfallen, sind (vgl. GII, 2020, S. 4):

1. Informations- und Kommunikationstechnologie: Hardware und elektronisches Equipment,
2. Pharmazie und Biotechnologie,
3. Automobile,
4. Informations- und Kommunikationstechnologie: Dienstleistungen

Die fünf forschungs- und entwicklungsstärksten Unternehmen der Welt – gemessen an den Ausgaben für R & D („Research end Development") – sind (vgl. GII, 2020, S. 4):

1. Alphabet (Google),
2. Samsung,
3. Volkswagen,
4. Huawei,
5. Roche (Schweizer Pharmaunternehmen).

Wie ungleich die aufwändigen Innovationsleistungen verteilt sind, zeigt sich an folgenden Zahlen: Nur 100 Unternehmen sind für etwa die Hälfte aller weltweiten Forschungs- und Entwicklungsausgaben verantwortlich. Die innovativsten 2500 Unternehmen geben für Forschung und Entwicklung zusammen ungefähr zehnmal mehr aus als alle übrigen (vgl. GII, 2020, S. 5) über 100 Millionen Betriebe auf der Welt. Unter den Spitzenländern befinden sich mit Ausnahme Chinas ausschließlich reiche Länder aus Nord- und Mitteleuropa, Nordamerika, dem jüdisch (Israel) beziehungsweise konfuzianisch geprägten Asien (Singapur, Süd-Korea, Hongkong, China, Japan) sowie Australien und Neuseeland (vgl. GII, 2020, S. xxxii). In der von der Schweiz angeführten Liste gehört Deutschland ebenfalls zu den Top Ten. In allen sieben Säulen schneidet Deutschland gut ab, am besten bei Humankapital und Forschung, am schlechtesten in der Ausgereiftheit seiner Märkte (vgl. GII, 2020, S. 16).

Hintergrundinformation

Bemerkenswert ist das Resultat, dass **Singapur** als kleinstes südostasiatisches Land, das von korrupten Staaten umgeben ist, institutionell weltweit am besten für Innovationsmöglichkeiten und Innovationskraft gerüstet ist (vgl. GII, 2020, S. 16). Dies zeigt, dass die Bekämpfung von Korruption, die Sicherung von Eigentumsrechten und die dafür notwendige Stärkung der Institutionen keine exogenen Variablen sind, sondern endogene Variable, die in der Verantwortung der Regierungen liegen. Seit seiner Zeit als autonom regierte Kronkolonie (1959), der folgenden Unabhängigkeit von seiner britischen Kolonialmacht (1963) sowie der Erlangung seiner staatlichen Souveränität (1965) wurde die „Stadt des Löwen" von nur drei Premierministern regiert, die das Nudging eines paternalistischen Führungsstils vorzüglich beherrschten und weitgehend für die Entwicklung dieser Insel einsetzten, die nur 150 km nördlich des Äquators liegt. In der volkswirtschaftlichen Terminologie gibt es dafür die Bezeichnung des „wohlwollenden Diktators", eine Rolle, die auch einem gewählten, mächtigen Politiker einer gelenkten Demokratie zustehen kann. Es gibt kein anderes Land, das diesem Konstrukt des „benevolent dictator" so nahe kommt wie Singapur. Die ersten drei Dekaden zwischen 1959 und 1990 gestaltete Lee Kuan Yew (1923–2015), die folgenden drei Dekaden teilten Goh Chok Tong (1990–2004) sowie Lee Hsien Loong (seit 2004), der älteste Sohn des ersten Premiers, unter sich auf. Der konfuzianische Vorzeigestaat entwickelte sich in dieser Zeit von einer armen Hafenstadt mit eineinhalb Millionen Einwohnern zu einer Sechs-Millionen-Metropole mit einem der weltweit höchsten Lebensstandards.

Am unteren Ende des Rankings, das mit dem extrem armen Jemen abschließt, sind ausschließlich wirtschaftlich unterentwickelte Länder vertreten. Die meisten von ihnen liegen in Afrika. Zu diesen gesellen sich neben dem Jemen auf der arabischen Halbinsel die beiden südostasiatischen Armenhäuser Myanmar und Laos sowie Bangladesch (vgl. GII, 2020, S. xxxiii). Die beiden einzigen afrikanischen Länder, die nicht zur schlechteren innovativen Hälfte zählen, sind Mauritius, das sogar die weltweit höchste Risikokapitalrate im Verhältnis zum BIP aufweist (vgl. GII, 2020, S. 288), sowie Südafrika.

Alle besonders armen Länder („low-income countries") liegen im untersten Drittel (vgl. GII, 2020, S. xxii). Der GII ist ein empirischer Beleg für die Hypothese, dass die Fähigkeit und Bereitschaft zu Innovationen ein wichtiges Merkmal prosperierender Volkswirtschaften und damit eine wichtige Voraussetzung für Wirtschaftswachstum ist.

Die innovativen Leistungen von Ländern sind relativ stabil (vgl. GII, 2020, S. 12): Abgesehen von einigen wenigen Ausreißern sind Länder, die heute zur Spitzengruppe beziehungsweise zu den Schlusslichtern zählen, auch früher ähnlich positioniert gewesen. Dies ist ein Indiz dafür, dass die Innovationsfähigkeit und -bereitschaft weniger davon abhängig ist, ob beispielsweise in einem Jahr der Zugang zu Kapital leichter ist oder nicht, sondern dass es vielmehr darauf ankommt, eine stabile **Innovations*kultur*** zu etablieren, die nachhaltig innovative Leistungen hervorbringt.

Etwa die Hälfte der weltweit 100 **bedeutendsten Wissenschafts- und Technologiecluster** liegen in nur drei Ländern, nämlich in den **USA**, **China** und **Deutschland**. Gemessen wird die Bedeutung dieser Cluster anhand der Patente sowie der wissenschaftlichen Publikationen dieser Länder (vgl. GII, 2020, S. xxvi). Die beiden weltweit erfolgreichsten Innovationscluster sind mit großem Abstand Tokio-Yokohama mit etwa 40 Millionen Einwohnern und – deutlich dahinter – das Perlflussdelta (Shenzhen-Hongkong-Kanton) in Südchina mit etwa 70 Millionen Einwohnern. Mit gehörigem Abstand folgen die anderen erfolgreichen Innovationscluster, die zumeist in

Asien oder in den USA liegen (vgl. GII, 2020, S. 44–45):

1. Tokio-Yokohama (Japan)
2. Perlflussdelta (China)
3. Seoul-Incheon (Süd-Korea)
4. Peking (China)
5. San Francisco-San José (USA)
6. Osaka-Kobe-Kyoto (Japan)
7. Boston-Cambridge (USA)
8. New York City (USA)
9. Schanghai (China)
10. Paris (Frankreich)
11. San Diego (USA)
12. Nagoya (Japan)
13. Washington D. C. – Baltimore (USA)
14. Los Angeles (USA)
15. London (Vereinigtes Königreich)
16. Houston (USA)
17. Seattle (USA)
18. Amsterdam-Rotterdam (Niederlande)
19. Köln-Bonn (Deutschland)
20. Chicago (USA)

Außerhalb Nordamerikas, Europas, Asiens sowie Australiens ist als einziges Wissenschafts- und Technologiecluster Sao Paulo unter den Top 100 zu finden (61). Kein einziges afrikanisches Land ist in dieser Liste vertreten.

Die **deutschen** **Innovationscluster**, die zu Beginn der 2020er-Jahre zu den globalen Top 100 zählen (in Klammern der jeweilige Rang), liegen überwiegend im Süden Deutschlands:

1. Köln-Bonn (19)
2. München (23)
3. Stuttgart (26)
4. Frankfurt/Main (38)
5. Berlin (44)
6. Heidelberg-Mannheim (53)
7. Nürnberg-Erlangen (63)
8. Hamburg (90)

Werden die Innovationsfähigkeit und die Innovationskraft auf die Bevölkerungszahlen umgelegt, ergibt sich ein anderes Bild (vgl. GII, 2020, S. 48–49): In den Top 20 der **intensivsten Wissenschafts- und Technologiecluster** liegen zu Beginn der 2020er-Jahre fast nur **europäische** und **US-amerikanische** Metropolregionen. Angeführt wird diese Liste von den beiden traditionellen englischen Universitätsstädten: Cambridge mit seiner 1209 gegründeten University of Cambridge sowie Oxford mit seiner bereits zur Zeit des Ersten Kreuzzugs (ca. 1096) gegründeten University of Oxford. Als einzige asiatische Regionen mit intensiver Innovationsfähigkeit und – kraft gehören das südkoreanische Daejon sowie das japanische Kanazawa auf der Hauptinsel Honschu zur Gruppe der besten zwanzig Cluster. Nach den USA hat Schweden, ein Land mit nur zehn Millionen Einwohnern, die meisten, nämlich drei Innovationscluster. Ein Viertel der 20 intensivsten Innovationscluster liegt im dünn besiedelten Skandinavien. Dies sind fast genauso viele Cluster wie in den Vereinigten Staaten. Deutschlands Spitzencluster München und Nürnberg-Erlangen liegen beide in Bayern:

1. Cambridge (Vereinigtes Königreich)
2. Oxford (Vereinigtes Königreich)
3. Eindhoven (Niederlande)
4. San Francisco-San José (USA)
5. Ann Arbor (USA)
6. Boston-Cambridge (USA)
7. Daejon (Süd-Korea)
8. Seattle (USA)
9. San Diego (USA)
10. Lund-Malmö (Schweden)
11. Raleigh (USA)
12. Grenoble (Frankreich)
13. Lausanne (Schweiz)
14. Stockholm (Schweden)
15. München (Deutschland)
16. Göteborg (Schweden)
17. Kanazawa (Japan)
18. Helsinki (Finnland)
19. Nürnberg-Erlangen (Deutschland)
20. Kopenhagen (Dänemark)

Der Vergleich der beiden Listen unterstützt die Hypothese, dass die aufstrebenden Volkswirtschaften Asiens zwar effektiv, aber nicht effizient sind. Ihre gute Position in Innovationsrankings ist mehr ihrer hohen Bevölkerungszahl geschuldet, weniger ihrer individuellen Innovationsfähigkeit und – kraft. Von allen chinesischen Clustern zeichnet sich kein einziges durch eine übermäßige Innovationsintensität aus (vgl. GII, 2020, S. 50). Chinesische Unternehmen verfolgen im Vergleich zu ihren nord- und mitteleuropäischen sowie US-amerikanischen Konkurrenten in höherem Maße Imitations- und Adaptionsstrategien, weniger Innovationsstrategien. Diese lassen sich im hierarchisch-kollektivistisch geprägten kulturellen Umfeld Chinas auch schwieriger umsetzen als im egalitär-individualistisch geprägten Umfeld Nordamerikas sowie Nord- und Mitteleuropas.

Als innovationsfördernd haben sich erwiesen (vgl. GII, 2020, S. 14):

- eine klare innovationspolitische Strategie einschließlich der Messbarkeit ihrer Ziele,
- die Einrichtung einer Task Force für Innovation, um Kompetenzstreitigkeiten verschiedener Institutionen und Abteilungen zu vermeiden,
- die kommunikative Einbindung der Privatwirtschaft,
- der Schutz der Rechte geistigen Eigentums.

Die **Qualität** der **Innovationen** wird daran gemessen (vgl. GII, 2020, S. 23), wie gut die Universitäten eines Landes im QS University Ranking abschneiden (vgl. QS, 2021), wie hoch die Anzahl international relevanter Patente (vgl. GII, 2020, S. 356), wie gut der Zitationsindex (H-Index) wissenschaftlicher Publikationen (vgl. Hirsch, 2005, S. 16.569–16.572) ist. Nach den USA, der Schweiz und Japan liegt Deutschland 2020 auf dem vierten Platz, im Jahr zuvor lag es auf dem zweiten Rang (vgl. GII, 2020, S. 24). Acht der zehn besten Universitäten liegen in den USA. Die US-amerikanische Phalanx wird nur durch das englische „Oxbridge" (Oxford und Cambridge) durchbrochen.

Nur wenige Länder weisen saliente Risikokapitalquoten im Verhältnis zu ihrem jeweiligen BIP auf. Besonders risikofreudig sind Chinesen (Singapur, China, Hongkong), Israelis, Angelsachsen (USA, Vereinigtes Königreich) und Inder (vgl. GII, 2020, S. 69). In Luxemburg ist die hohe Wagniskapitalquote der Besonderheit seines Finanzplatzes geschuldet, der aus steuerlichen Gründen übermäßig viel Kapital anzieht.

6.6 Zusammenfassung und Aufgaben

6.6.1 Zusammenfassung

Die wichtigsten Ergebnisse dieses Kapitels sind zusammengefasst:

1. **Verfassungsökonomik** (Konstitutionenökonomik) liefert Rechtfertigungen für die Existenz eines Staates.
2. **Platon** (427-347 v. Chr.) ist Verfechter einer **Epistemokratie**, einer wissenschaftsbasierten Philosophenherrschaft, **Aristoteles** (384-322 v. Chr.) einer **Aristokratie** im ursprünglichen Sinn, einer „Herrschaft der Besten". Beide Regimes kommen dem ökonomischen Konzept eines „wohlwollenden Diktators" („benevolent dictator") nahe, der für einen starken Staat steht, der im Interesse seiner Bevölkerung handelt.
3. **Schumpeter** betont den „Prozess der **schöpferischen Zerstörung**", der die Strukturreformen beschreibt, die zu einer dynamischen Volkswirtschaft dazugehören.
4. **Von Hayek** kritisiert die staatliche Allmacht mit seinem berühmten Verweis auf die „**Anmaßung von Wissen**", das politische Entscheider gar nicht haben können, um bessere Entscheidungen zu treffen als private Marktakteure.
5. Nach dem **Wagner'schen Gesetz** nehmen in entwickelten Ländern die Staatsausgaben überproportional stark zu.
6. Nach dem **Parkinson'schen Gesetz** wächst die Arbeit mit der für ihre Bewältigung zur Verfügung gestellten Zeit.
7. Das **Lindahl-Gleichgewicht** besagt, dass im Budget-Gleichgewicht die Summe der jeweiligen individuellen marginalen Zahlungsbereitschaften den Grenzkosten der Bereitstellung des öffentlichen Gutes entspricht.
8. Das **Pareto-Optimum** ist erreicht, wenn es nicht mehr möglich ist, jemanden besserzustellen, ohne einen anderen schlechterzustellen.
9. Das **Kaldor-Hicks-Kriterium** ist erfüllt, wenn eine Maßnahme mindestens einen besserstellt und die Verlierer durch die Gewinner kompensiert werden *könnten*.
10. Der **Scitovsky-Doppeltest** ist bestanden, wenn eine Maßnahme *entweder* das Kaldor-Kriterium *oder* das Hicks-Kriterium erfüllt, nicht aber, wenn beide Kriterien gleichzeitig erfüllt sind.
11. Das **Little-Kriterium** ist erfüllt, wenn eine Maßnahme *erstens* die soziale Wohlfahrt gegenüber der Ausgangssituation erhöht und *zweitens* die Einkommensverteilung nicht zulasten der Ärmeren ändert.
12. **Private Güter** rivalisieren im Konsum, von dem man ausgeschlossen werden kann.
13. **Allmendegüter** rivalisieren im Konsum, Ausschluss vom Konsum ist aber nicht möglich oder nicht gewollt.
14. **Mautgüter** rivalisieren nicht im Konsum, Ausschluss vom Konsum ist aber möglich und gewollt.
15. **Öffentliche Güter** rivalisieren nicht im Konsum, Ausschluss vom Konsum ist zu vertretbaren Kosten nicht möglich.
16. **Meritorische Güter** sind „gute" Güter, deren individueller Nutzen unterschätzt und daher verzerrt wahrgenommen wird.
17. **Demeritorische Güter** sind „schlechte" Güter, deren individueller

Nutzen überschätzt und daher verzerrt wahrgenommen wird.

18. Eine **Prinzipal-Agenten-Beziehung** besteht, wenn der übergeordnete Prinzipal schlechter informiert ist als der untergeordnete Agent.

19. Ein **moralisches Wagnis** (moral hazard) tritt auf, wenn Individuen Anreize haben, einen Schadensfall absichtlich herbeizuführen.

20. **Adverse Selektion** (Negativauslese) bedeutet, dass sich am Markt aufgrund versteckter Eigenschaften die schlechteren Produkte gegenüber den besseren durchsetzen.

21. **Trittbrettfahren** (free riding) bedeutet Konsum eines Gutes, ohne sich an den Kosten desselben zu beteiligen.

22. **Shirking** (Drückebergerei) bedeutet Minderleistung, ohne dass sie auffällt.

23. Es kann zu Divergenzen zwischen *individueller* und *kollektiver* **Rationalität** kommen.

24. Marktteilnehmer haben in der Regel keine Anreize, ihre wahren **Präferenzen offenzulegen**.

25. Zu den **innovativsten** Staaten der Welt gehören die Länder Nord- und Mitteleuropas, Nordamerikas, Ostasiens sowie Australien und Neuseeland.

6.6.2 Wiederholungsfragen

1. Wie rechtfertigt Hobbes die Notwendigkeit eines Staates? Lösung Abschn. 6.2
2. Was bedeutet Rawls' „Schleier des Nicht-Wissens"? Lösung Abschn. 6.2
3. Was ist der Unterschied zwischen dem Pareto-Kriterium und dem Kaldor-Hicks-Kriterium? Lösung Abschn. 6.3
4. Was besagt das Little-Kriterium? Lösung Abschn. 6.3
5. Wodurch zeichnen sich öffentliche Güter aus? Lösung Abschn. 6.3

6. Was bedeutet „Tragik der Allmende"? Lösung Abschn. 6.3
7. Wodurch zeichnen sich meritorische Güter aus? Lösung Abschn. 6.3
8. Was bedeutet moral hazard? Lösung Abschn. 6.4
9. Was bedeutet adverse Selektion? Lösung Abschn. 6.4
10. Was bedeutet Shirking? Lösung Abschn. 6.4

6.6.3 Aufgaben

Aufgabe 1
Erläutern Sie von Hayeks Begriff „Anmaßung von Wissen".

Aufgabe 2
Erläutern Sie, ob ein Politiker gemäß der Prinzipal-Agenten-Theorie die Rolle des Prinzipals oder die des Agenten einnimmt.

6.6.4 Lösungen

Lösung zu Aufgabe 1
Von Hayek steht einem staatlichen Interventionismus skeptisch gegenüber. Er kritisiert vor allem, dass sich staatliche Entscheider ein Wissen anmaßen, das sie gar nicht haben. Warum soll ein Politiker in der Lage sein, Marktchancen zu erkennen, die Millionen von Unternehmern, die über mehr Detailwissen verfügen, nicht erkennen? Zudem fehlen die institutionellen Voraussetzungen, um einen Politiker zu sanktionieren, wenn sich später herausstellt, dass er sich geirrt hat. Denn er haftet nicht wie ein Unternehmer mit seinem Privatvermögen.

Lösung zu Aufgabe 2
Ein Politiker nimmt beide Rollen ein: Gegenüber dem Wähler, der ja nach dem Grundgesetz der übergeordnete Souverän ist, nimmt ein Politiker die Rolle des besser informierten, aber untergeordneten Agenten ein, weil er im Auftrag des Wählers handelt. Gegenüber der Ministerialbürokratie nimmt er die Rolle des schlechter infor-

mierten, aber übergeordneten Prinzipals ein, weil der Bürokrat im Auftrag des Politikers handelt.

Literatur

Akerlof, G. A. (1970). The market for lemons: Quality, uncertainty, and the market mechanism. *Quarterly Journal of Economics, 84*(3), 488–500.

Akerlof, G. A. (2001). Behavioral macroeconomics and macroeconomic behavior. Nobel lecture. 365–394. https://www.nobelprize.org/uploads/2018/06/akerlof-lecture.pdf. Zugegriffen am 03.04.2020.

Aristoteles (1993). *Politik*. Reclam. (Erstveröffentlichung 323 v. Chr.).

Arrow, K. J. (1950). A difficulty in the concept of social welfare. *Journal of Political Economy, 58*(4), 328–346.

Arrow, K. J. (1951). *Social choice and individual values*. Wiley.

Becker, G. S. (1974). A theory of social interactions. *Journal of Political Economy, 82*(6), 1063–1093.

Becker, G. S. (1992). The economic way of looking at life. Nobel lecture. 38–58. https://www.nobelprize.org/uploads/2018/06/becker-lecture.pdf. Zugegriffen am 03.04.2020.

Buchanan, J. M. (1954). Social choice, democracy, and free markets. *Journal of Political Economy, 62*(2), 114–123.

Buchanan, J. M. (1965). An economic theory of clubs. *Economica, 32*(125), 1–14.

Buchanan, J. M. (1975). *The limits of liberty between anarchy and Leviathan*. The University of Chicago Press.

Cicero, M. T. (1995). *De re publica. Vom Gemeinwesen*. Reclam. (Erstveröffentlichung 51 v. Chr.).

Coase, R. H. (1937). The nature of the firm. *Economica, 4*(16), 386–405.

Coase, R. H. (1960). The problem of social cost. *Journal of Law and Economics, 3*(1), 1–44.

Commons, J. R. (1934). *Institutional economics. Its place in political economy*. Routledge.

de Borda, J.-Ch. (1781). *Mémoire sur les elections au scrutin*. Mémoires de L'Academie Royale des Sciences.

de Condorcet, M. (1785). *Essai sur l'application de l'analyse à la probabilité des decisions rendues à la pluralité des voix*. L'Imprimerie Royale.

de Montesquieu, Ch.-L. (1994). *Vom Geist der Gesetze*. Reclam. (Erstveröffentlichung 1748).

GII (2020). *Global Innovation Index 2020. Who will finance innovation?* Cornell University, INSEAD and World Intellectual Property Organization.

Hamilton, W. H. (1919). The institutional approach to economic theory. *American Economic Review, 9*(1), 309–318.

Hardin, G. (1968). The tragedy of the commons. *Science, 162*(3859), 1243–1248.

von Hayek, F. A. (1942). Scientism and the study of society, part I. *Economica, 9*(35), 267–291.

von Hayek, F. A. (1944). *The road to serfdom*. University of Chicago.

von Hayek, F. A. (1945). *Der Weg in die Knechtschaft*. Olzog.

von Hayek, F. A. (1960). *The constitution of liberty*. University of Chicago.

von Hayek, F. A. (1969). Der Wettbewerb als Entdeckungsverfahren. In Derselbe (Hrsg.), *Freiburger Studien* (S. 249–265). Mohr-Siebeck.

von Hayek, F. A. (1974). The pretence of knowledge. Nobel Prize lecture. https://www.nobelprize.org/prizes/economic-sciences/1974/hayek/lecture/. Zugegriffen am 31.03.2020.

von Hayek, F. A. (1980). *Recht, Gesetzgebung und Freiheit* (Bd. 1). Moderne Industrie.

Hicks, J. R. (1939a). *Value and capital*. Oxford University Press.

Hicks, J. R. (1939b). The foundations of welfare economics. *Economic Journal, 49*(196), 696–712.

Hirsch, J. E. (2005). An index to quantify an individual's scientific research. *Proceedings of the National Academy of Sciences of the United States of America (PNAS), 102*(46), 16.569–16.572.

Hobbes, T. (1651). *Leviathan or the matter, forme and power of a commonwealth ecclesiastical and civil*. Crooke.

Hobbes, Th. (1995). *Leviathan*. Reclam. (Erstveröffentlichung 1651).

Kaldor, N. (1939). Welfare propositions of economics and interpersonal comparisons of utility. *Economic Journal, 49*(195), 549–552.

Kant, I. (1784). Beantwortung der Frage: Was ist Aufklärung? *Berlinische Monatsschrift, 12*, 481–494.

Lindahl, E. (1919). *Die Gerechtigkeit der Besteuerung. Eine Analyse der Steuerprinzipien auf Grundlage der Grenznutzentheorie*. Gleerup.

Little, I. M. D. (1950). *A critique of welfare economics*. Oxford University Press.

Machiavelli, N. (1995). *Il Principe. Der Fürst*. Reclam. (Erstveröffentlichung 1513).

Maier, C. (2006). *Gewaltenteilung bei Aristoteles und in der Verfassung Athens. Keine freiheitliche Demokratie ohne multipolare Institutionenordnung. Berliner Juristische Universitätsschriften* (Grundlagen des Rechts, Bd. 35). Berliner Wissenschaftsverlag.

McLeod, H. D. (1858). *Elements of political economy*. Longmans et.al.

McLeod, H. D. (1872). *The principals of economical philosophy*. Longmans et al.

Mitchell, W. C. (1913). *Business cycles*. University of California Press.

Montesquieu, Ch.-L. (1748). *De L'Esprit des Lois*. Barrillot & Fils.

Morus, Th. (1516). De optimo rei publicae statu deque nova insula Utopia (Über die beste Verfassung des Staates und die neue Insel Utopia). Löwen.

Morus, Th. (1995). *Utopia*. Reclam. (Erstveröffentlichung 1516).

Musgrave, R. A. (1957). A multiple theory of budget determination. *Finanzarchiv, 17*, 333–343.

Musgrave, R. A. (1959). *The theory of public finance: A study in public economy.* McGraw-Hill.

North, D. C. (1981). *Structure and change in economic history.* W. W. Norton & Co.

North, D. C. (1990a). A transactions cost theory of politics. *Journal of Theoretical Politics, 2*(4), 355–367.

North, D. C. (1990b). *Institutions, institutional change, and economic performance.* Cambridge University Press.

North, D. C. (1993). Economic performance through time. Nobel lecture. https://www.nobelprize.org/prizes/economic-sciences/1993/north/lecture/. Zugegriffen am 03.04.2020.

Nozick, R. (1974). *Anarchy, state, and utopia.* Basic Books.

Olson, M. (1965). *The logic of collective action. Public goods and the theory of groups.* Harvard University Press.

Ostrom, E. (2009). Beyond markets and states: Polycentric governance of complex economic systems. Nobel lecture. 408–444. https://www.nobelprize.org/uploads/2018/06/ostrom_lecture.pdf. Zugegriffen am 03.04.2020.

Ostrom, E. (2015). *Governing the commons: The evolution of institutions for collective action.* Cambridge University Press. (Erstveröffentlichung 1990).

Pareto, V. (1919). *Manuale di economia politica con una introduzione alla scienza sociale.* Tip. Mariani.

Parkinson, C. N. (1955). Parkinson's Law. *Economist, 177*(5856), 635–637.

Picht, G. (1964). *Die deutsche Bildungskatastrophe.* Walter.

Platon (1994). *Der Staat (Politeia).* Reclam. (Erstveröffentlichung ca. 378 v. Chr.).

QS (2021). Quacquarelli, S. World University Ranking. https://www.topuniversities.com/university-rankings. Zugegriffen am 21.05.2021.

Rawls, J. B. (1971). *A theory of justice.* Harvard University Press.

Rousseau, J.-J. (1762). *Du contrat social ou Principes du droit politique.* Rey.

Rousseau, J.-J. (1994). *Vom Gesellschaftsvertrag oder Grundsätze des Staatsrechts.* Reclam. (Erstveröffentlichung 1762).

Samuelson, P. A. (1954). The pure theory of public expenditure. *Review of Economics and Statistics, 36*(4), 387–389.

Schumpeter, J. A. (1943). *Kapitalismus, Sozialsimus, Demokratie.* Francke. (Erstveröffentlichung 1942).

Schumpeter, J. A. (2010). *Capitalism, socialism and democracy.* Rouledge. (Erstveröffentlichung 1942).

Scitovsky, T. (1941). A note on welfare propositions. *Review of Economic Studies, 9*(1), 77–88.

Simon, H. (2012). *Hidden Champions. Aufbruch nach Globalia.* Campus. (Erstveröffentlichung 1996).

Spence, M. (1973). Job market signaling. *Quarterly Journal of Economics, 87*(3), 355–374.

Spence, A. M. (1974). Competitive and optimal responses to signals: An analysis of efficiency and distribution. *Journal of Economic Theory, 7*(3), 296–332.

Spence, A. M. (1976). Competition in salaries, credentials, and signaling prerequisites for jobs. *Quarterly Journal of Economics, 90*(1), 51–74.

Spence, A. M. (2001). Signaling in retrospect and the informational structure of markets. Nobel lecture. 407–444. https://www.nobelprize.org/uploads/2018/06/spence-lecture.pdf. Zugegriffen am 03.04.2020.

Spence, A. M. (2002). Signaling in retrospect and the informational structure of markets. *American Economic Review, 92*(3), 434–459.

Stigler, G. J. (1961). The economics of information. *Journal of Political Economy, 69*(3), 213–225.

Stigler, G. J. (1967). Imperfections in the capital market. *Journal of Political Economy, 75*(3), 287–292.

Stigler, G. J. (1970). The optimum enforcement of laws. *Journal of Political Economy, 78*(3), 526–536.

Stiglitz, J. E. (1974). Incentives and risk sharing in sharecropping. *Review of Economic Studies, 41*(2), 219–255.

Stiglitz, J. E. (1975a). Incentives, risk and information: Notes towards a theory of hierarchy. *Bell Journal of Economics, 6*(2), 552–579.

Stiglitz, J. E. (1975b). The theory of screening, education and the distribution of income. *American Economic Review, 65*(3), 283–300.

Stiglitz, J. E. (2001). Information and the change in the paradigm in economics. Nobel lecture. 472-540. https://www.nobelprize.org/uploads/2018/06/stiglitz-lecture.pdf. Zugegriffen am 03.04.2020.

Veblen, T. B. (1898a). The instinct of workmanship and the irksomeness of labor. *American Journal of Sociology, 4*(2), 187–201.

Veblen, T. B. (1898b). Why is economics not an evolutionary science? *Quarterly Journal of Economics, 12*(4), 373–397.

Veblen, T. B. (1899). *The theory of the leisure class. An economic study of institutions.* Huebsch.

Wagner, A. (1892). *Grundlegung der politischen Ökonomie.* 3. Aufl. Winter'sche Verlagshandlung. (Erstveröffentlichung 1876).

Wicksell, K. (1896). *Finanztheoretische Untersuchungen nebst Darstellung und Kritik des Steuerwesens Schwedens.* Fischer.

Williamson, O. E. (1975). *Markets and hierarchies. Analysis and antitrust implications. A study in the economics of internal organization.* Free Press.

Williamson, O. E. (1985). *The economic institutions of capitalism. Firms, markets, relational contracting.* Macmillan.

Williamson, O. (2009). Transaction cost economics: The natural progression. Nobel lecture. 455–476. https://www.nobelprize.org/uploads/2018/06/williamson_lecture.pdf. Zugegriffen am 03.04.2020.

WIPO (2021). World Intellectual Property Organization. https://www.wipo.int/about-wipo/en/. Zugegriffen am 20.05.2021.

Stichwortverzeichnis

© Springer Fachmedien Wiesbaden GmbH, ein Teil von Springer Nature 2021
R. Richert, *Grundlagen der Volkswirtschaftslehre aus globaler Sicht klipp & klar*, WiWi klipp &
klar, https://doi.org/10.1007/978-3-658-35173-1

Printed in the United States
by Baker & Taylor Publisher Services